MATHEUS CARVALHO
PAULO GERMANO RAMOS

DIREITO ADMINISTRATIVO NA JURISPRUDÊNCIA DO STJ

2021

EDITORA JusPODIVM
www.editorajuspodivm.com.br

EDITORA
*Jus*PODIVM
www.editorajuspodivm.com.br

Rua Território Rio Branco, 87 – Pituba – CEP: 41830-530 – Salvador – Bahia
Tel: (71) 3045.9051
• Contato: https://www.editorajuspodivm.com.br/sac

Capa e Diagramação: Marcelo S. Brandão *(santibrando@gmail.com)*

C331d Carvalho, Matheus.
Direito Administrativo Na Jurisprudência do STJ / Matheus Carvalho, Paulo Germano – Salvador: Editora JusPodivm, 2021.
448 p.

Inclui bibliografia
ISBN 978-65-5680-215-2

1. Direito Administrativo. 2. Jurisprudência. I. Carvalho, Matheus. II. Germano, Paulo. III. Título.

CDD 341.3

APRESENTAÇÃO

A presente obra é o resultado de ampla pesquisa à jurisprudência do Superior Tribunal de Justiça na seara do Direito Administrativo, incluindo súmulas, precedentes repetitivos e acórdãos relevantes, julgados nos últimos anos. Foram feitos breves comentários de esclarecimento sobre vários julgados e súmulas com o objetivo de oferecer ao leitor um panorama atualizado e facilitado das teses dominantes no âmbito STJ.

Nesta obra, os estudos tomaram por base julgamentos do STJ, porém trazem algumas referências e comentários a julgamentos do Supremo Tribunal Federal, notadamente sobre Súmulas Vinculantes e precedentes de repercussão geral. Com isso, proporcionamos ao leitor uma ampliação no entendimento da matéria.

Não se trata de uma sinopse, tampouco de um manual de Direito Administrativo, mas de um livro de comentários a precedentes jurisprudenciais relevantes. Ao longo dos comentários, aspectos teóricos são abordados como forma de oferecer ao leitor uma aproximação entre a teoria e a prática, mas sem a pretensão de esgotamento da matéria.

A obra nos parece ser de grande relevância tanto para profissionais militantes na área do Direito Administrativo, quanto para aqueles que estão em preparação para concursos públicos. Isto porque, o conhecimento das teses dominantes no Supremo Tribunal Federal e no Superior Tribunal de Justiça vem sendo exigido nos concursos públicos das mais diversas áreas. Além disso, na prática cotidiana dos profissionais que militam no Direito Administrativo é de suma relevância compreensão sobre interpretação dos Tribunais Superiores acerca desse tão importante ramo do Direito.

Dessa forma, todos aqueles que pretendam imergir no estudo da jurisprudência administrativista estão convidados à leitura desta obra. Esperamos que gostem da leitura e, mais do que isso, esperamos que, ao final dos estudos, alcancem o aprofundamento esperado no estudo do Direito Administrativo.

Os autores.

SUMÁRIO

CAPÍTULO 10

CAPÍTULO 1

PODERES ADMINISTRATIVOS

1. SÚMULAS

Súmula n. 510 – A liberação de veículo retido apenas por transporte irregular de passageiros não está condicionada ao pagamento de multas e despesas.

Comentários

A Súmula 510 está superada pela Lei 13.855/2019, que promoveu o agravamento das penalidades previstas para o transporte irregular remunerado de passageiros. Atualmente a infração é considerada gravíssima e punida com multa, impondo-se, ainda, a medida administrativa de **remoção**, e não mais retenção, do veículo.

> *Art. 231. Transitar com o veículo:*
>
> *(...)*
>
> *VIII – efetuando transporte remunerado de pessoas ou bens, quando não for licenciado para esse fim, salvo casos de força maior ou com permissão da autoridade competente:*
>
> *Infração – gravíssima; (Redação dada pela Lei nº 13.855, de 2019) (Vigência)*
>
> *Penalidade – multa; (Redação dada pela Lei nº 13.855, de 2019) (Vigência)*
>
> *Medida administrativa – remoção do veículo; (Redação dada pela Lei nº 13.855, de 2019)*

2. PODER DE POLÍCIA

2.1. Informativo n. 643. PROCESSO REsp 1.574.350-SC, Rel. Min. Herman Benjamin, por unanimidade, julgado em 03/10/2017, DJe 06/03/2019.

TEMA: Direito ao trânsito seguro. Tráfego de veículos de carga com excesso de peso. Proteção da saúde e segurança das pessoas e consumidores, assim como do patrimônio público e privado. Danos materiais e morais coletivos. Ocorrência. Aplicação de multa civil (astreinte). Cumulatividade com multa administrativa. Possibilidade.

DESTAQUE: O tráfego de veículos com excesso de peso gera responsabilidade civil em razão dos danos materiais às vias públicas e do dano moral coletivo consistente no agravamento dos riscos à saúde e à segurança de todos, sendo viável, como medida coercitiva, a aplicação de multa civil (astreinte), ainda que já imputada multa administrativa.

INFORMAÇÕES DO INTEIRO TEOR: A ação civil pública na origem possui o objetivo de impedir que veículos de carga de determinada empresa trafeguem com excesso de peso nas rodovias, em desacato à legislação, sob pena de multa civil (astreinte) e, ainda, a condenação ao pagamento de dano material e moral coletivo, nos termos da Lei n. 7.347/1985 (Lei da Ação Civil Pública). No caso analisado verificou-se que a lucratividade com o peso excessivo compensa e supera eventual pagamento de multa administrativa, o que comprova a incapacidade da sanção para reprimir e desencorajar a conduta legalmente vedada. Saliente-se que a existência de penalidade ou outra medida administrativa in abstracto (para o futuro) ou in concreto (já infligida), como resposta a determinada conduta ilegal, não exclui a possibilidade e a necessidade de providência judicial, nela contida a de índole cautelar ou inibitória, com o intuito de proteger os mesmos direitos e deveres garantidos, em tese, pelo poder de polícia da Administração, seja com cumprimento forçado de obrigação de fazer ou de não fazer, seja com determinação de restaurar e indenizar eventuais danos materiais e morais causados ao indivíduo, à coletividade, às gerações futuras e a bens estatais. Registre-se que a multa civil (astreinte), frequentemente utilizada como reforço de autoridade da e na prestação jurisdicional, não se confunde com multa administrativa. Tampouco caracteriza sanção judicial "adicional" ou "sobreposta" à aplicável pelo Estado-Administrador com base no seu poder de polícia. **Além disso, a multa administrativa, como pena, destina-se a castigar fatos ilícitos pretéritos, enquanto a multa civil imposta pelo magistrado projeta-se, em um de seus matizes, para o futuro, de modo a assegurar a coercitividade e o cumprimento de obrigações de fazer e de não fazer (mas também de dar), legal ou judicialmente estabelecidas. A sanção administrativa não esgota, nem poderia esgotar, o rol de respostas persuasivas, dissuasórias e punitivas do ordenamento no seu esforço de prevenir, reparar e reprimir infrações**. Por seu turno, indisputáveis os danos materiais, assim como o nexo de causalidade. O transporte com excesso de carga nos caminhões causa dano material e extrapatrimonial in re ipsa ao patrimônio público (consubstanciado em deterioração de rodovia federal), ao meio ambiente (traduzido em maior poluição do ar e gastos prematuros com novos materiais e serviços para a reconstrução do pavimento), à saúde e segurança das pessoas (aumento do risco de acidentes, com feridos e mortos) e à ordem econômica. O comando de limite do peso vem prescrito não por extravagância ou experimento de futilidade do legislador e do administrador, mas justamente porque o sobrepeso causa danos ao patrimônio público e pode acarretar ou agravar acidentes com vítimas. Portanto, inafastável a relação entre a conduta do agente e o dano patrimonial imputado. Por fim, confirma-se a existência do dano moral coletivo em razão de ofensa a direitos coletivos ou difusos de caráter extrapatrimonial – consumidor, ambiental, ordem urbanística, entre outros –, podendo-se afirmar que o caso em comento é de dano moral in re ipsa, ou seja, deriva do fato por si só.

Comentários

O julgado em epígrafe, que encerra verdadeiro manifesto contra a impunidade, se encontra fundamentalmente lastreado no princípio da independência das instâncias civil, penal e administrativa. O mérito da discussão refere-se à possibilidade de cumulação de multa administrativa (de trânsito), por excesso de peso no transporte de cargas, com a condenação civil por danos morais e materiais coletivos decorrentes dos mesmos fatos, em sede de Ação Civil Pública.

Merece transcrição importante trecho do voto do Ministro Herman Benjamin, o Relator.

> *"No mérito, importa salientar que as penalidades previstas no Código de Trânsito Brasileiro têm natureza administrativa, sim, algo diferente de afirmar que os direitos nele previstos condicionam e limitam a sua implementação exclusivamente ao agir do administrador, pois, como se sabe, a nossa legislação consagra o princípio da independência entre as instâncias civil, penal e administrativa.*
>
> *Saliente-se que a penalidade administrativa por infração à norma do art. 231, V, da Lei 9.503/1997 (Código de Trânsito Brasileiro) não guarda identidade com a tutela inibitória veiculada em Ação Civil Pública, em que se busca a cessação de flagrante e contumaz recalcitrância do réu em observar as exigências legais, fazendo-o por meio de multa pecuniária que incidirá em caso de eventual descumprimento da ordem judicial. Além disso, em nada diverso do usual no regime de responsabilidade civil, impõe-se pagamento de competente indenização por danos materiais e morais coletivos causados. Não há falar, pois, em bis in idem em relação aos múltiplos remédios concomitantes, complementares e convergentes do ordenamento jurídico contra violação de suas normas.*
>
> *A existência de penalidade ou outra medida administrativa in abstracto (para o futuro) ou in concreto (já infligida), como resposta a determinada conduta ilegal, não exclui a possibilidade e a necessidade de providência judicial, nela contida a de índole cautelar ou inibitória, com o intuito de proteger os mesmos direitos e deveres garantidos, em tese, pelo poder de polícia da Administração, seja com cumprimento forçado de obrigação de fazer ou de não fazer, seja com determinação de restaurar e indenizar eventuais danos materiais e morais causados ao indivíduo, à coletividade, às gerações futuras e a bens estatais. No Brasil, a regra geral é que o comportamento anterior – real ou hipotético – do administrador não condiciona, nem escraviza, o desempenho da jurisdição, já que a intervenção do juiz legitima-se tanto para*

> *impugnar, censurar e invalidar decisão administrativa proferida, como para impor ex novo aquela que deveria ter ocorrido, no caso de omissão, e, noutra perspectiva, para substituir a incompleta ou a deficiente, de maneira a inteirá-la ou aperfeiçoá-la.*
>
> *Independentes entre si, multa civil (= astreinte), frequentemente utilizada como reforço de autoridade da e na prestação jurisdicional, não se confunde com multa administrativa. Tampouco caracteriza sanção judicial "adicional" ou "sobreposta" à aplicável pelo Estado-Administrador com base no seu poder de polícia. Além disso, a multa administrativa, como pena, destina-se a castigar fatos ilícitos pretéritos, enquanto a multa civil imposta pelo magistrado projeta-se, em um de seus matizes, para o futuro, de modo a assegurar a coercitividade e o cumprimento de obrigações de fazer e de não fazer (mas também de dar), legal ou judicialmente estabelecidas.*
>
> *A sanção administrativa não esgota, nem poderia esgotar, o rol de respostas persuasivas, dissuasórias e punitivas do ordenamento no seu esforço – típico desafio de sobrevivência – de prevenir, reparar e reprimir infrações. Assim, a admissibilidade de cumulação de multa administrativa e de multa civil integra o próprio tecido jurídico do Estado Social de Direito brasileiro, inseparável de um dos seus atributos básicos, o imperativo categórico e absoluto de eficácia de direitos e deveres."*

Sob o prisma da responsabilidade civil, a corte acolheu a tese recursal do Ministério Público, acatando a possibilidade de cumulação da multa administrativa com a condenação por danos morais e materiais coletivos, ainda que em decorrência do mesmo ilícito.

Vale ressaltar que tal entendimento tem sido aplicado com restrições pelo STJ. Nos julgados mais recentes, tem se exigido a configuração de comportamento antijurídico reiterado, ou de risco calculado, por parte do réu, para que seja admitido o ajuizamento de Ação Civil Pública. Vejamos:

> *PROCESSUAL CIVIL. ADMINISTRATIVO. AGRAVO INTERNO NO RECURSO ESPECIAL. ENUNCIADO ADMINISTRATIVO Nº 3/STJ. AÇÃO CIVIL PÚBLICA. TRANSPORTE DE CARGA EM RODOVIAS FEDERAIS. EXCESSO DE PESO. PEDIDO DE INDENIZAÇÃO POR DANOS MATERIAIS E MORAIS COLETIVOS. CONDUTA ANTIJURÍDICA NÃO EVIDENCIADA NO CASO CONCRETO. AGRAVO INTERNO NÃO PROVIDO.*

1. Inicialmente é necessário consignar que o presente recurso atrai a incidência do Enunciado Administrativo n. 3/STJ: "Aos recursos interpostos com fundamento no CPC/2015 (relativos a decisões publicadas a partir de 18 de março de 2016) serão exigidos os requisitos de admissibilidade recursal na forma do novo CPC".

2. Não de desconhece o cabimento da ação civil pública para obter pronunciamento judicial voltado à imposição de obrigação de não fazer e pagamento de indenização por danos morais coletivos por empresa que persiste com a prática de fazer com que seus veículos circulem com excesso de peso, mesmo após considerável número de autuações administravas no Código Brasileiro de Trânsito.

3. Contudo, na hipótese dos autos, consignado que a empresa demandada sofreu apenas quatro infrações por ano em média, de modo que esse número de infrações é manifestamente insuficiente para evidenciar conduta antijurídica que deve ser combatida por meio de ação pública, pois do contrário, haverá banalização da ação civil pública a qual não foi concebida para tratar de casos isolados que podem ser resolvidos na esfera administrativa.

4. Agravo interno não provido.

(AgInt no REsp 1819218/RN, Rel. Ministro MAURO CAMPBELL MARQUES, SEGUNDA TURMA, julgado em 03/03/2020, DJe 09/03/2020)

PROCESSUAL CIVIL E ADMINISTRATIVO. AGRAVO INTERNO NO RECURSO ESPECIAL. DEFICIÊNCIA DE FUNDAMENTAÇÃO. APLICAÇÃO DA SÚMULA 284/STF. AUSÊNCIA DE PREQUESTIONAMENTO. INCIDÊNCIA DA SÚMULA 211/STJ. AÇÃO CIVIL PÚBLICA. TRANSPORTE DE CARGA COM EXCESSO DE PESO. PEDIDO DE INDENIZAÇÃO POR DANOS MATERIAIS E MORAIS COLETIVOS. CONDUTA ANTIJURÍDICA NÃO EVIDENCIADA NOS AUTOS.

1. O conteúdo normativo dos arts. 1º da Lei n. 7.347/1985; 294, 303 e 304 do CPC/2015 não guarda relação com a tese defendida pelo recorrente, de que as instâncias administrativa e civil seriam independentes, o que torna possível ao Poder Judiciário aplicar sanções requeridas na petição inicial em razão do ilícito civil. Tal circunstância atrai o óbice da Súmula 284/STF, porquanto deficiente a fundamentação.

(...)

> *4. A Segunda Turma do STJ já decidiu que, em que pese à orientação fixada no julgamento do REsp 1.574.350/SC, de relatoria do Ministro Herman Benjamin, a quantidade ínfima de infrações cometidas por empresa de transporte em razão de excesso de carga, como no caso dos autos, em que foram relatadas apenas 3 (três) infrações, é insuficiente para a admissão da presente ação civil pública.*
>
> *4. "Contudo, na hipótese dos autos, consignado que a empresa demandada sofreu apenas quatro infrações por ano em média, de modo que esse número de infrações é manifestamente* ***insuficiente para evidenciar conduta antijurídica que deve ser combatida por meio de ação pública****, pois, do contrário, haverá banalização da ação civil pública a qual não foi concebida para tratar de casos isolados que podem ser resolvidos na esfera administrativa" (AgInt no REsp 1819218/RN, Rel. Min. Mauro Campbell Marques, Segunda Turma, julgado em 3/3/2020, DJe 9/3/2020).*
>
> *5. Agravo interno a que se nega provimento.*
>
> *(AgInt no REsp 1740913/RN, Rel. Ministro OG FERNANDES, SEGUNDA TURMA, julgado em 18/08/2020, DJe 26/08/2020)*

2.2. Informativo n. 586. DIREITO ADMINISTRATIVO. INSCRIÇÃO NA OAB DE GRADUADO EM CURSO DE DIREITO NÃO RECONHECIDO PELO MEC.

A inscrição como advogado, nos quadros da OAB, de quem apresente diploma ou certidão de graduação em direito "obtido em instituição de ensino oficialmente autorizada e credenciada" (art. 8º, II, do Estatuto da Advocacia) não pode ser impedida pelo fato de o curso de Direito não ter sido reconhecido pelo MEC. Conforme decidiu a Primeira Seção do STJ, credenciamento, autorização e reconhecimento do curso são etapas distintas no funcionamento de instituição privada de ensino superior (MS 10.745-DF, DJ 15/5/2006). Nesse contexto, dispõe o art. 8º, II, da Lei n. 8.906/1994 (Estatuto da Advocacia) que, para a inscrição nos quadros da OAB, é necessária a apresentação de "diploma ou certidão de graduação em direito, obtido em instituição de ensino oficialmente autorizada e credenciada". Nota-se que o dispositivo do Estatuto da OAB é claro ao exigir, quanto ao diploma ou à certidão de graduação em Direito, somente que estes sejam obtidos em instituição de ensino oficialmente autorizada ou credenciada, razão pela qual não há como impor a exigência do reconhecimento da instituição de ensino a quem pretenda a inscrição nos quadros da OAB. Além do mais, o art. 48, caput, da Lei n. 9.394/1996 determina que "Os diplomas de cursos superiores reconhecidos, quando registrados, terão validade nacional como prova da formação recebida por seu titular", de modo que, para um diploma de graduação em curso superior ter validade no território nacional é necessário que o curso seja reconhecido pelo MEC, não sendo suficiente, para tanto, que a instituição seja apenas autorizada ou credenciada. Observa-se, assim, que nenhum dos dispositivos acima impõem o reconhecimento do curso pelo MEC como requisito para inscrição nos quadros da OAB. Assim sendo, não há como tornar obrigatória essa exigência, sobretudo porque o propósito da restrição objetivada é norma garantidora de direito fundamental, qual seja, o livre exercício profissional. Precedente citado: REsp 1.277.643-PR, Segunda Turma, DJe 27/2/2012. REsp 1.288.991-PR, Rel. Min. Napoleão Nunes Maia Filho, julgado em 14/6/2016, DJe 1º/7/2016.

Comentários

Diferentemente dos demais conselhos de fiscalização profissional, que possuem natureza jurídica autárquica (vide ADI 1717/DF), a Ordem dos Advogados do Brasil – OAB, consoante o entendimento do Supremo Tribunal Federal – STF, firmado no julgamento da ADI 3026/DF, possui natureza jurídica *sui generis*. Conforme entendimento do STF, a OAB é entidade independente, cuja missão está delineada no próprio texto constitucional, não se restringindo a finalidades meramente corporativas, exercendo função essencial à administração da justiça.

No julgamento da ADI 3026/DF o STF, interpretando os dispositivos constitucionais que definem a missão constitucional da OAB, que vai além da defesa de interesses classistas e da fiscalização profissional, firmou o seguinte entendimento:

> *EMENTA: AÇÃO DIRETA DE INCONSTITUCIONALIDADE. § 1º DO ARTIGO 79 DA LEI N. 8.906, 2ª PARTE. "SERVIDORES" DA*

ORDEM DOS ADVOGADOS DO BRASIL. PRECEITO QUE POSSIBILITA A OPÇÃO PELO REGIME CELESTISTA. COMPENSAÇÃO PELA ESCOLHA DO REGIME JURÍDICO NO MOMENTO DA APOSENTADORIA. INDENIZAÇÃO. IMPOSIÇÃO DOS DITAMES INERENTES À ADMINISTRAÇÃO PÚBLICA DIRETA E INDIRETA. CONCURSO PÚBLICO (ART. 37, II DA CONSTITUIÇÃO DO BRASIL). INEXIGÊNCIA DE CONCURSO PÚBLICO PARA A ADMISSÃO DOS CONTRATADOS PELA OAB. AUTARQUIAS ESPECIAIS E AGÊNCIAS. CARÁTER JURÍDICO DA OAB. ENTIDADE PRESTADORA DE SERVIÇO PÚBLICO INDEPENDENTE. CATEGORIA ÍMPAR NO ELENCO DAS PERSONALIDADES JURÍDICAS EXISTENTES NO DIREITO BRASILEIRO. AUTONOMIA E INDEPENDÊNCIA DA ENTIDADE. PRINCÍPIO DA MORALIDADE. VIOLAÇÃO DO ARTIGO 37, CAPUT, DA CONSTITUIÇÃO DO BRASIL. NÃO OCORRÊNCIA. 1. A Lei n. 8.906, artigo 79, § 1º, possibilitou aos "servidores" da OAB, cujo regime outrora era estatutário, a opção pelo regime celetista. Compensação pela escolha: indenização a ser paga à época da aposentadoria. 2. Não procede a alegação de que a OAB sujeita-se aos ditames impostos à Administração Pública Direta e Indireta. 3. ***A OAB não é uma entidade da Administração Indireta da União. A Ordem é um serviço público independente, categoria ímpar no elenco das personalidades jurídicas existentes no direito brasileiro.*** *4. A OAB não está incluída na categoria na qual se inserem essas que se tem referido como "autarquias especiais" para pretender-se afirmar equivocada independência das hoje chamadas "agências". 5. Por não consubstanciar uma entidade da Administração Indireta, a OAB não está sujeita a controle da Administração, nem a qualquer das suas partes está vinculada. Essa não-vinculação é formal e materialmente necessária. 6. A OAB ocupa-se de atividades atinentes aos advogados, que exercem função constitucionalmente privilegiada, na medida em que são indispensáveis à administração da Justiça [artigo 133 da CB/88]. É entidade cuja finalidade é afeita a atribuições, interesses e seleção de advogados.* ***Não há ordem de relação ou dependência entre a OAB e qualquer órgão público.*** *7.* ***A Ordem dos Advogados do Brasil, cujas características são autonomia e independência, não pode ser tida como congênere dos demais órgãos de fiscalização profissional. A OAB não está voltada exclusivamente a finalidades corporativas. Possui finalidade institucional.*** *8. Embora decorra de determinação legal, o regime estatutário imposto aos empregados da OAB não é compatível com a entidade, que é autônoma e independente. 9. Improcede o pedido do requerente no sentido de que se dê interpretação conforme o artigo 37,*

> *inciso II, da Constituição do Brasil ao caput do artigo 79 da Lei n. 8.906, que determina a aplicação do regime trabalhista aos servidores da OAB. 10. Incabível a exigência de concurso público para admissão dos contratados sob o regime trabalhista pela OAB. 11. Princípio da moralidade. Ética da legalidade e moralidade. Confinamento do princípio da moralidade ao âmbito da ética da legalidade, que não pode ser ultrapassada, sob pena de dissolução do próprio sistema. Desvio de poder ou de finalidade. 12. Julgo improcedente o pedido.*
>
> *(ADI 3026, Relator(a): EROS GRAU, Tribunal Pleno, julgado em 08/06/2006, DJ 29-09-2006 PP-00031 EMENT VOL-02249-03 PP-00478 RTJ VOL-00201-01 PP-00093)*

O entendimento do STF é bastante controvertido na doutrina. Isto porque, todo o arcabouço atribuições constitucionais peculiares da OAB, bem lançadas no acordão, a par do exercício do Poder de Polícia, somente reforçam a natureza pública da entidade. Entretanto, o STF, com base nos mesmos fundamentos, chegou a entendimento diametralmente oposto, atribuindo à OAB a natureza de entidade *sui generis*, afastando-a do controle externo do TCU e atribuindo aos seus empregados regime jurídico celetista, idêntico ao das empresas privadas. Nos termos do entendimento do STF, "**a *OAB não é uma entidade da Administração Indireta da União. A Ordem é um serviço público independente, categoria ímpar no elenco das personalidades jurídicas existentes no direito brasileiro*".**

No exercício do Poder de Polícia, a OAB tem como missão a seleção dos quadros de advogados habilitados ao exercício da advocacia. Para regular ingresso nos quadros da OAB, o bacharel em direito deve atender os requisitos previstos no artigo 8º da Lei 8.906/1994, que vão muito além da diplomação no curso de direito.

No julgamento do REsp 214.671/RS, o Ministro. Humberto Gomes de Barros, interpretando o dispositivo legal citado, consignou "*não ser lícito confundir o status de bacharel em Direito com aquele de advogado. Bacharel é o diplomado em curso em curso de Direito. Advogado é o bacharel credenciado pelo Estado ao exercício do ius postulandi (...) A inscrição na Ordem dos Advogados do Brasil não constitui mero título honorífico, necessariamente agregado ao diploma de bacharel. Nela se consuma ato-condição que transforma o bacharel em advogado (...) A seleção de bacharéis para o exercício da advocacia deve ser tão rigorosa como o procedimento de escolha de magistrados e agentes do Ministério Público. Não é de bom aviso liberalizá-la".*

*No precedente em epígrafe, o STJ, interpretando o artigo 8º, II, da Lei n. 8.906/1994 (Estatuto da Advocacia) entendeu que, para a inscrição nos quadros da OAB, é necessária a apresentação de "**diploma ou certidão de graduação em direito, obtido em instituição de ensino oficialmente autorizada e credenciada**".* Trata-se de interpretação literal do dispositivo legal, que é claro no estabelecimento dos requisitos legais da inscrição do bacharel como advogado, sem mencionar a exigência de o diploma ter sido emitido por instituição **reconhecida** pelo MEC. Por se tratar de norma restritiva de direitos, interpretá-la extensivamente implicaria violação à garantia do livre exercício profissional, prevista no artigo 5º, XIII da Constituição Federal.

2.3. Informativo n. 647. PROCESSO REsp 1.434.625-CE, Rel. Min. Sérgio Kukina, Primeira Turma, por unanimidade, julgado em 09/04/2019, DJe 15/04/2019

TEMA: Agência de turismo credenciada para atuar em operações de câmbio. Equiparação à instituição financeira. Art. 17 da Lei n. 4.595/1964 (Lei do sistema financeiro nacional). Poder fiscalizatório do Banco Central. Submissão.

DESTAQUE: A agência de turismo devidamente credenciada para efetuar operações de câmbio é equiparada a instituição financeira e subordina-se à regular intervenção fiscalizatória do Bacen.

INFORMAÇÕES DO INTEIRO TEOR: A Lei n. 4.595/1964, que disciplina o Sistema Financeiro Nacional, dispõe competir ao Bacen "atuar no sentido do funcionamento regular do mercado cambial..." (art. 11, III), bem como, privativamente, "exercer a fiscalização das instituições financeiras e aplicar as medidas previstas" (art. 10, IX). No âmbito desse mesmo diploma, o art. 17, em seu caput, dispõe que "consideram-se instituições financeiras, para os efeitos da legislação em vigor, as pessoas jurídicas públicas ou privadas, que tenham como atividade principal ou acessória a coleta, intermediação ou aplicação de recursos financeiros próprios ou de terceiros, em moeda nacional ou estrangeira, e a custódia de valor de propriedade de terceiros". Na seara dos crimes contra o Sistema Financeiro Nacional, o STJ já teve ensejo de decidir que as "pessoas jurídicas que realizam operações de câmbio equiparam-se, pelo art. 1º, inc. I, da Lei n. 7.492/1986, e para os efeitos da lei, às instituições financeiras" (RHC 9.281/PR, Rel. Ministro Gilson Dipp, 5ª Turma, DJe 30/10/2000). Conquanto não verse sobre ocorrência de viés penal, mas para bem realçar a relevância do encargo fiscalizatório reservado ao Bacen, a doutrina afirma que "a fiscalização a cargo do Banco Central inclui, ainda, por força do disposto na Lei n. 9.613/1998, a prevenção de ilícitos cambiais e financeiros, definidos, pelo próprio manual, como captação, intermediação e aplicação de recursos próprios ou de terceiros, em moeda nacional ou estrangeira que, por suas características, podem ser utilizadas na prática de transações financeiras ilícitas". Assim, nos termos da Lei n. 4.595/64, a agência de turismo devidamente autorizada pelo Bacen a efetuar operações de câmbio, é equiparada a instituição financeira (art. 17), subordinando-se, em consequência, à regular intervenção fiscalizatória do Bacen (art. 10, IX e 11, III), com a inerente possibilidade de aplicação das sanções administrativas legalmente cominadas.

Comentários

O Julgado sob análise encerra controvérsia sobre a extensão do poder de polícia exercido pelo Banco Central do Brasil sobre as instituições financeiras. No caso, a controvérsia foi suscitada por agência de turismo que exerce, como atividade acessória, operações de câmbio manual, mediante credenciamento do Bacen. O STJ decidiu que tais instituições, por realizarem operações de câmbio, são equiparadas a instituições financeiras, submetendo-se à fiscalização do Banco Central, no tocante às atividades financeiras por elas realizadas.

O Banco Central é uma autarquia federal criada pela Lei 4595/1964, que tem, dentre as suas atribuições, fiscalizar as instituições financeiras e demais entidades autorizadas por ele a funcionar, aí se incluindo a regulação do mercado cambial.

As instituições financeiras estão conceituadas nos artigos 17 e 18 da Lei 4595/1964.

> *Art. 17. Consideram-se instituições financeiras, para os efeitos da legislação em vigor, as pessoas jurídicas públicas ou privadas, que tenham como atividade* ***principal ou acessória*** *a coleta, intermediação ou aplicação de recursos financeiros próprios ou de terceiros, em moeda nacional ou estrangeira, e a custódia de valor de propriedade de terceiros.*
>
> *Parágrafo único. Para os efeitos desta lei e da legislação em vigor, equiparam-se às instituições financeiras as pessoas físicas que exerçam qualquer das atividades referidas neste artigo, de forma permanente ou eventual.*
>
> *Art. 18. As instituições financeiras somente poderão funcionar no País mediante prévia autorização do Banco Central da República do Brasil ou decreto do Poder Executivo, quando forem estrangeiras.*
>
> *§ 1º Além dos estabelecimentos bancários oficiais ou privados, das sociedades de crédito, financiamento e investimentos, das caixas econômicas e das cooperativas de crédito ou a seção de crédito das cooperativas que a tenham, também se subordinam às disposições e disciplina desta lei no que for aplicável, as bolsas de valores, companhias de seguros e de capitalização, as sociedades que efetuam distribuição de prêmios em imóveis, mercadorias ou dinheiro, mediante sorteio de títulos de sua emissão ou por qualquer forma, e as pessoas físicas ou jurídicas que exerçam, por conta própria ou de terceiros, atividade relacionada com a compra e venda de ações e outros quaisquer títulos, realizando nos mercados financeiros e de capitais operações ou serviços de natureza dos executados pelas instituições financeiras.*
>
> *§ 2º O Banco Central da Republica do Brasil, no exercício da fiscalização que lhe compete, regulará as condições de concorrência entre instituições financeiras, coibindo-lhes os abusos com a aplicação da pena (Vetado) nos termos desta lei.*
>
> *§ 3º Dependerão de prévia autorização do Banco Central da República do Brasil as campanhas destinadas à coleta de recursos do público, praticadas por pessoas físicas ou jurídicas abrangidas neste artigo, salvo para subscrição pública de ações, nos termos da lei das sociedades por ações.*

A competência fiscalizatória do Banco Central está prevista nos artigos 10 e 11 da Lei 4595/1964:

> *Art. 10. Compete privativamente ao Banco Central da República do Brasil:*
>
> *(...)*
>
> *IX – Exercer a fiscalização das instituições financeiras e aplicar as penalidades;*
>
> *X – Conceder autorização às instituições financeiras, a fim de que possam:*
>
> *a) funcionar no País;*
>
> *b) instalar ou transferir suas sedes, ou dependências, inclusive no exterior;*
>
> *c) ser transformadas, fundidas, incorporadas ou encampadas;*
>
> *d) praticar operações de câmbio, crédito real e venda habitual de títulos da dívida pública federal, estadual ou municipal, ações Debêntures, letras hipotecárias e outros títulos de crédito ou mobiliários;*
>
> *e) ter prorrogados os prazos concedidos para funcionamento;*
>
> *f) alterar seus estatutos;*
>
> *g) alienar ou, por qualquer outra forma, transferir o seu controle acionário.*
>
> *XI – Estabelecer condições para a posse e para o exercício de quaisquer cargos de administração de instituições financeiras privadas, assim como para o exercício de quaisquer funções em órgãos consultivos, fiscais e semelhantes, segundo normas que forem expedidas pelo Conselho Monetário Nacional;*
>
> *Art. 11. Compete ainda ao Banco Central da República do Brasil;*
>
> *III – Atuar no sentido do funcionamento regular do mercado cambial, da estabilidade relativa das taxas de câmbio e do equilíbrio no balanço de pagamentos, podendo para esse fim comprar e vender ouro e moeda estrangeira, bem como realizar operações de crédito no exterior, inclusive as referentes aos Direitos Especiais de Saque, e separar os mercados de câmbio financeiro e comercial;*

Diante da previsão legal expressa, é indiscutível o exercício do poder de polícia pelo Banco Central, em relação às instituições financeiras. Dessa forma, toda e qualquer instituição financeira, incluindo-se as agências de turismo credenciadas para efetuar operações de câmbio, ainda que de forma acessória, estão submetidas a atividade fiscalizatória do Banco Central.

Ainda que houvesse lacunas legais no tocante à matéria, não seria razoável cogitar que qualquer instituição que necessite de autorização do Banco Central para o exercício de determinada atividade, não esteja submetida ao correlato poder fiscalizatório exercido pela mesma instituição que a credenciou.

Vejamos o seguinte trecho do voto do Ministro Sérgio Kukina, que bem sintetiza o entendimento da Corte sobre a matéria.

> *"Em conclusão, e nos termos da Lei n. 4.595/64, a agência queixosa, porque devidamente autorizada pelo Bacen a efetuar operações de câmbio, é equiparada a instituição financeira (art. 17), subordinando-se, em consequência, à regular intervenção fiscalizatória do Bacen (art. 10, IX e 11, III), com a inerente possibilidade de aplicação das sanções administrativas legalmente cominadas."*

2.4. Informativo n. 612. RAMO DO DIREITO DIREITO ADMINISTRATIVO, DIREITO MARÍTIMO PROCESSO REsp 1.662.196-RJ, Rel. Min. Og Fernandes, por unanimidade, julgado em 19/09/2017, DJe 25/09/2017

TEMA: Atividade de praticagem. Limites da intervenção do estado na ordem econômica. Fixação de preços máximos pela autoridade marítima.

DESTAQUE: Não é válido o disposto no art. 1º, inciso II, do Decreto n. 7.860/2012 que estabelece a intervenção da autoridade pública na atividade de praticagem, para promover, de forma ordinária e permanente, a fixação dos preços máximos a serem pagos na contratação dos serviços em cada zona portuária.

INFORMAÇÕES DO INTEIRO TEOR: Cinge-se a questão à possibilidade de intervenção da autoridade pública na atividade de praticagem, para promover, de forma ordinária e permanente, a fixação dos preços máximos a serem pagos na contratação dos serviços em cada zona portuária. Insta salientar, de início, que o exercício do trabalho de praticagem é regulamentado pela Lei n. 9.537/1997, que, em seu art. 3º, outorga à autoridade marítima a sua implantação e execução, com vista a assegurar a salvaguarda da vida humana e a segurança da navegação, no mar aberto e nas hidrovias, justificando, dessa forma, a intervenção estatal em todas as atividades que digam respeito à navegação. Denota-se, da leitura dos artigos 4º, 12, 13 e 14 da citada legislação, que o serviço tem natureza privada, confiada a particular (práticos) que preencher os requisitos estabelecidos pela autoridade pública para sua seleção e habilitação, e 69 entregue à livre iniciativa e concorrência. A respeito da atribuição que se pode conferir à autoridade marítima, para elaborar propostas sobre regulação de preços, abrangência das zonas e medidas de aperfeiçoamento relativas ao serviço, foi editado o Decreto n. 2.596/1998, que trata sobre a segurança do tráfego aquaviário em águas sob jurisdição nacional e regulamenta a questão dos preços dos serviços de praticagem, dispondo em seu art. 6º que os valores devem ser livremente negociados entre as partes interessadas, seja pelo conjunto dos elementos ou para cada um deles separadamente. Não obstante a livre concorrência para a formação dos preços dos serviços, bem como o caráter excepcional da intervenção da autoridade marítima para os casos em que ameaçada a continuidade do serviço – tema disciplinado pela lei citada alhures e ratificado pela primeira regulamentação –, editou-se, em 6 de dezembro de 2012, o Decreto n. 7.860, por meio do qual foi estabelecida nova hipótese de intervenção tarifária da autoridade pública, agora de forma permanente e ordinária. Para solucionar a existente antinomia entre os dois decretos regulamentares, frise-se que a Lei n. 9.537/1997 estabelece que a autoridade marítima poderá fixar o preço do serviço, não se afigurando o imperativo que conduza à ideia da obrigatoriedade do tabelamento dos referidos preços nem que possa fazê-lo em caráter permanente, a partir do juízo discricionário do administrador público. Outrossim, em consonância com os ditames constitucionais estabelecidos nos arts. 170 e 174 da Carta Magna, a intervenção do Estado na economia como instrumento de regulação dos setores econômicos deve ser exercida com respeito aos princípios e fundamentos da ordem econômica, de modo a não malferir o princípio da livre iniciativa, um dos pilares da República. Dessa forma, é inconcebível a intervenção do Estado no controle de preços de forma permanente, como política pública ordinária, em atividade manifestamente entregue à livre iniciativa e concorrência, ainda que definida como essencial.

Comentários

Trata o precedente dos limites da intervenção do estado na ordem econômica, notadamente no que tange fixação de preços da atividade de praticagem, pela autoridade marítima. Discutiu-se, fundamentalmente sobre a possibilidade do Poder Público, por meio de decreto, promover tabelamento permanente de preços a serem pagos nos serviços de praticagem. Portanto, no pano de fundo da decisão estão os limites da intervenção do Estado no domínio econômico.

A Carta Constitucional de 1988 prevê nos artigos 170 e seguintes, normas que regulam a atuação do Estado no domínio econômico, definindo limites de intervenção e formas de ingerência. O art. 170 da Constituição da República Federativa do Brasil promulgada em 1988 dispõe que a ordem econômica é fundada em dois postulados básicos: a valorização do trabalho humano e a livre iniciativa.

A livre iniciativa é postulado do regime capitalista e se resume na possibilidade dada a todos de ingressar no mercado de produção de bens e serviços por sua conta e risco, explorando atividade econômica com a finalidade de obtenção de lucro, sem que, para isso, precise concorrer com o Estado. Este postulado fica evidente ao se verificar que o art. 170, parágrafo único da Constituição Federal, estabelece que a todos é assegurado o livre exercício de qualquer atividade econômica, sem necessidade de autorização de órgãos públicos, à exceção dos casos previstos em lei.

É importante ressaltar, no entanto, que, diferentemente do que ocorria no liberalismo clássico, o Estado não atua como mero observador da atividade econômica, mas sim como participante, devendo atuar no sentido de impedir a violação a este postulado de livre iniciativa, punindo aglomerações de empresas ou acordos nocivos à livre concorrência.

Além dos fundamentos elencados, a Constituição Federal contemplou alguns princípios que devem nortear o sistema da ordem econômica no país, são eles: a) soberania nacional; b) propriedade privada e função social da propriedade; c) livre concorrência; d) defesa do consumidor; e) defesa do meio ambiente; f) tratamento favorecido para empresas de pequeno porte.

A despeito da existência de algumas controvérsias acerca do tema, pode-se estabelecer que o Estado atua de duas formas na ordem econômica. Na primeira delas o Estado atua como regulador das atividades econômicas exercidas pelos particulares. Neste contexto, atua definindo normas de atuação, reprimindo o abuso do poder econômico e fiscalizando as atividades exercidas pelos particulares com finalidade lucrativa, como forma de evitar distorções do sistema. Atua, ainda, o Estado explorando diretamente atividades econômicas, sendo que, nestes casos, o ente estatal deixa a posição de controlador da atividade dos particulares para se inserir no mercado como executor direto da atividade do segundo setor.

No julgado sob crítica, está em evidência a atuação do Estado na posição de Regulador da atividade econômica. O art. 174 da Carta Magna dispõe que *"Como agente normativo e regulador da atividade econômica, o Estado exercerá, na forma da lei, as funções de fiscalização, incentivo e planejamento, sendo este determinante para o setor público e indicativo para o setor privado."*. Ademais, o artigo 173, § 4º, da Constituição Federal estabelece que *" a lei reprimirá o abuso do poder econômico que vise à dominação dos mercados, à eliminação da concorrência e ao aumento arbitrário dos lucros" e, no art. 146, " lei complementar poderá estabelecer critérios especiais de tributação, com o objetivo de prevenir desequilíbrios da concorrência, sem prejuízo da competência de a união, por lei, estabelecer normas de igual objetivo"*.

Extrai-se do artigo 3º da Lei nº 9.537/1997, que dispõe sobre a segurança do tráfego aquaviário em águas sob jurisdição nacional e dá outras providências, que a atividade de praticagem insere-se no contexto da segurança da navegação, tendo como propósito salvaguardar da vida humana e a prevenção da poluição ambiental. Sendo assim, não há dúvidas de que, nessa seara, há terreno fértil para ampla atuação estatal, tanto no exercício do poder regulamentar quanto do poder de polícia.

O serviço de praticagem encontra-se bem descrito nos artigos 12, 13, 14 e 15 da Lei nº9.537/1997. Vejamos:

> *Art. 12. O serviço de praticagem consiste no conjunto de atividades profissionais de assessoria ao Comandante requeridas por força de peculiaridades locais que dificultem a livre e segura movimentação da embarcação.*
>
> *Art. 13. O serviço de praticagem será executado por práticos devidamente habilitados, individualmente, organizados em associações ou contratados por empresas.*
>
> *§ 1º A inscrição de aquaviários como práticos obedecerá aos requisitos estabelecidos pela autoridade marítima, sendo concedida especificamente para cada zona de praticagem, após a aprovação em exame e estágio de qualificação.*
>
> *§ 2º A manutenção da habilitação do prático depende do cumprimento da freqüência mínima de manobras estabelecida pela autoridade marítima.*
>
> *§ 3º **É assegurado a todo prático, na forma prevista no caput deste artigo, o livre exercício do serviço de praticagem**.*
>
> *§ 4º A autoridade marítima pode habilitar Comandantes de navios de bandeira brasileira a conduzir a embarcação sob seu comando no interior de zona de praticagem específica ou em parte dela, os quais serão considerados como práticos nesta situação exclusiva.*
>
> *Art. 14. O serviço de praticagem, considerado atividade essencial, deve estar permanentemente disponível nas zonas de praticagem estabelecidas.*
>
> *Parágrafo único. Para assegurar o disposto no caput deste artigo, a autoridade marítima poderá:*
>
> *I – estabelecer o número de práticos necessário para cada zona de praticagem;*
>
> *II – fixar o preço do serviço em cada zona de praticagem;*
>
> *III – requisitar o serviço de práticos.*
>
> *Art. 15. O prático não pode recusar-se à prestação do serviço de praticagem, sob pena de suspensão do certificado de habilitação ou, em caso de reincidência, cancelamento deste.*

Como visto, a praticagem é atividade eminentemente privada, submetida, portanto, à livre concorrência. Portanto, somente é admitida a intervenção estatal em caráter excepcional. Portanto, conforme a interpretação dada ao artigo 14 da Lei nº9.537/1997, no julgamento sob crítica, somente se admite a fixação de preços de praticagem quando indispensável para assegurar a continuidade do serviço, que é de natureza essencial.

Por fim, transcrevemos alguns trechos, emblemáticos, do voto do Ministro Og Fernandes, relator do Acórdão:

> *"A Constituição da República consagra, no art. 170, que a ordem econômica deve assentar-se, conjuntamente, na livre iniciativa e na valorização do trabalho humano, a par da livre concorrência e do livre exercício de qualquer atividade econômica, salvo nos casos previstos em lei.*
>
> *De outro lado, concebe-se a intervenção do Estado na ordem econômica por meio de regulação e fiscalização, tanto na modalidade de concessão de incentivos e fomento a determinadas atividades como para evitar o abuso do poder econômico pelo particular, exercendo proteção ao consumidor e ao mercado, conforme a dicção do art. 174 da Carta Constitucional de 1988, que assim estabeleceu:*
>
> *Art. 174. Como agente normativo e regulador da atividade econômica, o Estado exercerá, na forma da lei, as funções de fiscalização, incentivo e planejamento, sendo este determinante para o setor público e indicativo para o setor privado.*
>
> *Contudo, a intervenção do Estado na economia como instrumento de regulação dos setores econômicos deve ser exercida com respeito aos princípios e fundamentos da ordem econômica, de modo a não malferir o princípio da livre iniciativa, um dos pilares da República (REsp 744.077/DF, Rel. Ministro Luiz Fux, Primeira Turma, julgado em 10/10/2006, DJ 09/11/2006, p. 256).*
>
> *O princípio da livre concorrência consiste na formação do preço pelas circunstâncias do mercado, ou seja, traduz a liberdade de sua fixação e constitui elemento essencial à livre iniciativa.*
>
> *Nesse tópico, doutrina e jurisprudência são uníssonas no sentido de que a interferência do Estado na formação do preço somente pode ser concebida em situações excepcionais de total desordem de um setor de mercado e por prazo limitado, sob o risco de macular o modelo concebido pela CF/1988(...)*
>
> *(...)*

(...) é inconcebível, no modelo constitucional brasileiro, a intervenção do Estado no controle de preços de forma permanente, como política pública ordinária, em atividade manifestamente entregue à livre iniciativa e concorrência, ainda que definida como essencial.

Voltando à hipótese dos autos, parece-me ser exatamente o que o referido Decreto n. 7.860/2012 tenta estabelecer: a criação de uma comissão para a fixação permanente de preços máximos para uma atividade entregue à livre iniciativa.

Não bastasse a impropriedade de seu pretensioso objeto, é amplamente sabido que o limite de um decreto regulamentar é dar efetividade ou aplicabilidade a uma norma já existente, não lhe sendo possível a ampliação ou restrição de conteúdo, sob pena de ofensa à ordem constitucional."

Para mais informações, utilize o QR Code ao lado.

3. PODER DISCRICIONÁRIO

Informativo nº 0511. DIREITO ADMINISTRATIVO E PROCESSUAL CIVIL. INVIABILIDADE DE REVISÃO DA SANÇÃO ADMINISTRATIVA EM MS. PRINCÍPIO DA PROPORCIONALIDADE. REEXAME DO MÉRITO ADMINISTRATIVO.

É inviável em MS a revisão de penalidade imposta em PAD, sob o argumento de ofensa ao princípio da proporcionalidade, por implicar reexame do mérito administrativo. Precedentes citados: RMS 32.573-AM, DJe 12/8/2011; MS 15.175-DF, DJe 16/9/2010, e RMS 33.281-PE, DJe 2/3/2012. MS 17.479-DF, Rel. Min. Herman Benjamin, julgado em 28/11/2012.

Comentários

Há julgados no próprio STJ em sentido contrário. Vide precedentes abaixo transcritos.

> *ADMINISTRATIVO E PROCESSUAL CIVIL. AGRAVO INTERNO EM MANDADO DE SEGURANÇA. SERVIDOR PÚBLICO FEDERAL. PROCESSO ADMINISTRATIVO DISCIPLINAR (PAD). IMPOSSIBILIDADE DE INCURSÃO NO MÉRITO ADMINISTRATIVO. PROPORCIONALIDADE DA PENA APLICADA. AUSÊNCIA DE DIREITO LÍQUIDO E CERTO. 1. A jurisprudência consolidada no Superior Tribunal de Justiça é no sentido de que não cabe o exame da alegação de que o conjunto probatório seria insuficiente para o reconhecimento da infração disciplinar, vez que seu exame exige a revisão do conjunto fático-probatório apurado no PAD, com a incursão no mérito administrativo, questões estas estranhas ao cabimento do writ e à competência do Judiciário.*
>
> *2. Admite-se o exame da proporcionalidade e da razoabilidade da penalidade imposta ao servidor, porquanto se encontra relacionada com a própria legalidade do ato administrativo. Precedentes.*
>
> *3. No caso a pena de demissão imposta ao impetrante atendeu aos princípios da razoabilidade e da proporcionalidade, diante da gravidade da conduta perpetrada pelo impetrante. Precedente: MS 20.348/DF, Rel. Ministro MAURO CAMPBELL MARQUES, Primeira Seção, julgado em 12/08/2015, DJe 03/09/2015; AgRg no RMS 40.969/MG, Rel.*
>
> *Min. Herman Benjamin, Segunda Turma, julgado em 02.06.2015, DJe 30.06.2015.*
>
> *4. Agravo interno não provido.*
>
> *(AgInt no MS 20.515/DF, Rel. Ministro BENEDITO GONÇALVES, PRIMEIRA SEÇÃO, julgado em 28/06/2017, DJe 01/08/2017)*
>
> *ADMINISTRATIVO. MANDADO DE SEGURANÇA. SERVIDOR PÚBLICO FEDERAL. SUPERINTENDÊNCIA DO MINISTÉRIO DA FAZENDA NO ESTADO DA PARAÍBA. PROCESSO ADMINISTRATIVO DISCIPLINAR. PENA DE DEMISSÃO DO CARGO DE TÉCNICO DE CONTABILIDADE. ART. 132, IV E XIII, C/C ART. 117, IX, DA LEI 8.112/90. RECEBIMENTO INDEVIDO DE DIÁRIAS DE VIAGENS A SERVIÇO. PRELIMINARES DE INADEQUAÇÃO DA VIA ELEITA E DE IMPOSSIBILIDADE JURÍDICA DO PEDIDO AFASTADAS. ALEGAÇÃO DE OFENSA AOS PRINCÍPIOS DA RAZOABILIDADE*

E DA PROPORCIONALIDADE NA APLICAÇÃO DA SANÇÃO ADMINISTRATIVA, EM FACE DO ALEGADO PEQUENO VALOR DO PREJUÍZO, DECORRENTE DA PERCEPÇÃO INDEVIDA DE DIÁRIAS DE VIAGENS. DEMISSÃO DECORRENTE DE VÁRIAS CONDUTAS PRATICADAS PELO IMPETRANTE, QUE LEVARAM À PERCEPÇÃO INDEVIDA DE DIÁRIAS DE VIAGENS. CONTROLE JURISDICIONAL DO PROCESSO ADMINISTRATIVO. LIMITES. IMPOSSIBILIDADE DE REAPRECIAÇÃO DO MÉRITO ADMINISTRATIVO. INFRAÇÕES DISCIPLINARES DOLOSAS, PUNÍVEIS COM DEMISSÃO, PRATICADAS PELO IMPETRANTE, APURADAS EM PROCESSO ADMINISTRATIVO DISCIPLINAR. INEXISTÊNCIA DE OFENSA AOS PRINCÍPIOS DA RAZOABILIDADE E DA PROPORCIONALIDADE. ATO ADMINISTRATIVO VINCULADO. TEMPO DE SERVIÇO DO IMPETRANTE, COMO SERVIDOR PÚBLICO, E BONS ANTECEDENTES FUNCIONAIS. INSUFICIÊNCIA PARA AMENIZAR A PENA DE DEMISSÃO, SE CONFIGURADAS INFRAÇÕES GRAVES. PRECEDENTES DA PRIMEIRA SEÇÃO, RELACIONADOS AO MESMO PAD. SEGURANÇA DENEGADA.

I. Trata-se de Mandado de Segurança, impetrado por Waldemir Manoel Alves, contra suposto ato ilegal do Ministro de Estado da Fazenda, consubstanciado na Portaria/MF 44, publicada no DOU de 22/02/2013, por meio da qual lhe aplicou a pena de demissão do cargo de Técnico em Contabilidade, pela prática de improbidade administrativa e por valer-se do cargo para lograr proveito pessoal ou de outrem, em detrimento da dignidade da função pública, com fundamento no art.132, IV e XIII, c/c o art. 117, IX, da Lei 8.112/90, fundamentando-se o writ na alegação de ofensa aos princípios da razoabilidade e da proporcionalidade, em face do pequeno valor do prejuízo, decorrente da percepção indevida de diárias de viagens a serviço, e de seus quase trinta anos de serviço público e de seus bons antecedentes funcionais.

*II. Na forma da jurisprudência consolidada do Superior Tribunal de Justiça, em mandado de segurança "não cabe o exame da alegação de que o conjunto probatório seria insuficiente para o reconhecimento da infração disciplinar, vez que seu exame exige a revisão do conjunto fático-probatório apurado no PAD, com a incursão no mérito administrativo, questões estas estranhas ao cabimento do writ e à competência do Judiciário", porém, na via do mandamus "**admite-se o exame da proporcionalidade e da razoabilidade da penalidade imposta ao servidor, porquanto se encontra relacionada com a própria legalidade do ato administrativo**" (STJ, AgInt no MS 20.515/DF, Rel. Ministro BENEDITO GONÇALVES, PRIMEIRA SEÇÃO, DJe de 1º/08/2017).*

Preliminares de inadequação da via eleita e de impossibilidade jurídica do pedido afastadas.

III. Extrai-se dos autos que, diversamente do alegado na inicial deste mandamus, a pena de demissão não decorreu apenas da percepção indevida de diárias de viagem, mas de outras condutas praticadas pelo impetrante, que ofendem, inclusive, a moralidade administrativa, igualmente puníveis, configuradoras, ainda, de improbidade administrativa, tal como consta do parecer da PGFN, que foi adotado, pela autoridade impetrada, como fundamento para aplicar-lhe a pena de demissão.

IV. A Primeira Seção do STJ tem entendido que "o controle jurisdicional do PAD restringe-se ao exame da regularidade do procedimento e a legalidade do ato, à luz dos princípios do contraditório, da ampla defesa e do devido processo legal, sendo-lhe defesa qualquer incursão no mérito administrativo, a impedir a análise e valoração das provas constantes no processo disciplinar" (STJ, MS 15.828/DF, Rel. Ministro MAURO CAMPBELL MARQUES, PRIMEIRA SEÇÃO, DJe de 12/04/2016). No mesmo sentido: STJ, MS 22.828/DF, Rel.

Ministro GURGEL DE FARIA, PRIMEIRA SEÇÃO, DJe de 21/09/2017; MS 20.908/DF, Rel. Ministro HERMAN BENJAMIN, PRIMEIRA SEÇÃO, DJe de 06/10/2017.

V. No caso, a Portaria demissória embasou-se em condutas infracionais disciplinares dolosas, praticadas pelo impetrante, apuradas em processo administrativo disciplinar, as quais se subsumem aos ditames da Lei 8.112/90, sendo puníveis com demissão.

Com efeito, foi o impetrante incurso nas infrações previstas no art.

117, IX, da Lei 8.112/90 (valer-se do cargo para lograr proveito pessoal ou de outrem, em detrimento da dignidade da função pública) e no art. 132, IV, da referida Lei (improbidade administrativa), para as quais o art. 132 do mesmo diploma legal prevê apenas a pena de demissão (art. 132, XIII, da Lei 8.112/90).

VI. A jurisprudência desta Corte também tem-se orientado no sentido de afastar a eventual ofensa ao princípio da proporcionalidade, quando a pena de demissão do serviço público for a única punição prevista em lei pela prática das infrações disciplinares praticadas pelo servidor (STJ, MS 15.832/DF, Rel. Ministro ARNALDO ESTEVES LIMA, PRIMEIRA SEÇÃO, DJe de 01/08/2012; MS 17.868/DF, Rel. Ministro SÉRGIO KUKINA, PRIMEIRA SEÇÃO,

DJe de 23/03/2017; MS 20.052/DF, Rel. Ministro GURGEL DE FARIA, PRIMEIRA SEÇÃO, DJe de 10/10/2016).

VII. Demonstrada a prática de infração aos arts. 117, IX, e 132, IV e XIII, da Lei 8.112/90, o ato de demissão é vinculado. Nesse sentido: "A Administração Pública, quando se depara com situações em que a conduta do investigado se amolda nas hipóteses de demissão ou cassação de aposentadoria, não dispõe de discricionariedade para aplicar pena menos gravosa por tratar-se de ato vinculado. Nesse sentido, confira-se: [...] o administrador não tem qualquer margem de discricionariedade na aplicação da pena, tratando-se de ato plenamente vinculado. Configurada a infração do art. 117, XI, da Lei 8.112/90, deverá ser aplicada a pena de demissão, nos termos do art.132, XIII, da Lei 8.112/90, sob pena de responsabilização criminal e administrativa do superior hierárquico desidioso (MS 15.437/DF, Rel. Ministro CASTRO MEIRA, PRIMEIRA SEÇÃO, DJe 26/11/2010)" (STJ, MS 15.517/DF, Rel. Ministro BENEDITO GONÇALVES, PRIMEIRA SEÇÃO, DJe de 18/02/2011).

VIII. Ademais, "o fato de os servidores terem prestado anos de serviços ao ente público, e de terem bons antecedentes funcionais, não é suficiente para amenizar a pena a eles impostas se praticadas, como no caso, infrações graves a que a lei, expressamente, prevê a aplicação de demissão" (STJ, MS 12.176/DF, Rel. Ministra MARIA THEREZA DE ASSIS MOURA, TERCEIRA SEÇÃO, DJe de 08/11/2010). Em igual sentido: STJ, MS 8.526/DF, Rel. Ministro HAMILTON CARVALHIDO, TERCEIRA SEÇÃO, DJU de 02/02/2004.

IX. Outros precedentes da Primeira Seção do STJ apreciaram, nas mais diversas oportunidades, outros mandados de segurança, relacionados ao mesmo PAD 10168.000551/2011-85 (MS 19.990/DF, Rel. Ministro HUMBERTO MARTINS, PRIMEIRA SEÇÃO, DJe de 02/04/2014; MS 19.992/DF, Rel. Ministro BENEDITO GONÇALVES, PRIMEIRA SEÇÃO, DJe de 19/03/2014; MS 19.991/DF, Rel. Ministro MAURO CAMPBELL MARQUES, PRIMEIRA SEÇÃO, DJe de 23/04/2014; MS 19.993/DF, Rel. Ministra MARGA TESSLER (Desembargadora Federal convocada do TRF/4ª Região), PRIMEIRA SEÇÃO, DJe de 17/03/2015; AgInt no MS 19.977/DF, Rel. Ministro SÉRGIO KUKINA, PRIMEIRA SEÇÃO, DJe de 18/12/2017; AgInt no MS 19.996/DF, Rel. Ministro HERMAN BENJAMIN, PRIMEIRA SEÇÃO, DJe de 1º/08/2017). No caso ora em julgamento, a Comissão Processante, no âmbito do PAD, recomendou a pena de demissão ao ora impetrante, trazendo a devida motivação, a qual foi ratificada, pelo parecer da Consultoria Jurídica, e adotada pela autoridade ora impetrada, como fundamento, ao aplicar a sanção, ora impugnada.

X. Segurança denegada.

(MS 19.995/DF, Rel. Ministro NAPOLEÃO NUNES MAIA FILHO, Rel. p/ Acórdão Ministra ASSUSETE MAGALHÃES, PRIMEIRA SEÇÃO, julgado em 14/11/2018, DJe 19/12/2018)

CAPÍTULO 2

ORGANIZAÇÃO ADMINISTRATIVA E TERCEIRO SETOR

1. SÚMULAS

Súmula nº 120 – O oficial de farmácia, inscrito no Conselho Regional de Farmácia, pode ser responsável técnico por drogaria.

Comentários

O Oficial de farmácia ou prático é aquele profissional que, em 1960, quando regulamentada a profissão de farmacêutico, tive os seus direitos preservados, nos termos do artigo 14, parágrafo único, alíneas *a* e *b* da lei 3.820/60.

A figura do oficial de farmácia, portanto, não se confunde com a do auxiliar de farmácia, com o técnico de farmácia, tampouco com a do farmacêutico.

Súmula nº 275 – O auxiliar de farmácia não pode ser responsável técnico por farmácia ou drogaria.

Comentários

Vale salientar que o enunciado em epígrafe trata do auxiliar de farmácia, que é o profissional habilitado com carga horária inferior ao mínimo exigido para o ensino de segundo grau. A carga horária de formação desses profissionais não garante sequer o reconhecimento do nível médio, e, por consequência, não estão habilitados a seguir nos estudos em nível superior.

Ressalte-se, ainda, não há previsão legal para inscrição dos auxiliares de farmácia nos Conselhos Regionais de Farmácia, quiçá para assumir reponsabilidade técnica por farmácia ou drogaria.

Em situação diferente estão enquadrados os técnicos em farmácia, formados em curso técnico de segundo grau na área farmacêutica, com habilitação profissional plena, em nível de 2° grau, de carga horária mínima de 2.200 horas, das quais pelo menos 900 horas dedicadas às matérias profissionalizantes previstas na Portaria MEC n° 363/95. Tais profissionais possuem diploma registrado no Ministério da Educação e, ao contrário dos auxiliares de farmácia, tem autorização legal para registro no CRF.

Sobre a possibilidade de dos técnicos em farmácia assumirem responsabilidade técnica por farmácias ou drogarias, o STJ, em 2017, julgou o Tema 727, firmando a seguinte tese:

> *É facultado aos técnicos de farmácia, regularmente inscritos no Conselho Regional de Farmácia, a assunção de responsabilidade técnica por drogaria, independentemente do preenchimento dos requisitos previstos nos arts. 15, § 3º, da Lei 5.991/73, c/c o art. 28 do Decreto 74.170/74, entendimento que deve ser aplicado até a entrada em vigor da Lei n. 13.021/2014.*

Vale salientar que, em 2014, foi editada a Lei 13.021/2014 trazendo o seguinte regramento para a matéria:

> *Art. 3º Farmácia é uma unidade de prestação de serviços destinada a prestar assistência farmacêutica, assistência à saúde e orientação sanitária individual e coletiva, na qual se processe a manipulação e/ou dispensação de medicamentos magistrais, oficinais, farmacopeicos ou industrializados, cosméticos, insumos farmacêuticos, produtos farmacêuticos e correlatos. Parágrafo único. As farmácias serão classificadas segundo sua natureza como:*
>
> *I – farmácia sem manipulação ou drogaria: estabelecimento de dispensação e comércio de drogas, medicamentos, insumos farmacêuticos e correlatos em suas embalagens originais;*
>
> *II – farmácia com manipulação: estabelecimento de manipulação de fórmulas magistrais e oficinais, de comércio de drogas, medicamentos, insumos farmacêuticos e correlatos, compreendendo o de dispensação e o de atendimento privativo de unidade*

hospitalar ou de qualquer outra equivalente de assistência médica.

Art. 5º No âmbito da assistência farmacêutica, as farmácias de qualquer natureza requerem, obrigatoriamente, para seu funcionamento, a responsabilidade e a assistência técnica de farmacêutico habilitado na forma da lei.

Portanto, segundo o entendimento externado pela Corte, a partir da vigência da Lei 13.021/2014, farmácias de qualquer natureza, incluindo-se as drogarias, somente podem funcionar mediante responsabilidade e assistência técnica de farmacêutico.

Súmula nº 413 – O farmacêutico pode acumular a responsabilidade técnica por uma farmácia e uma drogaria.

Súmula nº 561 – Os Conselhos Regionais de Farmácia possuem atribuição para fiscalizar e autuar as farmácias e drogarias quanto ao cumprimento da exigência de manter profissional legalmente habilitado (farmacêutico) durante todo o período de funcionamento dos respectivos estabelecimentos. Primeira Seção, aprovada em 9/12/2015, DJe 15/12/2015 (Informativo n. 574).

Comentários

É pacífico o entendimento da doutrina e jurisprudência que os atos que manifestem expressão do Poder Público, de autoridade pública, como a Polícia Administrativa, não podem ser delegados porque ofenderiam o equilíbrio entre os particulares em geral e colocariam em risco a ordem social. De fato, o Poder de Polícia é considerado atividade típica de Estado e, portanto, somente pode ser exercido pelas pessoas jurídicas de direitos público componentes da Administração Direta ou da Administração Indireta.

No que tange à possibilidade de delegação, o Supremo Tribunal Federal, ao julgar a Ação Direta de Inconstitucionalidade n. 1717, que analisava a constitucionalidade do art. 58 da lei 9649/98, declarou que os conselhos reguladores de profissão têm natureza jurídica de autarquia, uma vez que atuam no exercício do poder de polícia, ao estabelecer restrições ao exercício da liberdade profissional e que tal poder é indelegável a particulares. É fato que tais Conselhos de Profissão atuam no exercício do poder de polícia pelo fato de limitarem e definirem o contorno para o exercício das profissões e ofícios por eles regulados, exigindo licenças para o exercício da atividade e aplicando penalidades, pelo que, não podem ostentar a qualidade de particulares.

Ainda se mantêm, nesse sentido, as decisões mais recentes da Suprema Corte acerca da matéria. Vejamos:

> *AÇÕES DIRETAS DE INCONSTITUCIONALIDADE. JULGAMENTO CONJUNTO. DIREITO TRIBUTÁRIO. CONSELHOS PROFISSIONAIS. AUTARQUIAS FEDERAIS. CONTRIBUIÇÃO SOCIAL DE INTERESSE PROFISSIONAL. ANUIDADES. ART. 149 DA CONSTITUIÇÃO DA REPÚBLICA. LEI COMPLEMENTAR. PERTINÊNCIA TEMÁTICA. CAPACIDADE CONTRIBUTIVA. LEGALIDADE TRIBUTÁRIA. PRATICABILIDADE. PARAFISCALIDADE. LEI FEDERAL 12.514/2011. 1. A jurisprudência desta Corte se fixou no sentido de serem os conselhos profissionais* ***autarquias de índole federal****. Precedentes: MS 10.272, de relatoria do Ministro Victor Nunes Leal, Tribunal Pleno, DJ 11.07.1963; e MS 22.643, de relatoria do Ministro Moreira Alves, DJ 04.12.1998. 2.* ***Tendo em conta que a fiscalização dos conselhos profissionais envolve o exercício de poder de polícia, de tributar e de punir, estabeleceu-se ser a anuidade cobrada por essas autarquias um tributo, sujeitando-se, por óbvio, ao regime tributário pátrio****. Precedente: ADI 1.717, de relatoria do Ministro Sydney Sanches, Tribunal Pleno, DJ 28.03.2003. 3. O entendimento iterativo do STF é na direção de as anuidades cobradas pelos conselhos profissionais caracterizarem-se como tributos da espécie "contribuições de interesse das categorias profissionais", nos termos do art. 149 da Constituição da República. Precedente: MS 21.797, Rel. Min. Carlos Velloso, Tribunal Pleno, DJ 18.05.2001. 4. Não há violação à reserva de lei complementar, porquanto é dispensável a forma da lei complementar para a criação das contribuições de intervenção no domínio econômico e de interesse das categorias profissionais. Precedentes. 5. Em relação à ausência de pertinência temática entre a emenda parlamentar incorporada à Medida Provisória 536/2011 e o tema das contribuições devidas aos conselhos profissionais em geral, verifica-se que os efeitos de entendimento da ADI 5.127, de relatoria da Ministra Rosa Weber*

> *e com acórdão por mim redigido, não se aplica à medida provisória editada antes da data do julgamento, uma vez que a este foi emprestada eficácia prospectiva. 6. A Lei 12.514/2011 ora impugnada observou a capacidade contributiva dos contribuintes, pois estabeleceu razoável correlação entre a desigualdade educacional e a provável disparidade de rendas auferidas do labor de pessoa física, assim como por haver diferenciação dos valores das anuidades baseada no capital social da pessoa jurídica contribuinte. 7. Não ocorre violação ao princípio da reserva legal, uma vez que o diploma impugnado é justamente a lei em sentido formal que disciplina a matéria referente à instituição das contribuições sociais de interesse profissional para aqueles conselhos previstos no art. 3º da Lei 12.514/11. 8. No tocante à legalidade tributária estrita, reputa-se ser adequada e suficiente a determinação do mandamento tributário no bojo da lei impugnada, por meio da fixação de tetos aos critérios materiais das hipóteses de incidência das contribuições profissionais, à luz da chave analítica formada pelas categorias da praticabilidade e da parafiscalidade. Doutrina. 9. Ações Diretas de Inconstitucionalidade improcedentes.*
>
> *(ADI 4697, Relator(a): EDSON FACHIN, Tribunal Pleno, julgado em 06/10/2016, PROCESSO ELETRÔNICO DJe-063 DIVULG 29-03-2017 PUBLIC 30-03-2017)*

Sendo assim, os Conselhos profissionais possuem natureza jurídica de entidades autárquicas, gozando de todos os privilégios e se submetendo a todas as restrições impostas a estas entidades, tendo, inclusive o poder de deslocar a competência das ações em que seja parte para a justiça federal, nos moldes do art. 109, I da CF.

Em relação ao regime de pessoal, por se tratarem de entidades autárquicas, é indiscutível que os seus servidores devem seguir o Regime Jurídico único, previsto na lei 8.112/90 para todos os servidores da União, incluindo as suas autarquias. Com efeito, o art. 58, § 3º da lei 9649/98 dispunha que "Os empregados dos conselhos de fiscalização de profissões regulamentadas são regidos pela legislação trabalhista, sendo vedada qualquer forma de transposição, transferência ou deslocamento para o quadro da Administração Pública direta ou indireta".

No que toca, especificamente ao enunciado em questão, a Primeira Seção proclamou entendimento legitimando o exercício do poder de polícia dos Conselhos de Farmácia, não apenas em face dos profissionais farmacêuticos, como também sobre as farmácias e drogarias, no que tange ao cumprimento do artigo 15 da Lei 5991/1973. Entretanto, por não se confundirem com os órgãos de vigilância sanitária, compete aos Conselhos Regionais de Farmácia fiscalizar os estabelecimentos farmacêuticos apenas no tocante à obrigatoriedade de manutenção de profissional legalmente habilitado, durante todo o seu período de funcionamento.

2. ADMINISTRAÇÃO DIRETA

Informativo n. 606. PROCESSO REsp 1.559.965-RS, Rel. Min. Og Fernandes, Primeira Seção, por unanimidade, julgado em 14/6/2017, DJe 21/6/2017. (Tema 592)

TESE VENCEDORA: Os dispositivos do art. 4º, caput, e §§ 1º e 2º, da Lei n. 11.738/2008 não amparam a tese de que a União é parte legítima, perante terceiros particulares, em demandas que visam à sua responsabilização pela implementação do piso nacional do magistério, afigurando-se correta a decisão que a exclui da lide e declara a incompetência da Justiça Federal para processar e julgar o feito ou, em sendo a única parte na lide, que decreta a extinção da demanda sem resolução do mérito.

Comentários

Trata-se de demanda ajuizada por professor da rede estadual de ensino, contra o Estado do Rio Grande do Sul **e contra a União**, visando a obtenção de prestação jurisdicional que garantisse a autora o direito à percepção do piso salarial profissional, nos termos do artigo 4º da Lei 11.738/2008. O referido dispositivo legal estabelece, logo no seu caput, que "***a União deverá complementar***, *na forma e no limite do disposto no inciso VI do caput do art. 60 do Ato das Disposições Constitucionais Transitórias e em regulamento, a integralização de que trata o art. 3º desta Lei, nos casos em que o ente federativo, a partir da consideração dos recursos constitucionalmente* *vinculados à educação, não tenha disponibilidade orçamentária para cumprir o valor fixado.*

O direito à educação foi eleito pelo constituinte originário como o primeiro dos direitos sociais, consagrado no art. 6º, caput da Constituição Federal. A educação, conforme o texto constitucional, é direito de todos e dever do estado e da família (art.205, CF). A Carta Magna estabelece, ainda, como princípio basilar da educação, o piso salarial profissional nacional para os profissionais da educação escolar pública, nos termos de lei federal.

Não há dúvidas de que a questão de fundo debatida no precedente, concernente ao direito dos professores da educação básica à percepção do piso salarial, é de grande relevância jurídica, ante à sua matriz constitucional, inclusive já confirmada pelo STF (vide ADI 4167).

Após certa reflexão, percebe-se que o direito à educação não foi o único valor constitucional colocado em debate no caso. Em verdade, o objeto da controvérsia submetida ao STJ, girou muito mais em torno da ofensa ao princípio federativo, materializada pela responsabilização da União pela complementação salarial de servidor estatual, do que do direito dos professores à percepção do piso salarial.

A questão que se coloca, portanto, é: a proteção conferida ao direito fundamental **educação,** no presente caso, justifica tamanha mitigação do princípio federativo? Como interpretar a norma jurídica em questão sem que algum dos valores constitucionais restasse vulnerado.

A Primeira Seção do STJ consolidou o entendimento de que a norma jurídica subjacente ao artigo 4º da Lei 11.738/2008 não contempla a responsabilidade direta da União frente aos servidores de outros entes. A norma em discussão foi interpretada como norma de direito financeiro, que vincula **a União e os entes federativos** em nível de cooperação.

Por consequência, a corte entendeu que a União é parte ilegítima para figurar no polo passivo desse tipo de demanda, e a Justiça Federal é incompetente para o seu julgamento.

3. AUTARQUIAS

3.1. Informativo n. 623. PROCESSO REsp 1.588.969-RS, Rel. Min. Assusete Magalhães, Primeira Seção, por maioria, julgado em 28/02/2018, DJe 11/04/2018 (Tema 965)

TEMA: Auto de infração. Multa de trânsito. Rodovia federal. Competência do DNIT. Previsão legal. Exegese conjugada do disposto no art. 82, § 3º, da Lei n. 10.233/2001 e no art. 21, VI, da Lei n. 9.503/1997 (Código de Trânsito Brasileiro). Tema 965.

DESTAQUE: O Departamento Nacional de Infraestrutura de Transportes – DNIT detém competência para a fiscalização do trânsito nas rodovias e estradas federais, podendo aplicar, em caráter não exclusivo, penalidade por infração ao Código de Trânsito Brasileiro, consoante se extrai da conjugada exegese dos arts. 82, § 3º, da Lei n. 10.233/2001 e 21 da Lei n. 9.503/1997 (Código de Trânsito Brasileiro).

INFORMAÇÕES DO INTEIRO TEOR: De início, cumpre salientar que a Lei n. 9.503/1997 (Código de Trânsito Brasileiro), a par de atribuir à Polícia Rodoviária Federal a competência para aplicar e arrecadar multas por infrações de trânsito, no âmbito das rodovias e estradas federais, nos termos de seu art. 20, III, confere aos órgãos executivos rodoviários da União a competência para executar a fiscalização de trânsito, autuar e aplicar as penalidades de advertência, por escrito, e ainda as multas e medidas administrativas cabíveis, notificando os infratores e arrecadando as multas que aplicar, consoante previsto em seu art. 21, VI. Com o advento da Lei n. 10.561, de 13/11/2002, que incluiu o § 3º no art. 82 da Lei n. 10.233/2001, o Departamento Nacional de Infraestrutura de Transportes – DNIT foi expressamente autorizado a exercer, em sua esfera de atuação, ou seja, nas rodovias federais, consoante disposto no art. 81, II, da referida Lei n. 10.233/2001, diretamente ou mediante convênio, as competências expressas no art. 21 do Código de Trânsito Brasileiro, observado o disposto no inciso XVII do art. 24 da mesma Lei n. 10.233/2001, que ressalva a competência comum da Agência Nacional de Transportes Terrestres – ANTT para os fins previstos no art. 21, VIII, do Código de Trânsito

Brasileiro, vale dizer, para, nas rodovias federais por ela administradas, "fiscalizar, autuar, aplicar as penalidades e medidas administrativas cabíveis, relativas a infrações por excesso de peso, dimensões e lotação dos veículos, bem como notificar e arrecadar as multas que aplicar". Além disso, o Conselho Nacional de Trânsito – CONTRAN editou a Resolução n. 289, de 29/08/2008, que "dispõe sobre normas de atuação a serem adotadas pelo Departamento Nacional de Infra-Estrutura de Transportes – DNIT e o Departamento de Polícia Rodoviária Federal – DPRF na fiscalização do trânsito nas rodovias federais", considerando "a necessidade de intensificar a fiscalização do trânsito nas rodovias federais, objetivando a redução dos altos índices de acidentes e a conservação do pavimento, coibindo o desrespeito aos limites de velocidades e o tráfego de veículos com excesso de peso". Assim, nas rodovias federais, a atuação do Departamento Nacional de Infraestrutura de Transportes – DNIT e do Departamento de Polícia Rodoviária Federal – DPRF deve ser realizada em conjunto, de acordo com suas atribuições, para a realização de uma efetiva fiscalização do trânsito, com o escopo de assegurar o exercício do direito social à segurança, previsto no art. 6º, caput, da CF.

Comentários

A controvérsia ora em apreciação cinge-se à análise da competência do Departamento Nacional de Infraestrutura de Transportes – DNIT para promover autuações e aplicar sanções, em face do descumprimento de normas de trânsito em rodovias e estradas federais, como por exemplo, excesso de velocidade.

O DNIT – Departamento Nacional de Infra-Estrutura de Transportes, tem natureza autárquica podendo legitimamente exercer o Poder de Polícia, no âmbito das suas competências. Sabe-se, porém, que configura excesso de poder a atuação da autoridade pública fora dos limites de sua competência. A exorbitância da competência legal para a pratica de atos administrativos configura vício de competência a tornar nulo o ato administrativo de polícia praticado. Assim, em razão da ostensiva ação fiscalizatória do DNIT nas estradas, o que demanda grande investimento de recursos públicos, a definição clara das competências da autarquia contribui para dar maior segurança jurídica tanto para a administração quanto para o usuário das estradas.

Portanto, a partir da interpretação dos artigos 82, § 3º da Lei 10.233/2001 e 21 da Lei 9.503/1997 – Código de Trânsito Brasileiro (CTB), o STJ, sob o rito dos recursos repetitivos, no julgamento do **TEMA 965**, afastou a tese segundo a qual o DNIT não teria sido dotado de poder de polícia de tráfego. Assim, a Corte firmou o entendimento de que o DNIT é competente, não apenas para atuar na conservação de rodovias, fiscalização e verificação de condições de trafegabilidade, mas, também, para fiscalização de trânsito, podendo aplicar multas por infração ao CTB, inclusive multas por excesso de velocidade.

Para mais informações, utilize o QR Code ao lado.

3.2. Informativo n. 612. PROCESSO REsp 1.420.396-PR, Rel. Min. Sérgio Kukina, por unanimidade, julgado em 19/09/2017, DJe 29/09/2017

TEMA: Atividade fiscalizatória dos Conselhos Regionais de Contabilidade. Fiscalização de livros e documentos contábeis de empresário ou sociedade empresária em poder de contadores. Possibilidade legal. Autorização que decorre do Decreto-Lei n. 9.295/46. Compatibilidade com a restrição prevista no art. 1.190 do Código Civil. Inocorrência de violação à privacidade e ao sigilo profissional.

DESTAQUE: **O ato do Conselho de Contabilidade que requisita dos contadores e dos técnicos os livros e fichas contábeis de seus clientes, a fim de promover a fiscalização da atividade contábil dos profissionais nele inscritos, não importa em ofensa aos princípios da privacidade e do sigilo profissional.**

INFORMAÇÕES DO INTEIRO TEOR: A controvérsia jurídica está em definir se os Conselhos Regionais de Contabilidade, no exercício de seu poder de polícia, detêm ou não a prerrogativa de fiscalizar a atuação de seus associados, sobretudo mediante o exame dos livros e documentos contábeis de sua clientela, bem assim, se tal agir configuraria violação à garantia da privacidade e do sigilo profissional. Conforme se depreende do art. 1.190 do Código Civil, apenas nos casos previstos em lei poderá a autoridade, juiz ou tribunal requisitar livros e fichas contábeis do empresário ou sociedade empresária para verificar a observância das formalidades legais. Na hipótese, o Presidente do Conselho Regional de Contabilidade, autoridade administrativa que é, possui ostensivo respaldo em lei para o exercício da atividade fiscalizatória sob crítica. De fato, tal licença fiscalizatória advém do Decreto-Lei n. 9.295/46, que criou o Conselho Federal de Contabilidade e os Conselhos Regionais de Contabilidade. Já no art. 2º desse diploma vem assinalado que "A fiscalização do exercício da profissão contábil, assim entendendo-se os profissionais habilitados como contadores e técnicos em contabilidade, será exercida pelo Conselho Federal de Contabilidade e pelos Conselhos Regionais de Contabilidade a que se refere o art. 1º". No mesmo diapasão, seu art. 10, letra "c", preconiza ser atribuição dos Conselhos Regionais "fiscalizar o exercício das profissões de contador e guarda-livros, impedindo e punindo as infrações, e bem assim, enviando às autoridades competentes minuciosos e documentados relatórios sobre fatos que apurem, e cuja solução ou repressão não seja de sua alçada". Dessa forma, como de fato existe previsão legal específica para o exercício fiscalizatório pelos Conselhos de Contabilidade, pode-se concluir que a salvaguarda empresarial prevista no reportado art. 1.190 do Código Civil está sendo respeitada. Por fim, assevera-se que a fiscalização exercida tem por foco central verificar, não o mérito em si, mas os aspectos relacionados à forma, ou seja, atestar se o profissional da contabilidade, na sua rotina de trabalho, observa as normas técnicas concernentes à atividade contábil. Sendo esse o propósito primeiro da fiscalização desenvolvida pela entidade classista, não se antevê afronta à privacidade e ao sigilo profissional dos escritórios fiscalizados e da escrituração contábil de seus clientes.

Comentários

A controvérsia instaurada diz respeito à ocorrência ou não de violação à garantia da privacidade bem como ao sigilo profissional garantido aos contadores, em face do poder de requisição de livros e fichas contábeis atribuído aos conselhos de fiscalização da profissão. No entendimento da Corte, a requisição dos referidos documentos, visando a fiscalização do profissional contador, configura exercício regular do Poder de Polícia exercido pelos Conselhos Regionais de Contabilidade.

O STF firmou o entendimento de que os conselhos de fiscalização profissional têm natureza de autárquica, a par da sua criação por lei, porque exercem Poder de Polícia, atividade típica de Estado. Vejamos:

> *EMENTA Agravo regimental em arguição de descumprimento de preceito fundamental. Conselho Federal de Corretores de Imóveis – COFECI. Entidade que não se enquadra ao conceito de entidade de classe. Ilegitimidade ativa. Agravo a que se nega provimento. 1. A jurisprudência do Supremo Tribunal Federal fixou-se no sentido de que os Conselhos de Fiscalização Profissional não detêm legitimidade ativa para as ações de controle concentrado de constitucionalidade, por não se enquadrarem no conceito de entidade de classe de âmbito nacional (art. 103, inc. IX, da Constituição Federal). Precedentes: ADC 34, Relator o Ministro Luiz Fux, Dje 12/8/14; ADI 3993, Relatora a Ministra Ellen Gracie, julgada em 23/05/08, Dje de 29/05/08; ADI 1997, Relator o Ministro Marco Aurélio, 8/6/99; ADI 1928, Relator o Ministro Sydney Sanches, DJ de 19/2/99; ADI 641-MC/DF Relator o Ministro Néri da Silveira, Relator p/ acórdão o Ministro Marco Aurélio, Tribunal Pleno, DJ de 12/3/93. 2. Não há razão para se revisar a jurisprudência sedimentada da Corte.* ***Os conselhos de fiscalização profissional têm como função precípua o controle e a fiscalização do exercício das profissões regulamentadas, exercendo, portanto, poder de polícia, atividade típica de Estado, razão pela qual detêm personalidade jurídica de direito público, na forma de autarquias.*** *Sendo assim, tais conselhos não se ajustam à noção de entidade de classe, expressão que designa tão somente aquelas entidades vocacionadas à defesa dos interesses dos membros da respectiva*

> *categoria ou classe de profissionais. 3. Agravo regimental a que se nega provimento.*
>
> *(ADPF 264 AgR, Relator(a): DIAS TOFFOLI, Tribunal Pleno, julgado em 18/12/2014, PROCESSO ELETRÔNICO DJe-036 DIVULG 24-02-2015 PUBLIC 25-02-2015)*

É evidente que a atuação do Estado se lastreia fundamentalmente no Princípio da Supremacia do Interesse Público e, na busca incessante pelo atendimento do interesse coletivo, pode estipular restrições e limitações ao exercício de liberdades individuais e, até mesmo, ao direito de propriedade do particular. Neste contexto, nasce o Poder de Polícia, decorrente da supremacia geral da Administração Pública, ou seja, aplicando-se a todos os particulares, sem a necessidade de demonstração de qualquer vínculo de natureza especial. Isso porque, não obstante a Carta Magna e a legislação infraconstitucional definam direitos e garantias aos particulares, o exercício desses direitos deve ser feito em adequação ao interesse público. Dessa forma, na busca do bem-estar da sociedade, o Estado pode definir os contornos do exercício das liberdades e garantias fundamentais, criando-lhes restrições e adequações.

Uma das vertentes do poder de polícia se manifesta com a atividade fiscalizadora dos entes públicos. Trata-se da possibilidade conferida ao ente estatal de controlar as atividades submetidas ao poder de polícia, com o intuito de verificar seu cumprimento, podendo, para tanto, se valer de inspeções, análise de documentos, entre outras formas.

A questão interessante que surge da controvérsia jurídica instaurada reside na potencial violação à garantia da privacidade de terceiro, não submetido ao poder de polícia dos conselhos. Isto ocorre quando há requisição dos livros e demais documentos contábeis, que, pela própria natureza, retratam a vida financeira dos clientes do profissional fiscalizado. Tais informações, como é sabido, encontram-se amparadas pelo artigo 5º, X e XII da Constituição Federal.

Entretanto, a supremacia do interesse público, matriz constitucional implícita do Poder de Polícia, garante ao Estado, como instrumento do exercício da sua missão constitucional, o poder de constranger os indivíduos, sempre que necessário à garantia do interesse público.

Dessa forma, o conflito se resolve pelos princípios da razoabilidade e proporcionalidade.

No caso em análise, é de indiscutível interesse público a efetiva fiscalização do exercício das profissões. Portanto, o poder de requisição dos documentos contábeis, a par de encontrar amparo legal, consoante vasta legislação invocada no acórdão em epígrafe, visa alcançar o bem comum, que é a efetiva fiscalização das profissões.

Dessa forma, não há razoabilidade na oposição pelo particular ao fornecimento de tais documentos, ainda que neles constem informações sensíveis. As garantias fundamentais previstas no artigo 5º, X e XII da Constituição, no caso, devem ceder espaço à supremacia do interesse público. Isto porque, autoridade pública que está a exercer legalmente o poder de polícia se encontra obrigada a preservar o sigilo, sob pena de responder pela violação.

Outrossim, avançando, ainda mais, no cotejamento dos direitos e garantias em conflito, deve-se levar em consideração a adequação da medida, ou seja, é preciso que esteja claro que a finalidade pública perseguida quando da requisição de documentação sigilosa não poderia ser alcançada por outra via menos gravosa. Nesse ponto, podemos colher o seguinte trecho do voto do Ministro Sérgio Kukina:

> *Por outro horizonte, vedar ao Conselho de Contabilidade a possibilidade de análise da escrituração dos livros e fichas contábeis tornaria sua fiscalização inócua, pois que lhe seria vedado o acesso ao ambiente no qual é verdadeiramente desempenhada a atividade contábil.*

O entendimento da Corte, portanto, garante aos Conselhos Regionais de Contabilidade o direito de requisição dos documentos contábeis produzidos pelos profissionais que estejam sendo fiscalizados.

4. CONSÓRCIOS PÚBLICOS

Informativo n. 577. DIREITO ADMINISTRATIVO. PRINCÍPIO DA INTRANSCENDÊNCIA DAS SANÇÕES E ENTIDADE INTEGRANTE DE CONSÓRCIO PÚBLICO COM PENDÊNCIA NO CAUC.

O fato de ente integrante de consórcio público possuir pendência no Serviço Auxiliar de Informações para Transferências Voluntárias (CAUC) não impede que o consórcio faça jus, após a celebração de convênio, à transferência voluntária a que se refere o art. 25 da LC n. 101/2000. Nos moldes da Lei n. 11.107/2005, é possível conceituar consórcio público como o contrato administrativo multilateral, firmado entre entidades federativas, para persecução de objetivos comuns, resultando na criação de uma nova pessoa jurídica. A grande novidade dos consórcios públicos regidos por essa lei é que, atualmente, a celebração do contrato resulta na instituição de uma nova pessoa jurídica, com personalidade distinta da personalidade das entidades consorciadas (art. 1º, § 1º, da Lei n. 11.107/2005). Nota-se, por oportuno, que o instrumento não modifica a natureza dos entes federativos que dele participam. Nesse passo, segundo o princípio da intranscendência das sanções, não podem as penalidades e as restrições de ordem jurídica superar a dimensão estritamente pessoal do infrator, não podendo prejudicar os outros entes, sob pena de violação desse preceito normativo, consoante entendimento já consolidado no STJ (AgRg no REsp 1.087.465-SC, Segunda Turma, DJe 16/9/2009) e no STF (ACO 1.631-GO AgR, Tribunal Pleno, DJe 1º/7/2015; e ACO-MA 1.848 AgR, Tribunal Pleno, DJe 6/2/2015). Em relação aos consórcios públicos, se não adotada a tese da intranscendência, estar-se-á afirmando que a irregularidade de uma pessoa jurídica de direito público, integrante da administração pública direta, seria capaz de alcançar outra pessoa jurídica, integrante da administração indireta (no caso, o consórcio público de Direito Público). Ressalte-se, ainda, que os consórcios públicos possuem autonomia administrativa, financeira e orçamentária, não havendo falar em exceção ao princípio da intranscendência, cujo escopo é o de impedir que sanções e restrições de ordem jurídica superem a dimensão estritamente pessoal do infrator e atinjam outro ente federativo. A personalidade jurídica própria dos consórcios permite razoável segurança jurídica em relação ao cumprimento de suas obrigações. Além disso, não prevalece a tese de que o respeito à autonomia dos consórcios públicos incentivaria a inadimplência dos entes consorciados, fraudando o sistema de normas que rege as transferências voluntárias, uma vez que, na elaboração dos contratos de Direito Público (assim como nos de Direito Comum), a boa-fé é presumida, enquanto que a má-fé necessita ser provada. Ademais, a escolha das propostas e a celebração do contrato de repasse são decisões discricionárias do órgão do Poder Executivo competente, havendo um procedimento de aprovação de plano de trabalho e de seleção da proposta vencedora antes da formalização do contrato de repasse. Se a administração pública decidisse por não selecionar a proposta em razão da inadimplência de um dos entes consorciados, não haveria óbice algum. No entanto, se aprovado o plano de trabalho do consórcio público e selecionada a sua proposta, não há que se falar, em razão da pendência de alguns dos entes consorciados, em irregularidade por parte do consórcio público para firmar convênio, visto que possui personalidade jurídica própria e relações jurídicas próprias. REsp 1.463.921-PR, Rel. Min. Humberto Martins, julgado em 10/11/2015, DJe 15/2/2016.

Comentários

A União, com a edição da lei 11.107/05 criou os chamados consórcios públicos. A lei dispõe sobre normas gerais para a União, os Estados, o Distrito Federal e os Municípios contratarem consórcios públicos para a realização de objetivos de interesse comum e estabelece que a nova entidade criada, ou seja, o consórcio público constituirá associação pública ou pessoa jurídica de direito privado. É importante entender que a estrutura federativa do estado brasileiro não admitiria a criação de uma nova pessoa da Administração Indireta, diversa das entidades apontadas no art. 37, XIX da Constituição Federal e, por esse, motivo, a associação pública terá natureza jurídica de entidade autárquica.

Assim, quando o consórcio público for formalizado com personalidade jurídica de direito público, será parte integrante da administração indireta de cada um dos entes federativos consorciados e terá qualificação jurídica de autarquia. Nesse sentido, o art. 41 do Código Civil estabelece que:

> *Art. 41. São pessoas jurídicas de direito público interno:*
>
> *(...)*
>
> *IV – as autarquias, inclusive as associações públicas*

Desse modo, todas as regras aplicáveis às autarquias se espelham para as associações públicas que, da mesma forma, gozam de privilégios processuais e tributários e se submetem a todas as restrições impostas à Administração, em virtude da indisponibilidade do interesse público.

Por sua vez, não obstante as críticas doutrinárias, os consórcios públicos podem ter personalidade jurídica de direito privado, quando então terão regime semelhante ao das entidades da administração indireta de direito privado, sem gozar das prerrogativas estatais, mas devendo suportar as restrições decorrentes dos princípios inerentes à atuação administrativa.

Sendo assim, os entes federativos podem se associar para a formação do Consórcio Público, criando, por meio do ajuste uma nova entidade com personalidade jurídica de direito público ou de direito privado, consoante disposto no próprio termo do consórcio. Com efeito, a assinatura do acordo enseja a criação de nova pessoa jurídica, que não se confunde e nem integra nenhum dos entes formadores do consórcio e que exercerá suas atividades com autonomia, desde que atendidas as finalidades definidas no instrumento do consórcio, sempre de prestação de serviços públicos de forma descentralizada.

No julgado sob crítica, a Segunda Turma foi instada a decidir sobre a possibilidade de os consórcios públicos receberem transferências voluntárias nas situações em que algum dos entes integrantes do consórcio público possuir pendências no Serviço Auxiliar de Informações para Transferências Voluntárias (CAUC).

No entendimento do Relator, Ministro Humberto Martins, acompanhado pela unanimidade dos membros da segunda turma, aplica-se ao caso o princípio da intranscendência das sanções, com base nas seguintes razões:

"Os consórcios públicos possuem autonomia administrativa, financeira e orçamentária, não havendo falar em exceção ao princípio da intranscendência, cujo escopo é de impedir que sanções e restrições de ordem jurídica superem a dimensão estritamente pessoal do infrator e atinjam outro ente federativo. A personalidade jurídica própria dos consórcios permite razoável segurança jurídica em relação ao cumprimento de suas obrigações.

Não triunfa, igualmente, a alegação de que o respeito da autonomia dos consórcios públicos incentivaria a inadimplência dos entes consorciados, fraudando o sistema de normas que rege as transferências voluntárias.

Inicialmente destaco que, na elaboração dos contratos de Direito Público (assim como nos de Direito Comum), a boa-fé presume-se, enquanto a má-fé necessita de ser provada. Rejeita-se, assim, a presunção de intuito doloso do gestor inadimplente ao formar consórcios públicos."

5. ENTIDADES DO TERCEIRO SETOR

5.1. Informativo n. 657. PROCESSO CC 157.870-DF, Rel. Min. Herman Benjamin, Corte Especial, por unanimidade, julgado em 21/08/2019, DJe 12/09/2019

DIREITO ADMINISTRATIVO, DIREITO PROCESSUAL CIVIL

TEMA: Contratação de pessoal. Processo seletivo. Pessoa jurídica de direito privado. Sistema S. Regime jurídico administrativo. Direito Público. Competência interna do STJ. Primeira Seção.

DESTAQUE: Compete à Primeira Seção do Superior Tribunal de Justiça processar e julgar feitos relativos à contratação de candidatos inscritos em processo seletivo público para preenchimento de cargos em entidades do Sistema S.

INFORMAÇÕES DO INTEIRO TEOR: No tocante à matéria relativa a concurso público/processo seletivo, analisando a jurisprudência do STJ, principalmente lides formadas a partir de ação mandamental, constata-se que a competência está inserida no âmbito do Direito Público, ainda que envolvam entidades de direito privado. Assim, o dirigente de entidade do Sistema S, ao praticar atos em certame público, para ingresso de empregados, está a desempenhar ato típico de direito público, vinculando-se ao regime jurídico administrativo. Em razão disso, deve observar os princípios que vinculam toda a Administração, como a supremacia do interesse público, legalidade, impessoalidade, moralidade, publicidade, eficiência e todos os demais. Portanto, tais atos são revestidos de caráter público, não podendo ser classificados como "de mera gestão", configurando, verdadeiramente, atos de autoridade.

Comentários

O julgado em epígrafe trata dos denominados serviços sociais autônomos. São as entidades criadas mediante autorização legal para realização de atividade de fomento, auxílio e capacitação de determinadas categorias profissionais, seja a indústria ou o comércio. É o chamado **sistema "s"** e abarca entidades como o SESI (Serviço Social da Indústria), SESC (Serviço Social do Comércio), SENAI (Serviço Nacional de Aprendizagem Industrial), SENAC (Serviço Nacional de Aprendizagem Comercial), SENAR (Serviço Nacional de Aprendizagem Rural), entre outras criadas por meio de autorização legislativa.

É importante verificar que elas não atuam na prestação de serviços públicos exclusivos de estado por meio de delegação de atividades, mas sim executam atividades particulares de cunho social, sem a intenção de auferirem qualquer espécie de lucro. Neste sentido, dispõe Maria Sylvia Zanella di Pietro que *"Essas entidades não prestam serviço público delegado pelo Estado, mas atividade privada de interesse público (serviços não exclusivos do Estado); exatamente por isso, são incentivadas pelo Poder Público. A atuação estatal, no caso, é a de fomento e não de prestação de serviço público. Por outras palavras, a participação do Estado, no ato de criação, se deu para incentivar a iniciativa privada, mediante subvenção garantida por meio de instituição compulsória de contribuições parafiscais destinadas especificamente a essas finalidades".*

Com efeito, verifica-se que estas entidades são particulares criadas por autorização legal para execução de atividades de interesse do Estado, admitindo-se que sejam constituídas sob a forma de associação ou fundação, ou, ainda, por meio de estruturas não previstas no Direito Civil e reguladas pela lei específica da entidade.

Com a intenção de auxiliar na execução de suas atividades, o poder público lhes transfere a capacidade tributária. Com efeito, os entes do serviço social autônomo gozam de parafiscalidade, que é a transferência do poder de cobrar tributos, chamada capacidade tributária ativa.

Com efeito, a capacidade tributária pode ser transferida às entidades da Administração Indireta, como ocorre com determinadas autarquias e às entidades privadas em determinadas situações. Sendo assim, estas entidades cobram contribuições de seus associados que têm natureza de tributos.

Não obstante a concessão da capacidade tributária, trata-se de entidades privadas e, desta forma, não gozam de privilégios administrativos, sejam eles fiscais, processuais ou contratuais. Neste sentido, já se pronunciou o Supremo Tribunal Federal. Veja-se a seguir.

> Ementa
>
> AGRAVO REGIMENTAL NO AGRAVO DE INSTRUMENTO. PROCESSUAL CIVIL. ENTIDADE PARAESTATAL. LEI ESTADUAL N. 12.398/98. PARANAPREVIDÊNCIA. INAPLICABILIDADE DE EXECUÇÃO PELO RITO DOS PRECATÓRIOS [ART. 730, CPC]. O Supremo Tribunal Federal fixou entendimento no sentido de que as entidades paraestatais que possuem personalidade de pessoa jurídica de direito privado não fazem jus aos privilégios processuais concedidos à Fazenda Pública. Precedentes. Agravo regimental a que se nega provimento.
>
> AI 783136 AgR / PR – PARANÁ
>
> AG.REG. NO AGRAVO DE INSTRUMENTO
>
> Relator(a): Min. EROS GRAU
>
> Julgamento: 20/04/2010 Órgão Julgador: Segunda Turma

Entretanto, no que tange ao regime de tributos, por não serem integrantes da Administração Pública, não gozam da imunidade tributária recíproca, regulamentada pelo art. 150, VI, "a" da Constituição da República, haja vista a aplicação deste dispositivo ser limitada às entidades de direito público, em virtude do regime a elas aplicado. Porém, por se tratarem de entidades filantrópicas, sem finalidade de obtenção de lucro, podem vir a se enquadrar na imunidade definida no art. 150, VI, "c" da Carta Magna que define não ser possível a cobrança de impostos incidentes sobre o "*patrimônio, renda ou serviços dos partidos políticos, inclusive suas fundações, das entidades sindicais dos trabalhadores, das instituições de educação e de assistência social, sem fins lucrativos, atendidos os requisitos da lei*".

Com efeito, as entidades do serviço social autônomo se dedicam à assistência social e capacitação, bem como auxílio de determinadas categorias sociais e profissionais, sem finalidade lucrativa, se enquadrando no dispositivo constitucional e, portanto, gozando da imunidade no que tange aos impostos.

Por receberem verba pública, através da cobrança de tributos, os entes do serviço social autônomo ficam sujeitos a controle pelo Tribunal de Contas e devem respeitar os princípios inerentes à licitação pública para suas contratações. A exigência de licitações, nos termos da lei 8.666/93, foi afastada por entendimento do TCU acerca da matéria que define a obrigatoriedade destes entes obedecerem **aos princípios básicos do procedimento licitatório**, sem a necessidade de observância das modalidades definidas na lei geral.

> Recurso de Reconsideração interposto pelo Serviço Social do Comércio (SESC) – Administração Nacional requereu a reforma do Acórdão 4.520/2009 – 1ª Câmara. Por meio do comando contido em seu subitem 1.5.6, o Tribunal havia expedido determinação ao SESC, com o seguinte teor: "adote preferencialmente a licitação na modalidade pregão para a aquisição de bens e serviços comuns, conforme dispõe a Lei 10.520/2002". **Em seu recurso, o SESC argumentou que, por se tratar de serviço social autônomo, não estaria obrigado a observar os normativos federais que regulam as licitações, mas apenas os princípios gerais aplicáveis à Administração Pública. O relator reconheceu a necessidade de retificação daquele comando, com a finalidade de excluir a referência à Lei 10.520/2007, "por não ser sua observância exigível dos integrantes do Sistema S". Anotou que tal entendimento está pacificado no âmbito do Tribunal, desde a prolação da Decisão n. 907/1997** – Plenário. Observou, no entanto, que a obrigatoriedade de adoção preferencial do pregão para

> a aquisição de bens e serviços comuns deve ser mantida e que tal questão já foi debatida no âmbito do Tribunal. Mencionou o Acórdão 2.841/2011 – 1ª Câmara, por meio do qual o Tribunal, com fundamento nos princípios da eficiência e da economicidade, decidiu: "1.10. determinar ao Conselho Nacional do SESC que promova a adequação do seu Regulamento de Licitações e Contratos, de forma a tornar obrigatória, sempre que possível, a utilização da modalidade de pregão para a aquisição de bens e serviços comuns, assim considerados aqueles cujos padrões de desempenho e de qualidade possam ser objetivamente definidos pelo edital, por meio de especificações usuais no mercado, podendo, todavia, adotar outra modalidade, mas, neste caso, desde que a escolha seja devidamente justificada". E também Acórdão 9.859/2011 – 1ª Câmara, por meio do qual o Tribunal apreciou recurso contra essa decisão, mantendo-a inalterada. O Tribunal, ao acolher proposta do relator, decidiu: a) conhecer o citado recurso; conceder a esse recurso provimento parcial, a fim de conferir ao mencionado comando a seguinte redação: "1.5.6. adote preferencialmente a licitação na modalidade pregão para aquisição de bens e serviços comuns;". Precedentes mencionados: Decisão nº 907/1997 – Plenário e Acórdãos 2.841/2011 e 9.859/2011, ambos da 1ª Câmara. Acórdão n.º 5613/2012-Primeira Câmara, TC-013.780/2007-4, rel. Min. José Múcio Monteiro, 18.9.2012.

Sendo assim, as entidades do sistema "s" devem seguir regramento próprio para contratações, respeitando os princípios atinentes à licitação.

Ademais, por não se enquadrarem em nenhuma das hipóteses do art. 109, da Constituição Federal, as ações propostas em face das entidades do serviço social autônomo devem tramitar na justiça estadual, sem que haja qualquer prerrogativa de foro. Neste sentido, a súmula 516, do Supremo Tribunal Federal estabelece que *"O Serviço Social da Indústria (SESI) está sujeito a jurisdição da justiça estadual".*

No que tange ao regime de pessoal, os empregados destas entidades são regidos pela Consolidação das Leis do Trabalho e não dependem de concurso público de provas ou de provas e títulos para ingresso em suas atividades.

Com efeito, a regra do concurso público de provas ou de provas e títulos é definida para os servidores estatais, sejam eles estatutários ou celetistas que atuam nos entes da Administração Direta e Indireta, não se estendendo aos empregados das entidades do terceiro setor, que ostentam qualidade de particulares. Este entendimento, inclusive, já foi firmado em sede de repercussão geral, pelo STF. Vejamos:

> *Ementa: ADMINISTRATIVO E CONSTITUCIONAL. SERVIÇOS SOCIAIS AUTÔNOMOS VINCULADOS A ENTIDADES SINDICAIS. SISTEMA "S". AUTONOMIA ADMINISTRATIVA. RECRUTAMENTO DE PESSOAL. REGIME JURÍDICO DEFINIDO NA LEGISLAÇÃO INSTITUIDORA. SERVIÇO SOCIAL DO TRANSPORTE. NÃO SUBMISSÃO AO PRINCÍPIO DO CONCURSO PÚBLICO (ART. 37, II, DA CF). 1. Os serviços sociais autônomos integrantes do denominado Sistema "S", vinculados a entidades patronais de grau superior e patrocinados basicamente por recursos recolhidos do próprio setor produtivo beneficiado, ostentam natureza de pessoa jurídica de direito privado e não integram a Administração Pública, embora colaborem com ela na execução de atividades de relevante significado social. Tanto a Constituição Federal de 1988, como a correspondente legislação de regência (como a Lei 8.706/93, que criou o Serviço Social do Trabalho – SEST) asseguram* ***autonomia administrativa a essas entidades, sujeitas, formalmente, apenas ao controle finalístico, pelo Tribunal de Contas, da aplicação dos recursos recebidos. Presentes essas características, não estão submetidas à exigência de concurso público para a contratação de pessoal, nos moldes do art. 37, II, da Constituição Federal****. Precedente: ADI 1864, Rel. Min. Joaquim Barbosa, DJe de 2/5/2008. 2. Recurso extraordinário a que se nega provimento.*
>
> *(RE 789874, Relator(a): TEORI ZAVASCKI, Tribunal Pleno, julgado em 17/09/2014, ACÓRDÃO ELETRÔNICO REPERCUSSÃO GERAL – MÉRITO DJe-227 DIVULG 18-11-2014 PUBLIC 19-11-2014 RTJ VOL-00234-01 PP-00275)*

Tese firmada:

> *"Os serviços sociais autônomos integrantes do denominado Sistema "S" não estão submetidos à exigência de concurso público para contratação de pessoal, nos moldes do art. 37, II, da Constituição Federal." Obs: Redação da tese aprovada nos termos do item 2 da Ata da 12ª Sessão Administrativa do STF, realizada em 09/12/2015.*

Não obstante não serem considerados servidores públicos e nem dependerem de concurso público para contratação, os empregados destas entidades são considerados agentes públicos, amplamente considerados, inclusive para fins penais e para fins de aplicação da lei de improbidade administrativa (lei 8.429/92).

5.2. Informativo nº 0516. DIREITO ADMINISTRATIVO. NECESSIDADE DE APRESENTAÇÃO DE DECLARAÇÃO DE BENS E RENDIMENTOS POR CONSELHEIRO REGIONAL SUPLENTE DO SERVIÇO SOCIAL DO COMÉRCIO NO DF.

O conselheiro regional suplente do SESC-DF tem o dever de apresentar declaração de bens e rendimentos ao Conselho Regional da referida entidade. Apesar de possuírem personalidade jurídica de direito privado, **as entidades paraestatais se submetem a algumas nuances do regime jurídico de direito público. Entre as particularidades a que estão sujeitos os entes de cooperação estatal, destaca-se o fato de receberem recursos públicos provenientes de contribuições parafiscais.** O SESC é pessoa de cooperação governamental que, embora não integre a administração indireta, tem sua criação autorizada por lei e recebe recursos considerados públicos, razão pela qual é imprescindível que os responsáveis por sua administração sujeitem-se ao controle público. Segundo o art. 5°, V, da Lei n. 8.443/1992, estão sujeitos a prestar contas ao TCU os responsáveis por entidades dotadas de personalidade jurídica de direito privado que recebam contribuições parafiscais e prestem serviço de interesse público ou social. **Ademais, de acordo com o art. 4º da Lei n. 8.730/1993, toda pessoa que, por força de lei, estiver sujeita a prestar contas ao TCU deve apresentar cópia da declaração de rendimentos e de bens relativa ao período base da gestão**. O SESC-DF é administrado por um órgão colegiado, o Conselho Regional, cabendo ao presidente desse conselho apenas a função de materializar as decisões, após discussão, votação e aprovação do órgão colegiado. Assim, todos os conselheiros devem ser considerados como responsáveis pela administração da entidade, sendo dever de cada um deles a apresentação de declaração de bens e rendimentos. REsp 1.356.484-DF, Rel. Min. Humberto Martins, julgado em 5/2/2013.

Comentários

Vale observar os comentários tecidos acima, sobre o CC 157.870-DF. No mais sugerimos a leitura do inteiro teor do julgado.

Para mais informações, utilize o QR Code ao lado.

CAPÍTULO 3

ATOS ADMINISTRATIVOS

1. SÚMULAS

Súmula n.633 – A Lei n. 9.784/1999, especialmente no que diz respeito ao prazo decadencial para a revisão de atos administrativos no âmbito da Administração Pública federal, pode ser aplicada, de forma subsidiária, aos estados e municípios, se inexistente norma local e específica que regule a matéria. Primeira Seção, julgado em 12/06/2019, DJe 17/06/2019. (Informativo n. 649.)

Comentários

É entendimento pacífico no âmbito do STJ que o artigo 54 da Lei 9.784/1999 pode ser subsidiariamente aplicado no âmbito dos Estados e Municípios, sempre que não houver norma específica do próprio ente. Tal entendimento encontra amparo no princípio da razoabilidade. Isto porque, não se mostra razoável nem proporcional que a Administração Pública não se submeta a qualquer prazo para a revisão dos atos administrativos de que decorram efeitos favoráveis aos beneficiários. Tolerar tal situação, ainda, ofenderia o valor da segurança jurídica, que está ancorado, precipuamente, no fenômeno da passagem do tempo, como fator de estabilização das relações sociais.

Nesse ponto merece transcrição o trecho do voto no Ministro Celso de Mello, do Supremo Tribunal Federal, no julgamento do MS n. 28.150/DF que dá a correta dimensão do postulado da segurança jurídica:

> *"O Tribunal de Contas da União não dispõe, constitucionalmente, de poder para rever decisão judicial transitada em julgado (RTJ 193/556-557), nem para determinar a suspensão de benefícios*

garantidos por sentença revestida da autoridade da coisa julgada (RTJ 194/594), ainda que o direito reconhecido pelo Poder Judiciário não tenha o beneplácito da jurisprudência prevalecente no âmbito do Supremo Tribunal Federal, pois a res judicata em matéria civil só pode ser legitimamente desconstituída mediante ação rescisória. Precedentes.

Os postulados da segurança jurídica, da boa-fé objetiva e da proteção da confiança, enquanto expressões do Estado Democrático de Direito, mostram-se impregnados de elevado conteúdo ético, social e jurídico, projetando-se sobre as relação jurídicas, mesmo as de direito público (RTJ 191/922, Rel. para acórdão Min. GILMAR MENDES), em ordem a viabilizar a incidência desses mesmos princípios sobre comportamentos de qualquer dos Poderes ou órgãos do Estado (os Tribunais de Contas, inclusive), para que se preservem, desse modo, situações administrativas já consolidadas no passado.

A fluência de longo período de tempo culmina por consolidar justas expectativas no espírito do administrado e, também, por incutir, nele, a confiança de plena regularidade dos atos estatais praticados, não se justificando – ante a aparência de direito que legitimamente resulta de tais circunstâncias – a ruptura abrupta da situação de estabilidade em que se mantinham, até então, as relações de direito público entre o agente estatal, de um lado, e o Poder Público, de outro."

[...]

2. ANULAÇÃO E REVOGAÇÃO DE ATOS

2.1. Informativo n. 668. PROCESSO MS 19.070-DF, Rel. Min. Napoleão Nunes Maia Filho, Rel. Acd. Min. Og Fernandes, Primeira Seção, por maioria, julgado em 12/02/2020, DJe 27/03/2020

TEMA: Ato de anistia. Violação do art. 8º do ADCT. Anulação. Decadência. Inexistência. Revisão de entendimento do STJ. Aplicação da orientação firmada pelo STF sob o regime da repercussão geral. Tema 839/STF.

DESTAQUE: É possível a anulação do ato de anistia pela Administração Pública, evidenciada a violação direta do

art. 8º do ADCT, mesmo quando decorrido o prazo decadencial contido na Lei n. 9.784/1999.

INFORMAÇÕES DO INTEIRO TEOR: O Supremo Tribunal Federal, no julgamento do RE 817.338, submetido ao rito da repercussão geral, definiu a tese segundo a qual "**no exercício do seu poder de autotutela, poderá a Administração Pública rever os atos de concessão de anistia a cabos da Aeronáutica com fundamento na Portaria n. 1.104/1964, quando comprovada a ausência de ato com motivação exclusivamente política, assegurando-se ao anistiado, em procedimento administrativo, o devido processo legal e a não devolução das verbas já recebidas" (Tema 839/STF).**Assim, seguindo a orientação do STF, ocorrendo violação direta do art. 8º do ADCT, é possível a anulação do ato de anistia pela Administração Pública, mesmo quando decorrido o prazo decadencial contido na Lei n. 9.784/1999.

Comentários

Trata-se precedente que promove o alinhamento da jurisprudência do STJ com a do STF. Isto porque o STF julgou, em sede de repercussão geral o Tema 839, firmando a seguinte tese:

"No exercício do seu poder de autotutela, poderá a Administração Pública rever os atos de concessão de anistia a cabos da Aeronáutica com fundamento na Portaria nº 1.104/1964, quando se comprovar a ausência de ato com motivação exclusivamente política, assegurando--se ao anistiado, em procedimento administrativo, o devido processo legal e a não devolução das verbas já recebidas."

O artigo 8º, ADCT estabelece o seguinte:

> *Art. 8º. É concedida anistia aos que, no período de 18 de setembro de 1946 até a data da promulgação da Constituição, foram atingidos, em decorrência de motivação exclusivamente política, por atos de exceção, institucionais ou complementares, aos que foram abrangidos pelo Decreto Legislativo nº 18, de 15 de dezembro de 1961, e aos atingidos pelo Decreto-Lei nº 864, de 12 de setembro de 1969, asseguradas as promoções, na inatividade, ao cargo, emprego, posto ou graduação a que teriam direito se estivessem em serviço ativo, obedecidos os prazos de*

permanência em atividade previstos nas leis e regulamentos vigentes, respeitadas as características e peculiaridades das carreiras dos servidores públicos civis e militares e observados os respectivos regimes jurídicos.

Portanto, a anistia é ato de reparação àqueles que foram perseguidos políticos durante os anos em que o Brasil viveu regimes antidemocráticos. Ocorre que, pelo que se colhe do voto do Ministro Dias Toffoli, relator do RE 817338:

A Lei Maior, no art. 8º do ADCT, bem como os diplomas que versam sobre a anistia, não contempla aqueles militares que não foram vítimas de punição, demissão, afastamento de suas atividades profissionais por atos de motivação política, a exemplo dos cabos da Aeronáutica que foram licenciados com fundamento na legislação disciplinar ordinária por alcançarem o tempo legal de serviço militar (Portaria nº 1.104-GM3/64).

No caso, o ato de concessão das anistias malfere a ordem constitucional, pois não se amolda ao figurino do art. 8º do ADCT, que não agasalha os militares licenciados pelo decurso do tempo, situação que não se reveste de motivação estritamente política. (...)

De outro lado, o Supremo Tribunal Federal também já assentou em julgados que a Portaria nº 1.104/64, por si, não constitui ato de exceção, sendo necessária a comprovação, caso a caso, da ocorrência de motivação político-ideológica para o ato de exclusão das Forças Armadas e a consequente concessão de anistia política.

Como se percebe, no entendimento da Suprema Corte, a Comissão de Anistia, ao conceder a anistia a todos os militares desligados com fundamento na Portaria nº 1.104/1964, a míngua de comprovação, caso a caso, da motivação exclusivamente política, subverteu a Ordem Constitucional. Ocorre que as situações flagrantemente inconstitucionais se estabilizam, nem mesmo pelo decurso do tempo.

Na verdade, há diversos julgados, inclusive do Pleno do STF que preconizam a não consolidação, pelo decurso do tempo, de situações flagrantemente inconstitucionais. Senão veja-se:

*Ementa: MANDADO DE SEGURANÇA. SERVENTIA EXTRAJUDICIAL. INGRESSO. SUBSTITUTO EFETIVADO COMO TITULAR DE SERVENTIA APÓS A PROMULGAÇÃO DA CONSTITUIÇÃO DA REPÚBLICA. IMPOSSIBILIDADE. DIREITO ADQUIRIDO. INEXISTÊNCIA. CONCURSO PÚBLICO. EXIGÊNCIA. ARTIGO 236, § 3º, DA CRFB/88. NORMA AUTOAPLICÁVEL. DECADÊNCIA PREVISTA NO ARTIGO 54 DA LEI 9.784/1999. INAPLICABILIDADE. PRINCÍPIO DA PROTEÇÃO DA CONFIANÇA. PRINCÍPIO DA BOA-FÉ. OFENSA DIRETA À CARTA MAGNA. SEGURANÇA DENEGADA. 1. O postulado do concurso público traduz-se na necessidade essencial de o Estado conferir efetividade ao princípio constitucional da igualdade (CRFB/88, art. 5º, caput), vedando-se a prática intolerável do Poder Público conceder privilégios a alguns, ou de dispensar tratamento discriminatório e arbitrário a outros. Precedentes: ADI 3978, Rel. Min. Eros Grau, Tribunal Pleno, DJe 11.12.2009; ADI 363, Rel. Min. Sydney Sanches, Tribunal Pleno, DJ 03.05.1996. 2. O litisconsórcio ulterior, sob a modalidade de assistência qualificada, após o deferimento da medida liminar, fere os princípios do Juiz Natural e da livre distribuição, insculpidos nos incisos XXXVII, LII do art. 5º da Constituição da República. Precedentes do Plenário: MS 24.569 AgR, Rel. Min. Sepúlveda Pertence, DJ 26.082005; MS 24.414, Rel. Min. Cezar Peluso, DJ 21.11.2003. 3. A delegação registral ou notarial, para legitimar-se constitucionalmente, pressupõe a indispensável aprovação em concurso público de provas e títulos, por tratar-se de regra constitucional que decorre do texto fundado no impositivo art. 236, § 3º, da Constituição da República, o qual, indubitavelmente, constitui-se norma de eficácia plena, independente, portanto, da edição de qualquer lei para sua aplicação. Precedentes: RE 229.884 AgR, Rel. Min. Ellen Gracie, Segunda Turma, DJ 05.08.2005; ADI 417, Rel. Min. Maurício Corrêa, Tribunal Pleno, DJ 05.5.1998; ADI 126, Rel. Min. Octavio Gallotti, Tribunal Pleno, DJ 05.6.1992. 4. In casu, **a situação de flagrante inconstitucionalidade não pode ser amparada em razão do decurso do tempo ou da existência de leis locais que, supostamente, agasalham a pretensão de perpetuação do ilícito**. 5. **A inconstitucionalidade prima facie evidente impede que se consolide o ato administrativo acoimado desse gravoso vício em função da decadência**. Precedentes: MS 28.371 AgR/DF, Rel. Min. Joaquim Barbosa, Tribunal Pleno, DJe 27.02.2013; MS 28.273 AgR, Relator Min. Ricardo Lewandowski, Tribunal Pleno, DJe 21.02.2013; MS 28.279, Relatora Min. Ellen Gracie, Tribunal Pleno, DJe 29.04.2011. 6. Consectariamente, a edição de leis de ocasião para a preservação de situações notoriamente inconstitucionais, ainda que subsistam* *por longo período de tempo, não ostentam o caráter de base da confiança a legitimar a incidência do princípio da proteção da confiança e, muito menos, terão o condão de restringir o poder da Administração de rever seus atos. 7. A redução da eficácia normativa do texto constitucional, ínsita na aplicação do diploma legal, e a consequente superação do vício pelo decurso do prazo decadencial, permitindo, por via reflexa, o ingresso na atividade notarial e registral sem a prévia aprovação em concurso público de provas e títulos, traduz-se na perpetuação de ato manifestamente inconstitucional, mercê de sinalizar a possibilidade juridicamente impensável de normas infraconstitucionais normatizarem mandamentos constitucionais autônomos, autoaplicáveis. 8. O desrespeito à imposição constitucional da necessidade de concurso público de provas e títulos para ingresso da carreira notarial, além de gerar os claros efeitos advindos da consequente nulidade do ato (CRFB/88, art. 37, II e § 2º, c/c art. 236, § 3º), fere frontalmente a Constituição da República de 1988, restando a efetivação na titularidade dos cartórios por outros meios um ato desprezível sob os ângulos constitucional e moral. 9. Ordem denegada. (MS 26860, Relator(a): LUIZ FUX, Tribunal Pleno, julgado em 02/04/2014, ACÓRDÃO ELETRÔNICO DJe-184 DIVULG 22-09-2014 PUBLIC 23-09-2014)*

2.2. Informativo n. 648. PROCESSO REsp 1.782.024-RJ, Rel. Min. Nancy Andrighi, Terceira Turma, por unanimidade, julgado em 07/05/2019, DJe 09/05/2019

TEMA: Registro de marca. Nulidade. Prescrição. Art. 174 da Lei n. 9.279/1996. Teoria dualista das nulidades. Art. 54 da Lei n. 9.784/1999. Inaplicabilidade.

DESTAQUE: A prescritibilidade do direito de alegar a nulidade de registro de marca, conforme previsto no art. 174 da Lei n. 9.279/1996, não pode ser afastada por meio de aplicação da teoria dualista das nulidades.

INFORMAÇÕES DO INTEIRO TEOR: É sabido que a Lei de Propriedade Industrial (LPI, Lei n. 9.279/1996), em seu art. 174, dispõe que "prescreve em 5 (cinco) anos a ação para declarar a nulidade do registro, contados da data da sua concessão". Discute-se, no entanto, se é aplicável a teoria dualista das nulidades – que divide os atos administrativos defeituosos em nulos e anuláveis – o que afastaria o decreto prescricional ao argumento de que os atos administrativos contaminados por vício de legalidade poderiam ser invalidados a qualquer tempo pela Administração, em decorrência de seu poder de autotutela. **Esta Corte Superior de Justiça tem entendido que, mesmo tratando-se de ato administrativo contaminado por nulidade, os efeitos dele decorrentes não podem ser afastados se entre a data de sua prática e o ajuizamento da ação já houve o transcurso do prazo prescricional previsto para incidência na correspondente hipótese fática, salvo flagrante inconstitucionalidade**. Nesse caminho, cumpre registrar que o diploma legal que trata especificamente de questões envolvendo direito de propriedade industrial – lei especial – contém regra expressa acerca da questão controvertida. Como tal dispositivo não dá margem a interpretações distintas e dele não se extrai qualquer diferenciação entre atos nulos e anuláveis, não cabe ao julgador fazê-lo, sob pena de limitar indevidamente o alcance da norma. Entender que a ação de nulidade seria imprescritível equivaleria a esvaziar completamente o conteúdo normativo do dispositivo invocado, fazendo letra morta da opção legislativa. **Ademais, a imprescritibilidade não constitui regra no direito brasileiro, sendo admitida somente em hipóteses excepcionalíssimas que envolvem direitos da personalidade, estado das pessoas, bens públicos. Os demais casos devem se sujeitar aos prazos prescricionais do Código Civil ou das leis especiais**.

Comentários

No presente caso, valem os comentários tecidos acerca do MS 19.070-DF, Rel. Min. Napoleão Nunes Maia Filho, Rel. Acd. Min. Og Fernandes, Primeira Seção, por maioria, julgado em 12/02/2020, DJe 27/03/2020, já que o núcleo da controvérsia foi, justamente a imprescritibilidade do poder da Administração Pública de revisar os seus atos quando flagrantemente ilegais. É importante frisar que, no presente julgado não estamos diante de vício de inconstitucionalidade, mas de ilegalidade.

Na verdade, foi identificada pelo juízo de piso violação direta ao artigo 124, VI da Lei de Propriedade Industrial – LPI, já que a parte ré teve deferido em seu favor o registro de marca em desacordo com a vedação expressa no referido dispositivo legal. Ocorre que a Corte Superior não vislumbrou **inconstitucionalidade** flagrante no ato administrativo objeto da demanda, razão pela qual, em que pese tenha sido vislumbrada **ilegalidade**, reconheceu a prescrição, nos termos do artigo 174 da LPI, que assim dispõe:

> Art. 174. Prescreve em 5 (cinco) anos a ação para declarar a nulidade do registro, contados da data da sua concessão.

Inexistindo violação direta ao texto constitucional, a Corte acabou por prestigiar a segurança jurídica, ante o longo período transcorrido desde a prática do ato administrativo viciado e a sua contestação judicial.

2.3. Informativo n. 529. DIREITO ADMINISTRATIVO. MOTIVAÇÃO POSTERIOR DO ATO DE REMOÇÃO *EX OFFICIO* DE SERVIDOR

O vício consistente na falta de motivação de portaria de remoção ex officio de servidor público pode ser convalidado, de forma excepcional, mediante a exposição, em momento posterior, dos motivos idôneos e preexistentes que foram a razão determinante para a prática do ato, ainda que estes tenham sido apresentados apenas nas informações prestadas pela autoridade coatora em mandado de segurança impetrado pelo servidor removido. De fato, a remoção de servidor público por interesse da Administração Pública deve ser motivada, sob pena de nulidade. Entretanto, consoante entendimento doutrinário, nos casos em que a lei não exija motivação, **não se pode descartar alguma hipótese excepcional em que seja possível à Administração demonstrar de maneira inquestionável que: o motivo extemporaneamente alegado preexistia; que era idôneo para justificar o ato;** e que o motivo foi a razão determinante da prática do ato. Se esses três fatores concorrem, há de se entender que o ato se convalida com a motivação ulterior. Precedentes citados: REsp 1.331.224-MG, Segunda Turma, DJe 26/2/13; MS 11.862-DF, Primeira Seção, DJe 25/5/09. AgRg no RMS 40.427-DF, Rel. Min. Arnaldo Esteves Lima, julgado em 3/9/2013.

Comentários

Não se deve confundir motivo, enquanto elemento formativo dos atos administrativos, com a motivação. Esta é somente a exposição dos motivos do ato, ou seja, a fundamentação do ato administrativo, estabelecendo a correlação lógica entre a situação descrita em lei e os fatos efetivamente ocorridos. Representa uma justificativa à sociedade, estabelecendo a razão de prática daquela conduta.

A explicitação dos motivos integra a "formalização do ato" e é feita pela autoridade administrativa, competente para sua prática. Sendo assim, pode-se estabelecer que o ato praticado sem a motivação devida contém um vício no elemento forma. Com efeito, devem ser analisadas duas hipóteses diversas, a saber:

- O ato administrativo foi praticado com a devida motivação, no entanto, os motivos apresentados são falsos ou não encontram correspondência com a justificativa legal para a prática da conduta. Nestes casos, pode-se definir que o ato é viciado, por ilegalidade no elemento motivo.
- O ato é praticado em decorrência de situação fática verdadeira e revista em lei como ensejadora da conduta estatal, todavia, o administrador público não realizou a motivação do ato, apresentado as razões que justificaram sua edição. Trata-se de ato com vício no elemento forma.

Pela lei 9.784/99, conforme disposto em seu art. 50, a motivação é obrigatória para todos os atos administrativos que neguem, limitem ou afetem direitos ou interesses, imponham ou agravem deveres, encargos ou sanções, decidam processos administrativos de concurso ou seleção pública, dispensem ou declarem a inexigibilidade de processo licitatório, decidam recursos administrativos, decorram de reexame de ofício, deixem de aplicar jurisprudência firmada sobre a questão ou discrepem de pareceres, laudos, propostas e relatórios oficiais e para os atos que importem anulação, revogação, suspensão ou convalidação de ato administrativo.

A doutrina majoritária, embasada no art. 50 da lei 9.784/99, se posiciona no sentido de que a motivação é obrigatória a todos os atos administrativos, configurando um princípio implícito na

Constituição Federal. Portanto, os atos administrativos devem ser motivados, sendo uma regra expor as razões de fato e de direito que deram motivo ao ato.

Outrossim, é importante frisar que o motivo é elemento do ato administrativo que geralmente possui feição discricionária, ensejando uma margem de escolha ao agente público, desde que observados, apenas, os limites impostos pela norma, ressalvados os atos vinculados, nos quais todos os elementos estão postos na lei de forma objetiva.

Por derradeiro, não se pode esquecer que, muito embora a apresentação de motivos falsos ou inexistentes enseje a nulidade do ato em razão do vício de motivo, nos casos em que o ato depende de motivação e essa não é feita, o vício estará no elemento forma.

De fato, caso a Administração Pública se esqueça de realizar a motivação do ato administrativo, este estará inquinado de vício que atinge a sua forma (e não o seu motivo), razão pela qual, trata-se de nulidade passível de convalidação, a princípio.

Em voga no precedente em análise a possibilidade de a autoridade administrativa, em momento posterior à remoção de ofício dos impetrantes, motivar o ato impugnado e, com isso, convalidá-lo. Com base no entendimento de que a ausência de motivação é vício de forma, a Corte entendeu possível a convalidação, **desde que fique demonstrado, de maneira inquestionável, que os motivos eram idôneos, determinantes e existiam à época em que o ato foi praticado.**

2.4. Informativo nº 0524. DIREITO ADMINISTRATIVO. CONVALIDAÇÃO DE VÍCIO DE COMPETÊNCIA EM PROCESSO LICITATÓRIO.

Não deve ser reconhecida a nulidade em processo licitatório na hipótese em que, a despeito de recurso administrativo ter sido julgado por autoridade incompetente, tenha havido a posterior homologação de todo o certame pela autoridade competente. Isso porque o julgamento de recurso por autoridade incompetente não é, por si só, bastante para acarretar a nulidade do ato e dos demais subsequentes, tendo em vista o saneamento da irregularidade por meio da homologação do procedimento licitatório pela autoridade competente. **Com efeito, o ato de homologação**

supõe prévia e detalhada análise de todo o procedimento, atestando a legalidade dos atos praticados, bem como a conveniência de ser mantida a licitação. Ademais, o vício relativo ao sujeito – competência – pode ser convalidado pela autoridade superior quando não se tratar de competência exclusiva. REsp 1.348.472-RS, Rel. Min. Humberto Martins, julgado em 21/5/2013.

Comentários

O precedente discute a nulidade de processo licitatório em decorrência do julgamento de recurso administrativo por autoridade incompetente, ato que, posteriormente, foi homologado pela autoridade competente.

Em determinadas situações, é possível a correção do vício de ato administrativo. Nestas situações, diz-se ser caso de nulidade relativa, pois o vício é sanável. Por sua vez, o ato é tido por anulável e não nulo, consoante previamente analisado. A correção do vício e consequente manutenção do ato deve sempre atender ao interesse público e, caso isso se configure, será possível a convalidação do ato viciado.

Com efeito, **se o interesse público exigir e for sanável o vício, o ato administrativo pode ser convalidado, em razão da oportunidade e conveniência, desde que a convalidação não cause prejuízos a terceiros**. Dessa forma, para que se admita a convalidação de um ato administrativo, devem-se fazer presentes os dois requisitos, a saber, o vício do ato se tratar de vício sanável e a convalidação não causar prejuízos a terceiros interessados no processo nem à própria Administração Pública.

Neste sentido, o art. 55, da lei 9.784/99 dispõe que "*Em decisão na qual se evidencie não acarretarem lesão ao interesse público nem prejuízo a terceiros, os atos que apresentarem defeitos sanáveis poderão ser convalidados pela própria Administração*".

Assim, a doutrina passou a entender que, quando é o caso de nulidade sanável, ou seja, **vícios de forma e de competência**, devem ser corrigidos **se for mais interessante ao interesse público e causar menos prejuízo do que a sua anulação**. Nestes casos, consertado o vício, o ato produz efeitos licitamente, desde a sua origem, podendo-se definir, portanto, que a convalidação opera efeitos *ex tunc*, retroagindo à data de edição do ato para que sejam resguardados os efeitos pretéritos desta conduta.

A doutrina costuma definir que a convalidação feita pela mesma autoridade que havia praticado o ato originariamente deve ser designada como **ratificação**, como ocorre se o agente público, verificando um vício na formalização do ato, determina o seu conserto. Por sua vez, a convalidação efetivada por ato de outra autoridade recebe o nome de **confirmação**.

CAPÍTULO 4

AGENTES PÚBLICOS

1. SÚMULAS

> **Súmula nº 97** – Compete à justiça do trabalho processar e julgar reclamação de servidor público relativamente a vantagens trabalhistas anteriores à instituição do Regime Jurídico Único.

Os regimes jurídicos que vinculam os servidores celetistas e estatutários com a administração pública são bastante distintos entre si. O **servidor celetista** é aprovado no concurso e, posteriormente, convocado a assinar um **contrato de emprego**. Todos os seus direitos e obrigações estão previstos no contrato, desde que respeitadas as regras mínimas estipuladas na CLT e, no âmbito federal, na Lei 9.962/00. Logo, sua relação com o Poder Público é contratual e neste acordo estão definidas todas as regras dispostas neste vínculo. Trata-se, portanto, de uma relação jurídica contratual, bastante semelhante aos contratos de trabalho convencionais.

Já o **servidor estatutário**, após aprovação em concurso público, é convocado, mediante ato de nomeação, a tomar posse, assumindo, em decorrência deste ato, um cargo público. Este agente não celebra contrato com a Administração Pública, estando seus direitos e obrigações previstos em diplomas legais específicos, denominados **estatutos**. No âmbito federal, a Lei 8.112/90 é o estatuto que trata dos servidores civis. Logo, não há uma relação individualizada ou contratual, sendo o vínculo jurídico responsável por definir os direitos e obrigações decorrentes diretamente da lei.

A discussão judicial que motivou a edição da Súmula 97 ganhou especial relevância nos primeiros anos de vigência da Constituição Federal, quando muitos servidores, que ingressaram no serviço público sob o regime de emprego, tiveram seus vínculos convertidos em estatutário. A existência de um período de vínculo contratual celetista sucedido, sem solução de continuidade, pelo vínculo estatutário suscitou enorme celeuma acerca da competência para julgamento das demandas judiciais daí decorrentes.

O cerne da questão submetida ao STJ foi a definição da regra de competência, considerando a peculiaridade dos servidores com duplo vínculo. Conforme a Constituição Federal, a Justiça do Trabalho é competente para processar e julgar as ações decorrentes da relação de emprego, submetidas, portanto, ao regime celetista e a Justiça Federal, competente para processar e julgar as demandas em que a União, autarquias ou empresas públicas federais forem partes, exceto as de falência, as de acidente de trabalho e as sujeitas à Justiça Eleitoral e à **do Trabalho.**

As competências da Justiça do Trabalho são especiais, ao passo que as competências da Justiça Federal são residuais. Trata-se de competência estabelecida em razão da matéria. Portanto, a fixação do juízo competente se dá com base na análise do pedido e da causa de pedir, não tendo necessária relação com os sujeitos do processo. A natureza do vínculo empregatício (contratual ou estatutário) é de fundamental importância na divisão das competências das justiças comum e do trabalho.

Portanto, não é correto afirmar que toda e qualquer ação envolvendo a União e agente público é de competência da Justiça do Trabalho. Competem à Justiça do Trabalho as demandas que decorram do vínculo contratual celetista, ainda que de servidores que posteriormente se tornaram estatutários. Sobre o tema, o STF julgou a ADI 3395 estabelecendo, acerca do artigo 114, I da CF, que *"a interpretação adequadamente constitucional da expressão "relação do trabalho" deve excluir os vínculos de natureza jurídico-estatutária, em razão do que a competência da Justiça do Trabalho não alcança as ações judiciais entre o Poder Público e seus servidores"*.

Sobre a atualidade e relevância do tema em discussão, é importante relembrar que, com as alterações promovidas pela Emenda Constitucional 19/1998, e a posterior decisão do STF na ADI 2135, o entendimento sumulado do STJ sobre o tema voltou a ganhar relevância. Isto porque, em 1998, com a aprovação e publicação da Emenda Constitucional n.19, as regras anteriormente definidas foram alteradas e foi abolida a exigência do regime jurídico único na Administração Direta, autárquica e fundacional, passando-se a admitir, a convivência de servidores de ambos os regimes no mesmo órgão ou entidade. Assim, por meio de lei a ser expedida por cada um dos entes federativos, ficariam definidos quais os regimes a serem aplicados aos seus servidores, podendo haver a contratação de empregados e nomeação de estatutários simultaneamente.

A ADI 2135 foi proposta com a intenção de declarar inconstitucional a Emenda Constitucional n. 19/98, sob a alegação de incompatibilidade formal com a Carta Magna, em razão da violação do art. 60, § 2º do diploma constitucional. Em 02 de agosto de 2007, o Supremo Tribunal Federal concedeu a medida cautelar para suspender, até a decisão final da ação, a eficácia da nova redação conferida pela Emenda ao art. 39 da Constituição Federal, em virtude de aparente vício formal de tramitação da norma contestada. Com isso, todos os servidores que ingressaram no serviço público antes da decisão liminar proferida na ADI 2135, sob o regime de empregos públicos, mantêm o seu vínculo inalterado, haja vista a **irretroatividade** da decisão proferida. Por óbvio, o Supremo Tribunal Federal poderá determinar, na decisão final, a conversão do regime.

Súmula nº 137 - Compete à justiça comum estadual processar e julgar ação de servidor público municipal, pleiteando direitos relativos ao vínculo estatutário.

Sobre o enunciado, são pertinentes os mesmos comentários tecidos sobre a súmula 97.

Súmula nº 170 - Compete ao juízo onde primeiro for intentada a ação envolvendo acumulação de pedidos, trabalhista e estatutário, decidi-la nos limites da sua jurisdição, sem prejuízo do ajuizamento de nova causa, com o pedido remanescente, no juízo próprio.

Consagrando, mais uma vez as diferenças nos regimes jurídicos estatutário e celetista e os seus reflexos nas competências das Justiça comum e do Trabalho, o enunciado em questão impede a cumulação de pedidos quando o mesmo servidor demanda a administração pública relativamente a vínculos de naturezas distintas.

Muito embora a literalidade do enunciado aparentemente sugira que um juízo deva se pronunciar primeiro e o outro depois, vale esclarecer que, estamos diante de demandas autônomas. O enunciado em questão trata apenas da impossibilidade de cumulação de pedidos relativos aos vínculos celetista e estatutário, já que tais pedidos estão submetidos, em razão da matéria, a competências de juízos distintos. Em se tratando de pedidos independentes e autônomos, cada demanda deve ser ajuizada a partir de quando for configurada a lesão do direito a ser tutelado.

Portanto, as demandas, em princípio, podem tramitar simultaneamente, evitando, com isso, o reconhecimento da prescrição, em decorrência do princípio da *actio nata,* amplamente reconhecido pela jurisprudência do STJ (*vide p. ex. REsp 1270439 / PR; REsp 1028592 / RS; REsp 1722506 / MS).*

No mais, também aqui são pertinentes os comentários tecidos sobre a súmula 97.

Súmula nº 173 - Compete a justiça federal processar e julgar o pedido de reintegração em cargo público federal, ainda que o servidor tenha sido dispensado antes da instituição do Regime Jurídico Único.

O entendimento consagrando pela Corte baseia-se na ideia de que a decisão judicial produzida gerará efeitos impactantes no regime estatutário, já que o servidor será reintegrado sob o vínculo estatutário.

É importante anotar que nesse tipo de demanda, toda a matéria discutida gira em torno da dispensa do servidor, sendo que tal ato ocorreu sob o manto do vínculo celetista, porém a decisão final, em caso de procedência da ação, reintegrará o servidor no cargo, que, atualmente submete-se ao Regime Jurídico Único.

Entendemos que tal entendimento não se amolda aos contornos constitucionais surgidos a partir das Emenda Constitucional n. 45/2004, que deu a seguinte redação ao artigo 114, I da Constituição:

> *Art. 114. Compete à Justiça do Trabalho processar e julgar:*
>
> *I as ações oriundas da relação de trabalho, abrangidos os entes de direito público externo e da administração pública direta e indireta da União, dos Estados, do Distrito Federal e dos Municípios;*

O referido dispositivo, como dito alhures, já foi objeto de apreciação em controle concentrado pelo no julgamento da ADI 3395 estabelecendo que *"a interpretação adequadamente constitucional da expressão "relação do trabalho" deve excluir os vínculos de natureza jurídico-estatutária, em razão do que a competência da Justiça do Trabalho não alcança as ações judiciais entre o Poder Público e seus servidores"*. Como consequência lógica do entendimento consagrado pelo STF, as ações que tenham causa de pedir atrelada a questões relativas ao vínculo contratual celetista serão de competência da Justiça do Trabalho.

No que tange ao entendimento sumulado em questão, o pano de fundo é a dispensa do empregado público (celetista), antes da conversão para o regime estatutário. Dessa forma, ainda que a reintegração, decorrente da eventual procedência do pedido, implique no retorno do servidor sob o regime estatutário, a causa de pedir e o pedido da ação ensejam a revisão de atos praticados pela administração sob a égide da relação contratual com o servidor.

Portanto, no nosso sentir, tal entendimento está superado, em virtude das alterações promovidas no texto constitucional pela Emenda n.45, referendadas e interpretadas pelo Supremo Tribunal Federal.

Súmula nº 218 - Compete à justiça dos estados processar e julgar ação de servidor estadual decorrente de direitos e vantagens estatutárias no exercício de cargo em comissão.

É pacífico o entendimento de que o cargo público se configura uma unidade de competência à qual será atribuído um plexo de atribuições e que deve ser criado mediante lei e assumido por um determinado agente, com vínculo estatutário, de natureza profissional e permanente, para execução das atividades a ele inerentes.

O cargo em comissão, por sua vez, é a unidade indivisível de atribuições, prevista na estrutura organizacional do estado, para execução de atribuições de direção, chefia ou assessoramento, ou seja, funções que exigem a confiança direta e pessoal da autoridade pública. Em virtude desta situação, tais cargos podem ser preenchidos por quaisquer pessoas, integrantes ou não dos quadros da Administração Pública, mediante nomeação livre, sem a necessidade de prestação de concurso público ou qualquer procedimento seletivo, ainda que simplificado. Por se tratar de relação de confiança entre agentes, a exoneração do servidor ocupante deste cargo é de livre iniciativa de sua chefia, sem a necessidade de qualquer motivação ou garantia de contraditório.

Posto isso, e não restando dúvidas da acerca do regime estatutário ao qual se submetem os cargos em comissão, nada mais nos resta comentar além de tudo o quanto foi dito linhas acima, que nos leva a conclusão simples de que as demandas de agentes públicos que visem a discussão acerca de direitos e vantagens do regime estatutário são de competência da justiça comum.

Súmula nº 266 - O diploma ou habilitação legal para o exercício do cargo deve ser exigido na posse e não na inscrição para o concurso público.

Súmula nº 346 - É vedada aos militares temporários, para aquisição de estabilidade, a contagem em dobro de férias e licenças não-gozadas. (Súmula 346, TERCEIRA SEÇÃO, julgado em 13/02/2008, DJe 03/03/2008)

O entendimento sumulado representa a pacificação do entendimento da 3ª Seção do STJ, acerca da contagem de tempo ficta, para fins de aquisição de estabilidade de servidor público militar temporário. A tese debatida girava em torno da possibilidade de aplicação conjunta dos artigos 50, IV e 137, IV, V, § 2º da Lei 6.880/1980 de forma a viabilizar a contagem de tempo em dobro das férias e licenças não gozadas (art. 137, IV e V) para fins de contagem de tempo para estabilidade prevista no art. 50, IV da mesma lei.

A Corte barrou o entendimento que acatava a contagem ficta do tempo de efetivo serviço considerando, dentre outras razões, que o Estatuto dos Militares diferencia os termos "anos de serviço" e "tempo de efetivo serviço". Tempo de efetivo serviço, conforme o texto da lei, é restritivo, não admitindo a contagem ficta, para qualquer fim. Ademais, o artigo 50 do Estatuto dos Militares, é expresso ao exigir 10 anos de **efetivo serviço** para o alcance da estabilidade. Por isso, foi afastada a aplicação do artigo 137, em comento, já que o dispositivo prevê a contagem de tempo ficta somente deve ser computada no para fins de inatividade, sendo inviável a sua interpretação extensiva aos casos de estabilidade.

Portanto, o entendimento sumulado acabou por privilegiar a legalidade estrita, promovendo a interpretação literal da lei.

Súmula nº 377 – O portador de visão monocular tem direito de concorrer, em concurso público, às vagas reservadas aos deficientes.

Essa súmula deve ser analisada juntamente com a Súmula 552, abaixo transcrita.

Súmula nº 552 – O portador de surdez unilateral não se qualifica como pessoa com deficiência para o fim de disputar as vagas reservadas em concursos públicos. Corte Especial, aprovada em 4/11/2015, DJe 9/11/2015.

A surdez unilateral não é considerada como deficiência, nos termos do artigo 4º, II, do Decreto nº 3298/1999, que regulamenta a Lei no 7853/1989, dispõe sobre a Política Nacional para a Integração da Pessoa Portadora de Deficiência.

> *Art. 4º É considerada pessoa portadora de deficiência a que se enquadra nas seguintes categorias:*
>
> *II – deficiência auditiva – perda bilateral, parcial ou total, de quarenta e um decibéis (dB) ou mais, aferida por audiograma nas freqüências de 500HZ, 1.000HZ, 2.000Hz e 3.000Hz;*

> *III – deficiência visual – cegueira, na qual a acuidade visual é igual ou menor que 0,05 no melhor olho, com a melhor correção óptica; a baixa visão, que significa acuidade visual entre 0,3 e 0,05 no melhor olho, com a melhor correção óptica; os casos nos quais a somatória da medida do campo visual em ambos os olhos for igual ou menor que 60º; ou a ocorrência simultânea de quaisquer das condições anteriores;*

Portanto, tanto a Súmulas 377 e 552, refletem meramente a aplicação do princípio da legalidade pela Corte.

Súmula nº 378 – Reconhecido o desvio de função, o servidor faz jus às diferenças salariais decorrentes.

Trata-se de entendimento consolidado na jurisprudência do STJ, em consonância com a Constituição e com a jurisprudência pacífica do Supremo Tribunal Federal em relação ao qual alguns aspectos merecem ressalto.

Ao nosso sentir a matriz teleológica norteadora do firme entendimento da Corte está no princípio da **vedação ao enriquecimento sem causa**. A administração pública, obrigada à realização de concurso público para suprimento das suas necessidades de pessoal, não pode valer-se do desvio funcional de servidores ocupantes de outros cargos para, com isso, locupletar-se, mediante o pagamento de remuneração inferior.

Sob o viés do princípio da legalidade, também nos parece intuitivo afirmar que a estrutura de cargos e funções do serviço público encontra a sua matriz na Lei. O aproveitamento de servidores para a realização de funções não atribuídas aos seus respectivos cargos viola o princípio da legalidade de forma direta. Dessa forma, ainda que não houvesse o locupletamento do Erário, não poderia ser admitido o desvio funcional por violação ao princípio da legalidade.

Nesse sentido, vale a transcrição do relato, divulgado no informativo nº 530, relativo ao julgamento do RMS nº37.248-SP, da relatoria do Ministro Mauro Campbell Marques, julgado em 27/08/2013.

> DIREITO ADMINISTRATIVO. DESVIO DE FUNÇÃO NO SERVIÇO PÚBLICO. A Administração Pública não pode, sob a simples alegação de insuficiência de servidores em determinada unidade, designar servidor para o exercício de atribuições diversas daquelas referentes ao cargo para o qual fora nomeado após aprovação em concurso. O administrador deve agir de acordo com o que estiver expresso em lei, devendo designar cada servidor para exercer as atividades que correspondam àquelas legalmente previstas. Apenas em circunstâncias excepcionais previstas em lei – o que não ocorre na situação em análise –, poderá o servidor público desempenhar atividade diversa daquela pertinente ao seu cargo. Inexistindo as circunstâncias excepcionais, tem o servidor público o direito de ser designado para exercer as atividades correspondentes ao cargo para o qual tenha sido aprovado. RMS 37.248-SP, Rel. Min. Mauro Campbell Marques, julgado em 27/8/2013.

No mais, é importante frisar que a consequência jurídica decorrente do desvio funcional é o direito do Agente Público de perceber as diferenças remuneratórias, sem direito a reenquadramento e, principalmente, sem direito de permanecer exercendo funções estranhas ao cargo para o qual não prestou concurso público. Isto porque, entendimento distinto implicaria, por via transversa, admitir a ascensão funcional, em inobservância, não apenas da Constituição Federal, mas também da Súmula Vinculante nº 43 do STF, que prevê:

> *É inconstitucional toda modalidade de provimento que propicie ao servidor investir-se, sem prévia aprovação em concurso público destinado ao seu provimento, em cargo que não integra a carreira na qual anteriormente investido.*

Súmula nº 514 – A CEF é responsável pelo fornecimento dos extratos das contas individualizadas vinculadas ao FGTS dos Trabalhadores participantes do Fundo de Garantia do Tempo de Serviço, inclusive para fins de exibição em juízo, independentemente do período em discussão. (Súmula 514, PRIMEIRA SEÇÃO, julgado em 14/08/2014, DJe 18/08/2014)

A partir da vigência da Lei 8036/1990, a Caixa Econômica Federal foi alçada à condição de agente operadora do FGTS, competindo-lhe, nos termos dos artigos 7º, I, c/c art. 12 da referida lei, assumir o controle de todas as contas vinculadas dos trabalhadores brasileiros. Assim, ficou extinto, sem solução de continuidade, o regime jurídico anterior, em que todos os bancos poderiam atuar na condição de agentes operadores do FGTS, recebendo depósitos e mantendo contas vinculadas do FGTS. Com o advento da Lei 8036/1990 promoveu-se a centralização dos recursos e a gestão das contas vinculadas junto à Caixa Econômica Federal.

O Decreto n.º 99.684/90, na parte em que regulamentou a transferência das contas para a CAIXA, estabeleceu que os bancos depositários deveriam informar, de forma detalhada, toda movimentação ocorrida nas contas vinculadas sob sua responsabilidade. Dessa forma, com a centralização das contas, todo o histórico contábil anteriormente mantido pelos bancos depositários, foi transferido para a CAIXA, que, por sua vez, passou a ser responsável por manter o histórico das contas vinculadas desde a abertura.

Ocorre que, em razão da sucessão de planos econômicos ocorrida no final da década de 80 e início da década de 90, uma verdadeira avalanche de ações judiciais foram ajuizadas visando a recomposição de saldos do FGTS com juros progressivos de 3% para 6% e correção monetária, em virtude dos expurgos inflacionários praticados nos PLANOS ECONÔMICOS editados em 1989 e 1990 (Verão e Collor). Com isso, surgiu a dificuldade na produção de prova, uma vez que são necessários os extratos analíticos mensais, desde a abertura, das contas vinculadas, notadamente nas ações envolvendo os juros progressivos.

Portanto, em decorrência dos dispositivos legais em comento, a jurisprudência do STJ firmou-se no sentido de atribuir o ônus da prova exclusivamente à Caixa Econômica Federal. Com isso, em razão do enunciado da Súmula 514 do STJ, fica afastada a responsabilidade dos trabalhadores, e dos antigos bancos depositários quanto à apresentação dos extratos das contas vinculadas.

Súmula nº 571 – A taxa progressiva de juros não se aplica às contas vinculadas ao FGTS de trabalhadores qualificados como avulsos. (Súmula 571, PRIMEIRA SEÇÃO, julgado em 27/04/2016, DJe 02/05/2016)

A taxa progressiva de juros foi criada juntamente com o Fundo de Garantia por Tempo de Serviço, conforme o artigo 4º da Lei 5.107/1966. Trata-se do direito inerente aos trabalhadores optantes que consiste na progressão da capitalização dos juros, variando de 3% a 6%, em função do tempo de vínculo empregatício na mesma empresa.

A lei 5706/1971 extinguiu o regime de progressividade da taxa de juros das contas vinculadas, mas garantiu aos trabalhadores optantes a manutenção do regime, bem como aos não optantes o direito de fazer a opção retroativa, inclusive com direito à progressividade. Portanto, as novas contas vinculadas, surgidas a partir da vigência da Lei 5706/1971, já não fazem jus à progressividade.

A lei 8036/90, que atualmente regula o FGTS, da mesma forma, garante às contas surgidas até 22 de setembro de 1971, o regime jurídico da progressividade.

A matéria sumulada diz respeito às contas vinculadas surgidas até 22 de setembro de 1971, de titularidade dos trabalhadores avulsos. O entendimento da Corte foi firmado contrariamente à pretensão dos trabalhadores, em observância à estrita legalidade, uma vez que os avulsos, por natureza, não possuem vínculo empregatício. Dessa forma, como a progressividade foi criada como um prêmio em razão do tempo de vínculo empregatício na mesma empresa, tal direito foi negado aos avulsos.

Súmula nº 578 – Os empregados que laboram no cultivo da cana-de-açúcar para empresa agroindustrial ligada ao setor sucroalcooleiro detêm a qualidade de rurícola, ensejando a isenção do FGTS desde a edição da Lei Complementar n. 11/1971 até a promulgação da Constituição Federal de 1988. (Súmula 578, PRIMEIRA SEÇÃO, julgado em 22/06/2016, DJe 27/06/2016)

2. ACUMULAÇÃO DE CARGOS

2.1. Informativo nº 0518. DIREITO ADMINISTRATIVO. ACUMULAÇÃO DE CARGOS DE MÉDICO MILITAR COM O DE PROFESSOR DE INSTITUIÇÃO PÚBLICA DE ENSINO.

Caso exista compatibilidade de horários, é possível a acumulação do cargo de médico militar com o de professor de instituição pública de ensino. Com base na interpretação sistemática dos arts. 37, XVI, "c", 42, § 1°, e 142, § 3°, II, da CF, **a jurisprudência do STJ admite a acumulação, por militares, de dois cargos privativos de médico ou profissionais de saúde, desde que o servidor não desempenhe funções típicas da atividade castrense.** Nesse contexto, conclui-se que o fato de o profissional de saúde integrar os quadros de instituição militar não configura, por si só, impedimento à acumulação de cargos. **No entanto, ela só será possível nas hipóteses previstas no art. 37, XVI, da CF, entre as quais se encontra a autorização de acumulação de um cargo de professor com outro técnico ou científico.** Desse modo, deve-se considerar lícito, caso haja compatibilidade de horários, o acúmulo remunerado de um cargo de médico e outro de professor. Isso porque aquele possui natureza científica e sua ocupação pressupõe formação em área especializada do conhecimento, dotada de método próprio, de modo a caracterizar um cargo "técnico ou científico", na forma em que disposto na alínea "b" do inciso XVI do art. 37 da CF. **Ademais, não parece razoável admitir a acumulação de um cargo de professor com outro técnico ou científico por um lado e, por outro, eliminar desse universo o cargo de médico, cuja natureza científica é indiscutível.** RMS 39.157-GO, Rel. Min. Herman Benjamin, julgado em 26/2/2013.

Comentários

Trata-se de precedente isolado da Segunda Turma do STJ, julgado em 2013, antes da promulgação das Emendas constitucionais nº77 de 2014 e 101/2019, que ampliaram as possibilidades de acumulação de cargos pelos servidores Militares. As referidas Emendas, considerando o mérito das modificações implementadas no texto constitucional, tornaram o precedente sob foco bastante atual. Isto porque, se em 2013 o precedente valeu-se de interpretação bastante ampliativa do texto constitucional, atualmente, as conclusões nele contidas encontram amparo na literalidade da Carta Magna, ao menos no que diz respeito aos militares estaduais.

Na redação original da Constituição, não obstante não houvesse qualquer distinção constitucional acerca da acumulação de cargos de profissionais de saúde, no que tange à carreira na qual o cargo estivesse inserido, havia uma discussão acerca da aplicação do art. 37, XVI, "C" da Constituição Federal aos militares que atuassem no exercício da função de médico.

Com efeito, alguns defendiam a impossibilidade de acumulação de cargos de profissionais de saúde quando um deles fosse exercido dentro de uma carreira militar, diante da incompatibilidade de regimes em relação aos cargos civis. No julgamento do RMS 39.157-GO, da relatoria do Ministro. Herman Benjamin, ora em comento, o STJ foi bem além da divergência doutrinária da época, que se restringia à possibilidade de acumulação de dois cargos de médico, sendo um civil e um militar, entendendo que seria possível a acumulação de um cargo de médico, por se tratar de cargo técnico-científico, com um cargo de professor.

Contudo, em 11 de fevereiro de 2014, foi publicada a Emenda Constitucional n. 77 que tratou do tema, deixando clara a possibilidade de acumulação de cargos de médico, na atividade militar, com cargo público de médico em carreiras públicas civis, em razão da alteração do art. 142, § 3º, II da Carta Magna.

Ademais, como forma de compatibilizar os regimes, o art. 142, § 3º, VIII define que, havendo a acumulação de cargos constitucionalmente admitida, haverá a prevalência do serviço militar.

Atualmente, após a promulgação da Emenda Constitucional 101/2019, diferentemente do que ocorre para os militares das forças armadas, em relação aos militares dos Estados, Distrito Federal e territórios, a possibilidade de acumulação de cargos se torna mais ampla, não abrangendo somente os cargos de médico. Isso porque, com a alteração da Carta magna, o artigo 42, § 3º passa a dispor que "Aplica-se aos militares dos Estados, do Distrito Federal e dos Territórios o disposto no art. 37, inciso XVI, com prevalência da atividade militar".

Dessa forma, além da possibilidade acumulação de cargos pelos profissionais de saúde, os militares estaduais, poderão se valer de todas as hipóteses previstas no artigo 37, XVI da Constituição, quais sejam: a) a de dois cargos de professor; b) a de um cargo de professor com outro técnico ou científico; c) a de dois cargos ou empregos privativos de profissionais de saúde, com profissões regulamentadas. militar estadual de nível superior, por exemplo, poderá cumular seu cargo com um outro de professor.

2.2. Informativo n. 646. PROCESSO REsp 1.767.955-RJ, Rel. Min. Og Fernandes, por unanimidade, julgado em 27/03/2019, DJe 03/04/2019

DESTAQUE A acumulação de cargos públicos de profissionais da área de saúde, prevista no art. 37, XVI, da CF/1988, não se sujeita ao limite de 60 horas semanais.

Este julgamento, em que pese não tenha sido processado sob o rito dos recursos repetitivos, marca a mudança de entendimento do Superior Tribunal de Justiça acerca da incompatibilidade de horários ficta. Essa mudança de entendimento promove o alinhamento da jurisprudencial do STJ e do STF. Isto porque, o STF já vinha se manifestando no mesmo sentido, conforme se verifica nos julgados RE 1094802 AgR, ARE 859484 AgR, MS 31256, RE 679027 AgR, RE 1023290 AgR.

Comentários

De acordo com o texto constitucional, em princípio, não é possível acumular cargos nem empregos públicos de qualquer ente da administração direta ou indireta da União, dos Estados, dos Municípios e do Distrito Federal. Logo, quando a Constituição Federal proíbe a acumulação de cargo ou emprego, tal proibição abrange os servidores estatutários, os celetistas, assim como os servidores temporários contratados nos moldes do art. 37, IX da Carta da República.

Ficam ressalvadas as situações constitucionalmente postas, a serem analisadas individualmente. Dessa forma, cumpridos alguns requisitos legais, é possível a acumulação de cargos e empregos públicos em cinco situações, quais sejam:

a) dois cargos de professor, havendo permissão expressa no art. 37, XVI, da Constituição da República para os servidores que atuam na atividade de magistério;

b) um cargo de professor com outro técnico ou científico, sendo que, no que tange a esta regra, o Superior Tribunal de Justiça vem entendendo que os cargos técnicos ou científicos, para fins de acumulação, são aqueles que exigem, para o seu regular preenchimento, **nível superior ou formação técnica especializada**, não bastando ter a nomenclatura de técnico, para que seja aplicada a exceção;

c) dois cargos ou empregos privativos de profissionais de saúde, com profissões regulamentadas. Trata-se de alteração inserida pela EC n. 34/2001, haja vista o texto originário da Constituição somente admitir a acumulação para cargos de médico. Com a ampliação, todos os cargos decorrentes de profissões de saúde podem-se beneficiar da exceção. Neste caso, o art. 142, § 3º, II da Constituição Federal, alterada em 2014, passou a definir a possibilidade de cumulação dos referidos cargos, mesmo em se tratando de profissionais de saúde em carreiras militares. Sendo assim, um agente que exerce a atividade de médico militar pode acumular suas funções com outro cargo público de médico de outra carreira militar ou civil, desde que haja compatibilidade de horários;

d) Um cargo de Magistrado ou membro do Ministério Público com um cargo de professor, nos moldes do artigo 95, parágrafo Único, I c/c artigo 128, § 5º, II, "d" da Carta Magna. Mesmo que não houvesse previsão expressa, a acumulação seria lícita em virtude da regra geral, por se tratarem de cargos científicos. A repetição da norma se dá, todavia, para que reste claro o fato de que estas carreiras também se beneficiam da ressalva constitucional;

e) Um cargo efetivo mais um cargo de vereador. Trata-se de acumulação permitida no art. 38 da Carta Magna entre cargos e natureza diversa, qual seja um cargo efetivo e um cargo político assumido mediante eleição popular. Cabe ressaltar que esta acumulação não abrange os demais cargos eletivos como prefeito ou deputado, situações nas quais o texto constitucional exige o afastamento do cargo efetivo.

Para que, em qualquer das hipóteses, a acumulação de cargos ou empregos públicos seja lícita, deve haver a demonstração de compatibilidade de horários, ou seja, o exercício da função de um dos cargos não pode obstar a prestação dos serviços inerentes ao outro, sob pena de a acumulação impedir a eficiência na execução da atividade estatal.

Cabe, ainda, salientar que, acerca do tema, que o Supremo Tribunal Federal defendia a existência de uma incompatibilidade ficta para acumulações que ultrapassassem 60 horas semanais, ainda que em turnos diversos, sob a alegação de que não seria eficiente o exercício de dois cargos que somados ultrapassassem essa carga horária. Porém, conforme exemplificam os procedentes supra citados, as Turmas que compõem o Supremo Tribunal Federal vem reiteradamente se posicionando "[...] no sentido de que a acumulação de cargos públicos de profissionais da área de saúde, prevista no art. 37, XVI, da CF/88, não se sujeita ao limite de 60 horas semanais previsto em norma infraconstitucional, pois inexiste tal requisito na Constituição Federal" (RE 1.094.802 AgR, Relator Min. Alexandre de Moraes, Primeira Turma, julgado em 11/5/2018, DJe 24/5/2018). O julgado sob foco representa o alinhamento dos entendimentos dos Tribunais Superiores no Brasil, não havendo grande inovação jurídica, até porque, as próprias razões do julgado deixam claro que a alteração da orientação se deu em acatamento ao entendimento anterior do STF.

No mesmo sentido, a AGU, em 2019 revogou e pediu a revisão do Parecer GQ-145 que limitava a 60h semanais a jornada total no acúmulo de cargos públicos. Assim, a nova redação impede somente que a soma dos cargos acumulados ultrapasse 80 horas semanais, sendo obviamente ilícita qualquer acumulação em que haja sobreposição entre os horários de início e fim da jornada de cada um dos cargos.

Portanto, em que pese a relevância da discussão, que possui bons fundamentos para ambos os lados, após o acatamento do entendimento pela Administração Pública Federal, a litigiosidade da discussão tende a acabar, e, o tema, desaparecer dos Tribunais Superiores.

3. REMUNERAÇÃO DOS SERVIDORES. ADICIONAIS, INDENIZAÇÕES E GRATIFICAÇÕES DEVIDOS AOS SERVIDORES PÚBLICOS

3.1. Informativo n. 644. PROCESSO REsp 1.569.560-RJ, Rel. Min. Herman Benjamin, Rel. Ac. Min. Og Fernandes, por maioria, julgado em 21/06/2018, DJe 11/03/2019

DESTAQUE O cômputo dos dez ou quinze minutos que faltam para que a "hora-aula" complete efetivamente uma "hora de relógio" não pode ser considerado como tempo de atividade extraclasse dos profissionais do magistério.

Comentários

A discussão travada no julgamento do REsp 1.569.560-RJ, da relatoria do Min. Herman Benjamin, e Relator para o Acórdão Ministro Og Fernandes, diz respeito à intepretação do artigo 2º, § 4º da Lei 11.738/2008, que estabelece o seguinte:

> Art. 2º O piso salarial profissional nacional para os profissionais do magistério público da educação básica será de R$ 950,00 (novecentos e cinqüenta reais) mensais, para a formação em nível médio, na modalidade Normal, prevista no art. 62 da Lei no 9.394, de 20 de dezembro de 1996, que estabelece as diretrizes e bases da educação nacional. (...)
>
> § 4º Na composição da jornada de trabalho, observar-se-á o limite máximo de 2/3 (dois terços) da carga horária para o desempenho das atividades de interação com os educandos.

O Supremo Tribunal Federal, no julgamento da ADI 4167, atestou a constitucionalidade do dispositivo, nos seguintes termos:

> Ementa: CONSTITUCIONAL. FINANCEIRO. PACTO FEDERATIVO E REPARTIÇÃO DE COMPETÊNCIA. PISO NACIONAL PARA OS PROFESSORES DA EDUCAÇÃO BÁSICA. CONCEITO DE PISO: VENCIMENTO OU REMUNERAÇÃO GLOBAL. RISCOS FINANCEIRO E ORÇAMENTÁRIO. JORNADA DE TRABALHO: FIXAÇÃO DO TEMPO MÍNIMO PARA DEDICAÇÃO A ATIVIDADES EXTRACLASSE EM 1/3 DA JORNADA. ARTS. 2º, §§ 1º E 4º, 3º, CAPUT,

> II E III E 8º, TODOS DA LEI 11.738/2008. CONSTITUCIONALIDADE. PERDA PARCIAL DE OBJETO. 1. Perda parcial do objeto desta ação direta de inconstitucionalidade, na medida em que o cronograma de aplicação escalonada do piso de vencimento dos professores da educação básica se exauriu (arts. 3º e 8º da Lei 11.738/2008). 2. É constitucional a norma geral federal que fixou o piso salarial dos professores do ensino médio com base no vencimento, e não na remuneração global. Competência da União para dispor sobre normas gerais relativas ao piso de vencimento dos professores da educação básica, de modo a utilizá-lo como mecanismo de fomento ao sistema educacional e de valorização profissional, e não apenas como instrumento de proteção mínima ao trabalhador. 3. **É constitucional a norma geral federal que reserva o percentual mínimo de 1/3 da carga horária dos docentes da educação básica para dedicação às atividades extraclasse**. Ação direta de inconstitucionalidade julgada improcedente. Perda de objeto declarada em relação aos arts. 3º e 8º da Lei 11.738/2008.

O cerne da questão discutida está na forma de contabilização do percentual de 1/3 de atividades extraclasse, assim compreendidas como as horas dispendida pelos docentes no estudo, planejamento de aulas, correção de provas, reuniões com os pais etc. O recurso do Estado do Rio de Janeiro, recorrente, pleiteou que o dispositivo legal fosse interpretado de forma a admitir que os 10 (atividade diurna) ou 15 (atividade noturna) minutos de diferença entre a hora "de relógio" e a hora-aula pudessem ser computados no percentual de um terço de atividades extraclasse.

A Corte afastou a tese do ente estatal, com base nas fundamentações do Ministro Og Fernandes, referendando o entendimento do Tribunal de origem, para afastar do computo do percentual de 1/3 as diferenças de 10 ou 15 minutos entre as aulas.

Nos parece lógica a conclusão da Corte, considerando que as frações intercaladas de 10 ou 15 minutos entre as aulas são imprestáveis às obtenções das finalidades legais. Entender de forma diferente seria o mesmo que negar vigência ao dispositivo, e desacato à decisão proferida pelo STF em controle concentrado.

3.2. Informativo 569. DIREITO ADMINISTRATIVO. FIXAÇÃO DE LIMITAÇÃO TEMPORAL PARA O RECEBIMENTO DE NOVA AJUDA DE CUSTO. RECURSO REPETITIVO (ART. 543-C DO CPC E RES. 8/2008-STJ). TEMA 538

A fixação de limitação temporal para o recebimento da indenização prevista no art. 51, I, da Lei 8.112/1990, por meio de normas infralegais, não ofende o princípio da legalidade.

A ajuda de custo é a indenização paga ao servidor público que se desloca da sede, de forma permanente, no interesse da administração pública, com mudança de domicílio, vedado o duplo pagamento de indenização, a qualquer tempo, no caso de o cônjuge ou companheiro que detenha também a condição de servidor, vier a ter exercício na mesma sede.

Também não visam custear os gastos com a mudança, uma vez que a lei determina que correm por conta da Administração Pública as despesas de transporte do servidor e de sua família, compreendendo passagem, bagagem e bens pessoais. O valor da ajuda de custo será definido pela administração pública e não pode ultrapassar o valor correspondente a 3 (três) meses de remuneração do servidor.

Em 31 de outubro de 2017, a Medida Provisória nº 805 (MP 805/17) passou a regulamentar que a ajuda de custo será paga no valor de uma remuneração mensal do servidor. Em casos de deslocamento para o exercício de cargos em comissão, será o valor de uma remuneração deste cargo a ser assumido.

A ajuda de custo é devida para aquele que, não sendo servidor público, for nomeado para exercer cargo em comissão em sede diferente da localidade em que tem residência. Por seu turno, o art. 55 da lei 8.112/90 define que "Não será concedida ajuda de custo ao servidor que se afastar do cargo, ou reassumi-lo, em virtude de mandato eletivo".

Diante do caráter de indenização, o servidor ficará obrigado a restituir a ajuda de custo quando, injustificadamente, não se apresentar na nova sede no prazo de 30 (trinta) dias. O prazo de devolução não está regulamentado por lei o que faz presumir que, caso a Administração Pública não defina, deve-se efetivar a devolução dos valores imediatamente.

Outrossim, saliente-se que, em caso de morte do servidor na nova sede, à sua família são assegurados ajuda de custo e transporte para a localidade de origem, deste que requerido dentro do prazo de 1 (um) ano, contado do óbito.

Por fim, o art. 53, § 3º da lei 8.112/90, que foi alterado pela Lei 12.998/14 define que não é devida a ajuda de custo nos casos em que houver remoção do servidor, a pedido, inclusive nas hipóteses em que o deslocamento é garantido independentemente do interesse da Administração Pública.

Comentários

No caso em análise a questão debatida diz respeito aos limites do poder regulamentar da Administração pública, mais precisamente, sobre a previsão, em regulamento, de limitação temporal para o recebimento da ajuda de custo, à luz do princípio da legalidade. O artigo 52 da Lei 8.112 estabelece que "os valores das indenizações estabelecidas nos incisos I a III do art. 51, assim como **as condições para a sua concessão**, serão estabelecidos em regulamento.".

A questão relevante que se coloca, ao nosso sentir, é definir se a legislador utilizou a expressão "regulamento", no sentido de exercício do Poder Regulamentar, ou, em sentido amplo, como exercício do Poder Normativo. Como se sabe, o Poder Regulamentar não é sinônimo de Poder Normativo, pois enquanto este regula uma série de atos normativos, aquele é o poder de expedir regulamentos. O Poder Regulamentar, que é espécie de poder normativo, é poder privativo do chefe do Executivo.

O entendimento consagrado pela Corte, não apenas interpretou o termo "regulamento" grafado no artigo 52 da Lei 8.112/90 como exercício do Poder Normativo, como também considerou legal o estabelecimento, por ato infralegal, de limitação temporal para a percepção da ajuda de custo.

3.3. Informativo nº 0514. DIREITO ADMINISTRATIVO. TERMO A *QUO* DO PRAZO PRESCRICIONAL PARA PLEITEAR INDENIZAÇÃO REFERENTE A FÉRIAS NÃO GOZADAS POR SERVIDOR PÚBLICO FEDERAL.

Se um servidor público federal passar à inatividade no serviço público, o prazo prescricional para pleitear indenização referente a férias não gozadas por ele tem início na data da sua inatividade.

Isso porque o termo inicial do prazo prescricional para pleitear indenização referente a férias não gozadas inicia-se com a impossibilidade de o servidor usufruí-las. Precedentes citados: AgRg no AREsp 185.117-BA, DJe 25/9/2012, e AgRg no RMS 22.246-ES, DJe 18/4/2012. AgRg no AREsp 255.215-BA, Rel. Min. Humberto Martins, julgado em 6/12/2012.

Comentários

É entendimento firme do STJ que a prescrição deve ser estudada à luz do princípio da *actio nata*. Esse princípio se sustenta na ideia de que o direito de ação surge com a efetiva lesão do direito tutelado, quando nasce a pretensão a ser deduzida em juízo.

No caso do gozo de férias, não tendo sido tal direito expressamente negado ao servidor enquanto esteve na ativa, o prazo prescricional para indenização dos períodos não gozados somente inicia no momento extinção do vínculo ativo, quando o direito não pode mais ser exercido. Isto porque, enquanto o servidor esteve na ativa, as férias poderiam ter sido requeridas e gozadas *in natura*, sem submissão a qualquer prazo prescricional ou decadencial.

Portanto, no momento da extinção do vínculo é que direito ao gozo de férias considera-se lesado, fazendo surgir a pretensão a ser deduzida em juízo e iniciar o prazo prescricional.

3.4. Informativo n. 641. PROCESSO REsp 1.617.086-PR, Rel. Min. Assusete Magalhães, Primeira Seção, por maioria, julgado em 28/11/2018, DJe 01/02/2019 (Tema 974)

DESTAQUE: A Lei n. 12.855/2013, que instituiu a Indenização por Trabalho em Localidade Estratégica, é norma de eficácia condicionada à prévia regulamentação, para definição das localidades consideradas estratégicas, para fins de pagamento da referida vantagem.

INFORMAÇÕES DO INTEIRO TEOR: O art. 1º da Lei n. 12.855/2013 instituiu indenização a ser paga a servidores públicos da União, pertencentes às Carreiras e aos Planos Especiais de Cargos nela indicados, cujas atribuições estejam relacionadas à prevenção, controle, fiscalização e repressão aos delitos transfronteiriços, e desde que esses servidores se encontrem em exercício em localidades estratégicas, a serem definidas em ato do Poder Executivo, por Município, devendo ser considerados, para tanto, os seguintes critérios: (i) a localização dos Municípios em região de fronteira e (ii) a dificuldade de fixação de efetivo (art. 1º, § 2º, I e IV, da Lei n. 12.855/2013). Da interpretação gramatical e teleológica do art. 1º, § 2º, da Lei n. 12.855/2013 infere-se que o legislador não erigiu a localização do Município em região de fronteira e a dificuldade de fixação do efetivo como critérios alternativos para a definição de cada localidade como estratégica, mas, sim, como critérios cumulativos. Com efeito, houve veto presidencial aos incisos II e III do § 2º do art. 1º do PL n. 4.264/2012, que originou a Lei n. 12.855/2013 – normas que previam, como critério para a definição de "localidade estratégica", também a "existência de postos de fronteira, ou de portos e aeroportos de ou para outros países" (inciso II) e a "existência de unidades a partir das quais seja exercido comando operacional sobre os postos de fronteira" (inciso III) –, e ao art. 5º do referido Projeto de Lei, que determinava que a Lei entraria em vigor "na data de sua publicação, produzindo efeitos a partir de 1º de janeiro de 2013". O exame das razões do veto presidencial aos aludidos dispositivos legais conduz à exegese de que a teleologia da norma era a de privilegiar conjuntamente, na definição de "localidade estratégica", os critérios de localização do Município em região de fronteira e de dificuldade de fixação de pessoal, além da necessidade de regulamentação da matéria por ato do Poder Executivo, que definisse as localidades estratégicas nas quais seria devida a indenização, aos servidores efetivos das Carreiras e Planos Especiais de Cargos na Lei mencionados, com exercício nas referidas localidades. Ou seja, para o caso em julgamento, não basta a localização geográfica – região de fronteira, que não se confunde com faixa ou zona de fronteira – para que as localidades sejam consideradas estratégicas. A sua definição depende, ainda, que assim sejam consideradas, por ato do Poder Executivo, à luz de avaliação discricionária das necessidades que somente a Administração pode fazer, em certas localidades fronteiriças, em relação à dificuldade de fixação de pessoal, para o combate aos delitos transfronteiriços. Nesse contexto, definição do que se considera localidade estratégica em região de fronteira, com dificuldade de fixação de pessoal, cabe ao Poder Executivo regulamentar, nos termos expressos da Lei n. 12.855/2013, e não ao Poder Judiciário. A Lei n. 12.855/2013, portanto, contém norma de eficácia limitada, a depender, por conseguinte, de regulamentação.

Comentários

Trata-se de precedente de grande importância para diversas carreiras do serviço público da União, julgado sob o rito dos recursos repetitivos pela Primeira Seção do STJ (Tema 974).

O cerne da questão submetida a julgamento foi a definição da correta interpretação a ser conferida ao artigo 1º, § 2º, da Lei n. 12.855/2013, que assim dispôs:

> *"Art. 1º É instituída indenização a ser concedida ao servidor público federal regido pela Lei nº 8.112, de 11 de dezembro de 1990, em exercício de atividade nas delegacias e postos do Departamento de Polícia Federal e do Departamento de Polícia Rodoviária Federal e em unidades da Secretaria da Receita Federal do Brasil, do Ministério da Agricultura, Pecuária e Abastecimento e do Ministério do Trabalho e Emprego* ***situadas em localidades estratégicas, vinculadas à prevenção, controle, fiscalização e repressão dos delitos transfronteiriços.***
>
> *§ 2º As localidades estratégicas de que trata o caput serão definidas em ato do Poder Executivo, por Município, considerados os seguintes critérios:*
>
> *I – Municípios localizados em região de fronteira;*
>
> *II – (VETADO);*
>
> *III – (VETADO);*
>
> *IV – dificuldade de fixação de efetivo."*

A partir da leitura conjugada do caput e do parágrafo segundo do dispositivo em comento, salta aos olhos que a intensão do legislador foi a criação de verba indenizatória a ser concedida aos servidores lotados em localidades estratégicas vinculadas à prevenção, controle, fiscalização e repressão de delitos transfronteiriços. É isso que está no caput, e que deve nortear toda a interpretação da norma jurídica. O parágrafo segundo, por sua vez, estabelece que as localidades estratégicas **serão definidas pelo Poder executivo** com base nos critérios estabelecidos nos incisos I e IV, que são: 1) municípios localizados em região de fronteira e 2) dificuldade de fixação de efetivo.

Nos parece natural o entendimento de que a norma não é autoaplicável, carecendo de regulamento. A própria lei define que a indenização é devida aos servidores de unidades estratégicas, e que tais unidades serão definidas por ato do Poder Executivo **com base em critérios** pré-definidos. No nosso sentir, mesmo diante da demonstração do preenchimento dos critérios estabelecidos nos incisos I e IV do parágrafo 2ª, ainda assim a norma não poderia ser aplicada à míngua da publicação do regulamento. Isto porque, o legislador estabeleceu **critérios** a serem levados em conta pelo Poder Executivo, e não **requisitos** para obtenção do direito. Nada impede, portanto, que determinado município esteja em região de fronteira, tenha dificuldade de fixação de efetivo, e, ainda assim, não seja considerado estratégico pelo Poder Executivo.

Entendimento que dispense o exercício do Poder Regulamentar para a definição das unidades estratégicas configuraria enorme desprestígio aos princípios da legalidade e da autonomia dos Poderes. Inclusive, por se tratar de norma de eficácia limitada, a indenização de que trata a lei somente será devida a partir da data de vigência do Regulamento.

Esse foi o entendimento sufragado pela Corte no julgamento em questão, podendo ser destacado o seguinte trecho do Voto da Ministra Assusete Magalhães, acompanhado pela maioria dos Ministros da 1ª Seção:

Em situação assemelhada, inclusive – e respeitadas as especificidades –, esta Corte, ao tratar do Adicional de Atividade Penosa, em razão de desempenho de atividades em zona de fronteira (Lei 8.112/90: "Art. 71. O adicional de atividade penosa será devido aos servidores em exercício em zonas de fronteira ou em localidades cujas condições de vida o justifiquem, nos termos, condições e limites fixados em regulamento"), firmou a compreensão de que "a concessão do Adicional de Atividade Penosa aos servidores públicos federais depende de 'termos, condições e limites previstos em regulamento', *evidenciado, assim, o caráter de norma de eficácia limitada do art. 71 da Lei 8.112/1990, porquanto a concessão da referida vantagem aos servidores públicos federais dependente de regulamentação", entendendo inviável "a aplicação aos recorrentes dos termos da Portaria PGR/MPU 633, de 10/12/2010, posto que a referida norma teve o condão de regulamentar o direito ao Adicional de Atividade Penosa apenas no âmbito do Ministério Público da União, assegurando a vantagem unicamente aos seus servidores, não alcançando, assim, os demais servidores públicos, seja do Executivo ou do Judiciário, principalmente quando reconhecer a sua extensão implicaria em evidente inobservância do Enunciado da Súmula Vinculante 37/STF, pelo qual "**não cabe ao Poder Judiciário, que não tem função legislativa, aumentar vencimentos de servidores públicos sob o fundamento de isonomia**" (STJ, REsp 1.495.287/RS, Rel. Ministro MAURO CAMPBELL MARQUES, SEGUNDA TURMA, DJe de 07/05/2015).*

3.5. Informativo n. 624. PROCESSO PUIL 413-RS, Rel. Min. Benedito Gonçalves, por unanimidade, julgado em 11/04/2018, DJe 18/04/2018

DIREITO ADMINISTRATIVO

TEMA: Adicional de Insalubridade. Reconhecimento pela Administração. Retroação dos efeitos do laudo pericial. Impossibilidade.

DESTAQUE: O termo inicial do adicional de insalubridade a que faz jus o servidor público é a data do laudo pericial.

INFORMAÇÕES DO INTEIRO TEOR: A questão controvertida trata sobre a possibilidade ou não de estender o pagamento do adicional de insalubridade ao servidor em período anterior à formalização do laudo pericial. Nos termos do art. 14, § 4º, da Lei n. 10.259/2001, o Pedido de Uniformização de Interpretação de Lei (PUIL) é cabível quando a orientação acolhida pela Turma Nacional de Uniformização – TNU, em questões de direito material, contrariar súmula ou jurisprudência dominante no Superior Tribunal de Justiça, como na hipótese. O artigo 6º do Decreto n. 97.458/1989, que regulamenta a concessão dos adicionais de insalubridade, estabelece textualmente que "[a] execução do pagamento somente será processada à vista de portaria de localização ou de exercício do servidor e de portaria de concessão do adicional, bem assim de laudo pericial, cabendo à autoridade pagadora conferir a exatidão esses documentos antes de autorizar o pagamento." O Superior Tribunal de Justiça tem reiteradamente decidido que "o pagamento de insalubridade está condicionado ao laudo que prova efetivamente as condições insalubres a que estão submetidos os Servidores. Assim, não cabe seu pagamento pelo período que antecedeu a perícia e a formalização do laudo comprobatório, devendo ser afastada a possibilidade de presumir insalubridade em épocas passadas, emprestando-se efeitos retroativos a laudo pericial atual" (REsp 1.400.637- RS, Rel. Ministro Humberto Martins, Segunda Turma, DJe 24/11/2015).

Comentários

O adicional de insalubridade integra o rol de acréscimos patrimoniais regulamentados nos art. 61, incisos IV a VIII, da Lei 8.112/90 e que dependem de uma certa situação fática para que sejam garantidos aos servidores, não se configurando vantagem pessoal.

Trata-se de adicional pago aos servidores públicos que exercem atividades prejudiciais à saúde, como aqueles que têm contato com substâncias tóxicas ou radioativas (insalubres), com risco de vida (perigosas) ou que exijam esforço demasiado (penosas), sendo devido este último a todos os servidores em exercício em zonas de fronteira ou em localidades cujas condições de vida o justifiquem.

A lei determina que os dois primeiros adicionais (insalubridade e periculosidade) são inacomodáveis, portanto, se a atividade do servidor for, ao mesmo tempo, insalubre e perigosa, ele deve optar por um dos dois adicionais, não sendo possível o recebimento de ambos.

Além disso, não basta que o servidor público esteja lotado em determinado Órgão para fazer jus à percepção do adicional. Faz-se necessário que o servidor efetivamente exerça a atividade insalubre, perigosa ou penosa. Isto porque, o artigo 68 da Lei 8.112/1990 se refere aos **servidores que trabalhem com habitualidade** em locais insalubres ou com risco de vida. Além disso, o artigo 69 dispõe que haverá permanente controle da atividade de servidores em operações ou locais considerados penosos, insalubres ou perigosos.

O artigo 6º do Decreto n. 97.458/1989, que regulamenta a concessão dos adicionais de insalubridade e periculosidade, estabelece que "a execução do pagamento somente será processada à vista de portaria de localização ou de exercício do servidor e de portaria de concessão do adicional, bem assim de laudo pericial, cabendo à autoridade pagadora conferir a exatidão desses documentos antes de autorizar o pagamento."

Sendo assim, por não admitir que um laudo pericial ateste condições de trabalho pretéritas, entendeu o STJ, de forma unânime, que o adicional de insalubridade é devido pela administração somente a partir da data do laudo pericial. Por isso, após o julgamento em questão ficou definitivamente afastada a possibilidade de presunção de insalubridade e periculosidade relativamente a período anterior ao laudo pericial.

3.6. Informativo n. 624. PROCESSO RMS 33.744-DF, Rel. Min. Benedito Gonçalves, por unanimidade, julgado em 05/04/2018, DJe 19/04/2018

DIREITO ADMINISTRATIVO, DIREITO CONSTITUCIONAL

TEMA: Ministério Público. Mandado de Segurança. Membro aposentado. Subsídio. VPNI. Limitação ao teto constitucional. Ausência de direito líquido e certo. Juízo de retratação.

DESTAQUE: Em adequação ao entendimento do Supremo Tribunal Federal, o direito à percepção de VPNI não impede a sua eventual absorção pelo subsídio e, do mesmo modo, não inviabiliza a aplicação do teto constitucional, que inclui a vantagem de caráter pessoal no cômputo da remuneração do servidor para observância do teto.

INFORMAÇÕES DO INTEIRO TEOR: A Primeira Turma do Superior Tribunal de Justiça, em juízo de retratação (art. 1.040, II, do CPC/2015), reformou decisão antes proferida, tendo em vista que o Supremo Tribunal Federal, no julgamento do RE

650.898-RS, Rel. Min. Marco Aurélio, Relator p/ Acórdão Min. Roberto Barroso, DJe 24/08/2017, dentre outras teses, firmou compreensão de que "o regime de subsídio é incompatível com outras parcelas remuneratórias mensais" e no julgamento do RE 609.381-GO, Rel. Min. Teori Zavaski, DJe 11/12/2014, determinou observância à norma prevista no inciso XI do art. 37, que teve sua redação alterada pela Emenda Constitucional n. 41/2003, ainda que adquiridas de acordo com regime legal anterior, considerando que o pagamento de remunerações superiores aos tetos de retribuição de cada um dos níveis federativos traduz exemplo de violação qualificada do texto constitucional.

Comentários

Além da remuneração, a Constituição Federal, por meio de alteração promovida pela Emenda Constitucional n. 19/98, criou outra forma de pagamento aos servidores públicos, denominada SUBSÍDIO.

O Subsídio é forma de pagamento feito em parcela única, não aceitando nenhum acréscimo patrimonial. É atribuída a parte dos cargos do serviço estatal. O objetivo desta nova forma de remuneração é tornar mais clara e transparente a retribuição de determinados cargos, evitando que um determinado servidor público com vencimento previsto em lei de determinado valor receba remuneração muito acima deste padrão.

A intenção do constituinte derivado é clara ao definir que o valor de pagamento pela prestação do serviço deve estar definido em lei de forma objetiva, em uma única parcela, impedindo vantagens pecuniárias.

Inicialmente, a Constituição Federal, em seu texto original, definia que cada ente da federação teria um teto remuneratório especificado para os seus servidores, por meio de lei, garantindo a isonomia de vencimentos para cargos de atribuições iguais ou assemelhadas, com as ressalvas de vantagens pessoais.

A Emenda Constitucional n. 19/98 alterou o regime de remuneração dos servidores públicos, definindo um teto único a lhes ser aplicado.

Posteriormente, a norma foi, mais uma vez modificada, desta vez pela Emenda Constitucional n. 41/03, passando a admitir a implantação de subtetos para os servidores dos Estados e Municípios, desde que com previsão nas respectivas constituições estaduais e leis orgânicas municipais.

Ressalte-se que, para fins de adequação ao teto remuneratório, devem ser consideradas todas as espécies de vantagens, sejam elas pessoais ou de qualquer outra natureza, percebidas cumulativamente ou não. A regra deve ser analisada com muito cuidado e serão excluídos alguns pagamentos feitos ao agente público. Dessa forma, não se submetem à análise de adequação ao teto remuneratório: 1) verbas indenizatórias; 2) direitos sociais; 3) abono de permanência e 4) remuneração da atividade de magistério.

Considerando que até então o entendimento da Corte, sobre o tema, era oscilante, após os julgamentos, pelo STF, dos RE 650.898-RS e RE 609.381-GO (Tema 480), a Corte Especial pacificou o entendimento do STJ no sentido da impossibilidade da remuneração percebidas por servidores públicos extrapolar o teto remuneratório.

> RECURSO EXTRAORDINÁRIO. ACUMULAÇÃO DE SUBSÍDIOS. TETO CONSTITUCIONAL. EMENDA CONSTITUCIONAL 41/03. **TEMA 480/STF**. ACÓRDÃO RECORRIDO EM CONSONÂNCIA COM A JURISPRUDÊNCIA DA SUPREMA CORTE.
>
> 1. O STF, no julgamento de mérito do RE 609.381/GO, fixou a tese segundo a qual "o teto de retribuição estabelecido pela Emenda Constitucional 41/03 possui eficácia imediata, submetendo às referências de valor máximo nele discriminadas todas as verbas de natureza remuneratória percebidas pelos servidores públicos da União, Estados, Distrito Federal e Municípios, ainda que adquiridas de acordo com regime legal anterior. Os valores que ultrapassam os limites estabelecidos para cada nível federativo na Constituição Federal constituem excesso cujo pagamento não pode ser reclamado com amparo na garantia da irredutibilidade de vencimentos" (TEMA 480/STF).
>
> 2. Hipótese em que o acórdão recorrido está em conformidade com a orientação firmada pelo STF.
>
> Agravo interno improvido.

> (AgInt no RE no AgInt nos EDcl no RMS 48.747/DF, Rel. Ministro HUMBERTO MARTINS, CORTE ESPECIAL, julgado em 06/06/2018, DJe 19/06/2018)

Vale ressaltar que tal situação não se confunde com aquela decorrente da acumulação lícita de cargos, na qual o entendimento pacificado no Supremo Tribunal Federal, em sede de repercussão geral (Tema 377) no sentido de que a limitação ao teto remuneratório deve ser considerada no âmbito de cada vínculo acumulável do servidor.

> TETO CONSTITUCIONAL – ACUMULAÇÃO DE CARGOS – ALCANCE. Nas situações jurídicas em que a Constituição Federal autoriza a acumulação de cargos, o teto remuneratório é considerado em relação à remuneração de cada um deles, e não ao somatório do que recebido.
>
> (RE 612975, Relator(a): MARCO AURÉLIO, Tribunal Pleno, julgado em 27/04/2017, ACÓRDÃO ELETRÔNICO REPERCUSSÃO GERAL – MÉRITO DJe-203 DIVULG 06-09-2017 PUBLIC 08-09-2017)

3.7. Informativo n. 594. PROCESSO REsp 1.426.210-RS, Rel. Min. Gurgel de Faria, Primeira Seção, por unanimidade, julgado em 23/11/2016, DJe 09/12/2016.

TEMA: Piso salarial nacional para os professores da educação básica. Vencimento básico. Reflexo sobre gratificações e demais vantagens. Incidência sobre toda a carreira. Tema 911.

DESTAQUE: A Lei n. 11.738/2008, em seu art. 2º, § 1º, ordena que o vencimento inicial das carreiras do magistério público da educação básica deve corresponder ao piso salarial profissional nacional, sendo vedada a fixação do vencimento básico em valor inferior, não havendo determinação de incidência automática em toda a carreira e reflexo imediato sobre as demais vantagens e gratificações, o que somente ocorrerá se estas determinações estiverem previstas nas legislações locais.

INFORMAÇÕES DO INTEIRO TEOR: Discutiu-se se os artigos 2º, § 1º, e 6º, da Lei nº 11.738/2008 autorizam a automática repercussão do piso salarial profissional nacional quanto aos profissionais do magistério público da educação básica sobre as classes e níveis mais elevados da carreira, bem assim sobre as vantagens temporais, adicionais e gratificações, sem a edição de lei estadual a respeito, inclusive para os professores que já auferem vencimentos básicos superiores ao piso. Com efeito, há razão ao se sustentar que a Lei em comento – como regra geral – não teria permitido a automática repercussão do piso nacional sobre as classes e níveis mais elevados da carreira do magistério e tampouco o reflexo imediato sobre as vantagens temporais, adicionais e gratificações. Com efeito, partindo-se do entendimento (intangível para o STJ) já estabelecido pelo STF – de que o piso corresponde ao vencimento básico inicial –, pode-se afirmar que a Lei n. 11.738/2008 se limitou a estabelecer o piso salarial: valor mínimo a ser pago pela prestação do serviço de magistério, abaixo do qual a União, os Estados, o Distrito Federal e os Municípios não poderão fixar o vencimento inicial das carreiras do magistério público da educação básica. **Assim, não há que se falar em reajuste geral para toda a carreira do magistério, não havendo nenhuma determinação de incidência escalonada com aplicação dos mesmos índices utilizados para a classe inicial da carreira. Nesse contexto, apenas aqueles profissionais que, a partir de 27/4/2011 (consoante o entendimento do STF), percebessem valores inferiores ao piso legalmente fixado seriam beneficiados com as disposições legais, não havendo qualquer repercussão para os demais professores que, naquela data, já auferiam vencimentos básicos superiores ao estabelecido na lei em comento**. Da mesma forma, <u>não há que se falar em reflexo imediato sobre as vantagens temporais, adicionais e gratificações. Essa, portanto, é a premissa geral a ser utilizada na interpretação em questão</u>: a Lei n. 11.738/2008, em seu art. 2º, § 1º, apenas determinou que o vencimento inicial das carreiras do magistério público da educação básica deve corresponder ao piso salarial profissional nacional, sendo vedada a fixação do vencimento básico (entendimento do STF) em valor inferior, não havendo qualquer determinação de reescalonamento de toda a carreira e reflexo imediato sobre as demais vantagens e gratificações. Faz-se mister destacar, entretanto, que os temas não se exaurem com o estabelecimento dessa premissa geral. Explica-se. Uma vez determinado pela Lei n. 11.738/2008 que os entes federados devem fixar o vencimento básico das carreiras no mesmo valor do piso salarial profissional, se em determinada lei estadual, que institui o plano de carreira do magistério naquele estado, houver a previsão de que as classes da carreira serão remuneradas com base no vencimento básico, a adoção do piso nacional refletirá em toda a carreira. O mesmo ocorre com as demais vantagens e gratificações. Se na lei local existir a previsão de que a vantagem possui como base de cálculo o vencimento inicial, não haverá como se chegar a outro entendimento, senão o de que a referida vantagem sofrerá necessariamente alteração com a adoção do piso salarial nacional.

Comentários

O precedente em comento, marcou o julgamento do Tema 911, pela Primeira Seção do STJ. A controvérsia estabelecida gira em torno da interpretação dos artigos 2º, § 1º, e 6º, da Lei nº 11.738/2008, mais precisamente, se os dispositivos "*autorizam a automática repercussão do piso salarial profissional nacional quanto aos profissionais do magistério público da educação básica sobre as classes e níveis mais elevados da carreira, bem assim sobre as vantagens temporais, adicionais e gratificações, sem a edição de lei estadual a respeito, inclusive para os professores que já auferem vencimentos básicos superiores ao piso.*"

A tese firmada foi a seguinte:

> *A Lei n. 11.738/2008, em seu art. 2º, § 1º, ordena que o vencimento inicial das carreiras do magistério público da educação básica deve corresponder ao piso salarial profissional nacional, sendo vedada a fixação do vencimento básico em valor inferior, não havendo determinação de incidência automática em toda a carreira e reflexo imediato sobre as demais vantagens e gratificações, o que somente ocorrerá se estas determinações estiverem previstas nas legislações locais.*

É preciso analisar com cuidado o precedente em questão, uma vez que, a leitura descuidada da tese firmada pela Corte pode levar o intérprete a um entendimento equivocado sobre a matéria.

O entendimento firmado resulta da interpretação segundo a qual o piso salarial não é a remuneração global dos professores, mas o vencimento básico inicial da classe. Entretanto, a Lei não previu a repercussão automática e geral sobre todos os demais níveis de carreira dos professores, muito menos a repercussão sobre as adicionais, vantagens e gratificações. Portanto, nas palavras do Ministro relator, "*não há que se falar em reajuste geral para toda a carreira do magistério, não havendo nenhuma determinação de incidência escalonada com aplicação dos mesmos índices utilizados para a classe inicial da carreira.*"

Ocorre que, como bem salientado no inteiro teor do julgado, se, "*em determinada lei estadual, que institui o plano de carreira do magistério naquele estado, houver a previsão de que as classes da carreira serão remuneradas com base no vencimento básico, consequentemente a adoção do piso nacional refletirá em toda a carreira.*". E mais; "*o mesmo ocorre com as demais vantagens e gratificações. Se na lei local existir a previsão de que a vantagem possui como base de cálculo o vencimento inicial, não haverá como se chegar a outro entendimento, senão o de que a referida vantagem sofrerá necessariamente alteração com a adoção do piso salarial nacional.*".

Sendo assim, por se tratar de questão diversa, não vale aqui o mesmo raciocínio desenvolvido pelo Supremo Tribunal Federal no enunciado da Súmula Vinculante 16, que assim dispõe: "*Os artigos 7º, IV, e 39, § 3º (redação da EC 19/98), da Constituição, referem-se ao total da remuneração percebida pelo servidor público.*". Isto porque, a interpretação da Suprema Corte se deu sobre a **garantia fundamental** prevista no artigo 7º, IV da Constituição Federal, aplicável aos servidores por força do artigo 39, § 3º, com a redação dada pela Emenda Constitucional 19/98. Tais dispositivos visam a garantia do mínimo existencial garantido a todo e qualquer trabalhador, consubstanciado no direito à percepção de um salário mínimo capaz de capaz de *atender a suas necessidades vitais básicas e às de sua família com moradia, alimentação, educação, saúde, lazer, vestuário, higiene, transporte e previdência social, com reajustes periódicos que lhe preservem o poder aquisitivo.*

Portanto, a expressão salário, prevista no artigo 7º foi interpretada como "*total da remuneração*" (SV16), no que tange aos servidores públicos, diferentemente do previsto na Lei 11.738/2008, que, trata expressamente de *vencimento inicial,* conceito distinto do de remuneração.

3.8. Informativo nº 549. DIREITO ADMINISTRATIVO. RESTITUIÇÃO AO ERÁRIO DOS VALORES RECEBIDOS POR FORÇA DE DECISÃO JUDICIAL PRECÁRIA POSTERIORMENTE REVOGADA.

É devida a restituição ao erário dos valores de natureza alimentar pagos pela Administração Pública a servidores públicos em cumprimento a decisão judicial precária posteriormente revogada. Não é possível, em tais casos, aplicar o entendimento de que a restituição não seria devida, sob o argumento de que o servidor encontrava-se de boa fé, porquanto sabedor da fragilidade e provisoriedade da tutela concedida. Precedente citado: EREsp 1.335.962-RS, Primeira Seção, DJe 2/8/2013. EAREsp 58.820-AL, Rel. Min. Benedito Gonçalves, julgado em 8/10/2014.

Comentários

A questão relativa à devolução de verbas alimentares sempre causou controvérsia nos Tribunais pátrios. São diversas as situações que podem dar ensejo à possibilidade de repetição do indébito. No mais das vezes, a boa-fé se apresenta como fundamento determinante das decisões judiciais sobre a questão. Mas, ainda assim, nos parecem intermináveis as divergências.

Meramente a título de exemplo, é possível afirmar que o STJ possui entendimento pacífico no sentido de que são irrepetíveis as verbas alimentares pagas espontaneamente, por erro da Administração Pública, aos servidores públicos (REsp 1758037 / CE; AgInt no REsp 1412415 / MG; REsp 1707241 / DF; EDcl no REsp 1709338 / PE). Noutro giro, o precedente sob foco, sufraga o entendimento no sentido de que os valores pagos em virtude de decisão judicial precária podem e devem ser repetidos, em caso de reforma da decisão. Nesse caso, embora o entendimento do STJ não considere expressamente de má-fé a parte beneficiada por decisão precária, a ela atribui todos os ônus decorrentes da reversão do julgado.

A decisão abaixo transcrita, divulgada no informativo nº 315 de março de 2007 denota a importância da demonstração do boa-fé, quando o assunto é repetição de alimentos:

> *RECURSO ESPECIAL. ADMINISTRATIVO. SERVIDOR PÚBLICO. OMISSÃO. INEXISTÊNCIA. VALORES RECEBIDOS. SENTENÇA TRANSITADA EM JULGADO. AÇÃO RESCISÓRIA JULGADA PROCEDENTE. DEVOLUÇÃO. DESCABIMENTO. DEFINITIVIDADE. COISA JULGADA MATERIAL. BOA-FÉ. CARÁTER ALIMENTAR.*
>
> *I– O e. Tribunal a quo não se furtou de examinar a questão que lhe foi submetida, qual seja, sobre a possibilidade de restituição de valores recebidos em razão de sentença judicial posteriormente rescindida.*
>
> *II– A omissão no julgado que desafia os declaratórios é aquela referente às questões, de fato ou de direito, trazidas à apreciação do magistrado e não a referente às teses defendidas pelas partes a propósito daquelas questões. Mesmo porque, as teses jurídicas podem ser rechaçadas implicitamente pelo julgador.*
>
> *III– É incabível a devolução de valores recebidos por força de decisão judicial transitada em julgado, tendo em vista que o servidor teve reconhecido o seu direito de modo definitivo (coisa julgada material), sendo, portanto, inequívoca a sua boa-fé.*
>
> *IV– Somado à existência da boa fé, há o fato de que as vantagens pecuniárias reconhecidas judicialmente e recebidas pelos recorridos possuem natureza alimentar, nos termos do art. 100, § 1º– A da Constituição da República. Estão presentes, portanto, os dois elementos indispensáveis para o não cabimento da devolução das vantagens pecuniárias recebidas anteriormente ao julgamento da ação rescisória: boa-fé e natureza alimentar. Recurso especial desprovido.*
>
> *(REsp 824.617/RN, Rel. Ministro FELIX FISCHER, QUINTA TURMA, julgado em 20/03/2007, DJ 16/04/2007, p. 223)*

Como visto, a Quinta Turma entendeu que a boa-fé restou configurada, não em decorrência crivo judicial na percepção dos alimentos, longe disso, mas do trânsito em julgado da decisão que determinou o pagamento da verba. Tal entendimento, interpretado a *contrario sensu* resulta, logicamente, no entendimento da Primeira Seção reafirmado na decisão ora em comento. Por isso, entendeu-se que "é devida a restituição ao erário dos valores de natureza alimentar pagos pela Administração Pública a servidores públicos em cumprimento a decisão judicial precária posteriormente revogada".

Oportuno ressaltar que, em 2015, a Primeira Seção, no julgamento do REsp 1.401.560/MT (Tema 692), acórdão publicado no DJe de 13/10/2015, firmou a seguinte tese:

> *A reforma da decisão que antecipa a tutela obriga o autor da ação a devolver os benefícios previdenciários indevidamente recebidos.*

Como visto, trata-se do mesmo entendimento sufragado no precedente sob foco, apenas transplantado para a seara previdenciária, e processado sob o rito dos recursos repetitivos. Ocorre que, em virtude de Questão de Ordem apresentada pelo Ministro Og Fernandes, a tese se encontra afetada para possível revisão.

Diversas situações práticas foram colocadas pelo Ministro Og Fernandes, e que, em tese, poderiam justificar a revisão da tese consagrada pela Corte, dentre os quais: a) tutela de urgência concedida de ofício e não recorrida; b) tutela de urgência concedida a pedido e não recorrida; c) tutela de urgência concedida na sentença e não recorrida, seja por agravo de instrumento, na sistemática processual anterior do CPC/1973, seja por pedido de suspensão, conforme o CPC/2015; d) tutela de urgência concedida initio litis e não recorrida; e) tutela de urgência concedida initio litis, cujo recurso não foi provido pela segunda instância; f) tutela de urgência concedida em agravo de instrumento pela segunda instância; g) tutela de urgência concedida em primeiro e segundo graus, cuja revogação se dá em razão de mudança superveniente da jurisprudência então existente.

Como visto, nas mais diversas questões suscitadas para justificar a revisão, ou até mesmo o cancelamento da tese, giram, essencialmente, em torno da boa-fé, ou seja, aquele percebeu alimentos com base em tutela de urgência não recorrida estava de má-fé? E aquele que percebeu alimentos ancorado em tutela de urgência posteriormente revogada em razão da mudança superveniente da jurisprudência, estava de má-fé?

Ademais, o STF vem, gradativamente firmando entendimento contrário à tese firmada pelo STJ no Tema 692, em diversas situações, notadamente quando a revogação da decisão decorre de alteração da jurisprudência, a exemplo dos julgamentos dos seguintes recursos: MS 32.185/DF ED, Relator do acórdão Min. Roberto Barroso, julgado em 13/11/2018; ARE 734.242-AgR, Rel. Min. Luís Roberto Barroso, Primeira Turma; MS 28.165-AgR/DF, Rel. Min. Rosa Weber, Primeira Turma; MS 25.921-AgR/DF, Rel. Min. Luiz Fux, Primeira Turma; MS 27.467-AgR/DF, Rel. Min. Luiz Fux, Primeira Turma.

3.9. Informativo nº 0514. DIREITO ADMINISTRATIVO. VEDAÇÃO DE REDUÇÃO DA INCORPORAÇÃO DE QUINTOS PELO EXERCÍCIO DE FUNÇÃO COMISSIONADA EM OUTRO PODER. RECURSO REPETITIVO (ART. 543-C DO CPC E RES. N. 8/2008-STJ).

Não é possível a redução dos valores dos quintos incorporados por servidor público quando do exercício de função comissionada em Poder da União diverso do de origem sob o fundamento de ser necessário efetuar a correlação entre as funções dos respectivos Poderes. A Lei n. 8.911/1994, em seu art. 10, permitia a incorporação de quintos decorrentes do exercício de cargo em comissão e de função de direção, chefia e assessoramento pelos servidores efetivos da União, das autarquias e fundações públicas regidos pela Lei n. 8.112/1990, cedidos, por afastamento, para exercício em órgão ou entidade do mesmo Poder ou de outro Poder da União. **Nesse contexto, o STJ entende que, no pagamento das parcelas relativas aos quintos incorporados aos vencimentos dos servidores cedidos a outro Poder, deve-se observar o valor da função efetivamente exercida**. Precedentes citados: AgRg no REsp 1.159.467– DF, DJe 25/5/2011, e AgRg no REsp 942.868-DF, DJe 8/6/2009. REsp 1.230.532-DF, Rel. Min. Napoleão Nunes Maia Filho, julgado em 12/12/2012 (Informativo nº 0514).

Comentários

O artigo 62, § 2º da lei 8.112/1990, na sua redação original, admitia a incorporação de parcelas remuneratórias por servidores públicos, tais como a gratificação pelo exercício de função comissionada, à razão de 1/5 por ano de exercício, até o limite de 5 anos. Daí surgiram as expressões "acumulação de quintos" e "quinto acumulado".

A Medida Provisória 1.195/95 alterou a redação da Lei 8.112/1990, instituindo os décimos, que poderiam ser acumulados 1/10 ao ano, ao longo de 10 anos.

A Medida Provisória 1595-14/1997, extinguiu a possibilidade de acumulação de parcelas remuneratórias pelos servidores públicos, transformando as parcelas já incorporadas até a data da sua vigência em VPNI – Vantagem Pessoal Nominalmente Identificada. Já a MP 2225/2001 fez acrescer à Lei 8.112/1990 o artigo 62-A, com a seguinte redação:

> Art. 62-A. Fica transformada em Vantagem Pessoal Nominalmente Identificada – VPNI a incorporação da retribuição pelo exercício de função de direção, chefia ou assessoramento, cargo de provimento em comissão ou de Natureza Especial a que se referem os arts. 3º e 10 da Lei no 8.911, de 11 de julho de 1994, e o art. 3º da Lei no 9.624, de 2 de abril de 1998.
>
> Parágrafo único. A VPNI de que trata o caput deste artigo somente estará sujeita às revisões gerais de remuneração dos servidores públicos federais.

O entendimento pacífico das nossas Cortes Superiores, acerca dessa sucessão de normas jurídicas está traduzido no Julgamento do STF, em sede de Repercussão Geral, do RE 638115, no bojo do qual foi firmada a seguinte tese:

> *Ofende o princípio da legalidade a decisão que concede a incorporação de quintos pelo exercício de função comissionada no período de 8/4/1998 até 4/9/2001, ante a carência de fundamento legal.*

A discussão específica, objeto do precedente em epígrafe, visava a definição do valor dos quintos incorporados, quando o exercício da função comissionada se deu em outro Poder, distinto do Poder de origem do servidor. Como não há uniformidade de valores das gratificações no âmbito dos três Poderes da União, fez-se necessária a intervenção judicial para definir se o valor incorporado seria o da função efetivamente exercida ou o da função correlata no âmbito do Poder de origem do servidor.

No caso, o entendimento do STJ, firmado sob o rito dos recursos repetitivos, firmou-se no seguinte sentido:

> *"As parcelas incorporadas aos vencimentos dos servidores cedidos a outro Poder deve observar o valor da função efetivamente exercida, sendo vedada a redução dos valores incorporados sob o fundamento de ser necessário efetuar a correlação entre as funções dos diferentes Poderes".*

Informativo nº 0511. DIREITO ADMINISTRATIVO. AÇÃO DE COBRANÇA DE VERBAS SALARIAIS. COMPROVAÇÃO DO VÍNCULO ENTRE ADMINISTRAÇÃO PÚBLICA E O SERVIDOR.

Incumbe à Administração Pública demonstrar, enquanto fato impeditivo, modificativo ou extintivo do direito da parte autora (art. 333, II, do CPC), que não houve o efetivo exercício no cargo, para fins de recebimento da remuneração, na hipótese em que é incontroversa a existência do vínculo funcional. **Isso porque o recebimento da remuneração por parte do servidor público pressupõe, além do efetivo vínculo entre ele e a Administração Pública, o exercício no cargo**. Precedente citado: AgRg no AREsp 149.514-GO, DJe 29/5/2012. AgRg no AREsp 116.481-GO, Rel. Min. Arnaldo Esteves Lima, julgado em 4/12/2012.

Comentários

É pacífico o entendimento de que o vencimento e a remuneração do servidor público configuram verbas de caráter alimentar, que se apresentam com natureza de **contraprestação pela prestação do serviço público**. Sendo assim, o servidor disponibiliza a sua força de trabalho e, em troca, faz jus à percepção da verba remuneratória. Portanto, não restam dúvidas de que a percepção da remuneração decorre da prestação do serviço público, e não da mera condição de servidor público.

O julgado em epígrafe trata de ônus da prova, não havendo negativa à natureza contraprestacional da remuneração. É da Administração Pública o ônus da prova, quando, em ação de cobrança de verbas salariais, a sua tese de defesa fundar-se na não prestação do serviço, por se tratar de alegação de fato impeditivo, modificativo ou extintivo do direito do autor.

3.10. Informativo nº 0519. DIREITO ADMINISTRATIVO. PAGAMENTO DE ADICIONAL NOTURNO AO SERVIDOR PÚBLICO FEDERAL QUE PRESTE O SEU SERVIÇO EM HORÁRIO NOTURNO SOB O REGIME DE PLANTÃO.

O adicional noturno previsto no art. 75 da Lei 8.112/1990 será devido ao servidor público federal que preste o seu serviço em horário compreendido entre 22 horas de um dia e 5 horas do dia seguinte, ainda que o serviço seja prestado em regime de plantão. Inicialmente, por determinação expressa do art. 39, § 3º, da CF, aplica-se aos servidores ocupantes de cargo público o disposto no inciso IX do art. 7º da CF, que impõe, como direito básico dos trabalhadores urbanos e rurais, a "remuneração do trabalho noturno superior à do diurno". Nesse contexto, com a finalidade de possibilitar a busca pelo significado mais adequado para a norma constante do referido inciso IX, deve-se lançar mão de quatro princípios de hermenêutica constitucional. Primeiro, tendo em conta o **princípio da unidade da constituição** – pelo qual as normas constitucionais devem ser interpretadas em seu contexto, e não isoladamente, de modo a evitar as antinomias aparentes –, deve-se considerar o fato de que o direito social referente à superioridade da remuneração do trabalho noturno encontra amparo nos princípios constitucionais da dignidade da pessoa humana e da valorização do trabalho, que exigem uma interpretação não restritiva da norma em questão, de modo que se possa promover uma compensação (nesses casos, financeira) ao trabalhador pelos desgastes sofridos em razão da jornada noturna de trabalho. Isso porque o trabalho noturno é mais penoso, mais desgastante, do que o diurno e, além disso, impõe ao trabalhador o sacrifício de ter que abdicar, muitas vezes, da vida social, do convívio com a família e com os amigos. Segundo, em consideração ao **princípio da interpretação conforme a constituição** – que obriga o intérprete a buscar o sentido e o alcance da norma dentro da própria Constituição, sobretudo nos seus princípios e valores estruturantes –, deve-se interpretar a norma constante do art. 7º, IX, da CF de modo a promover, em qualquer circunstância, a compensação financeira pelo trabalho noturno, uma vez que essa norma não pode ser interpretada de modo a infringir os princípios constitucionais que a sustentam (como foi dito, os princípios da dignidade da pessoa humana e da valorização do trabalho). **Terceiro, não se pode conferir aplicabilidade restrita à norma em análise, de modo a amesquinhar, ou reduzir significativamente, seu campo de aplicação.** Pelo contrário, ela deve ser interpretada de modo extensivo, apto a permitir a maior amplitude normativa possível, tendo em vista o princípio da **máxima efetividade da norma constitucional** – segundo o qual, na interpretação das normas constitucionais, deve-se atribuir-lhes o sentido que lhes empreste maior eficácia. Quarto, a norma consignada no referido inciso IX não deve ser interpretada de maneira casuísta ou de modo a afastar sua aplicação a casos específicos não previstos pela Constituição, tendo em conta o **princípio do efeito integrador** —para o qual, na interpretação constitucional, deve-se dar prioridade à exegese que favoreça a integração social e possibilite o reforço da unidade política. Sendo assim, interpretando o disposto no inciso IX do art. 7º da CF, 37 **deve-se determinar o pagamento do adicional noturno sem qualquer restrição ao servidor público federal que preste o seu serviço em horário noturno**. Aplica-se aqui, ademais, a regra básica de hermenêutica segundo a qual não cabe ao intérprete restringir na hipótese em que a lei não restringiu, sobretudo quando a norma interpretada é de estatura constitucional e consagra um direito social dos trabalhadores. Ademais, a norma constitucional em apreço é de eficácia plena, portanto de vigência imediata. Além de todas essas considerações, também não se pode conferir interpretação restritiva ao art. 75 da Lei 8.112/1990 —que regulamentou, no plano do serviço público civil federal, o art. 7º, IX, da CF –, uma vez que a norma extraída do art. 75 do Estatuto dos Servidores Públicos da União decorre diretamente da norma constitucional constante do mencionado inciso IX. De mais a mais, quanto ao fato de o trabalhador subordinar-se ao regime de plantão, não haverá alteração desse panorama em relação a ele, pelo menos não completamente, porquanto o plantonista se submete aos mesmos desgastes sofridos pelos demais trabalhadores noturnos nos dias em que dobra a jornada. Ele é obrigado a trocar o dia pela noite, bem como também se vê privado de vivenciar um dia a dia normal, já que a vida dos homens urbanos rege-se pelo horário comercial das empresas. Nesse contexto, é necessário ressaltar que **não há por que recusar, nesses casos, eficácia e aplicabilidade ao enunciado da Súmula 213 do STF: "É devido o adicional de serviço noturno, ainda que sujeito o empregado ao regime de revezamento"**. Isso porque, embora a referida súmula tenha sido editada ainda sob o império da Constituição de 1946, permanece válida a interpretação nela consagrada, uma vez que não houve alteração semântica do texto constitucional quanto ao adicional noturno – visto que o art. 157, III, daquela Constituição determinava "salário do trabalho noturno superior ao do diurno". Por fim, além de tudo que já foi mencionado, o TST, ao examinar o art. 73 da CLT (que regulamenta o adicional noturno para os trabalhadores da iniciativa privada) tem decidido que esse adicional é perfeitamente compatível com o regime de plantões. REsp 1.292.335-RO, Rel. Min. Castro Meira, julgado em 9/4/2013.

Comentários

O precedente trata percepção do adicional noturno por servidores públicos que trabalham em regime de plantão 24 horas de trabalho por 48 horas de descanso.

Em pauta a interpretação do artigo 75 da Lei 8.112/1990, que assim dispõe:

> ***Art. 75****. O serviço noturno, prestado em horário compreendido entre 22 (vinte e duas) horas de um dia e 5 (cinco) horas do dia seguinte, terá o valor-hora acrescido de 25% (vinte e cinco por cento), computando-se cada hora como cinqüenta e dois minutos e trinta segundos.*
>
> ***Parágrafo único****. Em se tratando de serviço extraordinário, o acréscimo de que trata este artigo incidirá sobre a remuneração prevista no art. 73.*

À Luz do princípio da legalidade, já se mostra clara a melhor solução para a controvérsia. Isto porque, a par da matriz constitucional do adicional noturno, estabelecida no artigo 7º, IX, CF como direito social de todos os trabalhadores, urbanos e rurais, estendida aos servidores públicos, por força do artigo 39, § 3º, CF, há, ainda previsão legal expressa na Lei 8112/1990. Ademais, não há na Constituição ou no Estatuto qualquer expressão que sugira limitações ao tipo de trabalho noturno objeto de garantia, a final de contas, o trabalhador exerce suas atividades ao sabor dos interesses do patrão. Este, em que pese possa definir as condições em que o trabalho será prestado, deverá arcar com os direitos sociais dos seus trabalhadores.

O precedente em questão foi relatado pelo Ministro Castro Meira, que proferiu voto magistral, acompanhado pela unanimidade dos membros da Segunda Turma.

Para mais informações, utilize o QR Code ao lado.

4. LICENÇAS, AFASTAMENTOS E REMOÇÃO DE SERVIDORES

4.1. Informativo nº 0515. Primeira Turma DIREITO ADMINISTRATIVO. CONCESSÃO DE LICENÇA PARA ACOMPANHAMENTO DE CÔNJUGE

É cabível a concessão de licença a servidor público para acompanhamento de cônjuge na hipótese em que se tenha constatado o preenchimento dos requisitos legais para tanto, ainda que o cônjuge a ser acompanhado não seja servidor público e que o seu deslocamento não tenha sido atual. O art. 84, *caput* e § 1º, da Lei n. 8.112/1990 estabelece o direito à licença para o servidor público afastar-se de suas atribuições, por prazo indeterminado e sem remuneração, com o fim de acompanhar cônjuge ou companheiro. A referida norma não exige a qualidade de servidor público do cônjuge do servidor que pleiteia a licença, tampouco que o deslocamento daquele tenha sido atual, não cabendo ao intérprete condicionar a respectiva concessão a requisitos não previstos pelo legislador. A jurisprudência do STJ firmou-se no sentido de que a referida licença é um direito assegurado ao servidor público, de sorte que, preenchidos os requisitos legais, não há falar em discricionariedade da Administração quanto a sua concessão. Precedentes citados: AgRg no REsp 1.195.954-DF, DJe 30/8/2011, e

AgRg no Ag 1.157.234-RS, DJe 6/12/2010. AgRg no REsp 1.243.276-PR, Rel. Min. Benedito Gonçalves, julgado em 5/2/2013.

Comentários

A licença para acompanhamento de conjunge ocorre quando o cônjuge do servidor é deslocado para qualquer lugar do território nacional ou do exterior, ou para o exercício de mandato eletivo, no Poder executivo ou no Legislativo.

A licença não tem prazo definido em lei, podendo ser concedida por tempo indeterminado e, durante o período de licença, o servidor não fará jus ao recebimento de sua remuneração.

O Superior Tribunal de Justiça, tem sido firme no entendimento de que a despeito de a lei mencionar que a licença "PODERÁ ser concedida", o servidor tem DIREITO à licença para acompanhar o cônjuge, desde que comprovados os requisitos. Com isso, firmou-se o entendimento que esta licença seria um ato vinculado e não discricionário como parece estabelecer o dispositivo legal.

Logo, anteriormente, poder-se-ia falar em ato discricionário da Administração, porém, de acordo com as decisões proferidas pelos tribunais superiores, se extrai que a licença é ato vinculado, configurando garantia do servidor público, desde que cumpridos os requisitos de lei.

Este entendimento permanece firme até os dias atuais, inclusive nos casos em que o servidor faz jus ao exercício provisório em carreira análoga. Inclusive, no precedente em comento, a Corte afastou a tese levantada pela Administração acerca da necessidade se demonstrar contemporaneidade entre o deslocamento do cônjuge e o pedido de licença.

Vejamos o recente julgado do STJ, no mesmo sentido:

> PROCESSUAL CIVIL E ADMINISTRATIVO. AGRAVO EM RECURSO ESPECIAL. OFENSA AO ART. 1.022 DO CPC/2015 NÃO CONFIGURADA. SERVIDOR PÚBLICO. LICENÇA POR MOTIVO DE AFASTAMENTO DO CÔNJUGE. ART. 84, § 2º, DA LEI 8.112/1990. REQUISITOS LEGAIS. PREENCHIMENTO. EXERCÍCIO PROVISÓRIO. POSSIBILIDADE. 1. Cuida-se, na origem, de Ação Ordinária ajuizada por servidora pública federal, ocupante do cargo de

> Professora do Magistério Superior vinculada à Universidade Federal de Santa Maria, objetivando a concessão de licença por motivo de afastamento de cônjuge, servidor militar, com exercício provisório no campus de São Gabriel da Cachoeira, do IFAM, nos termos do art. 84, § 2º, da Lei 8.112/1990. 2. A solução integral da controvérsia, com fundamento suficiente, não caracteriza ofensa ao art. 1.022 do CPC. 3. O STJ vem interpretando a licença remunerada prevista no art. 84, § 2º, da Lei n. 8.112/1990 como direito subjetivo do servidor, bastando para a lotação provisória a comprovação do deslocamento do cônjuge-servidor, não importando se a mudança de exercício do cargo público tenha se realizado a pedido ou de ofício pela Administração, excetuando-se os casos decorrentes da aprovação em concurso público (provimento originário). 4. Na hipótese em exame, o Tribunal a quo, ao reconhecer o direito subjetivo da recorrida à manutenção da licença para acompanhar seu cônjuge no Amazonas, porquanto preenchidos os requisitos autorizadores e por se tratar de ato vinculado, o fez em harmonia com o entendimento do STJ, segundo o qual a Administração Pública não goza de discricionariedade na concessão da licença para acompanhar cônjuge prevista no art. 84 da Lei 8.112/1990, tratando-se, em verdade, de direito subjetivo do servidor público, uma vez preenchidos os requisitos legais pertinentes. 5. Dessume-se que o acórdão recorrido está em sintonia com o atual entendimento do STJ, razão pela qual não merece prosperar a irresignação. 6. Agravo conhecido para negar provimento ao Recurso Especial. (AREsp 1634823/RS, Rel. Ministro HERMAN BENJAMIN, SEGUNDA TURMA, julgado em 19/05/2020, DJe 25/06/2020)

Vale ressaltar que o exercício provisório previsto no § 2º do artigo 84, não se confunde com a remoção prevista no artigo 36, parágrafo único, III, "a", da Lei 8112/1990. Isto porque, exercício provisório não é modalidade de deslocamento, pois se trata de instituto vinculado a licença por motivo de deslocamento do cônjuge, como forma do servidor continuar prestando serviço e recebendo a sua remuneração, ainda que não esteja exercendo as funções típicas do seu cargo, mas funções análogas. A remoção para acompanhamento do cônjuge, por sua vez, é modalidade de deslocamento do servidor público, a ser realizada independentemente do interesse da Administração, quando o cônjuge, também servidor, é deslocado no interesse da Administração.

4.2. Informativo 617. PROCESSO EREsp 1.247.360-RJ, Rel. Min. Benedito Gonçalves, por maioria, julgado em 22/11/2017, DJe 29/11/2017

DESTAQUE O servidor público federal somente tem direito à remoção prevista no art. 36, parágrafo único, III, "a", da Lei n. 8.112/1990, na hipótese em que o cônjuge/companheiro, também servidor, tenha sido deslocado de ofício, para atender ao interesse da Administração (nos moldes do inciso I do mesmo dispositivo legal).

Comentários

Trata-se de embargos de divergência manejados no intuito pacificar o entendimento da Primeira Seção acerca da interpretação do artigo 36, parágrafo único, III, "a" da Lei 8.112/1990, que prevê a remoção para o acompanhamento de cônjuge.

Não restando dúvidas acerca da natureza vinculada de tal deslocamento, que representa verdadeiro direito subjetivo do servidor, a divergência constatada na Corte girava em torno da correta interpretação da expressão "no interesse da Administração" contida no artigo 36, Parágrafo Único, III, alínea "a".

Prevaleceu o melhor entendimento, reivindicado pelo Relator, Ministro Benedito Gonçalves, acompanhado pela maioria dos Ministros integrantes das Primeira Seção.

Dentre as razões do voto condutor merecem destaque as seguintes:

> *"Embora a Constituição da República garanta à família proteção especial do Estado (art. 226), a mesma Constituição determina que a Administração Pública observe a legalidade, a moralidade, a impessoalidade e, no presente caso com especial evidência, a eficiência (art. 37)."*
>
> *"Com efeito, a remoção "de ofício, no interesse da Administração" (inciso I) é aquela que pode ser mesmo contra a vontade do servidor, mas visa a atender à eficiência da Administração Pública; a remoção "a pedido, a critério da Administração" (inciso II) é aquela que (por ser a pedido) atende à vontade manifestada pelo servidor, a par de (sendo "a critério da Administração") servir à*

boa gestão pública; já a remoção a pedido "independentemente do interesse da Administração" (inciso III) é aquela que atende à vontade manifestada pelo servidor e que pode até mesmo ser contrária à melhor gestão de pessoal."

"Trata-se, portanto, de 3 hipóteses de remoção de servidor público que acomodam de forma diversa importantes valores de envergadura constitucional. A primeira (inciso I) é focada na eficiência da Administração Pública e pouco se preocupa com o projeto de vida do servidor. A segunda (inciso II) funciona como um meio-termo em que a Administração Pública, buscando a eficiência, torna públicas as vagas abertas e permite aos servidores (que preencham os requisitos necessários para tanto) interessados que manifestem sua vontade de serem removidos, segundo critérios prévios e impessoais. Esta segunda hipótese de remoção procura um meio-termo entre o interesse privado dos servidores e o interesse em melhor gerir a coisa pública. A terceira hipótese de remoção (inciso III), sendo "independentemente do interesse da Administração", abre mão de perseguir a eficiência na prestação do serviço público para, naquelas hipóteses excepcionais, atender ao interesse privado do servidor público que pretenda a remoção.

Nota-se, assim, que a forma comum de remoção do servidor público, que atende tanto à eficiência da Administração quando a impessoalidade e aos interesses privados do servidor, é aquela prevista no inciso II. As hipóteses previstas nos incisos I e III são extremas: uma (inciso I) retira do servidor a possibilidade de permanecer lotado onde está ou de pleitear remoção para o local de seu interesse, tudo com o fim de atender àquilo que a Administração Pública considera necessário para atender à eficiência; a outra (inciso III) pode ser contrária à melhor gestão da coisa pública, mas se justifica nas excepcionais hipóteses das alíneas "a", "b" e "c".

Isto considerado, concluo que a hipótese excepcional de remoção prevista no art. 36, inciso III, "a", da Lei 8.112/90 (remoção "a pedido", "independentemente do interesse da Administração", "para acompanhar cônjuge ou companheiro" "deslocado no interesse da Administração"), sendo excepcional, só se encontra legalmente justificada quando o cônjuge/companheiro "deslocado no interesse da Administração" foi deslocado na hipótese do inciso I, ou seja, de ofício, para atender ao interesse da Administração e independentemente de sua vontade."

Vale ressaltar que a Corte, nessa ocasião, ainda afastou a possibilidade de aplicação da **teoria do fato consumado**, conforme orientação sedimentada no Tribunal, que a admite somente em situações excepcionais.

Para o adequado entendimento da matéria, faz-se necessário distinguir a Teoria do Fato consumado da estabilização dos efeitos dos atos administrativos.

A estabilização dos efeitos de determinados atos administrativo é instituto criado pela doutrina pátria, acompanhado pela jurisprudência, com a intenção de garantir, efetividade aos princípios da proteção à boa fé e segurança jurídica, necessários à formação e desenvolvimento da noção de Estado de Direito. Nesse sentido, nenhum dos princípios inerentes à atuação administrativa deve ser considerado de forma absoluta, inclusive o princípio da legalidade, que admite ponderação para garantia dos demais princípios e da busca pelo interesse da sociedade, amplamente considerada e dos cidadãos, analisados individualmente.

Dessa forma, em algumas situações, devem ser mantidos determinados efeitos produzidos pelo ato administrativo, ainda que acometido de nulidade. Em outros casos, o próprio ato deve ser mantido no ordenamento jurídico a despeito de sua ilegalidade, como forma de proteção ao cidadão e a outros princípios constitucionais aplicáveis ao caso.

No instituto da estabilização dos efeitos, não há convalidação do ato administrativo, ou seja, a conduta do poder público não passa a ser válida, não havendo conserto dos seus vícios. Ao contrário, o ato permanece viciado, mas, em homenagem a valores como Segurança Jurídica e proteção à boa fé, alguns efeitos do ato estabilizam-se. **Distintamente, a Teoria do fato Consumado**, prega a manutenção do ato pelo fato de a situação concreta já se ter realizado, não sendo possível o retorno ao *status quo ante*.

Ocorre que, a jurisprudência dos Tribunais Superiores tem aproximado bastante os institutos, acatando excepcionalmente a aplicação de ambos, a partir de um juízo de razoabilidade em que se justifica o afastamento do princípio da legalidade em detrimento de outros valores constitucionalmente perseguidos.

Sobre a **teoria do fato consumado** é digno de atenção o julgamento do EREsp 1157628/RJ, julgado pela Corte Especial sobre o tema. O precedente em questão ficou assim ementado:

> EMBARGOS DE DIVERGÊNCIA EM RECURSO ESPECIAL. DIREITO ADMINISTRATIVO. SERVIDOR PÚBLICO. REMOÇÃO. RESISTÊNCIA DA ADMINISTRAÇÃO PÚBLICA. TEORIA DO FATO CONSUMADO. INAPLICABILIDADE.
>
> 1. Não se aplica a "Teoria do Fato Consumado" em relação a atos praticados sob contestação das pessoas envolvidas, que o reputam irregular e manifestam a existência da irregularidade nas vias adequadas, ainda que, pela demora no transcurso do procedimento destinado à apuração da legalidade do ato, este gere efeitos no mundo concreto.
>
> 2. Verificada ou confirmada a ilegalidade, o ato deve ser desfeito, preservando-se apenas aquilo que, pela consolidação fática irreversível, não puder ser restituído ao status quo ante.
>
> 3. Na espécie, nunca houve em relação à remoção do embargante aquiescência pela Administração Pública, que se manteve em permanente resistência no plano processual, sempre apontando a ilegalidade no ato de lotação do servidor em localidade diversa daquela em que tomou posse por conta do concurso público.
>
> 4. Impossibilidade de aplicação da teoria do fato consumado.
>
> Embargos de divergência providos.
>
> (EREsp 1157628/RJ, Rel. Ministro RAUL ARAÚJO, CORTE ESPECIAL, julgado em 07/12/2016, DJe 15/02/2017)

Prevaleceu na Corte o entendimento segundo o qual a teoria do fato consumado não pode ser aplicada para consolidar a remoção de servidor público, de forma contrária à Lei, e efetivada sob contestação da Administração Pública, notadamente quando amparadas em decisões judiciais precárias. Com isso, ficou assentado que a teoria do fato consumado somente deve ser aceita excepcionalmente, quando a reversão dos efeitos do ato viciado for impossível, ou quando, a Administração chancela, com ares de legalidade, uma situação ilegal, beneficiando destinatários de boa-fé. Protege-se, com isso, a boa-fé e a segurança jurídica, em detrimento da legalidade estrita.

Não obstante, há diversos julgamentos da Corte, no seguinte sentido:

> "ADMINISTRATIVO. MANDADO DE SEGURANÇA. EXAME NACIONAL DE DESEMPENHO DOS ESTUDANTES (ENADE). OBRIGATORIEDADE. COLAÇÃO DE GRAU. SITUAÇÃO FÁTICA CONSOLIDADA. APLICAÇÃO DA TEORIA DO FATO CONSUMADO.
>
> 1. A jurisprudência desta Corte Superior de Justiça é no sentido de que o Exame Nacional do Desempenho dos Estudantes (Enade) é obrigatório a todos os estudantes convocados regularmente para a sua realização, não sendo ilegal o condicionamento da colação de grau e, consequentemente, da obtenção do diploma de curso superior, ao comparecimento ao referido exame.
>
> 2. Ocorre que, no presente caso, levando-se em conta que já houve a outorga do grau à impetrante, há que ser considerada consolidada a situação de fato.
>
> 3. Conforme se extrai dos autos, a liminar concedida em primeira instância possibilitou que a recorrida obtivesse o diploma de conclusão do curso de farmácia em 03.02.2011, ou seja, há quase dois anos, sendo natural que esteja valendo-se de sua formação para exercer sua profissão e prover o seu sustento.
>
> 4. Em casos excepcionais, em que a restauração da estrita legalidade ocasionaria mais danos sociais do que a manutenção da situação consolidada pelo decurso do tempo (conclusão do curso e obtenção do diploma), por intermédio do mandado de segurança concedido, a jurisprudência do Superior Tribunal de Justiça tem se firmado no sentido de aplicar a teoria do fato consumado. Precedentes: AgRg no REsp 1291328/RS, Rel. Ministro NAPOLEÃO NUNES MAIA FILHO, PRIMEIRA TURMA, julgado em 24.04.2012, DJe 09.05.2012; AgRg no REsp 1049131/MT, Rel. Ministro HUMBERTO MARTINS, SEGUNDA TURMA, julgado em 04.06.2009, DJe 25.06.2009.
>
> 5. Recurso especial não provido." (REsp 1346893/PR, Rel. Ministro MAURO CAMPBELL MARQUES, SEGUNDA TURMA, julgado em 06.11.2012, DJe 12.11.2012)

Nota-se que, em ambos os casos, o beneficiário valeu-se de um direito não amparado em lei, por força de decisão judicial precária, sendo que, as decisões, no que toca à preservação do ato (fato consumado) ou dos efeitos do ato (estabilização dos efeitos), foram diametralmente opostas. No primeiro caso, o fato de o beneficiário estar amparado por decisão precária, foi fundamento determinante para a denegação do seu pleito. Já no segundo caso, o beneficiário, que, por força liminar, obteve o diploma de conclusão de curso sem necessidade de ter prestado o ENADE, teve em seu favor aplicada a Teoria do Fato consumado.

Portanto, não há precisão matemática sobre as hipóteses de cabimento da Teoria do Fato Consumado ou da Estabilização dos Efeitos do Ato Administrativo. A definição sempre se dará caso a caso, a partir da aplicação do princípio da razoabilidade. Isto implica em dizer questão fática por traz de cada ato administrativo e os eventuais prejuízos decorrentes da anulação ou da manutenção do ato serão determinantes para a definição da solução que melhor atenderá o interesse público.

Vejamos o teor da recente decisão proferida pela primeira Turma do STJ, da relatoria do Min. Napoleão Nunes Maia, em que se aplica a teoria do fato consumado em favor de servidor, reprovado em concurso público, empossado no cargo de Policial Rodoviário Federal em virtude de decisão precária.

> AGRAVO EM RECURSO ESPECIAL. ADMINISTRATIVO. JUÍZO DE RETRATAÇÃO. CONCURSO PÚBLICO PARA PROVIMENTO DE CARGO DE POLICIAL RODOVIÁRIO FEDERAL. EXIGÊNCIA DE APROVAÇÃO EM EXAME DE MOTORISMO. POSSE NO CARGO CONCEDIDA POR LIMINAR EM 1999. DECURSO DE MAIS DE 20 ANOS DESDE A CONCESSÃO DA LIMINAR. DISTINGUISHING. AGRAVO EM RECURSO ESPECIAL DO SERVIDOR CONHECIDO PARA DAR PROVIMENTO AO RECURSO ESPECIAL DO PARTICULAR.
>
> 1. A Vice-presidência desta Corte entendeu que o entendimento firmado por esta Corte, em princípio, destoa da manifestação exarada pelo Supremo Tribunal Federal no julgamento do RE-RG 608.482, cuja tese firmada em repercussão geral consagra que "não é compatível com o regime constitucional de acesso aos cargos públicos a manutenção no cargo, sob fundamento de fato consumado, de candidato não aprovado que nele tomou posse em decorrência de execução provisória de medida liminar ou outro provimento judicial de natureza precária, supervenientemente revogado ou modificado" (Tema 476/STF). Por este motivo, encaminhou os autos para eventual

> juízo de retratação. A despeito do douto entendimento da Vice-Presidente, entendo que a esta Turma não divergiu do Tema 476/STF.
>
> 2. De fato, a Primeira Turma, seguindo a orientação firmada pelo Supremo Tribunal Federal em repercussão geral (RE 608.482/RN, Rel. Min. Teori Zavascki, DJe de 30.10.2014), entendia inaplicável a Teoria do Fato Consumado aos concurso público, não sendo possível o aproveitamento do tempo de serviço prestado por força de decisão judicial pelo militar temporário, para efeito de estabilidade.
>
> 3. Contudo, a Primeira Turma passou a entender que existem situações excepcionais, como a dos autos, nas quais a solução padronizada ocasionaria mais danos sociais do que a manutenção da situação consolidada, impondo-se o distinguishing, e possibilitando a contagem do tempo de serviço prestado por força de decisão liminar para efeito de estabilidade, em necessária flexibilização da regra (REsp. 1.673.591/RS, Rel. Min. REGINA HELENA COSTA, DJe 20.8.2018); caso dos autos, em que a liminar que deu posse ao recorrente no cargo de Policial Rodoviário Federal foi deferida em 1999 e desde então o recorrente está no cargo, ou seja, há 20 anos.
>
> 4. Agravo conhecido para dar provimento ao Recurso Especial do Servidor a fim de assegurar sua manutenção definitiva no cargo de Policial Rodoviário Federal.
>
> (AREsp 883.574/MS, Rel. Ministro NAPOLEÃO NUNES MAIA FILHO, PRIMEIRA TURMA, julgado em 20/02/2020, DJe 05/03/2020)

Por fim, vale ressaltar que o Supremo Tribunal Federal, em sede de repercussão geral, consolidou o entendimento segundo o qual **"não é compatível com o regime constitucional de acesso aos cargos públicos a manutenção no cargo, sob fundamento de fato consumado, de candidato não aprovado que nele tomou posse em decorrência de execução provisória de medida liminar ou outro provimento judicial de natureza precária, supervenientemente revogado ou modificado"** (TEMA 476).

Entretanto, recentemente, a Primeira Turma do STF, sob a relatoria do Ministro Roberto Barrosso, à unanimidade, julgou o ARE 950586 AgR-segundo no seguinte sentido:

EMENTA: DIREITO ADMINISTRATIVO. SEGUNDO AGRAVO INTERNO EM RECURSO EXTRAORDINÁRIO COM AGRAVO. CONCURSO PÚBLICO. MANDADO DE SEGURANÇA. EXCEÇÃO TEORIA FATO CONSUMADO. 1. A desconstituição do ato de promoção do impetrante representa clara violação aos princípios da segurança jurídica e da confiança legítima, situação que se enquadra na excepcionalidade reconhecida no julgamento do RE 608.482-RG. 2. Inaplicável o art. 85, § 11, do CPC/2015, uma vez que não houve fixação de honorários advocatícios (art. 25 da Lei nº 12.016/2009 e Súmula 512/STF). 3. Agravo interno a que se nega provimento.

(ARE 950586 AgR-segundo, Relator(a): ROBERTO BARROSO, Primeira Turma, julgado em 31/05/2019, PROCESSO ELETRÔNICO DJe-134 DIVULG 18-06-2019 PUBLIC 19-06-2019)

4.3. Informativo nº 0519. DIREITO ADMINISTRATIVO. DIREITO DE SERVIDOR PÚBLICO FEDERAL À REMOÇÃO PARA ACOMPANHAMENTO DE CÔNJUGE EMPREGADO DE EMPRESA PÚBLICA FEDERAL

O servidor público federal tem direito de ser removido a pedido, independentemente do interesse da Administração, para acompanhar o seu cônjuge empregado de empresa pública federal que foi deslocado para outra localidade no interesse da Administração. O art. 36, parágrafo único, III, "a", da Lei 8.112/1990 confere o direito ao servidor público federal de ser removido para acompanhar o seu cônjuge "servidor público civil ou militar, de qualquer dos Poderes da União, dos Estados, do Distrito Federal e dos Municípios" que foi deslocado no interesse da Administração. MS 14.195-DF, Rel. Min. Sebastião Reis Júnior, julgado em 13/3/2013.

Comentários

A remoção pode ser determinada de ofício, no interesse da Administração Pública ou efetivada mediante pedido do servidor, situações em que será concedida, a critério do poder público, que deve analisar a sua compatibilidade com o interesse da prestação do serviço. Sendo assim, em ambos os casos, deve haver compatibilização do deslocamento com o interesse público. A remoção de ofício é sempre concedida, no interesse da Administração Pública; enquanto a remoção a pedido é concedida a critério da Administração Pública.

Ocorre que, a lei estabelece hipóteses nas quais a remoção a pedido deve ser concedida independentemente do interesse da Administração Pública. O precedente ora analisado trata de uma dessas hipóteses, que é a remoção a pedido, independentemente do interesse da administração, decorrente do deslocamento do cônjuge servidor, no interesse da administração.

Nesta situação, se o cônjuge ou companheiro do servidor público é deslocado **no interesse da administração**, por meio de remoção, ele poderá acompanhar o cônjuge deslocado. Segundo o entendimento pacífico do STJ, persistente até os dias atuais, o conceito de servidor público alcança não apenas os agentes públicos da Administração direita, mas também os da administração indireta (EREsp 779.369/PB, AgInt no REsp 1599575 / DF, 1810968 / RS). No presente caso, a 3ª Seção reconheceu o direito à remoção do servidor, em virtude do deslocamento da sua esposa, funcionária da Caixa Econômica Federal, realizada no interesse da administração.

4.4. Informativo nº 0517. ADMINISTRATIVO E PROCESSUAL CIVIL. MANDADO DE SEGURANÇA. CONCURSO PÚBLICO DE REMOÇÃO. SERVIÇOS NOTARIAIS E DE REGISTRO

1. Trata-se, originariamente, de Mandado de Segurança contra ato que destituiu a remoção por concurso atribuída ao recorrente por força de resultado de ADI proposta e julgada posteriormente à nomeação. O Tribunal de origem denegou a Segurança.

2. Não é ilegal a reclassificação dos candidatos em decorrência da exclusão dos critérios declarados inconstitucionais pelo STF no julgamento da ADI 3522. (RMS 23.828/RS, Rel. Ministro Herman Benjamin, Segunda Turma, DJe 20.4.2009; RMS 24.092/RS, Rel. Ministro José Delgado, Primeira Turma, DJ 1.2.2008).

3. Recurso Ordinário não provido.

(RMS 37.221/RS, Rel. Ministro HERMAN BENJAMIN, SEGUNDA TURMA, julgado em 07/02/2013, DJe 08/03/2013)

Comentários

No precedente citado, discutiu-se a automaticidade dos efeitos da declaração de inconstitucionalidade pelo STF, em sede de controle concentrado de constitucionalidade sobre as relações jurídicas forjadas a partir da norma posteriormente extirpada do mundo jurídico, levando-se em consideração, mormente, os princípios da segurança jurídica, da boa-fé e da dignidade da pessoa humana.

O entendimento da Corte se deu no sentido da legalidade do ato administrativo que se limitou a afastar os efeitos da norma que estabeleceu critérios de classificação em concurso de remoção declarados inconstitucionais na ADI 3522-3/RS, ou seja, em observância ao efeito erga omnes do julgamento proferido pelo STF.

A Corte confirmou o entendimento de que, à míngua do deferimento do efeito ex nunc pelo STF, em razão do efeito *erga omnes* típico do julgamento das ADIs, todos os efeitos da norma inconstitucional devem ser desfeitos, mesmo aqueles que beneficiaram destinatários de boa-fé.

4.5. Informativo nº 482. SERVIDOR PÚBLICO. REMOÇÃO. ACOMPANHAMENTO. CÔNJUGE. IMPOSSIBILIDADE. INEXISTÊNCIA. COABITAÇÃO

Servidor público federal lotado no interior do Estado da Paraíba requereu a sua remoção para a capital do estado ou, alternativamente, a lotação provisória em qualquer outro órgão da Administração Federal direta, autárquica ou fundacional para acompanhar a esposa, servidora pública federal, removida de ofício de Campina Grande para João Pessoa. Apesar de a esposa do autor ter sido removida de ofício, o apelante não faz jus à remoção para a sede do TRE/PB, visto que o casal não residia na mesma localidade antes da remoção da esposa. Portanto, o Estado não se omitiu do seu dever de proteger a unidade familiar, que ocorre quando há o afastamento do convívio familiar direto e diário de um dos seus integrantes. AgRg no REsp 1.209.391-PB, Rel. Min. Humberto Martins, julgado em 6/9/2011.

Comentários

Trata-se de precedente paradigmático, divulgado no informativo nº482 de setembro de 2011, que sufragava o entendimento segundo o qual, para o exercício do direito à remoção prevista no artigo 36, Parágrafo Único, III, "a" da Lei 8.112/1990, seria necessário que os cônjuges coabitassem, sob pena de não restar demonstrado o trauma na união familiar.

Entendemos que o precedente está superado, uma vez que as decisões mais recentes do STJ afastam a necessidade de demonstração da coabitação, visto que tal requisito não encontra previsão legal.

Vejamos os seguintes julgados:

> ADMINISTRATIVO E PROCESSUAL CIVIL. RECURSO ESPECIAL. SERVIDOR PÚBLICO. REMOÇÃO PARA ACOMPANHAR CÔNJUGE. NECESSIDADE DE COABITAÇÃO.
>
> AUSÊNCIA DE PREVISÃO LEGAL. PRECEDENTES. INTERESSE DA ADMINISTRAÇÃO NA REMOÇÃO. AUSÊNCIA DE COMPROVAÇÃO. INCIDÊNCIA DA SÚMULA 7 DO STJ.
>
> 1. Esta Corte Superior possui entendimento de que a **remoção** para acompanhar cônjuge, prevista no art. 36, III, da Lei n. 8.112/1990, não exige que o casal resida junto, porquanto não há previsão legal, contudo os demais requisitos legais deverão ser comprovados.
>
> 2. No caso específico, o Tribunal de origem consignou que não ficou demonstrado que a redistribuição da esposa do servidor ocorreu no interesse da administração ou a pedido, desse modo, a revisão do entendimento da instância ordinária, no tocante à impossibilidade de remoção do servidor, implica o imprescindível reexame das provas constantes dos autos, o que é defeso em recurso especial, ante o que preceitua a Súmula 7 do STJ.
>
> 3. Recurso especial não conhecido.
>
> (REsp 1824511/RN, Rel. Ministro OG FERNANDES, SEGUNDA TURMA, julgado em 01/10/2019, DJe 07/10/2019)
>
> ADMINISTRATIVO E PROCESSUAL CIVIL. LICENÇA PARA ACOMPANHAMENTO DE CÔNJUGE COM EXERCÍCIO PROVISÓRIO REMUNERADO. ART. 84, § 2º, DA LEI 8.112/1990. DIREITO

SUBJETIVO DO SERVIDOR. DESLOCAMENTO CÔNJUGE-SERVIDOR. COABITAÇÃO. DESNECESSIDADE.

1. O Tribunal a quo deu provimento à Apelação da ora recorrida para reformar a sentença que deferira à ora recorrente **licença para acompanhar cônjuge com exercício provisório remunerado**, nos termos do art. 84, § 2º, da Lei 8.112/1190. A Corte Regional entendeu que não fora atendido o requisito da coabitação.

2. O acórdão recorrido destoa do entendimento do Superior Tribunal de Justiça sobre o tema que interpreta a licença remunerada prevista no art. 84, § 2º, da Lei 8.112/1990 como direito subjetivo do servidor, bastando para a lotação provisória a comprovação do deslocamento do cônjuge-servidor. Não há exigência de coabitação e tampouco importa se a mudança de exercício do cargo público se deu a pedido ou de ofício pela Administração, excetuando-se os casos decorrentes da aprovação em concurso público (provimento originário). Precedentes: REsp 1.778.188/MS, Rel. Ministro Herman Benjamin, Segunda Turma, DJe 4/2/2019; AgInt no REsp 1.660.771/RS, Rel. Ministro Francisco Falcão, Segunda Turma, DJe 26/3/2018 e AgInt no REsp 1.565.070/MS, Rel. Ministro Og Fernandes, Segunda Turma, DJe 13/3/2017.

3. Recurso Especial provido.

(REsp 1788296/RN, Rel. Ministro HERMAN BENJAMIN, SEGUNDA TURMA, julgado em 17/09/2019, DJe 11/10/2019)

PROCESSUAL CIVIL. ADMINISTRATIVO. AGRAVO INTERNO NO RECURSO ESPECIAL. SERVIDOR PÚBLICO. REMOÇÃO. COABITAÇÃO ENTRE OS CÔNJUGES.

REQUISITO DISPENSÁVEL. JURISPRUDÊNCIA DO STJ.

1. O acórdão recorrido encontra-se em consonância com a jurisprudência desta Corte Superior, no sentido de que o deferimento do direito à **remoção**, prevista no inciso III do art. 36 da Lei n.

8.112/1990, não impõe como requisito indispensável a coabitação entre os cônjuges. Precedentes.

2. Agravo interno a que se nega provimento.

(AgInt no REsp 1603404/PR, Rel. Ministro SÉRGIO KUKINA, PRIMEIRA TURMA, julgado em 20/02/2018, DJe 06/03/2018)

Como se verifica, ambas as turmas integrantes da 1ª Seção do STJ, revelam ter superado o entendimento anterior que exigia a coabitação como requisito para o exercício tanto do direito à remoção (art.36, Par. Um., III, "a" da Lei 8.112/1990) quanto ao exercício provisório remunerado (84, § 2º, da Lei 8.112/1190).

Vale ressaltar que a mudança de entendimento em questão, além de prestigiar o princípio da legalidade, acaba por solucionar grave violação ao princípio da preservação da família, previsto no artigo 226 da Constituição Federal. Isto porque, sempre foi entendimento pacífico do STF e do STJ que o direito à remoção para acompanhamento do cônjuge não pode ser exercido no momento da aprovação em concurso (provimento originário), vide EDcl no REsp 1506600 / PR, ARE 1111873, RE 475283 AgR.

Portanto, no mais das vezes, a não-coabitação decorre de uma impossibilidade prática, e não por vontade ou separação de fato do casal. Basta, para melhor entendimento, formular o exemplo (comum) do casal recém-concursado que passa a exercer suas funções em localidades distintas. Nesse caso, os cônjuges deixam de coabitar por imposição legal, sob pena de um deles ter de abdicar da carreira profissional. Ocorre que, pelo entendimento anterior, esse casal, que não coabitava, além de não ser tutelado no momento do provimento original, também ficava alijado do direito a coabitação no momento de uma remoção *ex ofício,* por não atender ao requisito da coabitação.

Por fim, importa ressaltar que, em que pese a semelhança dos institutos da **remoção para acompanhamento de cônjuge** e **licença para acompanhar cônjuge com exercício provisório**, a lei traz uma sensível distinção nos requisitos de concessão dos direitos. Enquanto a remoção exige que o cônjuge seja servidor e tenha sido removido no interesse da Administração Pública, a licença, que, em regra, é sem vencimento, não exige que o cônjuge seja servidor público. Além disso, a licença admite o exercício provisório remunerado quando o cônjuge ou companheiro deslocado também seja servidor público, sem a exigência de que o deslocamento tenha sido efetivado no interesse da administração.

O julgando abaixo transcrito é bastante elucidativo dessas diferenças. Vejamos:

ADMINISTRATIVO. AGRAVO REGIMENTAL. RECURSO ESPECIAL. MANDADO DE SEGURANÇA. SERVIDOR PÚBLICO. LICENÇA. EXERCÍCIO PROVISÓRIO.DESLOCAMENTO DE CÔNJUGE SERVIDOR. ARTIGO 84, § 2º, DA LEI 8.112/90. REQUISITOS.

1. A agravante aduz que a licença para acompanhar cônjuge com exercício provisório, modalidade pleiteada pela servidora, tem como requisito inarredável o deslocamento do cônjuge no interesse da Administração Pública. Assevera, ainda, que "devem ser atribuídas ao art. 84 as mesmas restrições presentes no art. 36 do Estatuto, que disciplina hipóteses de remoção no serviço público federal, quais sejam, que o cônjuge do servidor seja também servidor e que este venha a ser removido de ofício por parte da Administração".

2. O caput do artigo 84 da Lei nº 8.112/90 estabelece o direito à licença para o servidor público afastar-se de suas atribuições, por prazo indeterminado e sem remuneração, com o fim de acompanhar cônjuge ou companheiro, sendo este servidor público ou não. Já o § 2º estabelece a possibilidade de o servidor, civil ou militar, "de qualquer dos Poderes da União, dos Estados, do Distrito Federal e dos Municípios", exercer provisoriamente "atividade compatível com o seu cargo" em órgão ou entidade "da Administração Federal direta, autárquica ou fundacional" de outra localidade, mas desde que o seu cônjuge deslocado seja servidor público. Precedentes.

3. Se a norma não distingue a forma de deslocamento do cônjuge do servidor para ensejar a licença, se a pedido ou por interesse da Administração, não cabe ao intérprete fazê-la, sendo de rigor a aplicação da máxima inclusio unius alterius exclusio.

4. Agravo regimental não provido.

(AgRg no REsp 1195954/DF, Rel. Ministro CASTRO MEIRA, SEGUNDA TURMA, julgado em 18/08/2011, DJe 30/08/2011)

No caso da licença com exercício provisório, portanto, não se exige que o deslocamento do cônjuge tenha ocorrido no interesse da Administração Pública. Nesses casos, o servidor poderá valer-se da licença para acompanhamento de cônjuge com exercício provisório remunerado, como **sucedâneo de remoção**, sem a necessidade de preenchimento do requisito do deslocamento *"no interesse da Administração"*. Nesses casos, nenhum dos cônjuges fará jus à ajuda de custo prevista no artigo 53 e seguintes da Lei 8.112/1990.

5. PROVIMENTO E POSSE

5.1. Informativo n. 600. PROCESSO MS 20.558-DF, Rel. Min. Herman Benjamin, por unanimidade, julgado em 22/2/2017, DJe 31/3/2017.

DESTAQUE: Quando o exercício do cargo foi amparado por decisões judiciais precárias e o servidor se aposentou, antes do julgamento final de mandado de segurança, por tempo de contribuição durante esse exercício e após legítima contribuição ao sistema, a denegação posterior da segurança que inicialmente permitira ao servidor prosseguir no certame não pode ocasionar a cassação da aposentadoria.

INFORMAÇÕES DO INTEIRO TEOR: Trata-se de mandado de segurança contra ato do Ministro de Estado do Trabalho e Emprego que, por meio de Portaria, tornou sem efeito a nomeação, sob amparo de decisão judicial liminar, da impetrante ao cargo de Auditora Fiscal do Trabalho e, consequentemente, de sua aposentadoria. Inicialmente, pontua-se que sobre o tema, o Supremo Tribunal Federal, em julgamento realizado sob a égide da repercussão geral, deu pela inaplicabilidade da teoria do **fato consumado** para a manutenção em cargo público de candidato não aprovado em concurso, "e que tenha tomado posse em decorrência de execução provisória de medida liminar ou outro provimento judicial de natureza precária, supervenientemente revogado ou modificado" (RE 608.482, DJe 30/10/2014). Logo, se a impetrante estivesse exercendo o cargo, não haveria nenhuma irregularidade no seu afastamento após o trânsito em julgado da decisão judicial desfavorável que lhe permitiu prosseguir no concurso após a primeira etapa. Não obstante a compreensão acima exarada, constata-se que a impetrante, nomeada sob amparo de decisão judicial liminar, exerceu o cargo até o momento de sua aposentadoria, ocorrida vários anos antes da decisão final do mandado de segurança originalmente impetrado por ela para prosseguir no concurso. Nesse contexto, embora o vínculo de trabalho fosse precário, o vínculo previdenciário, após as contribuições previdenciárias ao regime próprio, consolidou-se com a reunião dos requisitos para a concessão de aposentadoria. Ressalte-se, por fim, que a legislação federal estabelece a cassação da aposentadoria apenas nos casos de demissão do servidor público e de acumulação ilegal de cargos (arts. 133, § 6º, e 134 da Lei n. 8.112/1990), não havendo, portanto, respaldo legal para impor a mesma penalização quando o exercício do cargo é amparado por decisões judiciais precárias e o servidor se aposenta por tempo de contribuição durante esse exercício após legítima contribuição ao sistema.

Comentários

Nesse precedente, a Corte reafirmou o entendimento de que o candidato nomeado para cargo público com amparo em medida judicial precária não tem direito a nele permanecer se a decisão final lhe é desfavorável. No caso, não obstante a aprovação no concurso, a posse e o exercício do cargo pela impetrante tenham sido amparados por decisão precária, e sob contestação da Administração Pública, ainda assim, a Corte, em decisão unânime, concedeu a segurança, por considerar a situação irreversível. Isto porque, quando fora praticado o ato coator, já havia sido concedida a aposentadoria à impetrante. Portanto, aquele vínculo de trabalho precário, amparado por decisão precária, passível de anulação a qualquer tempo, já havia sido extinto no momento da reforma da decisão.

A Administração Pública, em que pese tenha se insurgido contra o ingresso da interessada no serviço público, recebeu, **sem contestação**, a servidora e as contribuições por ela vertidas ao Regime Próprio de Previdência Social durante todo o vínculo, gerando a **justa expectativa** acerca da cobertura previdenciária decorrente do vínculo definitivo estabelecido. Por isso, o ato de concessão da aposentadoria da servidora está acobertado pela garantia do ato jurídico perfeito, já que não estão presentes as hipóteses de cassação de aposentadoria (arts. 133, § 6º e 134 da Lei 8.112/90).

5.2. Informativo nº 548. DIREITO ADMINISTRATIVO. HIPÓTESE DE NÃO LEVANTAMENTO DE FGTS. RECURSO REPETITIVO (ART. 543-C DO CPC E RES. 8/2008-STJ).

A suspensão do contrato de trabalho em decorrência de nomeação em cargo em comissão não autoriza o levantamento

do saldo da conta vinculada ao FGTS. Isso porque o art. 20, VIII, da Lei 8.036/1990 condiciona a liberação do saldo da conta do FGTS ao fato de o trabalhador permanecer três anos ininterruptos "fora do regime do FGTS", circunstância que não ocorre quando o empregado tem seu contrato de trabalho suspenso por força de nomeação em cargo público em comissão. De fato, não ocorre a ruptura do vínculo laboral, nem o empregado fica "fora" do regime do FGTS, mas permanece nele, embora não ocorrendo depósitos por força da suspensão do contrato de trabalho. REsp 1.419.112-SP, Rel. Min. Og Fernandes, julgado em 24/9/2014.

Comentários

Trata-se de precedente firmado sob o rito dos recursos repetitivos, por meio do qual o STJ firmou o entendimento de que a redação do artigo 20, III da Lei 8.036/80 não autoriza a liberação do saldo da conta vinculada em hipótese de suspensão do contrato de trabalho. O contexto fático analisado envolvia o caso de empregado de empresa pública, celetista, que teve o seu contrato suspenso para o exercício de cargo em comissão no âmbito da própria empresa.

Como é cediço, os agentes públicos ocupantes de cargos em comissão possuem vínculo estatutário, uma vez que é nomeado e empossado para o exercício de funções específicas previstas em lei. Não é a situação objeto do julgamento, mas, é muito comum, a cessão de empregados (concursados) de empresas públicas para o exercício de cargos em comissão no âmbito da Administração Direta. Nesses casos, ocorre a suspensão do contrato de trabalho, e o empregado é cedido para a administração direta, por tempo indeterminado. Não ocorre nesse período a cessação do vínculo celetista, contudo, durante a suspensão do contrato de trabalho a conta vinculada fica inativa em razão da não ocorrência de depósitos.

Situação diversa ocorre em relação aos dirigentes das estatais, uma vez que estes são servidores detentores de cargo em comissão, nomeados livremente pelo ente da Administração Direta responsável pela instituição da empresa. Para esses agentes, pode-se aplicar **uma dupla vinculação jurídica**, pois se vinculam à empresa estatal e, também, ao ente da Administração Direta que executa o controle ministerial. Sendo assim, não possuem vínculo de emprego. Ocorre que, quando dirigente da estatal é empregado de carreira da própria empresa, este tem o seu contrato de trabalho suspenso pelo tempo em que ocupar o cargo em comissão.

Diante dessa situação de suspensão, e não extinção, do vínculo empregatício surgiu a necessidade de pronunciamento do STJ sobre a mais adequada interpretação do artigo 20, VIII da lei 8036/1990, cuja redação atual é a seguinte:

> *Art. 20. A conta vinculada do trabalhador no FGTS poderá ser movimentada nas seguintes situações:*
>
> *(...)*
>
> *VIII – quando o trabalhador permanecer três anos ininterruptos fora do regime do FGTS;*

O entendimento firmado na Primeira Seção se deu no sentido de que a expressão "fora do regime" não contempla as hipóteses de suspensão do contrato de trabalho, razão pela qual não há previsão legal para o saque da conta vinculada.

5.3. Informativo n. 666. DIREITO ADMINISTRATIVO, DIREITO CONSTITUCIONAL.

PROCESSO RMS 61.880-MT, Rel. Min. Mauro Campbell Marques, Segunda Turma, por unanimidade, julgado em 03/03/2020, DJe 06/03/2020.

TEMA: Ex-membro da magistratura. Readmissão. Previsão no Código de Organização Judiciária do Tribunal de Justiça. Inexistência de direito adquirido a regime jurídico. Necessidade de aprovação em concurso público.

DESTAQUE: A readmissão na carreira da Magistratura não encontra amparo na Lei Orgânica da Magistratura Nacional nem na Constituição Federal de 1988.

INFORMAÇÕES DO INTEIRO TEOR: A controvérsia colocada em discussão no presente caso diz respeito à possibilidade de o Tribunal de Justiça a quo, no exercício da função administrativa, declarar a inconstitucionalidade de norma prevista no Código de Organização Judiciária de Tribunal

de Justiça que prevê a possibilidade de readmissão aos quadros da Magistratura de magistrado exonerado. Inicialmente cumpre salientar que a orientação jurisprudencial do Supremo Tribunal Federal é no sentido da inexistência de direito adquirido a regime jurídico. No que tange à controvérsia colocada em discussão no caso em concreto, a Corte Suprema tem entendido que, após a promulgação da Constituição Federal de 1988, não remanesce **ao servidor** exonerado o direito de reingresso no cargo, tendo em vista que o atual ordenamento constitucional impõe a prévia aprovação em concurso público como condição para o provimento em cargo efetivo da Administração Pública .Por sua vez, o Conselho Nacional de Justiça expediu orientação normativa vinculante assentando a impossibilidade de formas de provimentos dos cargos relacionados à carreira da Magistratura que não estejam explicitamente previstas na Constituição Federal de 1988, nem na LOMAN. Assim, no caso em concreto, não há falar na existência de direito líquido e certo de fazer valer-se de norma prevista em legislação local que esteja em afronta aos dispositivos da Constituição Federal e da Lei Orgânica da Magistratura. Por conseguinte, não há óbice para que o Tribunal a quo, ainda que no exercício da função administrativa, lance mão da orientação jurisprudencial do Supremo Tribunal Federal aplicável à espécie, para fundamentar sua decisão de negar o pedido de readmissão. Assim o fazendo, forçoso reconhecer que a Administração deu cumprimento à Constituição Federal, à Lei Orgânica da Magistratura Nacional, bem como à orientação normativa expedida pelo Conselho Nacional de Justiça.

Comentários

Atualmente, a doutrina e a jurisprudência, tem reiteradamente se manifestado contrariamente à possibilidade de Reversão do servidor aposentado voluntariamente, ainda que atendidos os requisitos estabelecidos no artigo 25, II da Lei 8112/1990. Nesta hipótese, a lei determina que haja interesse da Administração Pública, que o servidor tenha solicitado a reversão, que a aposentadoria tenha sido voluntária, que o agente público já tivesse adquirido estabilidade quando na atividade, que a aposentadoria tenha ocorrido nos cinco anos anteriores à solicitação e que haja cargo vago, no momento do requerimento de reversão.

A doutrina e a jurisprudência brasileiras vêm entendendo que a aposentadoria voluntária quebra o vínculo com a Administração Pública, logo a reversão, nestes casos, seria uma burla à regra constitucional, sendo possível o retorno apenas mediante novo concurso público. Dessa forma, somente seria possível a reversão do servidor público aposentado por invalidez, uma vez cessados os motivos que deram ensejo à aposentadoria

O pedido de exoneração, tal qual a aposentadoria voluntária, quebra o vínculo do servidor com a Administração Pública. Tal servidor jamais voltará a ocupar o mesmo cargo. Dessa forma, acaso pretenda retornar à antiga carreira, o servidor deverá prestar novo concurso público.

6. CONCURSO PÚBLICO

6.1. PROCESSO RMS 62.040-MG, Rel. Min. Herman Benjamin, Segunda Turma, por unanimidade, julgado em 17/12/2019, DJe 27/02/2020. DIREITO ADMINISTRATIVO, DIREITO CONSTITUCIONAL

TEMA: Concurso público. Vagas reservadas. Exclusão do candidato. Critério de heteroidentificação. Possibilidade. Decisão administrativa. Observância dos princípios do contraditório e da ampla defesa. Imprescindibilidade.

DESTAQUE: A exclusão do candidato, que concorre à vaga reservada em concurso público, pelo critério da heteroidentificação, seja pela constatação de fraude, seja pela aferição do fenótipo ou por qualquer outro fundamento, exige o franqueamento do contraditório e da ampla defesa.

INFORMAÇÕES DO INTEIRO TEOR: Cinge-se a controvérsia a definir a legalidade da regra editalícia segundo a qual, na apreciação das "características fenotípicas do candidato", a comissão do concurso "proferirá decisão terminativa sobre a veracidade da autodeclaração", sem franquear ao candidato o direito ao recurso, salvo "na restrita hipótese de a Administração constatar fraude/falsidade da autodeclaração". **O STF, no julgamento**

da ADC 41/DF, declarou a constitucionalidade dos critérios de autodeclaração e heteroidentificação para o reconhecimento do direito de disputar vagas reservadas pelo sistema de cotas. Entretanto, lê-se no voto do relator, Ministro Roberto Barroso, que esses dois critérios serão legítimos, na medida em que viabilizem o controle de dois tipos possíveis de fraude que, se verificados, comprometem a política afirmativa de cotas: dos "candidatos que, apesar de não serem beneficiários da medida, venham a se autodeclarar pretos ou pardos apenas para obter vantagens no certame"; e também da "própria Administração Pública, caso a política seja implementada de modo a restringir o seu alcance ou a desvirtuar os seus objetivos". Também aduziu em seu voto que **"devem ser garantidos os direitos ao contraditório e à ampla defesa, caso se entenda pela exclusão do candidato"**. Depreende-se que, nos procedimentos destinados a selecionar quem tem ou não direito a concorrer às vagas reservadas, tanto as declarações dos candidatos, quanto os atos dos entes que promovem a seleção, devem se sujeitar a algum tipo de controle. A autodeclaração é controlada pela Administração Pública mediante comissões preordenadas para realizar a heteroidentificação daqueles que se lançam na disputa; o reexame da atividade administrativa poderá ser feito pelos meios clássicos de controle administrativo, como a reclamação, o recurso administrativo e o pedido de reconsideração. Assim, deve-se entender, em consonância com a orientação que se consolidou no Supremo, que a exclusão do candidato pelo critério da heteroidentificação, seja pela constatação de fraude, seja pela aferição do fenótipo, ou por qualquer outro fundamento, exige o franqueamento do contraditório e da ampla defesa. (Informativo 666)

Comentários

Em 09 de junho de 2014, foi publicada a lei 12.990/14, definindo a reserva de um percentual de 20% das vagas de concursos públicos, no âmbito da Administração Direta e Indireta da União, para os candidatos negros e pardos, desde que o número de vagas estipulado no edital seja igual ou superior a três.

Inicialmente, pode-se verificar que a regra não se aplica para concursos no âmbito estadual, distrital e municipal, os quais dependem da publicação de leis específicas, publicadas no bojo dessas entidades.

Ressalte-se que, diferentemente do que ocorre com a destinação de cargos reservados para candidatos que possuam necessidades especiais, o texto legislativo determinou a aplicação de um percentual fixo de 20% (e não de até 20%). Dessa forma, não há qualquer margem de discricionariedade conferida ao administrador público, quando da publicação do instrumento convocatório do certame.

O art. 2º da referida lei dispõe que poderão concorrer às vagas reservadas a candidatos negros aqueles que se autodeclararem pretos ou pardos no ato da inscrição no concurso público, conforme o quesito cor ou raça utilizado pela Fundação Instituto Brasileiro de Geografia e Estatística – IBGE. Ocorre que, caso seja constatada a falsidade da declaração, o candidato será eliminado do concurso e, até mesmo se houver sido nomeado, ficará sujeito à anulação da sua admissão ao serviço ou emprego público, mediante procedimento administrativo no qual lhe sejam assegurados o contraditório e a ampla defesa.

No julgamento em questão, o STJ limitou a aplicar o entendimento consagrado no STF, no julgamento da ADC 41/DF, quando foram considerados constitucionais e harmônicos entre si os critérios da autodeclaração e da heteroidentificação para o gozo do direito à disputa de vagas reservadas, em concurso público, pelo sistema de cotas. Portanto, o candidato deve se autodeclarar negro ou pardo, e, havendo contestação da comissão destinada a tal finalidade (heteroidentificação), a banca examinadora deverá garantir ao candidato tratamento digno e respeitar o contraditório e a ampla defesa nos termos do artigo 5º, LV da Constituição Federal.

6.2. PROCESSO RMS 52.622-MG, Rel. Min. Gurgel de Faria, por unanimidade, julgado em 26/03/2019, DJe 29/03/2019.

TEMA: Concurso público. Agente penitenciário feminino. Curso de formação. Candidata lactante. Proteção constitucional. Remarcação. Possibilidade.

DESTAQUE: É constitucional a remarcação de curso de formação para o cargo de agente penitenciário feminino de candidata que esteja lactante à época de sua realização, independentemente da previsão expressa em edital do concurso público.

INFORMAÇÕES DO INTEIRO TEOR: O Supremo Tribunal Federal, sob a sistemática da repercussão geral, nos autos do RE 630.733/DF (DJe 20/11/2013), pacificou o entendimento de que **não há direito à remarcação de provas de concurso público em razão de circunstâncias pessoais dos candidatos, exceto se previsto em edital**. Ambas as Turmas de Direito Público desta Corte Superior têm acompanhado a orientação firmada na Excelsa Corte. Não obstante, em julgamento realizado em 21/11/2018, também sob a sistemática da repercussão geral, RE 1.058.333/PR, o Supremo Tribunal Federal, entendendo que o RE 630.733/DF não seria aplicável às candidatas gestantes, estabeleceu a seguinte tese: "**É constitucional a remarcação do teste de aptidão física de candidata que esteja grávida à época de sua realização, independentemente da previsão expressa em edital do concurso público**". Em seu voto, o min. rel. Luiz Fux destacou que "por ter o constituinte estabelecido expressamente a proteção à maternidade, à família e ao planejamento familiar, a condição de gestante goza de proteção constitucional reforçada. Em razão deste amparo constitucional específico, a gravidez não pode causar prejuízo às candidatas, sob pena de malferir os princípios da isonomia e da razoabilidade". Apesar da presente hipótese dos autos analisada não ser exatamente igual à analisada pelo Supremo Tribunal Federal, as premissas estabelecidas no novel julgado são plenamente aplicáveis in casu. Com efeito, a candidata, ao ser convocada para o Curso de Formação para o cargo de Agente penitenciário feminino, encontrava-se em licença maternidade, com apenas um mês de nascimento da sua filha, período em que sabidamente todas as mulheres estão impossibilitadas de praticar atividades físicas, estando totalmente voltadas para amamentação e cuidados com o recém-nascido. Nessa hipótese devem ser observados os direitos destacados em sede de julgamento do RE 1.058.333/PR, constitucionalmente protegidos (saúde, maternidade, família e planejamento familiar), merecendo a candidata lactante o mesmo amparo estabelecido pelo STF para as gestantes. (Informativo n. 645.)

Comentários

Trata-se de precedente autoexplicativo, no qual o STJ meramente **estendeu às lactantes** o entendimento do STF, firmado no RE 1.058.333/PR, em sede de Repercussão Geral, no seguinte sentido:

> *É constitucional a remarcação do teste de aptidão física de candidata que esteja grávida à época de sua realização, independentemente da previsão expressa em edital do concurso público. (TEMA 973)*

Para mais informações, utilize o QR Code ao lado.

6.3. Informativo n. 630. PROCESSO MS 22.813-DF, Rel. Min. Og Fernandes, por maioria, julgado em 13/06/2018, DJe 22/06/2018

TEMA: Concurso público. Candidatos aprovados fora do limite de vagas. Surgimento de novas vagas. Manifestação inequívoca da administração sobre a necessidade de seu provimento. Ausência de prova de restrição orçamentária. Direito subjetivo à nomeação.

DESTAQUE: O candidato aprovado em concurso público fora do número de vagas tem direito subjetivo à nomeação caso surjam novas vagas durante o prazo de validade do certame, haja manifestação inequívoca da administração sobre a necessidade de seu provimento e não tenha restrição orçamentária.

INFORMAÇÕES DO INTEIRO TEOR: Inicialmente, é preciso destacar que o Supremo Tribunal Federal, por ocasião do julgamento do RE 837.311/PI, Rel. Min. Luiz Fux, sob a sistemática da repercussão geral, reconheceu que da aprovação em concurso público decorrerá direito subjetivo à nomeação, se estiver demonstrada alguma das seguintes situações: a) quando a aprovação ocorrer dentro do número de vagas inserido no edital (RE 598.099); b) quando houver preterição na nomeação por não observância da ordem de classificação (Súmula 15 do STF); e c) quando surgirem novas vagas, ou for aberto novo concurso durante a validade do certame anterior, e ocorrer a preterição de candidatos aprovados fora das vagas de forma arbitrária e imotivada por parte da administração. Ocorre que o julgado consignou, ao final, outra premissa de direito: se surgirem novas vagas e houver manifestação inequívoca da administração sobre a necessidade de seu provimento e inexistir prova de restrição orçamentária ou de qualquer outro obstáculo de ordem financeira, a ser provado pelo poder público, para tal nomeação. A referida premissa, embora tratada como excepcionalidade do caso, aplica-se na situação em exame. Em primeiro lugar, porque o Banco Central do Brasil, autarquia a quem interessava o provimento dos cargos, dentro do período de validade do certame, enviou pedido escrito ao Ministério do Planejamento, no qual informava a existência das vagas e da "extrema relevância" quanto à nomeação adicional. Em segundo lugar, porque a própria área técnica interna do Ministério do Planejamento, Desenvolvimento e Gestão, após ressaltar a viabilidade orçamentária do pleito da Presidência do Banco Central do Brasil, fez acostar a própria minuta autorizativa de nomeação, a qual nunca foi implementada. Assim, restou reconhecida a ilegalidade da omissão e o direito à nomeação dos candidatos aprovados ao cargo público.

Comentários

Durante muito tempo, a doutrina e a jurisprudência dominante definiram que os candidatos aprovados em concursos públicos não teriam direito subjetivo à nomeação, tratando-se de mera expectativa de direito. Da mesma forma, o candidato teria a garantia de não preterição, ou seja, não poderia admitir a contratação de temporários ou terceirizados para exercer as funções inerentes ao seu cargo e, menos ainda, seria admitida a convocação de um candidato aprovado e classificado com nota inferior à que lhe fora atribuída.

Nestes casos, seria garantida a nomeação do candidato em casos de preterição, consoante disposto na Súmula n. 15 do Supremo Tribunal Federal, a qual dispõe que "Dentro do prazo de validade do concurso, o candidato aprovado tem o direito à nomeação, quando o cargo for preenchido sem observância da classificação".

Da mesma forma, o direito à nomeação surgiria em situações em que o poder público, em desrespeito à norma estampada no art. 37, IV da Constituição Federal, efetivasse a nomeação de candidato aprovado em novo concurso antes de esgotar a lista de aprovados do concurso anterior.

O Supremo Tribunal Federal possui diversos precedentes que se tornaram *leading cases* da nova posição adotada pela jurisprudência dominante no Brasil sobre a matéria.

> *RECURSO EXTRAORDINÁRIO. REPERCUSSÃO GERAL. CONCURSO PÚBLICO. PREVISÃO DE VAGAS EM EDITAL. DIREITO À NOMEAÇÃO DOS CANDIDATOS APROVADOS. I. DIREITO À NOMEAÇÃO. CANDIDATO APROVADO DENTRO DO NÚMERO DE VAGAS PREVISTAS NO EDITAL. Dentro do prazo de validade do concurso, a Administração poderá escolher o momento no qual se realizará a nomeação, mas não poderá dispor sobre a própria nomeação, a qual, de acordo com o edital, passa a constituir um direito do concursando aprovado e, dessa forma, um dever imposto ao poder público. Uma vez publicado o edital do concurso com número específico de vagas, o ato da Administração que declara os candidatos aprovados no certame cria um dever de nomeação para a própria Administração e, portanto, um direito à nomeação titularizado pelo candidato aprovado dentro desse número de vagas. II. ADMINISTRAÇÃO PÚBLICA.* ***PRINCÍPIO DA SEGURANÇA JURÍDICA. BOA-FÉ. PROTEÇÃO À CONFIANÇA.*** *O dever de boa-fé da Administração Pública exige o respeito incondicional às regras do edital, inclusive quanto à previsão das vagas do concurso público. Isso igualmente decorre de um necessário e incondicional respeito à segurança jurídica como princípio do Estado de Direito. Tem-se, aqui, o princípio da segurança jurídica como princípio de proteção à confiança. Quando a*

Administração torna público um edital de concurso, convocando todos os cidadãos a participarem de seleção para o preenchimento de determinadas vagas no serviço público, ela impreterivelmente gera uma expectativa quanto ao seu comportamento segundo as regras previstas nesse edital. Aqueles cidadãos que decidem se inscrever e participar do certame público depositam sua confiança no Estado administrador, que deve atuar de forma responsável quanto às normas do edital e observar o princípio da segurança jurídica como guia de comportamento. Isso quer dizer, em outros termos, que o comportamento da Administração Pública no decorrer do concurso público deve se pautar pela boa-fé, tanto no sentido objetivo quanto no aspecto subjetivo de respeito à confiança nela depositada por todos os cidadãos. III. SITUAÇÕES EXCEPCIONAIS. NECESSIDADE DE MOTIVAÇÃO. CONTROLE PELO PODER JUDICIÁRIO. Quando se afirma que a Administração Pública tem a obrigação de nomear os aprovados dentro do número de vagas previsto no edital, deve-se levar em consideração ***a possibilidade de situações excepcionalíssimas que justifiquem soluções diferenciadas, devidamente motivadas de acordo com o interesse público****. Não se pode ignorar que determinadas situações excepcionais podem exigir a recusa da Administração Pública de nomear novos servidores. Para justificar o excepcionalíssimo não cumprimento do dever de nomeação por parte da Administração Pública, é necessário que a situação justificadora seja dotada das seguintes características: a)* ***Superveniência****: os eventuais fatos ensejadores de uma situação excepcional devem ser necessariamente posteriores à publicação do edital do certame público; b)* ***Imprevisibilidade****: a situação deve ser determinada por circunstâncias extraordinárias, imprevisíveis à época da publicação do edital; c)* ***Gravidade****: os acontecimentos extraordinários e imprevisíveis devem ser extremamente graves, implicando onerosidade excessiva, dificuldade ou mesmo impossibilidade de cumprimento efetivo das regras do edital; d)* ***Necessidade****: a solução drástica e excepcional de não cumprimento do dever de nomeação deve ser extremamente necessária, de forma que a Administração somente pode adotar tal medida quando absolutamente não existirem outros meios menos gravosos para lidar com a situação excepcional e imprevisível. De toda forma, a recusa de nomear candidato aprovado dentro do número de vagas deve ser devidamente motivada e, dessa forma, passível de controle pelo Poder Judiciário. IV.* ***FORÇA NORMATIVA DO PRINCÍPIO DO CONCURSO PÚBLICO****. Esse entendimento, na medida em que atesta a existência de um direito subjetivo à nomeação, reconhece e preserva da melhor* *forma a força normativa do princípio do concurso público, que vincula diretamente a Administração. É preciso reconhecer que a efetividade da exigência constitucional do concurso público, como uma incomensurável conquista da cidadania no Brasil, permanece condicionada à observância, pelo Poder Público, de normas de organização e procedimento e, principalmente, de garantias fundamentais que possibilitem o seu pleno exercício pelos cidadãos. O reconhecimento de um direito subjetivo à nomeação deve passar a impor limites à atuação da Administração Pública e dela exigir o estrito cumprimento das normas que regem os certames, com especial observância dos deveres de boa-fé e incondicional respeito à confiança dos cidadãos. O princípio constitucional do concurso público é fortalecido quando o Poder Público assegura e observa as garantias fundamentais que viabilizam a efetividade desse princípio. Ao lado das garantias de publicidade, isonomia, transparência, impessoalidade, entre outras, o direito à nomeação representa também uma garantia fundamental da plena efetividade do princípio do concurso público. V. NEGADO PROVIMENTO AO RECURSO EXTRAORDINÁRIO.*

(RE 598099, Relator(a): GILMAR MENDES, Tribunal Pleno, julgado em 10/08/2011, REPERCUSSÃO GERAL – MÉRITO DJe-189 DIVULG 30-09-2011 PUBLIC 03-10-2011 EMENT VOL-02599-03 PP-00314 RTJ VOL-00222-01 PP-00521)

EMENTA: RECURSO EXTRAORDINÁRIO. CONSTITUCIONAL E ADMINISTRATIVO. REPERCUSSÃO GERAL RECONHECIDA. TEMA 784 DO PLENÁRIO VIRTUAL. CONTROVÉRSIA SOBRE O DIREITO SUBJETIVO À NOMEAÇÃO DE CANDIDATOS APROVADOS ALÉM DO NÚMERO DE VAGAS PREVISTAS NO EDITAL DE CONCURSO PÚBLICO NO CASO DE SURGIMENTO DE NOVAS VAGAS DURANTE O PRAZO DE VALIDADE DO CERTAME. MERA EXPECTATIVA DE DIREITO À NOMEAÇÃO. ADMINISTRAÇÃO PÚBLICA. SITUAÇÕES EXCEPCIONAIS. IN CASU, A ABERTURA DE NOVO CONCURSO PÚBLICO FOI ACOMPANHADA DA DEMONSTRAÇÃO INEQUÍVOCA DA NECESSIDADE PREMENTE E INADIÁVEL DE PROVIMENTO DOS CARGOS. INTERPRETAÇÃO DO ART. 37, IV, DA CONSTITUIÇÃO DA REPÚBLICA DE 1988. ARBÍTRIO. PRETERIÇÃO. CONVOLAÇÃO EXCEPCIONAL DA MERA EXPECTATIVA EM DIREITO SUBJETIVO À NOMEAÇÃO. PRINCÍPIOS DA EFICIÊNCIA, BOA-FÉ, MORALIDADE, IMPESSOALIDADE E DA PROTEÇÃO DA CONFIANÇA. FORÇA NORMATIVA DO CONCURSO PÚBLICO. INTERESSE DA SOCIEDADE. RESPEITO À ORDEM DE APROVAÇÃO. ACÓRDÃO RECORRIDO EM SINTONIA COM A TESE ORA DELIMITADA. RECURSO EXTRAORDINÁRIO A QUE SE NEGA

PROVIMENTO. 1. O postulado do concurso público traduz-se na necessidade essencial de o Estado conferir efetividade a diversos princípios constitucionais, corolários do merit system, dentre eles o de que todos são iguais perante a lei, sem distinção de qualquer natureza (CRFB/88, art. 5º, caput). 2. O edital do concurso com número específico de vagas, uma vez publicado, faz exsurgir um dever de nomeação para a própria Administração e um direito à nomeação titularizado pelo candidato aprovado dentro desse número de vagas. Precedente do Plenário: RE 598.099 – RG, Relator Min. Gilmar Mendes, Tribunal Pleno, DJe 03-10-2011. 3. O Estado Democrático de Direito republicano impõe à Administração Pública que exerça sua discricionariedade entrincheirada não, apenas, pela sua avaliação unilateral a respeito da conveniência e oportunidade de um ato, mas, sobretudo, pelos direitos fundamentais e demais normas constitucionais em um ambiente de perene diálogo com a sociedade. 4. O Poder Judiciário não deve atuar como "Administrador Positivo", de modo a aniquilar o espaço decisório de titularidade do administrador para decidir sobre o que é melhor para a Administração: se a convocação dos últimos colocados de concurso público na validade ou a dos primeiros aprovados em um novo concurso. Essa escolha é legítima e, ressalvadas as hipóteses de abuso, não encontra obstáculo em qualquer preceito constitucional. 5. Consectariamente, é cediço que a Administração Pública possui discricionariedade para, observadas as normas constitucionais, prover as vagas da maneira que melhor convier para o interesse da coletividade, como verbi gratia, ocorre quando, em função de razões orçamentárias, os cargos vagos só possam ser providos em um futuro distante, ou, até mesmo, que sejam extintos, na hipótese de restar caracterizado que não mais serão necessários. 6. ***A publicação de novo edital de concurso público ou o surgimento de novas vagas durante a validade de outro anteriormente realizado não caracteriza, por si só, a necessidade de provimento imediato dos cargos. É que, a despeito da vacância dos cargos e da publicação do novo edital durante a validade do concurso, podem surgir circunstâncias e legítimas razões de interesse público que justifiquem a inocorrência da nomeação no curto prazo, de modo a obstaculizar eventual pretensão de reconhecimento do direito subjetivo à nomeação dos aprovados em colocação além do número de vagas***. *Nesse contexto, a Administração Pública detém a prerrogativa de realizar a escolha entre a prorrogação de um concurso público que esteja na validade ou a realização de novo certame. 7. A tese objetiva assentada em sede desta repercussão geral é*

> *a de que o surgimento de novas vagas ou a abertura de novo concurso para o mesmo cargo, durante o prazo de validade do certame anterior, não gera automaticamente o direito à nomeação dos candidatos aprovados fora das vagas previstas no edital, ressalvadas as hipóteses de* ***preterição arbitrária*** *e imotivada por parte da administração, caracterizadas por comportamento tácito ou expresso do Poder Público capaz de revelar a inequívoca necessidade de nomeação do aprovado durante o período de validade do certame, a ser demonstrada de forma cabal pelo candidato. Assim, a discricionariedade da Administração quanto à convocação de aprovados em concurso público fica reduzida ao patamar zero (Ermessensreduzierung auf Null), fazendo exsurgir o direito subjetivo à nomeação, verbi gratia, nas seguintes hipóteses excepcionais: i)* ***Quando a aprovação ocorrer dentro do número de vagas dentro do edital (RE 598.099)****; ii)* ***Quando houver preterição na nomeação por não observância da ordem de classificação (Súmula 15 do STF)****; iii)* ***Quando surgirem novas vagas, ou for aberto novo concurso durante a validade do certame anterior, e ocorrer a preterição de candidatos aprovados fora das vagas de forma arbitrária e imotivada por parte da administração nos termos acima****. 8. In casu, reconhece-se, excepcionalmente, o direito subjetivo à nomeação aos candidatos devidamente aprovados no concurso público, pois houve, dentro da validade do processo seletivo e, também, logo após expirado o referido prazo, manifestações inequívocas da Administração piauiense acerca da existência de vagas e, sobretudo, da necessidade de chamamento de novos Defensores Públicos para o Estado. 9. Recurso Extraordinário a que se nega provimento.*
>
> *(RE 837311, Relator(a): LUIZ FUX, Tribunal Pleno, julgado em 09/12/2015, PROCESSO ELETRÔNICO REPERCUSSÃO GERAL – MÉRITO DJe-072 DIVULG 15-04-2016 PUBLIC 18-04-2016)*

No precedente acima, foi firmada a seguinte tese de repercussão geral pelo STF:

> *O surgimento de novas vagas ou a abertura de novo concurso para o mesmo cargo, durante o prazo de validade do certame anterior, não gera automaticamente o direito à nomeação dos candidatos aprovados fora das vagas previstas no edital, ressalvadas as hipóteses de preterição arbitrária e imotivada por parte da administração, caracterizada por comportamento tácito ou expresso do Poder Público capaz de revelar a inequívoca*

> *necessidade de nomeação do aprovado durante o período de validade do certame, a ser demonstrada de forma cabal pelo candidato. Assim, o direito subjetivo à nomeação do candidato aprovado em concurso público exsurge nas seguintes hipóteses: 1 – Quando a aprovação ocorrer dentro do número de vagas dentro do edital; 2 – Quando houver preterição na nomeação por não observância da ordem de classificação; 3 – Quando surgirem novas vagas, ou for aberto novo concurso durante a validade do certame anterior, e ocorrer a preterição de candidatos de forma arbitrária e imotivada por parte da administração nos termos acima.*

No caso objeto de análise, os candidatos foram aprovados fora do número de vagas, porém dentro do prazo de validade do certame, a autarquia responsável pela realização do certame enviou pedido escrito ao Ministério do Planejamento no qual informava a existência das vagas e da "extrema relevância" quanto à nomeação adicional, uma vez que considerou que os seus quadros jurídicos se encontravam muito aquém do necessário para que o órgão jurídico bem desempenhe sua missão institucional.

A Primeira Seção do STJ, entendeu que o pedido enviado ao Ministério do Planejamento, associado à não oposição de óbices orçamentários pelo Órgão competente, configurou "*comportamento tácito ou expresso do Poder Público capaz de revelar a inequívoca necessidade de nomeação do aprovado*" conforme a tese firmada pelo STF.

6.4. Informativo n. 612. PROCESSO RMS 53.506-DF, Rel. Min. Regina Helena Costa, por unanimidade, julgado em 26/09/2017, DJe 29/09/2017

TEMA: Concurso público. Candidato aprovado fora do número de vagas. Desistência de candidatos melhor classificados. Impetrante que passa a figurar no número de vagas previstas no edital. Direito à nomeação. Existência. Segurança concedida. DESTAQUE A desistência de candidatos melhor classificados em concurso público convola a mera expectativa em direito líquido e certo, garantindo a nomeação dos candidatos que passarem a constar dentro do número de vagas previstas no edital.

INFORMAÇÕES DO INTEIRO TEOR: Inicialmente, é importante destacar que o Supremo Tribunal Federal, em julgamento submetido ao rito da repercussão geral (RE n. 837.311/PI), fixou orientação no sentido de que o surgimento de novas vagas ou a abertura de novo concurso para o mesmo cargo, durante o prazo de validade do certame anterior, não gera automaticamente o direito à nomeação dos candidatos aprovados fora das vagas previstas no edital, ressalvadas as hipóteses de preterição arbitrária e imotivada por parte da administração, caracterizadas por comportamento tácito ou expresso do Poder Público capaz de revelar a inequívoca necessidade de nomeação do aprovado durante o período de validade do certame, a ser demonstrada de forma cabal pelo candidato. Por outro lado, em relação àqueles candidatos aprovados dentro do número de vagas, o Supremo Tribunal Federal, no julgamento do RE n. 598.099/MS, também submetido à sistemática da repercussão geral, fixou orientação no sentido haver direito à nomeação. Após o julgamento do referido recurso extraordinário, a Corte Suprema, ao aplicar a tese aos casos concretos, firmou o entendimento de que havendo desistência de candidatos melhor classificados, fazendo com que os seguintes passem a constar dentro do número de vagas, a expectativa de direito se convola em direito líquido e certo, garantindo, assim, o direito à vaga disputada. Conclui-se, dessa forma, o alinhamento desta Corte Superior às balizas definidas pelo STF no já mencionado RE n. 598.099/MS, em que "para justificar o excepcionalíssimo não cumprimento do dever de nomeação por parte da Administração Pública, é necessário que a situação justificadora seja dotada das seguintes características: a) Superveniência: os eventuais fatos ensejadores de uma situação excepcional devem ser necessariamente posteriores à publicação do edital do certame público; b) Imprevisibilidade: a situação deve ser determinada por circunstâncias extraordinárias, imprevisíveis à época da publicação do edital; c) Gravidade: os acontecimentos extraordinários e imprevisíveis devem ser extremamente graves, implicando onerosidade excessiva, dificuldade ou mesmo impossibilidade de cumprimento efetivo das regras do edital; d) Necessidade: a solução drástica e excepcional de não cumprimento do dever de nomeação deve ser extremamente necessária, de forma que a Administração somente pode adotar tal medida quando absolutamente não existirem outros meios menos gravosos para lidar com a situação excepcional e imprevisível". Na hipótese, vale destacar que o ente da federação não se desincumbiu de comprovar nenhum desses aspectos, razão pela qual a vedação prevista na Lei de Responsabilidade Fiscal não deve ser aplicada ao caso em exame.

Comentários

Sobre o precedente em questão, merece destaque, em acréscimo aos comentários anteriores, o fato de que a desistência dos candidatos classificados dentro do número de vagas, faz surgir o direito subjetivo à nomeação dos candidatos subsequentes, que possuíam, até então, mera expectativa de direito.

Para melhor compreensão, vide o inteiro teor do julgado:

Para mais informações, utilize o QR Code ao lado.

6.5. Informativo n. 617. PROCESSO REsp 1.238.344-MG, Rel. Min. Sérgio Kukina, por maioria, julgado em 30/11/2017, DJe 19/12/2017

TEMA: Concurso público. Nomeação tardia. Erro reconhecido pela Administração. Indenização. Remuneração retroativa. Impossibilidade.

DESTAQUE: A nomeação tardia de candidatos aprovados em concurso público não gera direito à indenização, ainda que a demora tenha origem em erro reconhecido pela própria Administração Pública.

INFORMAÇÕES DO INTEIRO TEOR: Discute-se nos autos a possibilidade de pagamento de indenização correspondente aos vencimentos e vantagens não auferidas pelo autor em razão de ter tomado posse tardiamente no cargo de Promotor de Justiça, em virtude de erro reconhecido pela própria Administração. Segundo a atual e pacífica orientação jurisprudencial desta Corte Superior, **os candidatos aprovados em concurso público, que tiveram suas nomeações tardiamente efetivadas, não têm direito à indenização – entendimento esse também perfilhado pelo STF por ocasião do julgamento do RE 724.347-DF, Rel. para acórdão Min. Roberto Barroso, DJe 13/5/2015.** Vale ressaltar que o caso em exame guarda uma peculiaridade, qual seja, o reconhecimento de que a posse do autor deveria ter se dado em momento anterior se deu pela própria Administração (Conselho Superior do Ministério Público), diferentemente dos processos que embasaram a construção jurisprudencial do STJ, nos quais a ilegalidade da nomeação tardia foi reconhecida por decisão judicial. Contudo, mesmo essa circunstância, não afasta a aplicação da firme orientação jurisprudencial, pois a ratio decidendi constante dos **precedentes do Superior Tribunal de Justiça e do Supremo Tribunal Federal consagra a compreensão de que o pagamento de remuneração e a percepção de demais vantagens por servidor público pressupõe o efetivo exercício no cargo, sob pena de enriquecimento sem causa**. Além disso, determinar o pagamento de valores retroativos nessa hipótese desencorajaria o exercício do poder-dever da Administração Pública para corrigir seus próprios equívocos, estimulando-se, na mão inversa, a indesejada judicialização de demandas desse feitio.

Comentários

Trata o precedente da situação de Servidor Público empossado tardiamente em cargo público, em razão de erro, reconhecido pela Administração, na sua classificação no concurso público de ingresso na carreira. Em razão da posse tardia, o servidor, posteriormente foi preterido em concurso de promoção em razão do seu tempo de serviço inferior aos demais candidatos.

A Corte entendeu que remuneração do servidor público tem natureza contraprestacional. Ancorando-se no entendimento de que não há, fora das hipóteses constitucionais e legais, a possibilidade de percepção de remuneração sem a correlata prestação do serviço público, a Primeira Turma decidiu ser indevida a indenização.

Pelo substrato fático da demanda, é possível concluir que a demanda não objetivava a percepção da remuneração relativa ao período compreendido entre a data em que a posse deveria ter ocorrido e a data efetiva da posse, o que esbarraria na decisão do STF no RE 724.347-DF. Em verdade, o objeto da demanda é a reparação de um dano sofrido em razão de erro da Administração, dano este configurado pela preterição no concurso de promoção, com as consequências remuneratórias decorrentes de tal fato. Portanto, o entendimento sufragado no presente caso, ao nosso sentir, não se amolda ao precedente do STF, citado acima, julgado em sede de repercussão geral.

Para mais informações, utilize o QR Code ao lado.

6.6. PROCESSO CIVIL E ADMINISTRATIVO - EMBARGOS DE DIVERGÊNCIA - CONCURSO PÚBLICO - IMPUGNAÇÃO DE REGRA EDITALÍCIA - MANDADO DE SEGURANÇA - PRAZO DECADENCIAL - TERMO A *QUO* - DIREITO LÍQUIDO E CERTO

1. A contagem do prazo decadencial para a impetração de mandado de segurança flui a partir do momento em que o ato impugnado, dotado de força executória, atinge o direito líquido e certo do candidato.

2. O direito líquido e certo, amparável por mandado de segurança, além de expresso em dispositivo legal, deve estar apto e com todos os pressupostos e condições para ser reivindicado pelo impetrante.

3. O termo a quo do prazo decadencial para a impetração de mandado de segurança em que se impugna regra prevista no edital de concurso público, conta-se a partir do momento

em que o candidato toma ciência do ato administrativo que, fundado em regra editalícia, determina a sua eliminação do certame. Precedentes.

4. Embargos de divergência conhecidos em parte e, nessa parte, não providos.

(EREsp 1266278/MS, Rel. Ministra ELIANA CALMON, CORTE ESPECIAL, julgado em 25/04/2013, DJe 10/05/2013)

Comentários

Trata-se de precedente da Corte Especial no qual se discutiu o termo a quo para a fluência do prazo decadencial para a impetração de Mandado de Segurança quando se busca impugnar norma contida em edital de concurso público.

O candidato, no momento da publicação do edital, tem mera expectativa de direito. Portanto, não há direito líquido e certo antes do efetivo prejuízo, ou da sua iminência (mandado de segurança preventivo).

Portanto, nas palavras da Relatora, Ministra Eliana Calmon "*o termo a quo do prazo decadencial para a impetração de mandado de segurança em que se impugna regra prevista no edital de concurso público, conta-se a partir do momento em que o candidato toma ciência do ato administrativo que, fundado em regra editalícia, determina a sua eliminação do certame*".

6.7. Informativo n. 538. DIREITO ADMINISTRATIVO. EXAME MÉDICO PARA INGRESSO EM CARGO PÚBLICO.

O candidato a cargo público federal pode ser eliminado em exame médico admissional, ainda que a lei que discipline a carreira não confira caráter eliminatório ao referido exame. Isso porque **a inspeção de saúde é exigência geral direcionada a todos os cargos públicos federais** (arts. 5º, VI, e 14 da Lei 8.112/1990), daí a desnecessidade de constar expressamente na lei que disciplina a carreira da qual se pretende o ingresso. Ademais, a referida inspeção clínica não se confunde com o teste físico ou psicológico, os quais são exigências específicas para o desempenho de determinados cargos e, portanto, devem possuir previsão legal em lei específica. Precedente citado: REsp 944.160-DF, Quinta Turma, DJe 6/12/2010. AgRg no REsp 1.414.990-DF, Rel. Min. Humberto Martins, julgado em 3/4/2014.

Comentários

Os artigos 5º, VI e 14 da Lei 8.112/1990 estabelecem como regra geral, relativa ao provimento de cargos públicos na esfera Federal, o poder-dever da Administração Pública de aferir a aptidão física e mental dos candidatos e, se for o caso, de eliminar os reprovados na inspeção médica oficial, independentemente de previsão nas leis específicas de cada carreira.

Para mais informações, utilize o QR Code ao lado.

6.8. Informativo n. 535. DIREITO ADMINISTRATIVO. EXAME PSICOLÓGICO EM CONCURSO PÚBLICO.

É admitida a realização de exame psicotécnico em concursos públicos se forem atendidos os seguintes requisitos: previsão em lei, previsão no edital com a devida publicidade dos critérios objetivos fixados e possibilidade de recurso. Precedentes citados do STF: MS 30.822-DF, Segunda Turma, DJe 26/6/2012; e AgRg no RE 612.821-DF, Segunda Turma, DJe 1º/6/2011. RMS 43.416-AC, Rel. Min. Humberto Martins, julgado em 18/2/2014 (Informativo nº 535).

Comentários

Trata-se de matéria alcançada pelo Enunciado da Súmula Vinculante 44 do STF, e que, portanto, dispensa maiores comentários.

> *SÚMULA VINCULANTE 44: Só por lei se pode sujeitar a exame psicotécnico a habilitação de candidato a cargo público.*

Vale salientar que, em todas as etapas do concurso público, a Administração Pública, deve valer-se de critérios objetivos e previamente conhecidos pelos candidatos, e garantir o contraditório e ampla defesa, conforme os seguintes precedentes: REsp 1725409 / MG; AgRg no REsp 1490262 / SC; AgRg no REsp 1326567 / DF.

Para mais informações, utilize o QR Code ao lado.

6.9. Informativo nº 0522. DIREITO ADMINISTRATIVO. CONVOCAÇÃO DE CANDIDATO PARA FASE DE CONCURSO PÚBLICO.

A convocação de candidato para a fase posterior de concurso público não pode ser realizada apenas pelo diário oficial **na hipótese em que todas as comunicações anteriores tenham ocorrido conforme previsão editalícia de divulgação das fases do concurso também pela internet.** Efetivamente, a comunicação realizada apenas pelo diário oficial, nessa situação, caracteriza violação dos princípios da publicidade e da razoabilidade. **Ademais, a divulgação das fases anteriores pela internet gera aos candidatos a justa expectativa de que as demais comunicações do certame seguirão o mesmo padrão**. Cabe ressaltar, ainda, que o diário oficial não tem o mesmo alcance de outros meios de comunicação, não sendo razoável exigir que os candidatos aprovados em concurso público o acompanhem. AgRg no RMS 33.696-RN, Rel. Min. Eliana Calmon, DJe 22/4/2013.

Comentários

O precedente em comento representa a firme jurisprudência do STJ sobre o tema, consagrando em sua fundamentação o princípio da razoabilidade, por considerar, ainda que sem previsão legal específica, não é razoável exigir dos candidatos acompanhar as fases do concurso público exclusivamente pelo Diário oficial.

Para mais informações, utilize o QR Code ao lado.

7. REGIME DISCIPLINAR

7.1. Informativo n. 651. PROCESSO MS 20.857-DF, Rel. Min. Napoleão Nunes Maia Filho, Rel. Acd. Min. Og Fernandes, Primeira Seção, por maioria, julgado em 22/05/2019, DJe 12/06/2019. DIREITO ADMINISTRATIVO

TEMA: Infrações disciplinares capituladas como crime. Prescrição. Prazo. Lei penal. Art. 142, § 2º, da Lei n. 8.112/1990. Existência de apuração criminal. Desnecessidade. Mudança de entendimento.

DESTAQUE: O prazo prescricional previsto na lei penal se aplica às infrações disciplinares também capituladas como crime <u>independentemente da apuração criminal</u> da conduta do servidor.

INFORMAÇÕES DO INTEIRO TEOR: Era entendimento dominante desta Corte Superior o de que a aplicação do prazo previsto na lei penal exige a demonstração da existência de apuração criminal da conduta do servidor (MS 13.926/DF, Rel. Min. Og Fernandes, Terceira Seção, DJe 24/04/2013 e MS 15.462/DF, Rel. Min. Humberto Martins, Primeira Seção, DJe 22/3/2011). Ocorre que nos EDv nos EREsp 1.656.383-SC, Rel. Min. Gurgel de Faria, DJe 05/09/2018, a Primeira Seção superou seu posicionamento anterior sobre o tema, **passando a entender que, diante da rigorosa independência das esferas administrativa e criminal, não se pode entender que a existência de apuração criminal é pré-requisito para a utilização do prazo prescricional penal. Assim, tanto para o STF quanto para o STJ, para que seja aplicável o art. 142, § 2º da Lei n. 8.112/1990, não é necessário demonstrar a existência da apuração criminal da conduta do servidor.**

Isso porque o lapso prescricional não pode variar ao talante da existência ou não de apuração criminal, justamente pelo fato de a prescrição estar relacionada à segurança jurídica. Assim, o critério para fixação do prazo prescricional deve ser o mais objetivo possível – justamente o previsto no dispositivo legal referido –, e não oscilar de forma a gerar instabilidade e insegurança jurídica para todo o sistema.

Comentários

O precedente em epígrafe é de extrema importância para o estudo do processo administrativo disciplinar, pois marca a superação do entendimento da Primeira Seção do STJ, acerca do prazo prescricional das infrações disciplinares que também são capituladas como crime. A Jurisprudência até então pacífica na Corte, sufragava o entendimento de que a aplicação do artigo 142,§ 2º da Lei 8.112/1990 dependia da existência de apuração criminal em andamento. Isto porque, segundo o entendimento superado, a autoridade administrativa não teria competência para promover o enquadramento penal da conduta, por se tratar de atividade submetida à reserva de jurisdição, de competência exclusiva do Juiz criminal.

A divergência suscitada pelo Ministro Og Fernandes, funda-se em dois robustos fundamentos. O primeiro deles diz respeito à independência entre as instâncias administrativa e criminal, não sendo possível condicionar o ajuizamento de ação civil pública ao ajuizamento de ação penal. O prazo prescricional, segundo o novo entendimento, deve ser contado com base na pena em abstrato e não com base na pena em concreto, pois tal conclusão levaria a uma indevida vinculação da instância administrativa à instância penal. Isto porque, a pena em concreto é aquela aplicada pelo judiciário após o devido processo legal criminal.

Ademais, nos termos do voto condutor da divergência, o plenário do STF possui diversos precedentes que dão amparo ao novo entendimento, tais como MS23.242 – SP (Rel. Min. Carlos Velloso, j. em 10/4/2002) e MS 24.013 – DF (Rel. Min. Sepulveda Pertence, j. em 31/03/2005), AgRg no RMS 31.506 (Rel. Min. Roberto Barroso, Dje de 26/03/2015). Com isso, promove-se o alinhamento dos entendimentos dos Tribunais Superiores sobre tão relevante questão.

Portanto, o prazo prescricional das infrações disciplinares também capituladas como crime (Art. 142, § 2º, L. 8.112/1990) conta-se na forma da lei penal, levando-se em consideração a pena máxima, em abstrato, prevista para o crime.

Para mais informações, utilize o QR Code ao lado.

7.2. Informativo n. 602. PROCESSO REsp 1.471.760-GO, Rel. Min. Benedito Gonçalves, por maioria, julgado em 22/2/2017, DJe 17/4/2017.

TEMA: Processo administrativo disciplinar. Demissão. Art. 71 do Código Penal. Continuidade delitiva. Inaplicabilidade ao caso.

DESTAQUE: Há fatos ilícitos administrativos que, se cometidos de forma continuada pelo servidor público, não se sujeitam à sanção com aumento do quantum sancionatório previsto no art. 71, caput, do CP.

INFORMAÇÕES DO INTEIRO TEOR: A controvérsia limita-se a definir se é possível a admissão da continuidade delitiva no processo administrativo disciplinar. É dizer, busca o servidor que as suas condutas sejam apuradas em um único processo administrativo disciplinar no qual se considere a segunda extensão da primeira, esta, diga-se, já sancionada com a suspensão de 90 dias. Em sede de processo administrativo disciplinar a Quinta Turma deste Superior Tribunal já teve a oportunidade de decidir que "Incabível a incidência, por analogia, da regra do crime continuado, prevista no art. 71 do Código Penal, porque a aplicação da legislação penal ao processo administrativo restringe-se aos ilícitos que, cometidos por servidores, possuam também tipificação criminal (RMS 19.853-MS, Rel.

Min. Laurita Vaz, DJe 8/2/2010)". Efetivamente, a conclusão no sentido da unicidade das condutas exige, impreterivelmente, o exame não só das ações ou omissões praticadas pelo servidor público, mas também a adequação de cada uma delas ao tipo ou tipos administrativos sancionadores correspondentes, e se a sanção disciplinar pelo ilícito oferece margem a tratamento mais benéfico ao servidor faltoso quando evidenciadas, em tese, infrações na forma continuada. Em outros termos, há fatos ilícitos administrativos que, se cometidos de forma continuada pelo servidor público, são impassíveis de se sujeitar a sanção com aumento do quantum sancionatório, justamente porque não se pode tratar de aumento quando a sanção administrativa, por sua natureza, inadmitir a unidade ficta em favor do agente.

Comentários

Não há previsão legal para aplicação do artigo 71 do Código Penal no âmbito de processo administrativo disciplinar. A aplicação de legislação estranha ao Direito Administrativo, decorrerá, em função do princípio da legalidade, de previsão legal expressa (p. ex. Art. 142, § 2º da L.8.112/1990), ou nas hipóteses previstas no artigo 4º da LINDB. Ademais, como bem consignado no voto do Relator, Min, Benedito Gonçalves, no Direito Administrativo as penalidades são prévia e antecipadamente definidas na lei, não admitindo, na maior parte das vezes, qualquer dosimetria, como é o caso da pena de demissão.

7.3. Informativo 564. DIREITO ADMINISTRATIVO. INCONSTITUCIONALIDADE DO ART. 170 DA LEI 8.112/1990.

Não deve constar dos assentamentos individuais de servidor público federal a informação de que houve a extinção da punibilidade de determinada infração administrativa pela prescrição. O art. 170 da Lei 8.112/1990 dispõe que, "**Extinta a punibilidade pela prescrição, a autoridade julgadora determinará o registro do fato nos assentamentos individuais do servidor". Entretanto, o STF declarou incidentalmente a inconstitucionalidade do referido artigo no julgamento do MS 23.262-DF** (Tribunal Pleno, DJe 29/10/2014). Nesse contexto, **não se**

deve utilizar norma legal declarada inconstitucional pelo STF (mesmo em controle difuso, mas por meio de posição sufragada por sua composição Plenária) como fundamento para anotação de atos desabonadores nos assentamentos funcionais individuais de servidor, por se tratar de conduta que fere, em última análise, a própria CF. MS 21.598-DF, Rel. Min. Og Fernandes, julgado em 10/6/2015, DJe 19/6/2015.

Comentários

O Artigo 170 da Lei 8.112/1990 foi declarado inconstitucional pelo Pleno do STF, em controle difuso de constitucionalidade no julgamento do MS 23262/DF, por violação direta ao artigo 5º, LVII da Constituição Federal, que prevê que "*ninguém será considerado culpado até o trânsito em julgado da sentença penal condenatória*". Em decorrência de tal princípio fundamental somente é possível imputar aos acusados qualquer consequência sancionatória dos seus atos após decisão irrecorrível. Portanto, sem sede de processo disciplinar, que é modalidade de processo sancionador, também deve ser garantida ao acusado a presunção de inocência.

O artigo 170 dispõe o seguinte:

> Art. 170. Extinta a punibilidade pela prescrição, a autoridade julgadora determinará o registro do fato nos assentamentos individuais do servidor.

De fato, a violação ao princípio da presunção de inocência é evidente, pois a anotação "dos fatos" nos registros funcionais implica necessariamente em um prejulgamento, já que os "fatos" não foram sequer julgados. Isto porque, a prescrição reconhecida, quando não impede o próprio julgamento do fato, por que reconhecida a posteriori, apaga todos os efeitos deletérios da condenação.

Ademais, é possível se colher do voto do Relator a expressa acolhida à tese doutrinária da *transcendência da ratio decidendi da decisão constitucional,* mesmo em sede de controle difuso de constitucionalidade, notadamente por se tratar de decisão relevante, tomada pelo Pleno do STF.

8. SERVIDORES TEMPORÁRIOS

8.1. Informativo n. 560. DIREITO ADMINISTRATIVO. CONTRATAÇÃO TEMPORÁRIA DE SERVIDOR PÚBLICO PARA ATIVIDADES DE CARÁTER PERMANENTE.

Ainda que para o exercício de atividades permanentes do órgão ou entidade, admite-se a contratação por tempo determinado para atender a necessidade temporária de excepcional interesse público (arts. 37, IX, da CF e 2º da Lei 8.745/1993) – qual seja, o crescente número de demandas e o elevado passivo de procedimentos administrativos parados junto ao órgão, que se encontra com o quadro de pessoal efetivo completo, enquanto pendente de análise no Congresso Nacional projeto de lei para a criação de vagas adicionais. O art. 37, IX, da CF dispõe que "a lei estabelecerá os casos de contratação por tempo determinado para atender a necessidade temporária de excepcional interesse público". Por sua vez, a Lei 8.745/1993, ao regulamentar o referido dispositivo, estabelece, em seu art. 2º, VI, "i", que "Considera-se necessidade temporária de excepcional interesse público: [...] atividades: [...] técnicas especializadas necessárias à implantação de órgãos ou entidades ou de novas atribuições definidas para organizações existentes ou as decorrentes de aumento transitório no volume de trabalho que não possam ser atendidas mediante a aplicação do art. 74 da Lei nº 8.112, de 11 de dezembro de 1990". Soma-se a isso o fato de que o STF já emitiu entendimento de que a CF autoriza contratações de servidores, sem concurso público, quer para o desempenho das atividades de caráter eventual, temporário ou excepcional, quer para o desempenho das atividades de caráter regular e permanente, desde que indispensáveis ao atendimento de necessidade temporária de excepcional interesse público. No caso ora em análise, observa-se o crescente número de demandas e o enorme passivo de procedimentos administrativos parados junto ao órgão, cujos atos de impulso não poderiam se dar, simplesmente, por meio de serviço extraordinário. Ademais, além de os temporários contratados estarem vinculados a uma demanda transitória e pontual, pautada no excesso do volume de trabalho em diversas áreas, é certo que a espera pela eventual realização do certame público poderá acarretar sérios prejuízos tanto ao erário como para a sociedade. Não restam dúvidas, portanto, que os fatos que justificam a contratação temporária (acúmulo do serviço) não está a violar a regra constitucional do concurso público, até mesmo porque se aguarda a tramitação no Congresso Nacional de projetos para criação de vagas adicionais. Precedentes citados do STF: ADI 3.247-MA, Tribunal Pleno, DJe 18/8/2014; ADI 3.386– DF, Tribunal Pleno, DJe 24/8/2011; e ADI 3.068-AM, Tribunal Pleno, DJ 24/2/2006. MS 20.335-DF, Rel. Min. Benedito Gonçalves, julgado em 22/4/2015, DJe 29/4/2015.

Comentários

Consideram-se servidores temporários todos aqueles contratados, com base no art. 37, inciso IX, da Constituição Federal, para atendimento, em caráter excepcional, de necessidades não permanentes dos órgãos públicos.

Neste sentido, dispõe o texto da Carta Magna que:

> "Art. 37. IX – a lei estabelecerá os casos de contratação por tempo determinado para atender a necessidade temporária de excepcional interesse público".

De uma breve leitura do dispositivo constitucional transcrito alhures, pode-se observar que, para regular contratação de servidores temporários, faz-se necessário o cumprimento de três requisitos, a saber:

I. Serviço temporário, definido por meio de lei específica que deve especificar seus contornos e características, os limites máximos de duração destes contratos, além de regulamentar o regime aplicado a estes servidores. Sendo assim, trata-se o art. 37, IX da CF/88 de norma de eficácia limitada, somente produzindo efeito se houver regulamentação infraconstitucional para estabelecer seus limites.

II. Interesse público, devidamente justificado pela autoridade responsável pela contratação, dentro das hipóteses permitidas em lei.

III. Caráter de excepcionalidade da contratação. É que a de servidores temporários não pode ser a regra de contratação do órgão ou entidade pública, sendo situação não ordinária. É inconstitucional a contratação de temporários em situação que deveria haver nomeação de servidores efetivos.

O prazo de duração do vínculo especial é determinado pela lei específica que regulamenta as contratações na esfera de cada ente federativo e deve ser definido no contrato celebrado com o ente estatal.

No âmbito federal, à contratação de servidores temporários, aplica-se a Lei 8.745/93, que "dispõe sobre a contratação por tempo determinado para atender a necessidade temporária de excepcional interesse público, nos termos do inciso IX do art. 37 da Constituição Federal". Afinal, a contratação depende sempre de lei específica que a regulamente. Vale ressaltar que não é possível a contratação de temporários para substituir servidores efetivos, sob pena de se estar diante de uma atuação inconstitucional do agente público. Inclusive a legislação define que estes servidores não poderão receber quaisquer atribuições, funções ou encargos não previstos no respectivo contrato ou serem nomeados ou designados, ainda que a título precário ou em substituição, para o exercício de cargo em comissão ou função de confiança.

O Artigo 2º da Lei 8.745/1993 estabelece o seguinte:

> Art. 2º Considera-se necessidade temporária de excepcional interesse público:
>
> (...)
>
> VI – atividades:
>
> (...)
>
> i) técnicas especializadas necessárias à implantação de órgãos ou entidades ou de novas atribuições definidas para organizações existentes ou as decorrentes de aumento transitório no volume de trabalho que não possam ser atendidas mediante a aplicação do art. 74 da Lei no 8.112, de 11 de dezembro de 1990;

O STF, em sede de controle concentrado de constitucionalidade, decidiu no seguinte sentido:

> EMENTA: AÇÃO DIRETA DE INCONSTITUCIONALIDADE. ART. 2º, INC. VII, DA LEI 6.915/1997 DO ESTADO DO MARANHÃO. CONTRATAÇÃO DE PROFESSORES POR TEMPO DETERMINADO. INTERPRETAÇÃO E EFEITO DAS EXPRESSÕES "NECESSIDADE TEMPORÁRIA" E "EXCEPCIONAL INTERESSE PÚBLICO". POSSIBILIDADE DE CONTRATAÇÃO TEMPORÁRIA PARA SUPRIR ATIVIDADES PÚBLICAS DE NATUREZA PERMANENTE. TRANSITORIEDADE CARACTERIZADA. PARCIAL PROVIMENTO DA AÇÃO. 1. **A natureza permanente de algumas atividades públicas – como as desenvolvidas nas áreas da saúde, educação e segurança pública – não afasta, de plano, a autorização constitucional para contratar servidores destinados a suprir demanda eventual ou passageira**. Necessidade circunstancial agregada ao excepcional interesse público na prestação do serviço para o qual a contratação se afigura premente autoriza a contratação nos moldes do art. 37, inc. IX, da Constituição da República. 2. **A contratação destinada a atividade essencial e permanente do Estado não conduz, por si, ao reconhecimento da alegada inconstitucionalidade**. Necessidade de exame sobre a transitoriedade da contratação e a excepcionalidade do interesse público que a justifica. 3. Ação direta de inconstitucionalidade julgada parcialmente procedente para dar interpretação conforme à Constituição .
>
> (ADI 3247, Relator(a): Min. CÁRMEN LÚCIA, Tribunal Pleno, julgado em 26/03/2014, ACÓRDÃO ELETRÔNICO DJe-158 DIVULG 15-08-2014 PUBLIC 18-08-2014)
>
> EMENTA: AÇÃO DIRETA DE INCONSTITUCIONALIDADE. ART. 2º, INC. III, DA LEI N. 8.745/93: NECESSIDADE TEMPORÁRIA DE EXCEPCIONAL INTERESSE PÚBLICO, PARA FINS DE CONTRATAÇÃO DE PESSOAL; REALIZAÇÃO DE RECENSEAMENTOS E OUTRAS PESQUISAS DE NATUREZA ESTATÍSTICA EFETUADAS PELA FUNDAÇÃO INSTITUTO BRASILEIRO DE GEOGRAFIA E ESTATÍSTICA – IBGE. 1. **É de natureza permanente a atividade** de estatística e pesquisa desenvolvida pelo IBGE; sua intensidade e o volume dessas pesquisas não são os mesmos todo o tempo. 2. **Possibilidade de contratação temporária, nos termos do art. 37, inc. IX, da Constituição da República, para atender à necessidade temporária de pessoal necessário à realização de trabalhos em determinados períodos**.

> Observância dos princípios da eficiência e da moralidade. 3. Ação Direta de Inconstitucionalidade julgada improcedente.
>
> (ADI 3386, Relator(a): Min. CÁRMEN LÚCIA, Tribunal Pleno, julgado em 14/04/2011, DJe-162 DIVULG 23-08-2011 PUBLIC 24-08-2011 EMENT VOL-02572-01 PP-00007)
>
> EMENTA: AÇÃO DIRETA DE INCONSTITUCIONALIDADE. LEI N. 10.843/04. SERVIÇO PÚBLICO. AUTARQUIA. CADE. CONTRATAÇÃO DE PESSOAL TÉCNICO POR TEMPO DETERMINADO. PRINCÍPIO DA CONTINUIDADE DA ATIVIDADE ESTATAL. CONSTITUCIONALIDADE. ART. 37, IX, DA CB/88. 1. O art. 37, IX, da Constituição do Brasil autoriza contratações, sem concurso público, desde que indispensáveis ao atendimento de necessidade temporária de excepcional interesse público, **quer para o desempenho das atividades de caráter eventual, temporário ou excepcional, quer para o desempenho das atividades de caráter regular e permanente**. 2. A alegada inércia da Administração não pode ser punida em detrimento do interesse público, que ocorre quando colocado em risco o princípio da continuidade da atividade estatal. 3. Ação direta julgada improcedente.
>
> (ADI 3068, Relator(a): Min. MARCO AURÉLIO, Relator(a) p/ Acórdão: Min. EROS GRAU, Tribunal Pleno, julgado em 25/08/2004, DJ 23-09-2005 PP-00006 EMENT VOL-02206-1 PP-00132 REPUBLICAÇÃO: DJ 24-02-2006 PP-00007)

O seguinte trecho do voto do Ministro Benedito Gonçalves bem explica o substrato fático do julgado em epígrafe:

> *Conforme consta dos autos, as contratações temporárias se fazem necessárias em decorrência do crescente número de demandas e do enorme passivo de procedimentos administrativos que estão parados junto à ANS, cujos atos de impulso não poderiam ser, simplesmente, praticados por meio de serviço extraordinário.*
>
> *Ademais, há fundamentação adequada e suficiente para a contratação imediata, uma vez que o quadro de pessoal da ANS já está completo, inexistindo, portanto, cargos vagos para a realização de concurso público, além de os temporários contratados estarem vinculados a uma demanda transitória e pontual, pautada no excesso do volume de trabalho em diversas áreas da agência reguladora, sendo certo que a espera pela eventual realização do certame público poderá acarretar sérios prejuízos*

> *tanto ao erário, com possíveis prescrições de multas impostas, como para a sociedade.*
>
> *Tampouco se vislumbra ilegalidade em relação ao prazo adotado (de um ano, com possibilidade de prorrogações justificadas até o limite máximo de cinco anos), porquanto em conformidade com o previsto no art. 4º, parágrafo único, IV, da Lei 8.745/93.*
>
> *Não restam dúvidas, portanto, que os fatos que justificam a contratação temporária (acúmulo do serviço) foram devidamente demonstrados nos autos, sendo certo que a Administração não está a violar a regra constitucional do concurso público, até mesmo porque aguarda a tramitação no Congresso Nacional de projetos para criação de vagas adicionais, consoante Nota informativa do MPOG (NT 112/2013, do Departamento das Estruturas e da Força de Trabalho, fls. 357/369).*

Portanto, a Corte acolheu, na esteira dos julgados do STF, a possibilidade de contratação temporária para realização de serviço permanente do Órgão, desde que para atendimento de necessidades excepcionais e transitórias. Consideramos acertado o entendimento, haja vista que o provimento jurisdicional garante o atendimento do princípio da continuidade do serviço público. Não obstante, tal entendimento não chancela irresponsabilidade do gestor do Órgão em razão das ações ou omissões que porventura tenham dado causa à situação excepcional que motivou a contratação.

8.2. Informativo n. 540. DIREITO ADMINISTRATIVO. CONTRATAÇÃO TEMPORÁRIA DE SERVIDOR QUE JÁ POSSUIU CONTRATO COM ÓRGÃO DIVERSO.

É possível nova contratação temporária, também com fundamento na Lei 8.745/1993, precedida por processo seletivo equiparável a concurso público, para outra função pública e para órgão sem relação de dependência com aquele para o qual fora contratado anteriormente, ainda que a nova contratação tenha ocorrido em período inferior a 24 meses do encerramento do contrato temporário anterior. De fato, a vedação prevista no art. 9º, III, da Lei 8.745/1993, que proíbe nova contratação temporária do servidor antes de decorridos 24 meses do encerramento do contrato anterior celebrado com apoio na mesma lei, deve ser interpretada restritivamente, de acordo com a finalidade para qual foi criada, ou seja, impedir a continuidade do servidor temporário no exercício de funções públicas permanentes, em burla ao princípio constitucional que estabelece o concurso público como regra para a investidura em cargos públicos. Nesse sentido, na hipótese de contratação de servidor temporário para outra função pública, para outro órgão, sem relação de dependência com aquele para o qual fora contratado anteriormente, precedida por processo seletivo equiparável a concurso público, não se aplica a vedação do art. 9º, III, da Lei 8.745/1993, por referir-se a cargo distinto do que foi ocupado anteriormente. **Assim, não deve incidir a referida restrição que, além de não estar abrangida no escopo da lei, implicaria ofensa ao princípio constitucional da igualdade de acesso aos cargos, funções e empregos públicos e da escolha do mais capacitado. Ademais, a elaboração de processo seletivo com características essenciais dos concursos públicos (publicidade, ampla concorrência e provas eliminatórias e classificatórias), diferenciando-se apenas pelo fato de que não concorriam a cargo público efetivo, mas mera contratação temporária, afasta a existência de motivo idôneo a justificar a não contratação do servidor.** Precedente citado: REsp 503.823-MG, Quinta Turma, DJ 17/12/2007. REsp 1.433.037-DF, Rel. Min. Humberto Martins, julgado em 25/2/2014 (Informativo nº 540).

Para mais informações, utilize o QR Code ao lado.

9. REGIME PRÓPRIO DE PREVIDÊNCIA SOCIAL

9.1. PROCESSO REsp 1.805.473-DF, Rel. Min. Mauro Campbell Marques, Segunda Turma, por unanimidade, julgado em 03/03/2020, DJe 09/03/2020. DIREITO ADMINISTRATIVO, DIREITO PROCESSUAL CIVIL

TEMA: Servidor público. Quantia disponibilizada pelo ente público após o falecimento de servidor. Enriquecimento sem causa de herdeiros. Ação de ressarcimento. Espólio. Ilegitimidade *ad causam*.

DESTAQUE: O espólio não possui legitimidade passiva ad causam na ação de ressarcimento de remuneração indevidamente paga após a morte de ex-servidor e recebida por seus herdeiros.

INFORMAÇÕES DO INTEIRO TEOR: Configura ato ilícito o saque de dinheiro disponibilizado, a título de remuneração para servidora falecida, por seus herdeiros. Como essa remuneração não tem razão de ser, o pagamento é indevido, gera o enriquecimento de quem não era titular da quantia e o dever de restituição. Pessoas naturais possuem personalidade jurídica entre seu nascimento com vida e o momento de sua morte. Com efeito, o ex-servidor público não tinha mais personalidade jurídica quando o ente federativo depositou a quantia ora pleiteada. Assim, para que se possa ser titular de direitos e obrigações (deveres), necessita-se de personalidade jurídica. Se o de cujus não tinha mais personalidade, não poderia se tornar titular de deveres. Ademais, o falecimento é causa de vacância do cargo público, de modo a não existir mais vínculo jurídico-administrativo entre a Administração Pública e o servidor, após o falecimento deste. Nesse contexto, o espólio responde pelas dívidas do falecido e, por isso, não deve responder pelo enriquecimento sem causa dos herdeiros que não é atribuível ao falecido. Logo, se o espólio não pode ser vinculado, nem mesmo abstratamente, ao dever de restituir, também não pode ser considerado parte legítima na ação nos termos do art. 17 do CPC/2015. (Informativo 667)

Comentários

Trata-se de julgado com viés preponderantemente processual, em relação ao qual recomendamos a leitura do inteiro teor.

Para mais informações, utilize o QR Code ao lado.

9.2. Informativo n. 644. PROCESSO e REsp 1.269.726-MG, Rel. Min. Napoleão Nunes Maia Filho, por unanimidade, julgado em 13/03/2019, DJe 20/03/2019. DIREITO ADMINISTRATIVO, DIREITO PREVIDENCIÁRIO

TEMA: Pensão por morte. Servidor público estadual. Relação de trato sucessivo. Prescrição de fundo de direito. Não ocorrência. Súmula n. 85/STJ. Aplicabilidade. Prescrição apenas das prestações vencidas no quinquênio anterior à propositura da ação.

DESTAQUE: Não ocorre a prescrição do fundo de direito no pedido de concessão de pensão por morte, estando prescritas apenas as prestações vencidas no quinquênio que precedeu à propositura da ação.

INFORMAÇÕES DO INTEIRO TEOR: O acórdão embargado, da Segunda Turma, fixou o entendimento de que nos casos em que se pleiteia a pensão por morte, a prescrição atinge o próprio fundo de direito. Ao revés, os arestos paradigmas, da Quinta Turma, reconheceram que a prescrição, no caso, **se aplica às prestações, não ao fundo de direito, considerando a natureza de trato sucessivo**. Inicialmente cumpre salientar que as prestações previdenciárias têm características de **direitos indisponíveis,** daí porque o benefício previdenciário em si não prescreve, somente as prestações não reclamadas no lapso de cinco anos é que prescreverão, uma a uma, em razão da inércia do beneficiário. Nesse sentido, nas causas em que se pretende a concessão de benefício de caráter previdenciário, **inexistindo negativa expressa e formal da Administração, não há falar em prescrição do fundo de direito,** nos termos do art. 1º. do Decreto n. 20.910/1932, porquanto a obrigação é de trato sucessivo, motivo pelo qual incide no caso o disposto na **Súmula n. 85 do STJ. Não se pode admitir que o decurso do tempo legitime a violação de um direito fundamental.** O reconhecimento da prescrição de fundo de direito à concessão de um benefício de caráter previdenciário excluirá seu beneficiário da proteção social, retirando-lhe o direito fundamental à previdência social, ferindo o princípio da dignidade da pessoa humana e da garantia constitucional do mínimo existencial. Não é demais destacar que no âmbito da Lei n. 8.112/1990, o art. 219 confere esse tratamento distinto àquele que tem legítimo interesse ao benefício previdenciário, reconhecendo que só ocorre a prescrição das prestações exigíveis há mais de 5 anos, uma vez que a lei permite o requerimento da pensão a qualquer tempo. Assim, prevalece o entendimento de que não há que se falar em prescrição de fundo de direito nas ações em que se busca a concessão de benefício de caráter previdenciário. (Informativo n. 644.)

Comentários

Trata-se de precedente de grande relevância pois, marcou a superação do entendimento firmado pela Corte Especial, no EREsp n. 1.164.224/PR, julgado em 2013. A matéria, à época, foi julgada pela Corte Especial pois a Terceira Seção detinha competência para apreciar Direito Previdenciário, o que foi alterado pela Emenda Regimental nº 3/11. A partir de tal alteração regimental, a Primeira Seção passou a ter competência para julgamento de todas as controvérsias relacionadas ao direito público.

A Primeira Seção, no precedente em epígrafe, superou o entendimento anterior sob o fundamento de que a pensão por morte é considerada relação jurídica de trato sucessivo, de forma que, à míngua de indeferimento explícito da administração, o fundo do direito não é atingido pela prescrição, até porque, nos termos da Súmula 85 do STJ, "*nas relações jurídicas de trato sucessivo em que a fazenda pública figure como devedora, quando não tiver sido negado o próprio direito reclamado, a prescrição atinge apenas as prestações vencidas antes do quinquênio anterior a propositura da ação.*"

Ademais, o STF, no julgamento do Tema 313, firmou a seguinte tese, em regime de repercussão geral:

> – ***Inexiste prazo decadencial para a concessão inicial do benefício previdenciário***; *II – Aplica-se o prazo decadencial de dez anos para a revisão de benefícios concedidos, inclusive os anteriores ao advento da Medida Provisória 1.523/1997, hipótese em que a contagem do prazo deve iniciar-se em 1º de agosto de 1997.*

9.3. Informativo n. 596. PROCESSO EREsp 1.141.037-SC, Rel. Min. Humberto Martins, por unanimidade, julgado em 7/12/2016, DJe 16/12/2016. DIREITO ADMINISTRATIVO.

TEMA: Pensão especial de ex-combatente. Termo inicial para concessão do benefício. Beneficiário incapaz.

DESTAQUE: Em se tratando de dependente incapaz, o termo inicial para o pagamento do benefício da pensão especial de ex-combatente é o óbito do instituidor.

INFORMAÇÕES DO INTEIRO TEOR: Busca-se a uniformização do entendimento no STJ quanto à data de início do pagamento de pensão de ex-combatente, quando requerida por incapaz. A fim de indicar a divergência entre órgãos julgadores do STJ, aduz-se como acórdão paradigma o AgRg no REsp 1.309.471-RS (Segunda Turma, DJe 8/2/2013), segundo o qual "O entendimento jurisprudencial do STJ é pacífico no sentido de que não corre a prescrição contra incapazes [...], todavia, tal entendimento não se aplica à pensão de ex combatente, porquanto o art. 53, II, do ADCT e a própria Lei n. 8.059/90 já asseguram a imprescritibilidade do fundo de direito, condicionando o início do pagamento da pensão à data do requerimento administrativo, conforme precedentes desta Corte e opinativo do Ministério Público Federal". Todavia, conforme orientação da Segunda e Sexta Turma do STJ, o termo inicial para o pagamento de pensão especial de ex-combatente quando ausente o prévio requerimento administrativo é a data da citação. Contudo, em se tratando de incapaz, é da data do óbito. De fato, à luz do art. 53, II, do ADCT e do art. 10 da Lei 8.059/1990, não há falar em prescrição do fundo de direito da pretensão de recebimento de pensão especial de ex-combatente, esta pode ser requerida a qualquer tempo. Por sua vez, o Código Civil Brasileiro adotou o sistema protetivo dos interesses do absolutamente incapaz de que trata o art. 3º do mesmo Codex, de forma que contra ele não corre a prescrição. Como cediço, o prazo de prescrição começa a correr no momento que nasce a pretensão. No caso dos incapazes, o exercício da pretensão fica postergado para o momento do suprimento da incapacidade, razão pela qual é devida a pensão a partir da data do falecimento do instituidor da pensão.

Comentários

No presente aresto, a Corte Especial consagrou o entendimento que melhor protege os interesses dos incapazes, promovendo a aplicação conjunta dos artigos 53, II, ADCT, Art. 10 da Lei 8.059/1990 e Art. 198, I do Código Civil:

> *Art. 53. Ao ex-combatente que tenha efetivamente participado de operações bélicas durante a Segunda Guerra Mundial, nos termos da Lei nº 5.315, de 12 de setembro de 1967 , serão assegurados os seguintes direitos:*
>
> *(...)*
>
> *II – pensão especial correspondente à deixada por segundo-tenente das Forças Armadas, **que poderá ser requerida a qualquer tempo,** sendo inacumulável com quaisquer rendimentos recebidos dos cofres públicos, exceto os benefícios previdenciários, ressalvado o direito de opção;*
>
> *(...)*
>
> *Parágrafo único. A concessão da pensão especial do inciso II substitui, para todos os efeitos legais, qualquer outra pensão já concedida ao ex-combatente.*

Estabelece, por sua vez, o artigo 10 da Lei 8.059/1990 o seguinte:

> *Art. 10. A pensão especial pode ser requerida a qualquer tempo.*

Por fim, o artigo 198 do Código Civil:

> *Art. 198. Também não corre a prescrição:*
>
> *I – contra os incapazes de que trata o art. 3º ;*

Portanto, conforme o entendimento da Corte, a pensão especial do ex combatente é devida a partir da data do requerimento, salvo nas situações em que for requerida em benefício de incapaz, caso em que será devida a partir da data do óbito do instituidor. Conclui-se, por consequência, que a prescrição tem seu marco inicial na data em que cessar a incapacidade do beneficiário.

9.4. Informativo n. 579. DIREITO ADMINISTRATIVO. RESTITUIÇÃO À ADMINISTRAÇÃO PÚBLICA DE PROVENTOS DEPOSITADOS A SERVIDOR PÚBLICO FALECIDO.

Os herdeiros devem restituir os proventos que, por erro operacional da Administração Pública, continuaram sendo depositados em conta de servidor público após o seu falecimento. Dispõe o art. 884 do CC que "Aquele que, sem justa causa, se enriquecer a custa de outrem, será obrigado a restituir o indevidamente auferido, feita a atualização dos valores monetários", sob pena de enriquecimento ilícito. De mais a mais, em se tratando de verbas alimentares percebidas por servidores públicos, ou dependentes, o princípio da boa-fé objetiva sempre foi a pedra de toque na análise do tema pelo STJ, o qual, em seu viés cidadão, não se atém meramente ao plano normativo ao distribuir a Justiça. Diante disso, veja-se que as verbas alimentares percebidas por servidores de boa-fé não podem ser repetidas quando havidas por errônea interpretação de lei pela Administração Pública, em razão da falsa expectativa criada no servidor de que os valores recebidos são legais e definitivos (REsp 1.244.182-PB, Primeira Seção, DJe 19/10/2012, julgado no regime dos recursos repetitivos), o que decorre, em certo grau, pela presunção de validade e de legitimidade do ato administrativo que ordenou a despesa. No caso, de fato, a Administração Pública não deu a merecida atenção à informada morte do servidor (erro) e continuou efetuando depósitos de aposentadoria (verba alimentar) na conta que pertencia a ele, os quais foram levantados pelos herdeiros (de boa-fé) sub-rogados nos direitos do servidor. **Assim, levando-se em consideração a realidade do direito sucessório e, em especial, o princípio da saisine, tem-se que, com a transferência imediata da titularidade da conta do falecido aos herdeiros, os valores nela depositados (por erro) não teriam mais qualquer destinação alimentar. Logo, por não se estar diante de verbas de natureza alimentar, é dispensada a análise da boa-fé dos herdeiros, o que afasta, por analogia, a aplicação do precedente anteriormente citado, que excepciona o dever de restituição dos valores indevidamente auferidos (art. 884 do CC).** AgRg no REsp 1.387.971-DF, Rel. Min. Mauro Campbell Marques, julgado em 15/3/2016, DJe 21/3/2016.

Comentários

O precedente deixa claro que é devida a restituição dos valores depositados na conta do servidor público após a sua morte, independentemente de qualquer perquirição acerca da boa-fé, pois, com a morte do servidor, o caráter alimentar da verba se extingue, não se podendo falar em "alimentos recebidos de boa-fé".

Para mais informações, utilize o QR Code ao lado.

9.5. Informativo n. 542. DIREITO ADMINISTRATIVO E PREVIDENCIÁRIO. APLICABILIDADE DO ART. 1º DO DECRETO 20.910/1932 AOS CASOS DE REVISÃO DE APOSENTADORIA DE SERVIDOR PÚBLICO.

Nos casos em que o servidor público busque a revisão do ato de aposentadoria, ocorre a prescrição do próprio fundo de direito após o transcurso de mais de cinco anos – e não de dez anos – entre o ato de concessão e o ajuizamento da ação. Trata-se da aplicação do art. 1º do Decreto 20.910/1932, segundo o qual as "dívidas passivas da União, dos Estados e dos Municípios, bem assim todo e qualquer direito ou ação contra a Fazenda federal, estadual ou municipal, seja qual for a sua natureza, prescrevem em cinco anos contados da data do ato ou fato do qual se originarem". A existência de norma específica que regula a prescrição quinquenal, nos feitos que envolvem as relações de cunho administrativo – tais como aquelas que envolvem a Administração Pública e os seus servidores –, afasta a adoção do prazo decenal previsto no art. 103, *caput*, da Lei 8.213/1991, que dispõe sobre os Planos de Benefícios da Previdência Social. Ressalte-se, ademais, que os requisitos e critérios fixados para o regime geral de previdência social – cuja adoção não poderá ser diferenciada tão somente para efeito de aposentadoria – serão aplicáveis aos regimes de previdência dos servidores públicos titulares de cargo efetivo "no que couber", conforme determina a redação do art. 40, § 12, da CF. Precedentes citados: AgRg no AREsp 86.525-RS, Primeira Turma, DJe 16/5/2014; e AgRg no REsp 1.242.708-RS, Segunda Turma, DJe 14/4/2014. Pet 9.156-RJ, Rel. Min. Arnaldo Esteves Lima, julgado em 28/5/2014.

Comentários

É entendimento pacífico no STJ que, quanto ao pedido de a revisão de aposentadoria, ocorre a prescrição do fundo de direito após o transcurso de mais de cinco anos entre o ato de concessão e o ajuizamento da ação, nos termos do disposto no Art. 1º do Decreto 20.910/1932.

A Corte, mais uma vez, afastou a aplicação do Artigo 103 da Lei 8.213/1991, por se tratar de dispositivo que prevê prazo decadencial para a Previdência Social anular atos de que decorram efeitos patrimoniais favoráveis aos seus beneficiários. A revisão da aposentadoria não é um direito potestativo do beneficiário, caso fosse, poderia ser exercido independentemente de análise e deferimento da autarquia previdenciária. Trata-se de um direito subjetivo, já que se traduz numa expectativa (pretensão) de comportamento da outra parte. Portanto, a Corte afastou a aplicação do artigo 103 da Lei 8.813/1991, e não poderia ser diferente, pois o referido dispositivo trata de prazo decadencial, e não prescricional.

Sobre o tema, ressaltamos o recente julgamento da Corte Especial, cuja ementa transcrevemos a seguir:

> *EMBARGOS DE DIVERGÊNCIA. SERVIDOR PÚBLICO. APOSENTADORIA. REVISÃO. PRESCRIÇÃO. DECRETO 20.910/1932. NATUREZA. FUNDO DE DIREITO. JURISPRUDÊNCIA CONSOLIDADA NA PRIMEIRA SEÇÃO, NA TERCEIRA SEÇÃO E NA CORTE ESPECIAL. SÚMULA 168/STJ. IDENTIFICAÇÃO DA CONTROVÉRSIA*
>
> *1. Trata-se de Embargos de Divergência apresentados contra decisão proferida pela Quinta Turma, em que os embargantes apontam dissídio jurisprudencial com os acórdãos exarados no AgRg nos EREsp 1.174.989/SC, Rel. Ministro Sidnei Beneti, Corte Especial, DJe 3.2.2014; AgRg no REsp 1.477.076/AC, Rel. Ministro Herman Benjamin, Segunda Turma, DJe 26.11.2014; AgRg no REsp 1.236.621/MG, Rel. Ministro Humberto Martins, Segunda*

Turma, DJe 14.4.2011; e REsp 816.131/SP, Rel. Ministro Teori Albino Zavascki, Primeira Turma, DJ 7.5.2007, p.285.

2. O embargante aduz que a prescrição da pretensão de revisão do ato de aposentadoria de servidor público é de trato sucessivo e deve atingir apenas as prestações anteriores aos cinco anos que antecedem o ajuizamento da ação, e não o próprio fundo de direito. EXAME DE CONHECIMENTO DOS EMBARGOS DE DIVERGÊNCIA

3. Primeiramente, registra-se que a Corte Especial decidiu, na sessão de 5.12.2018, no julgamento do EAg 1.070.374/RS, por não conhecer de Embargos de Divergência, por aplicação da Súmula 168/STJ, que trata de discussão idêntica à presente: se prazo prescricional da revisão do ato de aposentadoria de servidor público atinge o fundo de direito.

4. Com relação aos acórdãos paradigmas exarados nos julgamentos do AgRg no REsp 1.477.076/AC e do REsp 816.131/SP, não há similitude fática entre os casos, pois o acórdão embargado trata de revisão de ato administrativo de aposentadoria de servidor público, enquanto os mencionados paradigmas versaram, respectivamente, sobre revisão de vantagem devida a servidor ativo e de desapropriação.

5. Quanto aos acórdãos paradigmas remanescentes (AgRg nos EREsp 1.174.989/SC, Rel. Ministro Sidnei Beneti, Corte Especial, DJe 3.2.2014; e AgRg no REsp 1.236.621/MG, Rel. Ministro Humberto Martins, Segunda Turma, DJe 14.4.2011) trata-se de precedentes totalmente superados.

6. A matéria relativa à aplicação da prescrição do fundo de direito em demandas em que se pretende revisar o ato de aposentadoria de servidor público (o que abarca o objetivo do presente caso de incluir tempo de serviço insalubre na contagem do tempo de serviço) está absolutamente pacificada no âmbito da Corte Especial, da Primeira Seção, atualmente a competente para apreciar a matéria, e da Terceira Seção, que detém a competência residual de análise da matéria.

7. "SERVIDOR PÚBLICO FEDERAL. REVISÃO DE APOSENTADORIA.

CONVERSÃO DE TEMPO DE SERVIÇO ESPECIAL EM COMUM. PERÍODO CELETISTA E ESTATUTÁRIO. PRESCRIÇÃO DO FUNDO DE DIREITO. OCORRÊNCIA. (...) A revisão do ato de aposentadoria para aproveitamento de tempo laborado em condições insalubres submete-se ao prazo prescricional de cinco anos contados da concessão do benefício, nos termos do art.1º. do Decreto

20.910/1932." (AgRg no REsp 1.205.767/RS, Rel. Ministro Napoleão Nunes Maia Filho, Primeira Turma, DJe 25.9.2015).

8. No mesmo sentido: EDcl no REsp 1.393.373/RS, Rel. Ministro Napoleão Nunes Maia Filho, Primeira Turma, DJe 14.3.2018; AgInt no REsp 1.707.518/MG, Rel. Ministro Francisco Falcão, Segunda Turma, DJe 13.4.2018; AgRg no AgRg no REsp 1.514.460/PR, Rel. Ministro Humberto Martins, Segunda Turma, DJe 20.11.2015; AgRg no REsp 1.242.708/RS, Rel. Ministro Humberto Martins, Segunda Turma, DJe 14.4.2014; REsp 1.205.694/RS, Rel. Ministro Og Fernandes, Segunda Turma, DJe 14.8.2014; REsp 1.259.558/PE, Rel. Ministro Og Fernandes, Segunda Turma, DJe 9.8.2017; AgInt nos EDcl no REsp 1679246/RS, Rel.Ministro Mauro Campbell Marques, Segunda Turma, DJe 27.3.2018; AgRg no AREsp 820.844/SP, Rel. Ministro Mauro Campbell Marques, Segunda Turma, DJe 16.5.2016; REsp 1.254.894/SC, Rel. Ministro Mauro Campbell Marques, Segunda Turma, DJe 24.6.2011; AgRg no AREsp 197.161/SC, Rel. Ministro Mauro Campbell Marques, Segunda Turma, DJe 24.10.2012; AgInt no AREsp 554.632/PR, Rel. Ministro Benedito Gonçalves, Primeira Turma, DJe 5.4.2018; AgRg no REsp 1.218.863/RS, Rel. Ministro Benedito Gonçalves, Primeira Turma, DJe 3.11.2014;

AgRg no AREsp 200.392/SP, Rel. Ministro Ministro Benedito Gonçalves, Primeira Turma, DJe 27.11.2013; AgInt no AREsp 819.160/SP, Rel.Ministra Assusete Magalhães, Segunda Turma, DJe 22/08/2016; AgRg no REsp 1.505.630/RS, Rel. Ministro Sérgio Kukina, Primeira Turma, DJe 30.6.2015; AgRg no AREsp 439.915/RS, Rel. Ministro Sérgio Kukina, Primeira Turma, DJe 1º.10.2014; AgRg no AREsp 211.941/RS, Rel.Ministra Regina Helena Costa, Primeira Turma, DJe 19.4.2016; AgInt no AREsp 850.490/SP, Rel. Ministro Gurgel de Faria, Primeira Turma, DJe 5.3.2018; AgRg no AREsp 734.180/BA, Rel. Ministro Olindo Menezes (Desembargador Convocado do TRF da 1ª Região), Primeira Turma, DJe 15.2.2016; AgRg no REsp 1.251.291/RS, Rel. Ministra Assusete Magalhães, Segunda Turma, DJe 4.3.2015; AgRg no AREsp 155.582/SC, Rel. Ministra Eliana Calmon, Segunda Turma, DJe 10.5.2013.

*9. Na Terceira Seção, atual detentora da competência residual sobre a matéria, não há divergência: "**A pretensão** de revisão do ato de aposentadoria, com a contagem especial de tempo de serviço prestado de forma insalubre, tem como termo inicial para o prazo prescricional a concessão dessa pela Administração. Transcorridos mais de cinco anos entre a inativação do servidor e o ajuizamento da ação que pretende a alteração desse ato,* *torna-se imperioso o reconhecimento da prescrição do chamado fundo de direito." (REsp 1.032.428/RS, Rel. Ministro Jorge Mussi, Quinta Turma, DJe 19.10.2009).*

10. No mesmo sentido, no âmbito da Terceira Seção: AgRg no REsp 1.148.982/RS, Rel. Ministra Maria Thereza de Assis Moura, Sexta Turma, DJe 4.12.2012; AgRg no REsp 1.121.055/RS, Rel. Ministro Rogério Schietti Cruz, Sexta Turma, DJe 4.2.2016; AgRg no REsp 1.175.009/RS, Rel. Ministro Rogério Schietti Cruz, Sexta Turma, DJe 1º.12.2014;AgRg no REsp 967.093/RS, Rel. Ministra Alderita Ramos de Oliveira (Desembargadora Convocada do TJ/PE), Sexta Turma, DJe 27.8.2013; AgRg no REsp 1.147.273/ RS, Rel. Ministro Antônio Saldanha Palheiro, Sexta Turma, DJe 13.10.2016; AgRg no REsp 1.170.892/RS, Rel. Ministro Ericson Maranho (Desembargador Convocado do TJ/SP), Sexta Turma, DJe 17.9.2015; AgRg no REsp 1.172.833/SC, Rel. Ministro Reynaldo Soares da Fonseca, Quinta Turma, DJe 29.6.2015; EDcl nos EDcl no AgRg no REsp 943.997/RS, Rel. Ministro Sebastião Reis Júnior, Sexta Turma, DJe 13.3.2013; EDcl no AgRg no REsp 1.115.292/RS, Rel. Ministro Ministro Sebastião Reis Júnior, Sexta Turma, DJe 22.11.2012; REsp 759.731/RS, Rel. Ministro Arnaldo Esteves Lima, Quinta Turma, DJ 11.6.2007; AgRg no REsp 746.253/RS, Rel. Ministro Hamilton Carvalhido, Sexta Turma, DJ 12.9.2005; REsp 345.835/DF, Rel. Ministro Hamilton Carvalhido, Sexta Turma, DJ 1º.2.2005.

11. Estando o entendimento do acórdão paradigma (Segunda Turma) superado nas esfera da Primeira Seção, a competente para dirimir controvérsias relativas a direito do servidor público, aplica-se a Súmula 168/STJ, segundo a qual "não cabem embargos de divergência, quando a jurisprudência do Tribunal se firmou no mesmo sentido do acórdão embargado". ENTENDIMENTO DA CORTE ESPECIAL NO AGRG NO ERESP 1.174.989/ SC 12. Acerca do entendimento proferido pela Corte Especial no AgRg nos EREsp 1.174.989/SC, Rel. Ministro Sidnei Beneti, DJe 3.2.2014, a já citada jurisprudência torrencial, no sentido da aplicação da prescrição do fundo de direito para rever o ato da aposentadoria dos servidores públicos federais, foi alterada por decisão monocrática do relator, posteriormente confirmada, é verdade, por decisão colegiada em Agravo Regimental.

13. Ainda que tal questão seja ultrapassada, a intelecção do julgamento dos ERESP 1.174.989/SC foi posteriormente superada pela Corte Especial para fixar a prescrição como de fundo de direito em caso de revisão de aposentadoria de servidor público: 13.1. "EMBARGOS DE DIVERGÊNCIA NO AGRAVO. SERVIDOR

PÚBLICO. ATO DE CONCESSÃO DE APOSENTADORIA. REVISÃO. PRESCRIÇÃO QUINQUENAL. FUNDO DO DIREITO. (...) O termo inicial da prescrição quinquenal aplicável à ação que busca a revisão da proporcionalidade dos proventos de aposentadoria em razão dos anos de serviço prestados é o ato de concessão do benefício, porquanto a pretensão atinge o próprio fundo do direito." (EAg 1.172.802/SP, Rel. Ministro João Otávio de Noronha, Corte Especial, DJe 5.10.2015). 13.2. "PROCESSO CIVIL. AGRAVO REGIMENTAL NOS EMBARGOS DE DIVERGÊNCIA. AUSÊNCIA DE COMPROVAÇÃO DE DISSÍDIO JURISPRUDENCIAL. 1. O conhecimento dos embargos de divergência pressupõe a existência de similitude das circunstâncias fáticas e do direito aplicado nos acórdãos recorrido e paradigma, o que não foi observado na espécie. 2. O Superior Tribunal de Justiça firmou entendimento no mesmo sentido do acórdão embargado, reconhecendo a incidência da denominada prescrição do fundo de direito quando a pretensão da parte envolve a incorporação de gratificações e vantagens que, a seu juízo, deveriam ter sido contempladas nos respectivos proventos. Precedentes. 3. Agravo regimental a que se nega provimento." (AgRg nos EREsp 1.112.291/PE, Rel. Ministro Og Fernandes, Corte Especial, DJe 23.9.2014).

14. Aqui novamente prevalece, portanto, o disposto na Súmula 168/STJ, já que o acórdão embargado está de acordo com a compreensão da Corte Especial. CONCLUSÃO

15. Embargos de Divergência não conhecidos.

(EREsp 1172833/SC, Rel. Ministro LUIS FELIPE SALOMÃO, Rel. p/ Acórdão Ministro HERMAN BENJAMIN, CORTE ESPECIAL, julgado em 18/12/2018, DJe 11/06/2019)

10. DIREITO DE GREVE

10.1. Informativo n. 563. DIREITO ADMINISTRATIVO. HIPÓTESE DE SUSPENSÃO DE EXECUÇÃO DE DECISÃO LIMINAR IMPEDITIVA DE DESCONTO SALARIAL DE SERVIDORES GREVISTAS.

Deve ser suspensa a execução da decisão liminar (art. 25, § 3º, da Lei 8.038/1990) proibitiva de desconto salarial dos dias de paralisação decorrentes de greve dos professores do Estado de São Paulo, movimento paredista que durava mais de 60 dias até a análise do pedido de suspensão de segurança, sem êxito nas tentativas de acordo e sem notícia de decisão judicial sobre as relações obrigacionais entre grevistas e o Estado, e que, além disso, já havia levado ao dispêndio de vultosos recursos na contratação de professores substitutos, como forma de impedir a iminente interrupção da prestação do serviço público educacional do Estado. Nessa situação, encontra-se configurada grave lesão à ordem e à economia pública do referido Estado. Com efeito, evidenciam-se danos aos cofres públicos decorrentes da possibilidade de dispêndio de vultosos valores com o pagamento dos dias parados, somados ao considerável montante gasto com a contratação de professores temporários em substituição aos servidores grevistas, de modo a evitar a iminente interrupção do já notoriamente precário ensino público, serviço cuja fundamentalidade é reconhecida pela CF. Na situação em análise, cabe ressaltar, a decisão autorizativa do corte não atenta contra o direito constitucional a greve. A propósito, o **STF já concluiu que, "nos termos do art. 7º da Lei n. 7.783/1989, a deflagração da greve, em princípio, corresponde à suspensão do contrato de trabalho. Na suspensão do contrato de trabalho não há falar propriamente em prestação de serviços, nem tampouco no pagamento de salários.** Como regra geral, portanto, os salários dos dias de paralisação não deverão ser pagos, **salvo no caso em que a greve tenha sido provocada justamente por atraso no pagamento ou por outras situações excepcionais que justifiquem o afastamento da premissa da suspensão do contrato de trabalho." (STA 207-RS, DJ 8/4/2008)**. Trata-se, na verdade, da necessária ponderação que deve ser feita entre o regular exercício do direito de greve e o direito à prestação dos serviços públicos fundamentais. E o fato é que, na perspectiva do exame da grave lesão à ordem pública e econômica, vislumbra-se sério risco a justificar a concessão da medida de contracautela na hipótese que ora se analisa. O STJ, inclusive, já manifestou o entendimento de que "**a deflagração do movimento grevista suspende, no setor público, o vínculo funcional e, por conseguinte, desobriga o Poder Público do pagamento referente aos dias não trabalhados**" e de que a "**existência de acordo, convenção coletiva, laudo arbitral ou decisão judicial regulando as relações obrigacionais decorrentes do movimento paredista pode prever a compensação dos dias de greve (ex vi do art. 7º, in fine, da Lei nº 7.783/89)**. Todavia, à míngua dessas tratativas, não há direito líquido e certo dos servidores sindicalizados a ser tutelado na via mandamental, já que, nesses casos, deve prevalecer o poder discricionário da Administração, a quem cabe definir pelo desconto, compensação ou outras maneiras de administrar o conflito, sem que isso implique qualquer ofensa aos princípios da proporcionalidade ou razoabilidade" (MS 17.405-DF, Corte Especial, DJe 9/5/2012). Ademais, no STJ já foi deferida suspensão de segurança em caso análogo, no qual ficou consignado que "**no setor público, o Brasil tem enfrentado greves que se arrastam por meses. Algumas com algum sucesso, ao final. Outras sem consequência qualquer para os servidores. O público, porém, é sempre penalizado. A lei nº 7.783, de 1989, se aplica, no que couber, ao setor público. Salvo melhor juízo, a decisão administrativa que determina o desconto em folha de pagamento dos servidores grevistas é compatível com o regime da lei**. A que limite estará sujeita a greve, se essa medida não for tomada? Como compensar faltas que se sucedem por meses?" (SS 2.606-DF, decisão monocrática, DJe 7/8/2012). E não é outra a situação aqui enfrentada: a manifestação grevista, até a análise do pedido de suspensão da segurança, durava mais de 60 dias e não lograram êxito as tentativas de conciliação realizada entre governantes e membros do movimento paredista. Ressalte-se, por oportuno, que qualquer argumentação que envolva a discussão sobre a legalidade ou ilegalidade da greve deve ser discutida na seara recursal própria. AgRg na SS 2.784-SP, Rel. Min. Francisco Falcão, julgado em 3/6/2015, DJe 12/6/2015.

Comentários

Diferentemente dos militares e dos servidores das forças policiais civis, o servidor público, em sentido estrito, tem direito à greve e à sindicalização. Com efeito, ao tratar dos servidores públicos civis, em seu art. 37, VII, a Carta Magna definiu o direito de greve nos termos e condições estabelecidos em lei específica, garantindo ainda o direito à livre associação sindical, no art. 37, VI.

No que tange à garantia de se organizar em sindicatos, trata-se de norma de eficácia plena, não dependendo de qualquer regulamentação para que seja exercido o direito pelos servidores públicos. No entanto, em relação ao direito de greve, a matéria foi alvo de discussão doutrinária, haja vista o entendimento de alguns estudiosos de tratar-se de norma de eficácia contida, ou seja, regra que admite aplicação direta, embora possa ser posteriormente regulada por lei que conterá seus efeitos.

Ocorre que o Supremo Tribunal Federal pacificou o entendimento de que o direito de greve é norma de eficácia limitada, ou seja, não obstante o servidor tenha a garantia definida na Constituição, o exercício do direito fica limitado à edição de lei específica que o regulamente e, enquanto não for editada a lei, o exercício da prerrogativa será impossível.

Dessa forma, diante da ausência de lei específica a tratar da matéria, o exercício do direito de greve do servidor fica prejudicado e os agentes estatais não podem realizar movimentos paredistas, a despeito da garantia constitucional.

Ocorre que, no que tange aos servidores civis, o Supremo Tribunal Federal determinou, ao julgar Mandado de Injunção referente à matéria que, enquanto não houver lei específica a regulamentar a greve dos servidores, será utilizada a lei geral de greve (Lei 7.783/89) para o exercício deste direito. Tal entendimento visa a garantir que a omissão legislativa não cause prejuízos a direito constitucional e vem sendo reiterado pela Suprema Corte.

Por seu turno, o Supremo Tribunal Federal, em 2016, na análise do Recurso Extraordinário nº 693.456, decidiu, apreciando o tema da repercussão geral, por unanimidade, por maioria, na parte conhecida, fixar tese nos seguintes termos: "*A administração pública deve proceder ao desconto dos dias de paralisação decorrentes do exercício do direito de greve pelos servidores públicos, em virtude da suspensão do vínculo funcional que dela decorre, permitida a compensação em caso de acordo. O desconto será, contudo, incabível se ficar demonstrado que a greve foi provocada por conduta ilícita do Poder Público*".

Nota-se que, em comprovada a ilicitude do Poder Público como ensejadora do movimento paredista – como pode ocorrer, por exemplo, nas hipóteses em que o ente estatal descumpre acordos firmados com a categoria – o corte da remuneração não será admitido. Sendo assim, pode-se considerar que o direito de greve do servidor configura uma exceção ao princípio da continuidade, a despeito de ser exercido, respeitando os limites definidos em lei, de forma a evitar-se a paralisação total da atividade pública.

Ademais, sobre o desconto ou compensação dos dias parados, a Primeira Seção do STJ possui entendimento pacífico no sentido de que as opções legalmente admitidas estão submetidas ao Poder Discricionário da Administração Pública, senão vejamos:

> PROCESSUAL CIVIL. ADMINISTRATIVO. SERVIDOR PÚBLICO FEDERAL. GREVE.DESCONTOS DOS DIAS PARADOS. CABIMENTO, SALVO SE HOUVER ACORDO DE COMPENSAÇÃO DO TRABALHO. AGRAVO INTERNO IMPROVIDO. ALEGAÇÃO DE OMISSÃO NO ACÓRDÃO. INEXISTENTE.
>
> I – Trata-se de embargos de declaração opostos contra acórdão que considerou, nos termos da jurisprudência desta Corte, que havendo compensação dos dias parados, decorrente de acordo com a Administração, é indevido o desconto dos dias não trabalhados em razão de participação em greve. **Entendeu-se ainda, no que se refere à compensação da jornada, que deve prevalecer o poder discricionário da Administração, a quem cabe definir pelo desconto, compensação ou outras maneiras de administrar o conflito, sem que isso implique qualquer ofensa aos princípios da proporcionalidade ou razoabilidade.**
>
> II – Os aclaratórios somente são cabíveis para a modificação do julgado que se apresentar omisso, contraditório ou obscuro, bem como para sanar possível erro material existente na decisão, o que não aconteceu no caso dos autos.
>
> III – Embargos de declaração não se prestam ao reexame de questões já analisadas, com o nítido intuito de promover efeitos modificativos ao recurso, quando a decisão apreciou as teses relevantes para o deslinde do caso e fundamentou sua conclusão.
>
> IV – Embargos de declaração rejeitados.
>
> (EDcl na Pet 11.478/DF, Rel. Ministro FRANCISCO FALCÃO, PRIMEIRA SEÇÃO, julgado em 11/04/2018, DJe 19/04/2018)
>
> ADMINISTRATIVO. DISSÍDIO DE GREVE. SERVIDOR PÚBLICO CIVIL. DESCONTO DOS DIAS DE PARALIZAÇÃO. COMPENSAÇÃO. REPERCUSSÃO GERAL RECONHECIDA PELO STF. JUÍZO DE RETRATAÇÃO.

1. O Supremo Tribunal Federal, em julgamento realizado sob a sistemática da repercussão geral, firmou o entendimento de que a administração pública deve proceder ao desconto dos dias de paralisação decorrentes do exercício do direito de greve pelos servidores públicos, em virtude da suspensão do vínculo funcional que dela decorre, permitida a compensação em caso de acordo, sendo certo que o desconto será, contudo, incabível se ficar demonstrado que a greve foi provocada por conduta ilícita do Poder Público. 2.

Hipótese em que, reconhecida a legalidade da greve – que não foi provocada por conduta ilícita do Poder Público –, foi estabelecido que o desconto relacionado à paralisação somente seria permitido em caso de recusa ou impossibilidade do servidor de proceder à compensação dos dias parados, em patente divergência do entendimento estabelecido pela Corte Suprema de que a regra é o desconto, sendo permitida, entretanto, a compensação em caso de acordo.

3. Exercido o juízo de retratação, nos termos do art. 1.040, II, do CPC/2015, para, mantido o juízo de mérito relacionado à legalidade da greve e demais efeitos decorrentes, autorizar a realização dos descontos referentes à paralisação, sem prejuízo de que os dias parados sejam compensados mediante acordo.

(Pet 7.920/DF, Rel. Ministro GURGEL DE FARIA, PRIMEIRA SEÇÃO, julgado em 09/10/2019, DJe 04/11/2019)

Para mais informações, utilize o QR Code ao lado.

CAPÍTULO 5

LICITAÇÃO

1. DISPENSA E INEXIBILIDADE DE LICITAÇÃO

Informativo 662. PROCESSO REsp 1.747.636-PR, Rel. Min. Gurgel de Faria, Primeira Turma, por unanimidade, julgado em 03/12/2019, DJe 09/12/2019

TEMA: Credenciamento. Hipótese de inexigibilidade de licitação. Critérios de classificação previstos em edital. Ilegalidade.

DESTAQUE: O estabelecimento de critérios de classificação para a escolha de licitantes em credenciamento é ilegal.

INFORMAÇÕES DO INTEIRO TEOR: O credenciamento é hipótese de inexigibilidade de licitação não prevista no rol exemplificativo do art. 25 da Lei n. 8.666/1993, amplamente reconhecida pela doutrina especializada e pela jurisprudência do Tribunal de Contas da União. Segundo a doutrina, o sistema de credenciamento, como forma de inexigibilidade de licitação, torna inviável a competição entre os credenciados, que não disputam preços, posto que, após selecionados, a Administração pública se compromete a contratar todos os que atendam aos requisitos de pré-qualificação. Segundo o TCU, para a utilização do credenciamento devem ser observados requisitos como: i) contratação de todos os que tiverem interesse e que satisfaçam as condições fixadas pela Administração, não havendo relação de exclusão; ii) garantia de igualdade de condições entre todos os interessados hábeis a contratar com a Administração, pelo preço por ela definido; iii) demonstração inequívoca de que as necessidades da Administração somente poderão ser atendidas dessa forma. Com efeito, sendo o credenciamento modalidade de licitação inexigível em que há inviabilidade de competição, ao mesmo tempo em que se admite a possibilidade de contratação de todos os interessados em oferecer o mesmo tipo de serviço à Administração Pública, os critérios de pontuação exigidos em edital para desclassificar a contratação de empresa já habilitada mostra-se contrário ao entendimento doutrinário e jurisprudencial esposado.

Comentários

De acordo com o art. 25 da Lei 8.666/93, a inexigibilidade de licitação deriva da inviabilidade de competição pelo Poder Público. Este artigo contém três incisos de cunho exemplificativo e cuja leitura é essencial para conceituação de viabilidade de competição.

As hipóteses dispostas na lei não são taxativas, mas meramente exemplificativas. Mesmo que a circunstância não esteja disposta expressamente no texto legal, a licitação será inexigível quando for inviável a realização de competição entre interessados.

Ao definir o que seria inviabilidade de competição justificadora de contratação direta pela Administração Pública, a doutrina majoritária costuma apontar pressupostos da licitação e estabelece que a ausência de qualquer dos pressupostos torna o procedimento licitatório inexigível.

Com efeito, pode-se considerar que existem pressupostos de existência do certame e que a ausência de qualquer um deles tornaria faticamente impossível ou juridicamente inviável a realização do procedimento. Eis os pressupostos:

a) **Pressuposto lógico**: pluralidade de bens e de fornecedores do bem ou do serviço. Não é possível a realização de licitação para contratação de bens que possuam um único fornecedor ou para aquisição de um bem singular, que não possua qualquer outro similar no mercado. Considere-se, por exemplo, que a Administração Pública, para inauguração de um museu de história brasileira, necessita adquirir um objeto pessoal de uma figura histórica, com a intenção de compor o acervo da entidade. Nesses casos, o bem a ser adquirido não encontra similaridade no mercado e a contratação somente pode ser efetivada com o proprietário.

b) **Pressuposto jurídico:** trata-se da demonstração de interesse público na realização do certame. A licitação não é um fim em si mesmo, é um meio para atingir o interesse público. Se a licitação for de encontro ao interesse público, não será exigível licitar. Nesse sentido, pode-se citar como exemplo o entendimento do TCU que vê que, de fato, as empresas estatais precisam licitar, mas deve-se admitir exceção. Quando a empresa estatal, exploradora de atividade econômica, licita para contratações referentes à sua atividade-fim está sendo impedida de concorrer com igualdade no mercado. Isso porque a rapidez do mercado não se coaduna com a burocracia da licitação e a realização de procedimento licitatório, e, então, iria de encontro ao interesse público. O TCU entende que não é preciso realizar procedimento licitatório, por motivo de inexigibilidade, uma vez que não há interesse público na licitação.

c) **Pressuposto fático**: trata-se da desnecessidade de contratação específica. Ou seja, o Poder Público deve satisfazer as suas necessidades com qualquer produto ou serviço presente no mercado, não dependendo de um bem ou serviço específico. Nos casos em que há necessidade de contratação específica, a licitação será inexigível. Pode-se citar o seguinte exemplo. O Estado precisa contratar o melhor tributarista do Brasil para defendê-lo em uma demanda que envolve milhões de reais. Não seria possível fazer uma contratação direta para qualquer causa.

> *Art. 25. É inexigível a licitação quando houver inviabilidade de competição, em especial:*
>
> *I – para aquisição de materiais, equipamentos, ou gêneros que só possam ser fornecidos por produtor, empresa ou representante comercial exclusivo, vedada a preferência de marca, devendo a comprovação de exclusividade ser feita através de atestado fornecido pelo órgão de registro do comércio do local em que se realizaria a licitação ou a obra ou o serviço, pelo Sindicato, Federação ou Confederação Patronal, ou, ainda, pelas entidades equivalentes;*
>
> *II – para a contratação de serviços técnicos enumerados no art. 13 desta Lei, de natureza singular, com profissionais ou empresas*

> *de notória especialização, vedada a inexigibilidade para serviços de publicidade e divulgação;*
>
> *III – para contratação de profissional de qualquer setor artístico, diretamente ou através de empresário exclusivo, desde que consagrado pela crítica especializada ou pela opinião pública.*
>
> *§ 1º Considera-se de notória especialização o profissional ou empresa cujo conceito no campo de sua especialidade, decorrente de desempenho anterior, estudos, experiências, publicações, organização, aparelhamento, equipe técnica, ou de outros requisitos relacionados com suas atividades, permita inferir que o seu trabalho é essencial e indiscutivelmente o mais adequado à plena satisfação do objeto do contrato.*
>
> *§ 2º Na hipótese deste artigo e em qualquer dos casos de dispensa, se comprovado superfaturamento, respondem solidariamente pelo dano causado à Fazenda Pública o fornecedor ou o prestador de serviços e o agente público responsável, sem prejuízo de outras sanções legais cabíveis.*

No precedente em análise se analisou o credenciamento como hipótese não prevista no rol exemplificativo do artigo 25 da Lei 8666/1993, mas igualmente enquadrada como situação de inexigibilidade de licitação.

Conforme o seguinte trecho do Voto do Relator, Ministro Gurgel Faria, a Corte seguiu o entendimento sobre a matéria, consagrado pelo TCU. Vejamos:

> *Na análise do tema, convém ressaltar que o credenciamento é hipótese de inexigibilidade de licitação não prevista no rol exemplificativo do art. 25 da Lei n. 8.666/93, amplamente reconhecida pela doutrina especializada e pela jurisprudência do Tribunal de Contas da União.*
>
> *Segundo a doutrina especializada, o sistema de credenciamento, como forma de inexigibilidade de licitação, torna inviável a competição entre os credenciados, que* ***não disputam preços****, posto que, após selecionados, a Administração pública se compromete a contratar todos os que atendam aos requisitos de pré-qualificação.*
>
> *(...)*
>
> *O credenciamento também é admitido na jurisprudência do TCU, como hipótese de inviabilidade de competição não expressamente*

mencionada no art. 25 da Lei 8.666/1993 (Plenário, Acórdão 784/2018, Relator Min. Marcos Bemquerer).

Segundo a Corte de Contas, a ausência de expressa previsão legal do credenciamento dentre os casos de inexigibilidade de licitação previstos na Lei 8.666/1993 não impede que a Administração lance mão de tal procedimento e efetue a contratação direta entre diversos fornecedores previamente cadastrados que satisfaçam os requisitos estabelecidos pela Administração (Plenário, Acórdão 768/2013, Relator Min. Marcos Bemquerer).

Para tanto, devem ser observados requisitos como: i) ***contratação de todos os que tiverem interesse e que satisfaçam as condições fixadas pela Administração, não havendo relação de exclusão****; ii)* ***garantia de igualdade de condições entre todos os interessados hábeis a contratar com a Administração, pelo preço por ela definido****; iii)* ***demonstração inequívoca de que as necessidades da Administração somente poderão ser atendidas dessa forma*** *(Primeira Câmara, Acórdão 2504/2017, Rel. AUGUSTO SHERMAN).*

Mais precisamente sobre a hipótese vertida nos presentes autos, o Tribunal de Contas reputa ser "ilegal o estabelecimento de critérios de classificação para a escolha de escritórios de advocacia por entidade da Administração em credenciamento" (Plenário, Acórdão 408/2012, Relator Min. VALMIR CAMPELO e Plenário, Acórdão 141/2013, Relator Min. WALTON ALENCAR RODRIGUES).

Ainda acerca da ilegalidade dos referidos critérios, é esclarecedor o seguinte trecho do voto proferido no primeiro acórdão acima referido (Acórdão 408/2012):

(...) 6. Como se observa, o credenciamento é instituto aplicável em situações de inexigibilidade de licitação, quando não há que se falar em concorrência dentre os interessados, uma vez que todos os credenciados serão contratados nos termos propostos pelo órgão.

7. Na modalidade de credenciamento, portanto, a avaliação técnica limita-se a verificar se a empresa interessada possui capacidade para executar o serviço. Uma vez preenchidos os critérios mínimos estabelecidos no edital, a empresa será credenciada, podendo ser contratada em igualdade de condições com todas as demais que também forem credenciadas.

*8. **A etapa de avaliação das empresas é, portanto, apenas eliminatória, e não classificatória, já que nessa modalidade não pode haver distinção entre as empresas credenciadas.** Inexiste, portanto, a possibilidade de escolha de empresas que mais se destaquem dentre os parâmetros fixados pela entidade, visto que as empresas estariam competindo para constarem como as mais bem pontuadas. O credenciamento não se presta para este fim, uma vez que ele só se justifica em situações onde não se vislumbra possibilidade de competição entre os interessados, conforme entendimento já transcrito neste voto.*

*9. Ademais, nos termos da Decisão nº 624/1994-TCU-Plenário, **o credenciamento para contratação de serviços advocatícios seria justificável quando se tratasse de serviços comuns, que podem ser realizados de modo satisfatório pela maior parte dos advogados. Significa dizer que se trata de serviço dotado de certa simplicidade, sem exigência de um nível técnico tão aprofundado, não existindo, portanto, diferenças de qualificação relevantes ao interesse público.***

10. Ocorre que o IRB procura a contratação de escritórios advocatícios tanto na área de seguro-resseguro como na área trabalhista/previdenciária e, em sua manifestação, ao justificar o critério de pontuação diferenciada para empresas que tenham patrocinado ações com valor superior a R$ 3 milhões, o IRB ressalta que necessita dos serviços de escritórios que tenham maior expertise possível, pois haveria considerável número de processos com valores acima do fixado cujas questões de direito estariam atreladas a temas de maior complexidade. 11. A partir dessa manifestação, é possível inferir que talvez o objeto em destaque sequer possa ser considerado comum, premissa fundamental que conduz à inviabilidade de competição. Aqui haveria um legítimo interesse da administração em contratar escritórios com distinta qualificação técnica, o que ensejaria, de pronto, a competição entre os interessados. (grifos acrescidos)

(...)

*Com efeito, sendo o credenciamento modalidade de licitação inexigível em que há inviabilidade de competição, ao mesmo tempo em que se admite a possibilidade de contratação de todos os interessados em oferecer o mesmo tipo de serviço à Administração Pública, **os critérios de pontuação exigidos no edital impugnado na presente ação para desclassificar a contratação da empresa/recorrida já habilitada mostra-se contrário ao entendimento doutrinário e jurisprudencial acima esposado.***

Para mais informações, utilize o QR Code ao lado.

2. REQUISITOS DE HABILITAÇÃO

2.1. Informativo n. 631. PROCESSO AREsp 309.867-ES, Rel. Min. Gurgel de Faria, por unanimidade, julgado em 26/06/2018, DJe 08/08/2018

DIREITO ADMINISTRATIVO, DIREITO EMPRESARIAL

TEMA: Sociedade empresária em recuperação judicial. Participação em licitação. Possibilidade. Certidão de concordata. Previsão na Lei n. 8.666/1993. Interpretação extensiva. Descabimento. Aptidão econômico-financeira. Comprovação. Necessidade.

DESTAQUE: Sociedade empresária em recuperação judicial pode participar de licitação, desde que demonstre, na fase de habilitação, a sua viabilidade econômica.

INFORMAÇÕES DO INTEIRO TEOR: De início, salienta-se que, conquanto a Lei n. 11.101/2005 tenha substituído a figura da concordata pelos institutos da recuperação judicial e extrajudicial, o art. 31 da Lei n. 8.666/1993 não teve o texto alterado para se amoldar à nova sistemática, tampouco foi derrogado. Nesse sentido, parte da doutrina entende que, se a Lei de Licitações não foi alterada para substituir certidão negativa de concordata por certidão negativa de recuperação judicial, não poderia a Administração passar a exigir tal documento como condição de habilitação, haja vista a ausência de autorização legislativa. Assim, as empresas submetidas à recuperação judicial estariam dispensadas da apresentação da referida certidão. Importa ressaltar que a licitação pública se norteia, entre outros princípios, pelo da indisponibilidade do interesse público e que o escopo primordial da Lei n. 11.101/2005, nos termos do art. 47, é viabilizar a superação da situação de crise econômico-financeira do devedor, prevendo em seu art. 52, I, a possibilidade de contratação com o poder público, o que, em regra geral, pressupõe a participação prévia em licitação. Todavia, não se deve olvidar a exigência contida no art. 27, III, da 79 Lei n. 8.666/1993 de demonstração da qualificação econômico-financeira como condicionante para a participação no certame. Dessa forma, a interpretação sistemática dos dispositivos das Leis n. 8.666/1993 e n. 11.101/2005 leva à conclusão de que é possível uma ponderação equilibrada entre os princípios nelas imbuídos, pois a preservação da empresa, a sua função social e o estímulo à atividade econômica atendem também, em última análise, ao interesse da coletividade, uma vez que se busca a manutenção da fonte produtora, dos postos de trabalho e dos interesses dos credores. Assim, a apresentação de certidão positiva de recuperação não implica a imediata inabilitação, cabendo ao pregoeiro ou à comissão de licitação diligenciar a fim de avaliar a real situação de capacidade econômico-financeira da empresa licitante.

Comentários

O precedente em análise trata, fundamentalmente, da fase de habilitação dos procedimentos licitatórios, notadamente, das limitações às está jungida a administração pública no estabelecimento de critérios de qualificação dos licitantes.

A fase de habilitação também é conhecida como fase de qualificação, quando devem ser analisados os requisitos e documentos pessoais dos licitantes. É a fase de análise da documentação dos licitantes a fim de verificar se têm **idoneidade** para contratar com o Poder Público. Caso contrário, sequer serão analisadas as suas propostas.

É importante frisar que o edital não pode estabelecer critérios não previstos em lei, mais especificamente no art. 27, da Lei 8.666/93, evitando assim restringir a licitação de forma desarrazoada. Evidentemente, os critérios de habilitação desarrazoadamente não podem, de qualquer forma, discriminar os licitantes, tampouco revelar preferência da administração em relação a tal ou qual licitante. Para cumprimento dos requisitos, basta que se realize a apresentação de documentos enumerados pela própria lei, que podem ser originais ou cópias do cartório competente. Vejamos um elenco legal dos requisitos de habilitação.

Os critérios estão postos na lei e são seis. Com efeito, o texto legal estabelece que, para a habilitação nas licitações, a Administração Pública exigirá dos interessados, exclusivamente, documentação relativa a:

A – **Habilitação jurídica:** para parte da doutrina, essa exigência, assim como a exigência de regularidade fiscal e respeito ao art. 7º, XXXIII, da CF são inconstitucionais, por estarem previstos em lei, sem que haja disposição similar no art. 37, XXI, da Carta Magna, ensejando burocratização indevida da licitação.

A habilitação jurídica, conforme a Lei 8.666/93 será demonstrada por meio de:

> i) juntada de cédula de identidade, em casos de pessoas físicas e registro comercial, no caso de empresa individual;
>
> ii) ato constitutivo, estatuto ou contrato social em vigor, devidamente registrado, em se tratando de sociedades comerciais; e, no caso de sociedades por ações, acompanhado de documentos de eleição de seus administradores e inscrição do ato constitutivo; em se tratando de sociedades civis, acompanhada de comprovação da diretoria em exercício;
>
> iii) decreto de autorização, em caso de participação de empresa ou sociedade estrangeira em funcionamento no País;
>
> iv) ato de registro ou autorização para funcionamento expedido pelo órgão competente, quando a atividade assim o exigir.

B – **Qualificação técnica**: trata-se de demonstração de que a empresa tem condições técnicas de cumprir o contrato celebrado em conformidade com as exigências de qualidade e celeridade impostas pela Administração Pública.

C – **Qualificação econômico-financeira**: é a demonstração de idoneidade financeira da entidade a ser contratada. Considerando-se que o Poder Público não realiza o pagamento antes da disponibilização do objeto do contrato, a empresa deve ter qualificação para arcar com todos os custos da contratação.

Nesses termos, a lei define que o ente estatal pode exigir, como prova de idoneidade financeira, o balanço patrimonial e demonstrações contábeis do último exercício social, já exigíveis e apresentados na forma da lei, que comprovem a boa situação financeira da empresa, sendo proibida a sua substituição por balancetes ou balanços provisórios, podendo ser atualizados por índices oficiais quando encerrado há mais de 3 (três) meses da data de apresentação da proposta.

A lei ainda autoriza que se determine a apresentação de **certidão negativa de falência ou concordata** expedida pelo distribuidor da sede da pessoa jurídica, ou de execução patrimonial, expedida no domicílio da pessoa física bem como se faz possível a exigência de garantia, nas mesmas modalidades e critérios previstos no "caput" e § 1º do art. 56 da Lei 8.666/93, limitada a 1% (um por cento) do valor estimado do objeto da contratação, ou seja, é possível cobrar garantia que será prestada pelo licitante em dinheiro, títulos da dívida pública, fiança bancária ou por meio de seguro-garantia.

D – **Regularidade fiscal:** configura demonstração de que a entidade que pretende participar da licitação não possui débitos em atraso com a Fazenda Pública. A regularidade será demonstrada por meio da juntada de Certidão Negativa de Débitos (CND) ou de Certidão Positiva de Débitos com efeitos de negativa (CPD-EN). Sendo assim, a entidade deverá demonstrar que não possui débitos com a fazenda pública ou, caso possua, que esse está com a sua exigibilidade suspensa, nos termos da legislação pertinente.

Ressalte-se, que pode ser exigida a regularidade perante a Fazenda Federal, Estadual e Municipal do domicílio ou sede do licitante, ou outra equivalente, na forma da lei, bem como a prova de regularidade relativa à Seguridade Social e ao Fundo de Garantia por Tempo de Serviço (FGTS), demonstrando situação regular no cumprimento dos encargos sociais.

E – **Cumprimento do disposto no inciso XXXIII do art. 7º da Constituição Federal**: dispõe o referido artigo que aos empregadores, em geral, é proibido "o trabalho noturno, perigoso ou insalubre a menores de dezoito e de qualquer trabalho a menores de dezesseis anos, salvo na condição de aprendiz, a partir de quatorze anos". Em outras palavras, a lei exige a demonstração de que a empresa licitante não explora trabalho infantil, em violação ao dispositivo constitucional mencionado.

F – **Regularidade Trabalhista**: demonstrada por meio da Certidão Negativa de Débitos Trabalhistas (CNDT), expedida pela Justiça do Trabalho. Com o advento da Lei 12.440/11, foi acrescentado o requisito de regularidade trabalhista a ser comprovado, na fase de habilitação, pela juntada da Certidão Negativa de débitos trabalhistas (CNDT). Esta lei foi publicada em julho de 2011 e teve vacatio legis de 180 dias, portanto, a exigência somente passou a viger a partir de Janeiro de 2012.

Importante ressaltar que, caso a empresa já esteja previamente cadastrada no órgão público, o Certificado de Registro Cadastral substitui todos esses documentos listados alhures, haja vista a prévia qualificação da empresa perante o Estado.

Conforme previamente explicitado, em obediência ao instrumento convocatório, não é possível que o Poder Público exija documentação não expressamente prevista no edital para participação na licitação.

Ademais, o próprio edital, em observância ao princípio da isonomia, não pode incluir requisitos para participação que não estejam regulamentados por lei e que não sejam efetivamente indispensáveis à execução do contrato, sob pena de ensejar fraude à licitação, mediante a concessão de privilégios.

O substrato fático de demanda gira em torno da aplicabilidade do artigo 31, II da Lei 8.666/1993, às empresas em recuperação judicial. O referido dispositivo dispõe o seguinte:

> *Art. 31. A documentação relativa à qualificação econômico-financeira limitar-se-á a:*
>
> *(...)*
>
> *II – certidão negativa de falência ou concordata expedida pelo distribuidor da sede da pessoa jurídica, ou de execução patrimonial, expedida no domicílio da pessoa física;*

Sabe-se que o instituto da concordata, no Brasil, foi substituído pela recuperação judicial, instituída pela Lei 11.101/2005. Ocorre que a Lei 11.101/2005 não alterou ou revogou, expressamente, o artigo 31, II da Lei 8.666/1993.

O Legislador, embora não tenha revogado expressamente o citado dispositivo da Lei de Licitações, ao nosso sentir, pelo menos abriu possibilidades às empresas em recuperação judicial, antes não previstas para as concordatárias.

É o que dispõe o artigo 47 52, II da Lei 11.101/2005:

> *Art. 47. A recuperação judicial tem por objetivo viabilizar a superação da situação de crise econômico-financeira do devedor, a fim de permitir a manutenção da fonte produtora, do emprego dos trabalhadores e dos interesses dos credores, promovendo, assim, a preservação da empresa, sua função social e o estímulo à atividade econômica.*
>
> *Art. 52. Estando em termos a documentação exigida no art. 51 desta Lei, o juiz deferirá o processamento da recuperação judicial e, no mesmo ato:*
>
> *(...)*
>
> *II – determinará a dispensa da apresentação de certidões negativas para que o devedor exerça suas atividades, **exceto para contratação com o Poder Público** ou para recebimento de benefícios ou incentivos fiscais ou creditícios, observando o disposto no art. 69 desta Lei;*

Como se percebe, o legislador, quando elegeu, como principal objetivo do instituto da recuperação judicial, *"viabilizar a superação da situação de crise econômico-financeira"* a fim de *"permitir a manutenção da fonte produtora, do emprego dos trabalhadores e dos interesses dos credores"*, não alijou a empresa recuperanda do direito de contratar com o Poder Público. Ainda que discretamente, no art. 52, II da Lei 11.101/2005, admite a possibilidade de contratação com o poder público, sendo-lhe, contudo, exigida a certidão de regularidade fiscal.

Dessa forma, considerando-se que a regra geral para contratação com o poder público é a licitação, seria um enorme contra senso o legislador permitir que a empresa recuperanda contratasse com a administração, mas não pudesse licitar. Admitir tal interpretação levaria à esdruxula conclusão de que as empresa em recuperação poderiam contratar diretamente com a Administração Pública, mas não poderiam participar de licitações.

Ocorre que, como bem registrou o relator, "*a dispensa de apresentação de certidão negativa não exime a empresa em recuperação judicial de comprovar a sua capacidade econômica para poder participar da licitação.*".

Sugerimos a leitura do inteiro teor do julgado através do QR CODE abaixo:

Para mais informações, utilize o QR Code ao lado.

2.2. Informativo n. 615. PROCESSO MS 21.750-DF, Rel. Min. Napoleão Nunes Maia Filho, por unanimidade, julgado em 25/10/2017, DJe 07/11/2017

TEMA: Mandado de segurança. Penalidade aplicada com base na Lei n. 10.520/2002. Divulgação no Portal da Transparência gerenciado pela CGU. Cadastro Nacional de Empresas Inidôneas e Suspensas – CEIS. Caráter informativo.

DESTAQUE: A divulgação do Cadastro Nacional de Empresas Inidôneas e Suspensas – CEIS pela CGU tem mero caráter informativo, não sendo determinante para que os entes federativos impeçam a participação, em licitações, das empresas ali constantes.

INFORMAÇÕES DO INTEIRO TEOR: Trata-se de mandando de segurança impetrado com o intuito de suspender o registro no Portal de Transparência da CGU de penalidade administrativa aplicada a empresa com base no art. 7º da Lei n. 10.520/2002. Alega a impetrante que a publicação da penalidade a impediria de participar de processos licitatórios em qualquer órgão da administração pública, ao invés de limitar-se ao âmbito da unidade federativa em que aplicada a sanção. Inicialmente, verifica-se que, com base no Decreto n. 5.482/2005, cabe à Controladoria--Geral da União a gerência exclusiva do Portal da Transparência e, juntamente com o Ministério do Planejamento, Orçamento e Gestão, a determinação de qual o conteúdo mínimo de sua página. Dentro dessas atribuições, foi editada pelo Ministro de Estado do Controle e da Transparência, a Portaria 516/2010, que instituiu o Cadastro Nacional de Empresas Inidôneas e Suspensas-CEIS, prevendo, em seu art. 6º, a divulgação do cadastro por meio do sítio do Portal da Transparência e, em seu art. 7º, a possibilidade de celebrar termos de cooperação com órgãos públicos. **Assim, a inclusão do nome da impetrante no Portal da Transparência e no Cadastro de Empresas Inidôneas e Suspensas-CEIS, apenas viabiliza o acesso às informações, não sendo suficiente para causar, de per si, qualquer dano, pois o impedimento de contratar e licitar decorre da própria punição e não da publicidade.** Por fim, ressalta-se que caso a parte impetrante esteja sendo indevidamente excluída de certames por outros Entes cuja decisão não se aplica, deverá topicamente buscar a tutela ao Judiciário, contra quem de direito, não tendo a mera divulgação qualquer influência.

Comentários

O Cadastro de Empresas Inidôneas e Suspensas – CEIS, conforme bem entendido pela Primeira Seção do STJ, é mero portal de informações. Tal iniciativa, não apenas exalta o princípio da publicidade, mas todos os princípios norteadores da Administração Pública. Tal cadastro, apresenta a relação de empresas e pessoas físicas que sofreram sanções que implicaram a restrição de participar de licitações ou de celebrar contratos com a Administração Pública. Portanto, havendo sanção vigente, não há legitimidade para o pedido de exclusão de registro no CEIS. Isto porque, os efeitos da penalidade decorrem da própria natureza da sanção, e da lei que a instituiu.

A publicidade de uma penalidade é mero efeito reflexo, ligado à efetividade da sanção. Isto porque, de nada adiantaria a Administração aplicar penalidades restritivas ao direito de participação em procedimentos licitatórios e contratação com a Administração

Pública se não houvesse meios efetivos para dar conhecimento aos demais órgãos públicos.

Para mais informações, utilize o QR Code ao lado.

2.3. Informativo nº 533. DIREITO ADMINISTRATIVO. EXIGÊNCIA DE QUALIFICAÇÃO TÉCNICA EM LICITAÇÃO

É lícita cláusula em edital de licitação exigindo que o licitante, além de contar, em seu acervo técnico, com um profissional que tenha conduzido serviço de engenharia similar àquele em licitação, já tenha atuado em serviço similar. Esse entendimento está em consonância com a doutrina especializada que distingue a qualidade técnica profissional da qualidade técnica operacional e com a jurisprudência do STJ, cuja Segunda Turma firmou o entendimento de que "não fere a igualdade entre os licitantes, tampouco a ampla competitividade entre eles, o condicionamento editalício referente à experiência prévia dos concorrentes no âmbito do objeto licitado, a pretexto de demonstração de qualificação técnica, nos termos do art. 30, inc. II, da Lei n. 8.666/93" (REsp 1.257.886-PE, julgado em 3/11/2011). Além disso, outros dispositivos do mesmo art. 30 permitem essa inferência. **Dessa forma, o § 3º do art. 30 da Lei 8.666/1993 estatui que existe a possibilidade de que a comprovação de qualificação técnica se dê por meio de serviços similares, com complexidade técnica e operacional idêntica ou superior**. Ainda, o § 10 do art. 30 da mesma lei frisa ser a indicação dos profissionais técnicos responsáveis pelos serviços de engenharia uma garantia da administração. RMS 39.883-MT, Rel. Min. Humberto Martins, julgado em 17/12/2013.

Comentários

A qualificação técnica, é parte importante da fase de habilitação nos procedimentos licitatórios. Trata-se de demonstração de que a empresa tem condições técnicas de cumprir o contrato celebrado em conformidade com as exigências de qualidade e celeridade impostas pela Administração Pública. Nesse sentido, o artigo 30 da Lei 8.666/1993 dispõe que será comprovada a qualificação técnica por meio de registro ou inscrição da empresa licitante e de seus empregados técnicos, na entidade profissional competente, da comprovação de aptidão para desempenho de atividade pertinente e compatível em características, quantidades e prazos com o objeto da licitação, e indicação das instalações e do aparelhamento e do pessoal técnico adequados e disponíveis para a realização do objeto da licitação, bem como da qualificação de cada um dos membros da equipe técnica que se responsabilizará pelos trabalhos. Ressalte-se que o empregado técnico qualificado deverá assinar termo de responsabilização pelo serviço ou obra a ser executado.

No precedente em análise, a empresa recorrente, a exigência, prevista no edital do certame, de comprovação de a licitante ter executado, a qualquer tempo, pelo menos um serviço contendo, no mínimo, 50% de extensão do objeto da licitação, seria ilegal. Isto porque, o acervo técnico exigível, nos termos do artigo 30, § 1º, I da Lei n. 8.666/93, seria somente do profissional contratado, e não da empresa licitante.

Ocorre que o artigo 30, II e §§ 1º e 3º da Lei 8.666/1993, admite a exigência de comprovação aptidão técnica pelo licitante, desde que mediante requisitos objetivos e compatíveis com os serviços licitados.

Vejamos o que dispõe o dispositivo:

> *Art. 30. A documentação relativa à qualificação técnica limitar-se-á a:*
>
> *I – registro ou inscrição na entidade profissional competente;*
>
> *II – comprovação de aptidão para desempenho de atividade pertinente e compatível em características, quantidades e prazos com o objeto da licitação, e indicação das instalações e do aparelhamento e do pessoal técnico adequados e disponíveis para a realização do objeto da licitação, bem como da qualificação de cada um dos membros da equipe técnica que se responsabilizará pelos trabalhos;*
>
> *(...)*

§ 1º A comprovação de aptidão referida no inciso II do "caput" deste artigo, no caso das licitações pertinentes a obras e serviços, será feita por atestados fornecidos por pessoas jurídicas de direito público ou privado, devidamente registrados nas entidades profissionais competentes, limitadas as exigências a: (Redação dada pela Lei nº 8.883, de 1994)

I – capacitação técnico-profissional: comprovação do licitante de possuir em seu quadro permanente, na data prevista para entrega da proposta, profissional de nível superior ou outro devidamente reconhecido pela entidade competente, detentor de atestado de responsabilidade técnica por execução de obra ou serviço de características semelhantes, limitadas estas exclusivamente às parcelas de maior relevância e valor significativo do objeto da licitação, vedadas as exigências de quantidades mínimas ou prazos máximos; (Incluído pela Lei nº 8.883, de 1994)

II – (Vetado). (Incluído pela Lei nº 8.883, de 1994)

a) (Vetado). (Incluído pela Lei nº 8.883, de 1994)

b) (Vetado). (Incluído pela Lei nº 8.883, de 1994)

§ 3º Será sempre admitida a comprovação de aptidão através de certidões ou atestados de obras ou serviços similares de complexidade tecnológica e operacional equivalente ou superior.

A jurisprudência da Corte permanece firme nesse sentido, até os dias atuais. Senão vejamos:

PROCESSUAL CIVIL E ADMINISTRATIVO. TUTELA JURISDICIONAL. NEGATIVA. INEXISTÊNCIA. CERCEAMENTO DE DEFESA. CASO CONCRETO. VERIFICAÇÃO INVIÁVEL NA VIA ESPECIAL. LICITAÇÃO. QUALIFICAÇÃO TÉCNICA. ATESTADO DE EXECUÇÃO DE OBRA SIMILAR DE COMPLEXIDADE EQUIVALENTE OU SUPERIOR. PROVA PERICIAL. COMPROVAÇÃO. HABILITAÇÃO. DIREITO. LAUDO TÉCNICO. DISCORDÂNCIA. SÚMULA 7 DO STJ. CLÁUSULAS DO EDITAL. NULIDADE NÃO AVERIGUADA NO ARESTO RECORRIDO. PREQUESTIONAMENTO. AUSÊNCIA. 1. O Plenário do STJ decidiu que "aos recursos interpostos com fundamento no CPC/2015 (relativos a decisões publicadas a partir de 18 de março de 2016) serão exigidos os requisitos de admissibilidade recursal na forma do novo CPC" (Enunciado Administrativo n. 3).

2. Inexiste violação ao art. 535 do CPC/1973 (art. 1.022 do CPC/2015) quando o Tribunal de origem, provocado mediante embargos de declaração, aprecia fundamentadamente a controvérsia, apontando as razões de seu convencimento, ainda que de forma contrária aos interesses da parte, como verificado na hipótese.

3. Discordar da constatação assinalada no julgado recorrido, de que os patronos da parte "puderam igualmente discutir com profundidade o teor da prova técnica e documental existente nos autos", importa inevitável revolver de aspectos fático-probatórios, providência inviável em sede de recurso especial, nos termos da Súmula 7 do STJ.

4. A Lei de Licitações (Lei n. 8.666/1993), ao tratar das exigências de qualificação técnica, prescreve, no art. 30, § 3º, que "será sempre admitida a comprovação de aptidão através de certidões ou atestados de obras ou serviços similares de complexidade tecnológica e operacional equivalente ou superior."

5. A administração pública pode exigir certa rigidez na capacitação técnica das empresas, a fim de atender ao interesse público – a exemplo de experiência anterior na execução de um objeto idêntico àquele licitado –, desde que exista alguma justificativa lógica, técnica ou científica que dê respaldo a tanto, o que ocorre normalmente nos contratos de grande vulto, de extremo interesse para os administrados.

6. Julgados do Plenário do Tribunal de Contas da União orientam que, "em regra, as exigências para demonstração da capacidade técnico-operacional devem se limitar à comprovação de execução de obras e serviços similares ou equivalentes, não se admitindo, sem a devida fundamentação, a exigência de experiência em determinado tipo de metodologia executiva (...)", e que "é possível a comprovação de aptidão técnica por atestados de obras ou serviços similares, com complexidade tecnológica e operacional equivalente ou superior."

7. Caso em que, em certame licitatório instaurado pela SABESP para execução de obras dos sistemas de disposição oceânica de esgotos no Município de Praia Grande/SP, a comissão licitante concluiu pela inabilitação técnica do Consórcio/agravado, por falta de comprovação de experiência em obras em ambiente marítimo.

8. O Tribunal paulista reformou a sentença para anular a decisão de inabilitação e declarar os agravados vencedores do certame, por vislumbrar ofensa à isonomia, manifesta na restrição da disputa e no direcionamento da licitação.

9. O laudo técnico elaborado pelo perito convenceu o Tribunal a quo de que o conteúdo dos dois atestados apresentados pelas empresas consorciadas, ora agravadas, no tocante à execução de emissário de esgoto sanitário no estuário do Rio Guaíba, para o DMAE de Porto Alegre, em ambiente fluvial, comprova "a execução de serviços com características semelhantes e de competência tecnológica e operacional equivalentes, e até superiores, às exigências contidas no edital".

10. A prova pericial não só atestou a aptidão do Consórcio/agravado para a execução da obra licitada como verificou a ausência de motivação ou justificativa técnico-científica para a rejeição dos atestados de capacidade técnica dos agravados.

11. Mesmo a dúvida decorrente da incidência das ondas e arrebentação no ambiente de realização do objeto licitado – chamadas, no laudo, de "janelas de mar", cuja presença ensejou a improcedência do pedido no primeiro grau de jurisdição – foi dirimida pela Corte paulista, mais uma vez, com base nas proposições lançadas pelo perito nomeado pelo juízo.

12. Discordar da prova técnica para reputá-la inconclusa ou para concluir pela inabilitação técnica das agravadas reclama a imperiosa necessidade de reexame do acervo fático-probatório – e não revaloração da prova –, providência vedada na via especial, ante o óbice inserto na Súmula 7 do STJ.

13. Esta Corte já decidiu ser legal a exigência de prévia experiência em atividades congêneres ou similares ao objeto licitado para fins de demonstração de qualificação técnica ***(REsp 1257886/PE, Rel. Ministro MAURO CAMPBELL MARQUES, SEGUNDA TURMA, julgado em 03/11/2011, DJe 11/11/2011).***

14. Segundo o julgado recorrido, o Colegiado de origem não pronunciou a nulidade de cláusulas do edital, mas afastou "interpretação restritiva" de suas disposições pela comissão licitante, "no ponto em que exigia que a comprovação da experiência deveria ser somente por meio de obra em mar aberto", o que acarretou a restrição da disputa, ali reparada.

15. ***Inexiste mácula na previsão editalícia, posto que prestigiou e reproduziu o teor do art. 30, § 3º, da Lei n. 8.666/1993, para propiciar a participação no certame de licitantes que comprovassem a execução de serviços de características semelhantes de complexidade tecnológica e operacional equivalente ou superiores àquelas ali exigidas.***

16. Se a ação proposta não pretendeu nulificar as disposições editalícias, como anotado no acórdão, não há falar em decadência do direito de assim proceder (art. 41, 2º, da Lei n. 8.666/1993).

17. O teor do art. 21, § 4º, da Lei de Licitações (republicação do edital para propiciar sua ampla divulgação pela mesma forma com que se deu o texto original) e dos arts. 131, 335 e 436 do CPC/2015 não foi examinado no aresto recorrido, tampouco ventilado nos aclaratórios manejados na origem, falta que denota padecer o especial, no ponto, do indispensável prequestionamento (Súmula 282 do STF).

18. Agravos conhecidos para conhecer parcialmente dos recursos especiais e, nessa extensão, negar-lhes provimento.

(AREsp 1144965/SP, Rel. Ministro GURGEL DE FARIA, PRIMEIRA TURMA, julgado em 12/12/2017, DJe 19/12/2017).

2.4. Informativo nº 0520. DIREITO ADMINISTRATIVO. DESCLASSIFICAÇÃO DE LICITANTE DECORRENTE DA FALTA DE APRESENTAÇÃO DE DECLARAÇÃO DE CONCORDÂNCIA DO RESPONSÁVEL TÉCNICO NA FASE DE HABILITAÇÃO.

A sociedade empresária que, em concorrência realizada para ampliação de prédio público, deixe de apresentar, no envelope de habilitação, declaração de concordância do responsável técnico, descumprindo exigência prevista no edital, **não tem direito líquido e certo a realizar o referido ato em momento posterior e por meio diverso do estabelecido no instrumento convocatório, tampouco a ser considerada habilitada no procedimento licitatório, ainda que tenha apresentado documentos assinados por seu represente legal que comprovem ser este um engenheiro civil.** Deve-se registrar, de início, que a exigência de apresentação de atestado de concordância do responsável técnico encontra respaldo no art. 30, II e § 1º, I, da Lei 8.666/1993. Isso posto, deve-se ressaltar que atos assinados pelo sócio administrador da sociedade empresária, ainda que seja profissional da engenharia civil, não suprem a exigência de concordância deste com o encargo de responsável técnico da obra, munus cujas responsabilidades civil, administrativa e penal diferem das próprias de sócio. Desse modo, a Administração Pública, por conta própria, não pode atribuir a responsabilidade técnica por presunção, uma vez que é necessária expressa concordância do profissional. Assim, não se pode falar que a referida declaração seria pura formalidade que poderia ser relevada pela administração. Ademais, prevendo o edital que a declaração de concordância de responsável técnico deve constar do envelope referente aos documentos de habilitação, configuraria violação dos princípios da legalidade e da impessoalidade dar oportunidade a algum dos licitantes de comprovar o cumprimento da referida exigência por meio diverso do previsto no instrumento convocatório ou em momento posterior do estabelecido no edital, conferindo-lhe prazo superior ao dos demais licitantes. RMS 38.359-SE, Rel. Min. Benedito Gonçalves, julgado em 11/4/2013.

Para mais informações, utilize o QR Code ao lado.

3. MINHA CASA MINHA VIDA

Informativo n. 624. PROCESSO REsp 1.687.381-DF, Rel. Min. Francisco Falcão, por unanimidade, julgado em 17/04/2018, DJe 23/04/2018

RAMO DO DIREITO DIREITO ADMINISTRATIVO

TEMA Programa Minha Casa Minha Vida. Caráter social. Legislação própria. Rigorismo da lei de Licitações afastado. Princípios da administração pública preservados.

DESTAQUE As regras gerais previstas na Lei n. 8.666/1993 podem ser flexibilizadas no Programa Minha Casa Minha Vida, por força do art. 4º, parágrafo único, da Lei n. 10.188/2001, desde que se observem os princípios gerais da administração pública.

INFORMAÇÕES DO INTEIRO TEOR Inicialmente, cumpre salientar que o interesse social do Programa Minha Casa Minha Vida é inegável, principalmente na perspectiva da efetivação do direito fundamental à moradia digna, da inserção desse direito entre as necessidades básicas dos brasileiros e da competência da União, dos Estados, do Distrito Federal e dos Municípios para promover programas de construção de moradias e melhorias das condições habitacionais, nos termos dos arts. 1º, III, 7º, IV, e 23, IX, todos da Constituição Federal. Além disso, ressalta-se que, no âmbito do Programa, em regra, não há contratação direta realizada entre a administração e a empresa selecionada. Há, na verdade, uma convergência de interesses. A administração desenvolve a sua política habitacional mediante a disponibilização dos lotes previamente selecionados para esse fim. A empresa selecionada, por sua vez, constrói as habitações que são financiadas diretamente pelos adquirentes com o agente financeiro da operação, no caso, a Caixa Econômica Federal – CEF. Dessa forma, em face desse interesse social, ao Programa Minha Casa Minha Vida, aplica-se a regra de flexibilização da Lei de Licitações prevista no art. 4º, parágrafo único, da Lei n. 10.188/2001, o qual dispõe que "as operações de aquisição, construção, recuperação, arrendamento e venda de imóveis obedecerão aos critérios estabelecidos pela CEF, respeitados os princípios da legalidade, finalidade, razoabilidade, moralidade administrativa, interesse público e eficiência, ficando dispensada da observância das disposições específicas da lei geral de licitação".

Comentários

No âmbito do Programa Minha Casa Minha Vida, conforme o disposto do art. 4º, parágrafo único, da Lei n. 10.188/2001, as normas gerais da Lei 8.666/1993 podem ser flexibilizadas, desde observados os princípios gerais da administração pública.

Do que se extrai do entendimento externado pelos Ministros da Corte, o regime jurídico típico das contratações no Programa Minha Casa Minha Vida estende-se para além da construção das unidades habitacionais, podendo alcançar, também, a construção de equipamentos públicos diretamente ligados ao empreendimento habitacional, e que servirão aos futuros habitantes do local.

No caso em análise, no "pacote" da contratação feita sob o manto do regime de contratações do programa Minha Casa Minha Vida, a Corte entendeu regular a inclusão de itens relativos à elaboração de projetos e construção de Centros de Educação Infantil, custeados pelo Governo do Distrito Federal.

No mais, a Corte enfrentou a tormentosa questão relativa ao fracionamento de obras e serviços licitados pela Administração pública, prevista no Artigo 23 da Lei de Licitações:

> *Art. 23. As modalidades de licitação a que se referem os incisos I a III do artigo anterior serão determinadas em função dos seguintes limites, tendo em vista o valor estimado da contratação:*
>
> *(...)*
>
> *§ 1º As obras, serviços e compras efetuadas pela Administração* ***serão divididas em tantas parcelas quantas se comprovarem técnica e economicamente viáveis****, procedendo-se à licitação com vistas ao melhor aproveitamento dos recursos disponíveis no mercado e à ampliação da competitividade sem perda da economia de escala.*

No julgamento, externou-se o entendimento de que a regra de fracionamento prevista no dispositivo supra deve respeitar **limites técnicos e econômicos**. No nosso entendimento, portanto, o fracionamento do objeto deve ser interpretado **opção tecnicamente viável e economicamente mais vantajosa** para a Administração Pública. O objetivo buscado pelo legislador não se restringe à ampliação da competitividade entre os licitantes, mas, antes de tudo, obter o melhor aproveitamento dos recursos públicos disponíveis.

Vale ressaltar que o fracionamento previsto no artigo 23, § 1º da Lei 8.666/1993, está inserido em zona jurídica tormentosa, não se confundindo com o fracionamento fraudulento da licitação.

O Fracionamento da licitação, assim entendido como a divisão do objeto, seja para contratação de obras ou serviços ou a aquisição de bens não pode ser utilizado com a intenção valer-se da modalidade licitatória mais simples em detrimento da mais rigorosa que seria obrigatória, caso a compra fosse feita de uma única vez. Em algumas situações, ainda mais graves, o fracionamento enseja a possibilidade de celebração do contrato com dispensa de licitação em razão do valor, nos moldes do art. 24, I e II, da Lei 8.666/93.

Nesse sentido, a lei veda a utilização da modalidade convite para aquisição de parcelas de uma mesma obra ou serviço que possam ser realizados conjunta ou concomitantemente, sempre que o somatório de seus valores caracterizar o caso de tomada de preço ou, até mesmo, de concorrência.

Em algumas situações, até mesmo por questões orçamentárias, a Administração Pública opta pela realização de várias licitações públicas para o mesmo objeto. Tal situação é admitida, sendo, contudo, necessário que a opção seja tecnicamente viável e economicamente mais vantajosa, bem como seja utilizada a modalidade mais rigorosa para cada um destes procedimentos.

O fracionamento doloso, com a intenção de causar prejuízos ao erário configura inclusive crime tipificado na Lei de Licitações, sem prejuízo das sanções administrativas e cíveis cabíveis pelo mesmo fato. Vejamos:

> AÇÃO PENAL. EX-PREFEITA. ATUAL CONSELHEIRA DE TRIBUNAL DE CONTAS ESTADUAL. FESTA DE CARNAVAL. FRACIONAMENTO ILEGAL DE SERVIÇOS PARA AFASTAR A OBRIGATORIEDADE DE LICITAÇÃO. ARTIGO 89 DA Lei N. 8.666/1993. ORDENAÇÃO E EFETUAÇÃO DE DESPESA EM DESCONFORMIDADE COM A LEI. PAGAMENTO REALIZADO PELA MUNICIPALIDADE ANTES DA ENTREGA DO SERVIÇO PELO PARTICULAR CONTRATADO. ARTIGO 1º, INCISO V, DO DECRETO-LEI N. 201/1967 C/C OS ARTIGOS 62 E 63 DA LEI N. 4.320/1964. AUSÊNCIA DE FATOS TÍPICOS. ELEMENTO SUBJETIVO. INSUFICIÊNCIA DO DOLO GENÉRICO. NECESSIDADE DO DOLO ESPECÍFICO DE CAUSAR DANO AO ERÁRIO E DA CARACTERIZAÇÃO DO EFETIVO PREJUÍZO.
>
> – Os crimes previstos nos artigos 89 da Lei n. 8.666/1993 (dispensa de licitação mediante, no caso concreto, fracionamento da contratação) e 1º, inciso V, do Decreto-lei n. 201/1967 (pagamento realizado antes da entrega do respectivo serviço pelo particular) exigem, para que sejam tipificados, a presença do dolo específico de causar dano ao erário e da caracterização do efetivo prejuízo. Precedentes da Corte Especial e do Supremo Tribunal Federal.

– Caso em que não estão caracterizados o dolo específico e o dano ao erário.

Ação penal improcedente.

APn 480/MG, AÇÃO PENAL 2006/0259090-0, j. 29/03/2012.

Para mais informações, utilize o QR Code ao lado.

4. PENALIDADES

Informativo 561. DIREITO ADMINISTRATIVO. TERMO INICIAL PARA EFEITO DE DETRAÇÃO DA PENALIDADE PREVISTA NO ART. 7º DA LEI 10.520/2002.

O termo inicial para efeito de detração da penalidade prevista no art. 7º da Lei 10.520/2002 (impedimento de licitar e contratar com a União, bem como o descredenciamento do SICAF, pelo prazo de até 5 anos), aplicada por órgão federal, coincide com a data em que foi publicada a decisão administrativa no Diário Oficial da União – e não com a do registro no SICAF. De fato, há o direito de descontar (detração) o tempo de penalidade já cumprido da sanção definitiva aplicada administrativamente. A Lei 10.520/2002, entretanto, silencia quanto ao início do fluxo do prazo para a contagem da detração. O Decreto 5.450/2005, realmente, prevê, em seus arts. 3º, § 2º, 25, § 1º, e 28, parágrafo único, que o credenciamento do licitante condiciona-se ao registro atualizado no Sistema de Cadastramento Unificado de Fornecedores (SICAF). Contudo, a necessária publicidade surge em momento anterior, isto é, com a publicação da penalidade no veículo de imprensa oficial, no caso o DOU. Com efeito, **se a União impõe uma penalidade por um órgão da sua própria estrutura, a presunção é a de que o próprio ente federado esteja ciente de que, a partir**

daquela publicação, foi aplicada uma sanção administrativa. Situação diversa dar-se-ia, por exemplo, se a reprimenda fosse imposta por um Estado ou Município, caso em que seria lógico consultar um banco de dados central que reunisse informações sobre a higidez de empresas participantes de certames licitatórios. Vale consignar que a própria Lei 8.666/1993, em seu art. 6º, XIII, estabelece, como linha de princípio, que os atos relativos aos procedimentos licitatórios federais serão divulgados no DOU. Por conseguinte, se a publicação se dá em órgão da imprensa oficial, nos termos do que prevê o art. 37, caput, da CF, seria contraditório e artificial se supor que, a partir dali, não haveria ciência do ente federal, e, consequentemente, não seria capaz de dar início ao cômputo da detração. Por outro lado, verifica-se que a conclusão de que o marco inicial da detração coincidiria com a inscrição no SICAF é extraída de leitura sistemática do decreto regulamentador. A Lei 10.520/2002, todavia, ato normativo primário, nada explicitou sobre essa questão, o que se traduz, se não em violação, em vulneração ao princípio da legalidade estrita. É válido consignar que o que ora se sustenta não censura a relevância e a importância do SICAF, nem com ele é inconciliável. Há de se reconhecer que ao órgão incumbe o registro, mas é razoável e consentâneo com as diretrizes do princípio da publicidade que o dies a quo tenha fluência a partir da data em que foi publicada a penalidade no DOU. MS 20.784-DF, Rel. Min. Sérgio Kukina, Rel. para acórdão Min. Arnaldo Esteves Lima, julgado em 9/4/2015, DJe 7/5/2015.

Comentários

No precedente em comento, a discussão, mais uma vez, o princípio da publicidade. A Primeira Seção, por maioria de votos, decidiu que o termo inicial da vigência da penalidade, no caso, **impedimento de licitar e contratar com a União** é a publicação da penalidade no Diário Oficial, e não o registro da penalidade aplicada no SICAF.

O registro no SICAF **homenageia** o princípio da publicidade, assim como os princípios da moralidade e da eficiência. Entretanto, daí não se pode extrair que determinada empresa com penalidade publicada, mas sem o respectivo registro no SICAF, estaria habilitada a participar de procedimentos licitatórios e a contratar com o Poder Público em razão do falso *"nada consta"*.

Não há dúvidas de que os efeitos deletérios da sanção aplicada começam a ser sentidos a partir da publicação da penalidade. Por consequência, o prazo do cumprimento da penalidade deve ser contado a partir da data da sua publicação e a autoridade administrativa deve providenciar o registro no SICAF de imediato.

Para mais informações, utilize o QR Code ao lado.

5. OBRIGATORIEDADE DE LICITAR

Informativo n. 546. DIREITO ADMINISTRATIVO E CONSTITUCIONAL. IMPOSSIBILIDADE DE MANUTENÇÃO POR LONGO PRAZO DE PERMISSÃO PRECÁRIA.

A não adoção pelo poder concedente das providências do § 3º do art. 42 da Lei 8.987/1995 não justifica a permanência por prazo muito longo de permissões para a prestação de serviços de transporte coletivo concedidas sem licitação antes da Constituição Federal de 1988. A redação do § 2° do art. 42 da Lei 8.987/1995 fixa o prazo de 24 meses como tempo mínimo necessário que deve ser observado pela Administração Pública para a realização de levantamentos e avaliações indispensáveis à organização das licitações exigidas. Já a exigibilidade da licitação é proveniente da CF. Assim, a legislação infraconstitucional deve ser compatibilizada com os preceitos insculpidos nos arts. 37, XXI, e 175 da CF, não podendo admitir-se um longo lapso temporal, com respaldo no art. 42, § 2º, da Lei 8.987/1995, uma vez que o comando constitucional deve ser plenamente cumprido. Dessa forma, com a prorrogação do contrato de permissão por longo prazo, fundamentada na necessidade de se organizar o procedimento licitatório, prevaleceria suposto direito econômico das empresas, que não pode se sobrepor ao preceito constitucional que obriga a licitar e visa garantir e resguardar o interesse público da contratação precedida de licitação. No mais, o fato de o parágrafo único do art. 40 da Lei 8.987/1995 determinar a aplicação às permissões de todos os demais preceitos legais não a desnatura nem tampouco a torna idêntica à concessão, até porque, segundo regra hermenêutica, a norma não pode ser interpretada em dissonância com o todo legal ou mesmo com o caput do artigo que integra. O caput do art. 40 confirma o que diz o art. 2º, IV, da mesma lei, ou seja, que a permissão será formalizada mediante licitação e observará os termos legais, sobretudo – diferentemente da concessão –, quanto à precariedade e à revogabilidade unilateral pelo poder concedente. AgRg no REsp 1.435.347-RJ, Rel. Min. Mauro Campbell Marques, julgado em 19/8/2014 (Informativo nº 546).

Comentários

A permissão de serviços é forma de delegação de serviço público a particulares que executarão a atividade por sua conta e risco, mediante cobrança de tarifas dos usuários que serão responsáveis pela sua remuneração. O contrato poderá ser firmado com qualquer pessoa física ou jurídica que demonstre capacidade para seu desempenho.

O artigo 175, I, da Constituição Federal dispõe que, "*incumbe ao Poder Público, na forma da lei, diretamente ou sob regime de concessão ou permissão, sempre através de licitação, a prestação de serviços públicos*". No mesmo sentido, a Lei n. 8.987/95, prevê o regime de concessão e permissão da prestação de serviços públicos e impõe a realização de licitação.

Segundo o entendimento do STJ, as permissões de serviços públicos não precedidas de licitação não garantem ao permissionário o direito à indenização em razão da extinção do vínculo, nem mesmo à manutenção do equilíbrio econômico-financeiro do contrato.

Esse entendimento permanece firme na Corte, até os dias atuais. vejamos:

> *ADMINISTRATIVO E PROCESSUAL CIVIL. AGRAVO INTERNO NO AGRAVO EM RECURSO ESPECIAL. NEGATIVA DE PRESTAÇÃO JURISDICIONAL. NÃO OCORRÊNCIA. AUSÊNCIA DE PREQUESTIONAMENTO. MATÉRIA NÃO SUSCITADA EM EMBARGOS DE DECLARAÇÃO. SÚMULAS 282 E 356/STF. CERCEAMENTO DE DEFESA. REEXAME DE MATÉRIA FÁTICA. ÓBICE DA SÚMULA 7/STJ. CONTRATO DE PERMISSÃO DE TRANSPORTE INTERMUNICIPAL DE PASSAGEIROS. AUSÊNCIA DE PROCEDIMENTO LICITATÓRIO. PRORROGAÇÃO DO CONTRATO POR LONGO PRAZO. ILEGALIDADE. INEXISTÊNCIA DO DIREITO À INDENIZAÇÃO. HONORÁRIOS ADVOCATÍCIOS. CONDENAÇÃO. NÃO CABIMENTO.*
>
> *(...)*
>
> *4. A jurisprudência deste Superior Tribunal de Justiça assevera que "A prorrogação do contrato de permissão por longo prazo, fundamentada na necessidade de se organizar o procedimento licitatório, não pode ser acolhida para justificar a prorrogação efetuada, visto que trata de suposto direito econômico das empresas que não podem se sobrepor ao preceito constitucional que obriga a licitar e visa garantir e resguardar o interesse público da contratação precedida de licitação" (AgRg no AREsp 481.094/RJ, Rel. Ministro Mauro Campbell Marques, Segunda Turma, DJe 21/5/2014).*
>
> *5. Prevalece neste Sodalício a compreensão de que o art. 42, § 2º, da Lei 8.987/95 não se aplica às hipóteses de permissão, mas apenas aos casos de concessão de serviço público. Precedentes.*
>
> *6. Por simetria, reconhece-se o não cabimento da condenação do réu ao pagamento de honorários advocatícios em ação civil pública, quando não comprovada má-fé. Assim, na espécie, deve ser afastado o pagamento de verba sucumbencial imposta à empresa ré em favor da autarquia estadual.*
>
> *7. Agravo interno da Viação São Joaquim Ltda. parcialmente provido.*
>
> *(AgInt no AREsp 548.852/RJ, Rel. Ministro SÉRGIO KUKINA, PRIMEIRA TURMA, julgado em 24/08/2020, DJe 31/08/2020)*
>
> *PROCESSUAL CIVIL E ADMINISTRATIVO. OMISSÃO. INEXISTÊNCIA. PERMISSÃO PARA EXPLORAR SERVIÇO DE TRANSPORTE AÉREO REGIONAL. PRECARIEDADE. MANUTENÇÃO DO EQUILÍBRIO ECONÔMICO-FINANCEIRO. PERMISSÃO. AUSÊNCIA DE*

LICITAÇÃO. INDENIZAÇÃO NÃO DEVIDA. PRECEDENTE DO STJ. NECESSIDADE DE EXAME DE CLÁUSULA CONTRATUAL CONTRA "FATO DO PRÍNCIPE". REEXAME DE CONTRATO E DO CONTEXTO FÁTICO-PROBATÓRIO. IMPOSSIBILIDADE. SÚMULAS 5 E 7 DO STJ.

1. Na hipótese dos autos, não se configura a ofensa ao art. 535 do Código de Processo Civil de 1973, uma vez que o Tribunal de origem julgou integralmente a lide e solucionou a controvérsia, em conformidade com o que lhe foi apresentado, manifestando-se de forma clara quanto à natureza de permissão do contrato firmado.

2. Com efeito, extrai-se do acórdão vergastado, das razões e contrarrazões recursais que o punctum dolens do presente feito compreende a análise das duas questões fundamentais, quais sejam: 1) natureza do contrato firmado entre a Administração e a empresa de transporte aéreo, se de concessão ou de permissão; 2) ocorrência de desequilíbrio econômico-financeiro.

3. O Sodalício a quo foi categórico ao afirmar que o período de tempo em que se situa o pedido indenizatório (dezembro/1989 a fevereiro/1992) não está abrangido pelo tempo de vigência do contrato de concessão e que, durante esse período, havia mera permissão para exploração do serviço de transporte aéreo.

4. Salientou a Corte de origem, ainda, que o caso sub judice não está amparado na regra do art. 167, II, da Constituição Federal de 1967 (c/ redação de EC 1/69), porque não se trata de concessão, mas de mera permissão, com a distinção de que a autora ora recorrente recebia ao longo da permissão uma espécie de subsídio por se tratar de serviço regional.

5. Concluiu aquela Corte que "é inaplicável o princípio da manutenção do equilíbrio econômico-financeiro ao instituto da permissão, devendo o permissionário sujeitar-se aos efeitos da intervenção do Estado na economia na forma de congelamento de preços e tarifas, como tiveram que suportar outras categorias econômicas, inclusive a classe operária" (fls. 1605-1611/e-STJ).

6. Além de inexistir omissão, o entendimento do Tribunal a quo encontra-se em harmonia com a jurisprudência do STJ, no sentido de ser necessário o prévio procedimento licitatório para a garantia da manutenção do equilíbrio econômico-financeiro do contrato de permissão de serviço de transporte (REsp 1.352.497/DF, Rel. Ministro Og Fernandes, Segunda Turma, julgado em 4/0/2014, DJe 14/2/2014).

7. O acolhimento da pretensão recursal demanda reexame do contexto fático-probatório, mormente para avaliar se o pedido de indenização tem por fundamento contrato de concessão, decorrente de regular procedimento licitatório, ou se a exploração dos serviços de transporte aéreo ocorria de forma precária, mediante mera permissão, sem licitação prévia. 8. Seria necessário, também, revisar as cláusulas do contrato firmado entre as partes para certificar se no respectivo termo foram ajustadas garantias contra eventual desequilíbrio econômico provocado por "fato do príncipe", como o congelamento de preços resultante do Plano Cruzado.

9. Dessarte, alterar o entendimento do Tribunal a quo, de forma a viabilizar a verificação da existência de desequilíbrio econômico-financeiro na relação contratual, demanda revolvimento de matéria fático-probatória e ainda análise e interpretação de cláusula contratual, o que atrai a incidência das Súmulas 5 e 7 do STJ.

10. Recurso Especial não conhecido.

(REsp 1288075/DF, Rel. Ministro HERMAN BENJAMIN, SEGUNDA TURMA, julgado em 09/05/2017, DJe 20/06/2017)

ADMINISTRATIVO E PROCESSUAL CIVIL. PERMISSIONÁRIAS DE SERVIÇO PÚBLICO – TRANSPORTE COLETIVO. REAJUSTE DE TARIFAS. EQUILÍBRIO ECONÔMICO-FINANCEIRO. INDENIZAÇÃO. IMPOSSIBILIDADE. FALTA DE LICITAÇÃO. ACÓRDÃO COM FUNDAMENTAÇÃO NA LEGISLAÇÃO LOCAL. SÚMULA 280/STF. NECESSIDADE DE EXAME DE CLÁUSULAS CONTRATUAIS. SÚMULAS 5 E 7/STJ. RECURSO ESPECIAL ADESIVO PREJUDICADO.

(...)

2. A questão relativa à suposta quebra do equilíbrio econômico--financeiro dos contratos de permissão de serviço de público foi expressamente tratada na decisão do juízo singular. Sendo assim, o Tribunal de origem, ao agregar outros fundamentos para manter a improcedência do pedido de indenização, não violou o disposto no art. 515 do CPC.

3. Isso porque o magistrado não está vinculado ao fundamento legal invocado pelas partes ou mesmo adotado pela instância a quo, podendo qualificar juridicamente os fatos trazidos ao seu conhecimento, conforme o brocardo jurídico mihi factum, dabo tibi jus ("dá-me o fato, que te darei o direito) e o princípio jura novit curia ("o Juiz conhece o Direito").

4. De igual modo, não prospera a arguição de ofensa aos demais dispositivos do CPC, quais sejam, os arts. 125, 425 e 435, ao argumento de que o processo foi sentenciado sem que fosse concluída a fase probatória, bem como os arts. 131, 436 e 458, II, porque não teria sido acolhido o laudo técnico judicial.

5. Na linha da iterativa jurisprudência desta Casa de Justiça, o magistrado não está obrigado a realizar todas as perícias requeridas pelas partes. Ao revés, dentro do livre convencimento motivado, pode dispensar exames que repute desnecessários ou protelatórios. Na hipótese, se não foi deferida a diligência complementar – esclarecimentos adicionais ao perito –, é porque o juiz do processo a entendeu irrelevante.

6. Ademais, por ser o juiz o destinatário das provas, a ele incumbe a valoração do conjunto probatório carreado aos autos, portanto não está o magistrado adstrito ao laudo pericial realizado, eis que pode formar sua convicção com outros elementos ou fatos existentes nos autos, o que ocorreu na espécie.

7. Quanto ao mérito, com base no exame das cláusulas contratuais, das planilhas elaboras pelo DFTRANS, do Decreto Distrital n. 2.456/88 e da Lei n. 242/92, o Tribunal de origem concluiu que não teria sido comprovado o prejuízo supostamente sofrido pelas recorrentes nem o descumprimento das condições da permissão do serviço de transporte coletivo, razão pela qual seria incabível qualquer indenização.

8. Nesse contexto, eventual ofensa aos arts. 58, §§ 1º e 2º da Lei n. 8.666/93; e 9º, § 2º, 10 e 40, parágrafo único, da Lei n. 8.987/95 seria reflexa, e não direta, porque o deslinde da controvérsia exigiria a interpretação de cláusulas contratuais e de legislação local, além do reexame de matéria fática, o que é inviável em sede de recurso especial, a teor do enunciado das Súmulas 5 e 7 do STJ e 280 do Excelso Pretório.

9. De notar que esses fundamentos de natureza probatória, autônomos e suficientes à manutenção do aresto recorrido, não foram impugnados nas razões do recurso especial, mormente por ser defeso o seu reexame na via eleita (Súmula 7/STJ), permanecendo, portanto, incólumes.

10. De qualquer forma, o segundo fundamento adotado pelo Tribunal de origem e impugnado no especial encontra-se em harmonia com a jurisprudência desta Corte, no sentido de ser necessário o prévio procedimento licitatório para a garantia da manutenção do equilíbrio econômico-financeiro do contrato de permissão de serviço de transporte público.

11. Sendo assim, torna-se prejudicado o exame do recurso especial adesivo, no qual se aponta ofensa ao art. 206, § 3º, inciso V, do Código Civil, por não ter sido reconhecia a prescrição trienal.

12. Recurso especial principal das permissionárias a que se nega provimento e recurso especial adesivo do Distrito Federal e DFTRANS prejudicado.

(REsp 1352497/DF, Rel. Ministro OG FERNANDES, SEGUNDA TURMA, julgado em 04/02/2014, DJe 14/02/2014)

Para mais informações, utilize o QR Code ao lado.

Para mais informações, utilize o QR Code ao lado.

6. PREVISÃO ORÇAMENTÁRIA

ADMINISTRATIVO. RECURSO ESPECIAL. LICITAÇÃO. OBRA PÚBLICA. ART. 7º, § 2º, INCISO III, DA LEI Nº 8.666/93. EXIGÊNCIA DE PREVISÃO DE RECURSOS ORÇAMENTÁRIOS.

1. Trata-se de discussão acerca da interpretação do disposto no art. 7º, § 2º, inciso III, da Lei nº 8.666/93: se há a exigência efetiva da disponibilidade dos recursos nos cofres públicos ou apenas a necessidade da previsão dos recursos orçamentários.

2. Nas razões recursais o recorrente sustenta que o art. 7º, § 2º, inciso III, da Lei nº 8.666/93 exige para a legalidade da licitação apenas a previsão de recursos orçamentários, exigência esta que foi plenamente cumprida.

3. O acórdão recorrido, ao se manifestar acerca do ponto ora discutido, decidiu que "inexistindo no erário os recursos para a contratação, violada se acha a regra prevista no art. 7º, § 2º, III, da Lei 8.666/93".

4. **A Lei nº 8.666/93 exige para a realização da licitação a existência de "previsão de recursos orçamentários que assegurem o pagamento das obrigações decorrentes de obras ou serviços a serem executadas no exercício financeiro em curso, de acordo com o respectivo cronograma", ou seja, a lei não exige a disponibilidade financeira (fato da administração ter o recurso disponível ou liberado), mas, tão somente, que haja previsão destes recursos na lei orçamentária.**

5. Recurso especial provido.

(REsp 1141021/SP, Rel. Ministro MAURO CAMPBELL MARQUES, SEGUNDA TURMA, julgado em 21/08/2012, DJe 30/08/2012)

Comentários

A discussão enfrentada no precedente sob foco diz respeito à interpretação a ser conferida ao artigo 7º, § 2º, III da Lei 8.666/1993, que assim dispõe:

> *Art. 7º As licitações para a execução de obras e para a prestação de serviços obedecerão ao disposto neste artigo e, em particular, à seguinte seqüência:*
>
> *[...]*
>
> *§ 2º As obras e os serviços somente poderão ser licitados quando:*
>
> *[...]*
>
> *III – houver previsão de recursos orçamentários que assegurem o pagamento das obrigações decorrentes de obras ou serviços a serem executadas no exercício financeiro em curso, de acordo com o respectivo cronograma;*

Como se observa, está estampado no texto da lei que é requisito para o início do procedimento licitatório a *previsão de recursos orçamentários* suficientes para fazer frente às despesas da

Administração Pública, decorrentes da contratação pretendida, no exercício financeiro em curso. Não há na lei a obrigatoriedade da existência de valores em caixa para tal finalidade, bastando a sua previsão orçamentária.

A norma visa garantir eficácia aos princípios basilares da boa gestão, amparados pela Constituição Federal, dentre os quais se incluem os princípios da responsabilidade e do planejamento. Tais princípios se fazem presentes em diversos dispositivos constitucionais, dentre os quais citamos, por pertinência, o artigo 167, CF, que assim dispõe:

> *Art. 167. São vedados:*
>
> *I – o início de programas ou projetos não incluídos na lei orçamentária anual;*
>
> *II – a realização de despesas ou a assunção de obrigações diretas que excedam os créditos orçamentários ou adicionais;*

Fica claro no texto constitucional que o gestor público deve respeitar as previsões de despesas que fez para cada exercício, assim entendidas como aquelas que estão previstas na Lei Orçamentária Anual. Na lei orçamentária se encontram as previsões de receitas e as previsões de despesas, sendo, portanto, um terreno de estimativas. Dessa forma, toda a atuação dos gestores públicos é pautada sobre estimativas.

Exigir do gestor público, como requisito para licitar, a disponibilidade financeira dos recursos necessários à contratação significaria inviabilizar, por completo, a eficiência administrativa. Primeiramente porque as previsões de receitas orçamentárias obviamente não se concretizam no início, mas ao longo do exercício financeiro. Obrigar o gestor a aguardar a concretização das previsões de receitas implicaria no engessamento da máquina pública, notadamente nos primeiros meses do ano.

Além disso, a complexidade típica dos processos licitatórios muitas vezes dificulta ou até inviabiliza as contratações nos prazos previstos. Por isso, a contratação de determinados objetos, não raro, se torna impossível dentro do exercício financeiro em que foi prevista, o que acarretaria expressivas sobras de valores financeiros que poderiam e deveriam ser utilizados para a obtenção das finalidades públicas.

Para mais informações, utilize o QR Code ao lado.

CAPÍTULO 6

CONTRATOS ADMINISTRATIVOS

1. EXCEÇÃO DO CONTRATO NÃO CUMPRIDO

RECURSO ESPECIAL. ADMINISTRATIVO. PROCESSUAL CIVIL. EXECUÇÃO. CONTRATO ADMINISTRATIVO. TÍTULO EXECUTIVO EXTRAJUDICIAL. RECURSO PARCIALMENTE PROVIDO.

1. Não viola o art. 535 do CPC, tampouco nega a prestação jurisdicional, o acórdão que adota fundamentação suficiente para decidir de modo integral a controvérsia.

2. Os embargos de declaração manifestados com notório propósito de prequestionamento não podem ser considerados protelatórios (Súmula 98/STJ), o que justifica o afastamento, se postulado, da multa aplicada nos termos do art. 538 do CPC.

3. O art. 131 do Código de Processo Civil consagra o princípio da persuasão racional. Destarte, inexiste cerceamento de defesa quando o julgador, ao constatar nos autos a existência de provas suficientes para o seu convencimento, indefere pedido de produção de prova técnica.

4. É defeso a esta Corte de Justiça reexaminar, em sede de recurso especial, a conclusão do Tribunal de origem no sentido da desnecessidade de realização de prova pericial, porquanto, nesse caso, seria preciso adentrar o conjunto fático-probatório, o que, no entanto, é vedado nesta via recursal, nos termos da Súmula 7/STJ.

5. Trata-se de execução fundada no inadimplemento de contrato administrativo firmado entre as empresas recorrentes e a Companhia do Metropolitano do Distrito Federal – METRÔ/DF –, celebrado para o fornecimento de bens, serviços, documentação técnica e bilhetes, visando à implantação do sistema de controle de arrecadação e de passageiros do Metrô do Distrito Federal.

A empresa pública pretende o cumprimento das pendências existentes no contrato firmado entre os litigantes, assim como a conclusão dos serviços não executados pelas contratadas. Foi justamente com o objetivo de atender ao interesse público que ela optou pela manutenção do contrato, afastando a hipótese de rescisão e preferindo, assim, executá-lo judicialmente.

Destarte, o título executivo a que se visa atribuir caráter extrajudicial é o próprio contrato administrativo.

6. Somente constituem títulos executivos extrajudiciais aqueles definidos em lei, por força do princípio da tipicidade legal (*nullus titulus sine legis*).

7. O inciso II do art. 585 do CPC, com redação dada pela Lei 8.953/94, incluiu entre os títulos executivos extrajudiciais as escrituras públicas ou outros documentos públicos, os documentos particulares e os instrumentos de transação, passando, assim, a contemplar as obrigações de fazer, não fazer e entregar coisa, além das já conhecidas obrigações de pagar coisa certa e de entregar coisa fungível, previstas na redação anterior do referido dispositivo legal.

8. O julgamento da controvérsia pressupõe a resolução de dois pontos fundamentais: (1º) definir se o contrato administrativo firmado entre os consórcios e a empresa pública enquadra-se em alguma das hipóteses do inciso II do art. 585 do CPC; (2º) verificar se o contrato em exame está revestido dos requisitos de certeza, liquidez e exigibilidade, previstos no art. 586 do CPC. Quanto ao primeiro aspecto, ressalte-se que esta Corte de Justiça, em algumas ocasiões, ao interpretar o disposto no art. 585, II, do CPC, tem reconhecido a natureza de documento público aos contratos administrativos, tendo em vista emanar de ato do Poder Público. Entende-se, portanto, que o contrato administrativo "caracteriza-se como documento público, porquanto oriundo de ato administrativo perfeito e revestido de todas as formalidades inerentes aos contratos públicos" (REsp 700.114/MT, 1ª Turma, Rel. Min. Luiz Fux, DJ de 14.5.2007). Nesse sentido: REsp 487.913/MG, 1ª Turma, Rel. Min. José Delgado, DJ de 9.6.2003; REsp 882.747/MA, 1ª Turma, Rel. Min.

José Delgado, DJ de 26.11.2007). Quanto ao segundo aspecto, a Corte de origem, soberana no exame dos aspectos fáticos e probatórios da lide e das cláusulas contratuais e do edital de licitação, concluiu que o título executivo extrajudicial está revestido de certeza, liquidez e exigibilidade, na medida em que as obrigações estipuladas ao contratado estão devidamente especificadas no contrato administrativo e no ato convocatório do certame, e que os documentos acostados nos autos demonstram a liquidez e a exigibilidade do contrato administrativo. Portanto, não há como entender-se em sentido diverso no presente recurso especial, sob pena de se incorrer nas vedações insertas nas Súmulas 5 e 7/STJ.

9. As questões relativas ao efetivo cumprimento pelas empresas das obrigações estipuladas no contrato e à satisfação pela empresa pública de suas contraprestações podem ser analisadas na via dos embargos à execução, porquanto a cognição, nesse caso, é ampla.

10. **O Superior Tribunal de Justiça consagra entendimento no sentido de que a regra de não-aplicação da exceptio non adimpleti contractus, em sede de contrato administrativo, não é absoluta, tendo em vista que, após o advento da Lei 8.666/93, passou-se a permitir sua incidência, em certas circunstâncias, mormente na hipótese de atraso no pagamento, pela Administração Pública, por mais de noventa dias (art. 78, XV)**. A propósito: AgRg no REsp 326.871/PR, 2ª Turma, Rel. Min. Humberto Martins, DJ de 20.2.2008; RMS 15.154/PE, 1ª Turma, Rel. Min. Luiz Fux, DJ de 2.12.2002. Além disso, não merece prosperar o fundamento do acórdão recorrido de que as empresas necessitariam pleitear judicialmente a suspensão do contrato, por inadimplemento da Administração Pública. Isso, porque, conforme bem delineado pela Ministra Eliana Calmon no julgamento do REsp 910.802/RJ (2ª Turma, DJe de 6.8.2008), "**condicionar a suspensão da execução do contrato ao provimento judicial, é fazer da lei letra morta**". Entretanto, não há como aplicar a "exceção do contrato não-cumprido" na hipótese em exame, porquanto o Tribunal de Justiça do Distrito Federal e Territórios informou que não há obrigações não-cumpridas pela empresa pública. Isso, porque:

(a) houve "concordância da Administração em efetuar o pagamento dos serviços que ainda faltam faturar e executar, da correção monetária dos pagamentos em atraso e dos valores retidos"; (b) "a emissão do Certificado de Recebimento Definitivo somente ocorrerá após o recebimento efetivo do sistema, tal como determina o subitem 20.3 do edital (fl. 433 dos autos da execução)"; (c) não há direito à indenização pelos períodos de suspensão do contrato, na medida em que "os embargantes aderiram a todos os termos aditivos dos contratos sem demonstrar qualquer irresignação" (fls. 849/851).

11. Recurso especial parcialmente provido, apenas para afastar a multa aplicada em sede de embargos declaratórios.

(REsp 879.046/DF, Rel. Ministra DENISE ARRUDA, PRIMEIRA TURMA, julgado em 19/05/2009, DJe 18/06/2009)

Comentários

Trata-se da regra de exceção de contrato não cumprido, que define para qualquer uma das partes contratantes o direito de suspender a execução do contrato em face do inadimplemento da outra parte. A doutrina tradicional era assente no sentido de que, nos contratos administrativos, a aplicação desta teoria em benefício do particular contratado pelo Estado ensejaria afronta direta ao princípio da continuidade do serviço público. Sendo assim, os particulares deveriam manter a prestação determinada nos contratos celebrados com o poder público, mesmo diante do inadimplemento deste por longos períodos.

Ocorre que, consoante disposição do art. 78, XV, da Lei 8.666/93, o particular tem direito de invocar a exceção do contrato não cumprido desde que a administração seja inadimplente por mais de 90 (noventa) dias em relação aos seus pagamentos. Com efeito, como garantia à continuidade, o particular contratado pelo ente estatal tem o dever de manter a prestação do serviço, mesmo diante do inadimplemento da Administração Pública, desde que essa ausência de pagamento não ultrapasse o prazo legalmente estabelecido. Trata-se da aplicação da exceção de contrato não cumprido de forma diferida, garantida ao particular, independentemente de provimento jurisdicional.

Saliente-se que a rescisão dos contratos administrativos pelo particular motivada por inadimplemento do poder público depende de decisão judicial. A aplicação da *exceptio non adimplenti contractus* enseja somente a paralisação das atividades do particular, independentemente de autorização judicial, não ensejando a extinção da avença firmada com a Administração.

Desse modo, o art. 78, XV da lei 8.666/93 define que é considerada situação que enseja a rescisão do contrato *"o atraso superior a 90 (noventa) dias dos pagamentos devidos pela Administração decorrentes de obras, serviços ou fornecimento, ou parcelas destes, já recebidos ou executados, salvo em caso de calamidade pública, grave perturbação da ordem interna ou guerra,* ***assegurado ao contratado o direito de optar pela suspensão do cumprimento de suas obrigações até que seja normalizada a situação".***

Para mais informações, utilize o QR Code ao lado.

2. NULIDADE DE CONTRATOS ADMINISTRATIVOS

Informativo nº 0529. DIREITO ADMINISTRATIVO. INDENIZAÇÃO POR SERVIÇOS PRESTADOS NO CASO DE CONTRATO ADMINISTRATIVO NULO.

Reconhecida a nulidade de contrato administrativo por ausência de prévia licitação, a Administração Pública não tem o dever de indenizar os serviços prestados pelo contratado na hipótese em que este tenha agido de má-fé ou concorrido para a nulidade do contrato. Realmente, o fato de um contrato administrativo ter sido considerado nulo por ausência de prévia licitação não exime, em princípio, a Administração do dever de indenizar o contratado pelos serviços por ele prestados. Todavia, em consideração ao disposto no art. 59 da Lei 8.666/1993, devem ser ressalvadas as hipóteses de má-fé ou de ter o contratado concorrido para a nulidade do contrato. AgRg no REsp 1.394.161-SC, Rel. Min. Herman Benjamin, julgado em 8/10/2013.

Comentários

Trata o precedente dos limites do dever da Administração Pública de indenizar o contratado pelos serviços prestados em decorrência de contrato administrativo nulo, nos termos do artigo 59 da Lei 8.666/1993, que assim dispõe:

> *Art. 59. A declaração de nulidade do contrato administrativo opera retroativamente impedindo os efeitos jurídicos que ele, ordinariamente, deveria produzir, além de desconstituir os já produzidos.*
>
> *Parágrafo único. A nulidade não exonera a Administração do dever de indenizar o contratado pelo que este houver executado até a data em que ela for declarada e* ***por outros prejuízos regularmente comprovados, contanto que não lhe seja imputável****, promovendo-se a responsabilidade de quem lhe deu causa.*

A jurisprudência do STJ é firme ao reconhecer ao contratado de boa-fé e que não concorreu para a nulidade da avença, o direito de indenização pelos serviços prestados.

> *ADMINISTRATIVO. CÓDIGO DE PROCESSO CIVIL DE 1973. INSTITUTO BRASILEIRO DO CAFÉ – IBC. CONTRATO PARA AQUISIÇÃO NO MERCADO INTERNACIONAL DE CAFÉ. OPERAÇÃO "PATRÍCIA" OU "LONDON TERMINAL".*
>
> *MANOBRAS ESPECULATIVAS. PRETENSA NULIDADE DO CONTRATO NÃO AFASTA O DEVER DE INDENIZAR O CONTRATADO DE BOA-FÉ. IMPOSSIBILIDADE DE PRESUMIR A MÁ-FÉ. SÚMULAS 5 e 7 DESTA CORTE. RESPONSABILIDADE CIVIL DO ESTADO. PRINCÍPIO DA PRESUNÇÃO DE LEGALIDADE E LEGITIMIDADE DOS ATOS ADMINISTRATIVOS. HONORÁRIOS. SUCUMBÊNCIA RECÍPROCA. SÚMULA 7 DESTA CORTE. DISSÍDIO JURISPRUDENCIAL. AUSÊNCIA DE COTEJO ANALÍTICO.*

I – Consoante o decidido pelo Plenário desta Corte na sessão realizada em 09.03.2016, o regime recursal será determinado pela data da publicação do provimento jurisdicional impugnado. In casu, aplica-se o Código de Processo Civil de 1973.

II – Contrato administrativo firmado entre o extinto Instituto Brasileiro do Café – IBC e empresas exportadoras para uma operação de compra de lotes de café em grãos do tipo "robusta" no mercado de Londres, denominada "Operação Patrícia" ou "Operação London Terminal", concebida pelo governo federal como forma de contra-atacar manobras especulativas que estavam mantendo em baixa a cotação do café brasileiro no mercado internacional, gerando prejuízos para a receita cambial do país. Pretensão de afastar o ressarcimento ao contratado ante a nulidade da avença.

III – Alegação de invalidade pela própria parte que o engendrou, resultando na violação do princípio que veda a invocação da própria torpeza ensejadora de enriquecimento sem causa.

IV – A anulação do contrato administrativo quando o contratado, de boa-fé, realizou gastos relativos à avença, implica o dever do seu ressarcimento pela Administração. Princípio consagrado na novel legislação de licitação.

V – Os pagamentos parciais, adimplidos pela União, revelam o reconhecimento da legitimidade do débito.

*VI – **Somente se comprovada a má-fé do contratado, uma vez que se lhe veda sua presunção, restaria excluída a responsabilidade da União em efetivar o pagamento** relativo à "Operação Patrícia", matéria cuja análise é insindicável por esta Corte Superior, ante a incidência do verbete sumular 7, tanto mais quando o Tribunal de origem, com cognição fática plena, afastou a sua ocorrência.*

*VII – O tribunal de origem, a partir do exame das cláusulas do contrato, ainda, após minuciosa análise dos elementos fáticos contidos nos autos, consignou que **os Autores adimpliram suas prestações contratuais de boa-fé**, bem como estabeleceu a ausência de vícios na avença, de modo que rever tal entendimento, com o objetivo de acolher a pretensão recursal, demandaria necessária interpretação de cláusula contratual, além do imprescindível revolvimento de matéria fática, o que é inviável em sede de recurso especial, à luz dos óbices contidos nas Súmulas 5 e 7 desta Corte.*

VIII – In casu, rever o entendimento do tribunal de origem que manteve a sentença, a qual concluiu pela sucumbência recíproca, com o objetivo de acolher a pretensão recursal de redistribuição dos ônus sucumbenciais, demandaria necessário revolvimento de matéria fática, o que é inviável em sede de recurso especial, à luz do óbice contido na Súmula 7/STJ.

IX – Consoante orientação desta Corte, a parte deve proceder ao cotejo analítico entre os arestos confrontados e transcrever os trechos dos acórdãos que configurem o dissídio jurisprudencial, sendo insuficiente, para tanto, a mera transcrição de ementas.

X – Recurso Especial da União e Recurso Especial das Autoras não conhecidos.

(REsp 1365600/RJ, Rel. Ministra REGINA HELENA COSTA, PRIMEIRA TURMA, julgado em 07/05/2019, DJe 24/05/2019)

ADMINISTRATIVO E PROCESSUAL CIVIL. AGRAVO INTERNO NO AGRAVO EM RECURSO ESPECIAL. AÇÃO DECLARATÓRIA. CONTRATO ADMINISTRATIVO. DISPENSA ILEGAL DE LICITAÇÃO. REEXAME DE PROVAS. SÚMULA 7/STJ. ALEGADA OFENSA AO ART. 535 DO CPC/73. INEXISTÊNCIA. RAZÕES DO AGRAVO QUE NÃO IMPUGNAM, ESPECIFICAMENTE, A DECISÃO AGRAVADA. SÚMULA 182/STJ. OBRIGAÇÃO DE O ENTE PÚBLICO EFETUAR O PAGAMENTO PELOS SERVIÇOS EFETIVAMENTE PRESTADOS. ACÓRDÃO DO TRIBUNAL DE ORIGEM EM CONSONÂNCIA COM A JURISPRUDÊNCIA DESTA CORTE. AGRAVO INTERNO PARCIALMENTE CONHECIDO, E, NESSA PARTE, IMPROVIDO.

I. Agravo interno aviado contra decisão publicada em 02/02/2018, que, por sua vez, julgara recurso interposto contra decisum publicado na vigência do CPC/73. II. Na origem, trata-se de ação declaratória, proposta pelo Município de Marabá Paulista em face de Carlos Mariano Advogados Associados, objetivando, em síntese, a declaração de nulidade do contrato de prestação de serviço firmado entre as partes, já que não fora precedido de licitação ou de procedimento de dispensa ou inexigibilidade. III. Interposto Agravo interno com razões que não impugnam, especificamente, os fundamentos da decisão agravada – mormente quanto à inexistência de ofensa ao art. 535 do CPC/73 e à incidência da Súmula 7/STJ –, não prospera o inconformismo, quanto ao ponto, em face da Súmula 182 desta Corte.

*IV. Na forma da jurisprudência desta Corte, "'**ainda que o contrato realizado com a Administração Pública seja nulo, por ausência de prévia licitação, o ente público não poderá deixar de efetuar o pagamento pelos serviços prestados ou pelos***

prejuízos decorrentes da administração, desde que comprovados, ressalvada a hipótese de má-fé ou de ter o contratado concorrido para a nulidade' *(AgRg no Ag 1056922/RS, Relator Ministro Mauro Campbell Marques, Segunda Turma, DJ de 11 de março de 2009)" (STJ, AgRg no REsp 1.383.177/MA, Rel. Ministro HUMBERTO MARTINS, SEGUNDA TURMA, DJe de 26/08/2013). V. No caso, o Tribunal de origem manteve a sentença, que declarara a nulidade do contrato firmado entre as partes, pois "o serviço contratado, objeto desta demanda, não possui a natureza da singularidade, sendo irrelevante o notório saber, a ponto de tornar inexigível a licitação e autorizar a contratação direta, o que acabou afrontando os princípios da Administração Pública". Ressaltou o aresto recorrido que, "mesmo no caso de contrato nulo ou de inexistência de contrato, havendo boa-fé do contratado, pode tornar-se devido o pagamento dos trabalhos realizados para a Administração Pública Municipal, prevalecendo o princípio do não enriquecimento ilícito". Contudo, concluiu que "a mensuração da remuneração deve ser objeto de demanda própria, na qual os honorários porventura remanescentes (considerando que a Administração já pagou a substancial quantia de R$ 35.000,00), serão arbitrados". Portanto, a conclusão das instâncias de origem guardam consonância com a jurisprudência desta Corte, mormente considerando que, diante da natureza declaratória da pretensão autoral, a insurgência manifestada pelo réu, ora agravante, deve ser objeto de ação própria.*

VI. Agravo interno parcialmente conhecido, e, nessa parte, improvido.

(AgInt no AREsp 1171921/SP, Rel. Ministra ASSUSETE MAGALHÃES, SEGUNDA TURMA, julgado em 12/06/2018, DJe 19/06/2018)

ADMINISTRATIVO. AÇÃO DE COBRANÇA. CONTRATOS. PRESTAÇÃO DE SERVIÇOS. PAGAMENTO. NÃO OCORRÊNCIA. ENRIQUECIMENTO ILÍCITO. PROTEÇÃO DA PROPRIEDADE PRIVADA. VEDAÇÃO DO CONFISCO. PROTEÇÃO DA CONFIANÇA DOS ADMINISTRADOS. PRESUNÇÃO DA LEGITIMIDADE DAS CONTRATAÇÕES ADMINISTRATIVA. PRINCÍPIO DA MORALIDADE.

1. Conforme a moldura fática delineada pela corte de origem, não obstante a invalidade do contrato, a recorrida prestou integralmente os serviços contratados (pavimentação de vias e drenagem pluvial em ruas no exercício de 1999), mas o pagamento não foi efetuado nas épocas previstas nos contratos.

> *2. A ninguém é dado beneficiar-se da própria torpeza. O Direito não pode servir de proteção àquele que após empenhar uma despesa, e firmar o contrato de aquisição de serviço, e receber a devida e integral prestação deste, deixa de atestar a correta realização da despesa e proceder à liquidação para finalmente efetuar o pagamento, sobretudo diante da proteção da confiança dos administrados, da presunção da legitimidade das contratações administrativas, do princípio da moralidade, do parágrafo único do artigo 59 da Lei n.8.666/1993 (segundo o qual a nulidade do contrato administrativo "não exonera a Administração do dever de indenizar o contratado pelo que este houver executado até a data em que ela for declarada e por outros prejuízos regularmente comprovados, contato que não lhe seja imputável") e dos artigos 36 a 38 da Lei n. 4.320/1964, que nunca instituíram o enriquecimento indevido.*
>
> *3. Tal inadimplemento também fere o princípio da* ***vedação do locupletamento ilícito****, a* ***proteção à propriedade privada*** *e a* ***vedação ao confisco****, uma vez que a Administração, que teve um incremento patrimonial sem justa causa, deixará de pagar ao contratado pelos serviços regularmente prestados e pela mercadoria devidamente entregue. Precedentes.*
>
> ***4. A nulidade do contrato administrativo, quando sequer se pôs em questão a boa-fé do particular, pode até autorizar a responsabilidade por ato de improbidade administrativa, mas não permite deixar a descoberto o adimplente quanto às despesas realizadas, com o cancelamento da nota de empenho.***
>
> *5. Recurso especial não provido.*
>
> *(REsp 1366694/MG, Rel. Ministro MAURO CAMPBELL MARQUES, SEGUNDA TURMA, julgado em 11/04/2013, DJe 17/04/2013)*

Portanto, a regra geral é o dever de indenizar, mesmo diante do reconhecimento da nulidade da contratação. É preciso, para o afastamento do dever de indenização pelos serviços prestados, que seja demonstrado que o contratado agiu de **má-fé** ou **concorreu para a nulidade**. Essa é a interpretação do artigo 59 da Lei 8.666/1993, consagrada na jurisprudência do STJ, e que permanece firme até os dias atuais:

> *PROCESSUAL CIVIL E ADMINISTRATIVO. LICITAÇÃO E CONTRATOS. AUTOTUTELA ADMINISTRATIVA. NULIDADE. REVISÃO*

DA MATÉRIA FÁTICO-PROBATÓRIA ASSENTADA NA ORIGEM. REANÁLISE DE CLÁUSULAS CONTRATUAIS. SÚMULAS 5 E 7/ STJ. IMPOSSIBILIDADE. DEVER DE INDENIZAR. ART. 59 DA LEI 8.666/1993. ATRIBUIÇÃO AO CONTRATADO. POSSIBILIDADE. MÁ-FÉ OU CONCORRÊNCIA PARA A NULIDADE.

1. Não se configura a ofensa ao art. 535 do CPC/1973, uma vez que o Tribunal de origem julgou integralmente a lide e solucionou a controvérsia, em conformidade com o que lhe foi apresentado.

Trata-se de irresignações de caráter meritório acerca da suficiência das provas consideradas pela Corte Estadual, o que de forma alguma pode ser enquadrado nas hipóteses do art. 535 do CPC/1973.

2. A agravante sustenta que ocorreu violação do art. 267, VI, do CPC por perda superveniente do objeto, por entender que a manifestação posterior do Tribunal de Contas, favorável à legalidade contratual, vincula o Município.

3. A argumentação é deficiente, pois a parte aponta somente a fundamentação legal do efeito (perda superveniente do objeto) e deixa de indicar o dispositivo legal que fundamenta a causa (vinculação da Administração às decisões do Tribunal de Contas).

Incide, por analogia, o óbice da Súmula 284/STF, segundo a qual "é inadmissível o Recurso Extraordinário, quando a deficiência na sua fundamentação não permitir a exata compreensão da controvérsia". 4.

A análise das teses de cerceamento de defesa, de indeferimento de prova oral no procedimento administrativo e de adequação e de relevência do objeto do contrato, são inviáveis, pois inarredável a revisão do conjunto probatório dos autos e das cláusulas contratuais para afastar as premissas fáticas estabelecidas pelo acórdão recorrido. Aplicam-se, portanto, os óbices das Súmulas 5 e 7/STJ. 5.

À luz do art. 59 da Lei 8.666/1993, o STJ sedimentou a compreensão de que não há o dever de indenizar por parte da Administração nos casos de ocorrência de má-fé ou de ter o contratado concorrido para a nulidade da contratação. Nesse sentido: AgRg no AREsp 450.983/PE, Rel. Ministro Napoleão Nunes Maia Filho, Primeira Turma, DJe 18.11.2014; e AgRg no AREsp 345.645/SC, Rel. Ministro Herman Benjamin, Segunda Turma, DJe 26.9.2013.

6. Agravo Interno não provido.

(AgInt no REsp 1676247/SP, Rel. Ministro HERMAN BENJAMIN, SEGUNDA TURMA, julgado em 24/04/2018, DJe 21/11/2018)

3. PRORROGAÇÃO CONTRATUAL

PROCESSO CIVIL. ADMINISTRATIVO. ENUNCIADO ADMINISTRATIVO N.º 3/STJ. AGRAVO INTERNO NO RECURSO ESPECIAL. CONCESSÃO DE SERVIÇO PÚBLICO. PRORROGAÇÃO DO PRAZO DE VIGÊNCIA DO CONTRATO. ILEGALIDADE. AÇÃO CIVIL PÚBLICA. PRAZO PRESCRICIONAL. TERMO INICIAL. PRECEDENTES DO STJ.

1. Inicialmente é necessário consignar que o presente recurso atrai a incidência do Enunciado Administrativo n. 3/STJ: "Aos recursos interpostos com fundamento no CPC/2015 (relativos a decisões publicadas a partir de 18 de março de 2016) serão exigidos os requisitos de admissibilidade recursal na forma do novo CPC".

2. Somente é possível a aplicação da Súmula 126/STJ ao recurso especial quando o acórdão recorrido está assentado em fundamentação infraconstitucional e constitucional e a parte não interpôs o recurso extraordinário. De igual forma, não incide o óbice em razão da parte ter mencionado preceitos constitucionais nas razões do recurso especial.

3. A decisão monocrática restringiu-se à questão da prescrição da ação civil pública, não havendo modificação do quadro fático delineado nos autos pelas instâncias originárias.

4. O Superior Tribunal de Justiça pacificou o entendimento de que o prazo prescricional da ação civil pública para anular prorrogação de prestação de serviço público só tem início com o encerramento do contrato. Precedentes: REsp 1325817/RS, Rel. Ministro Herman Benjamin, DJe 23/05/2016; AgRg no REsp 1379155/SC, Rel. Ministro Og Fernandes, DJe 25/06/2015; AgRg no Ag 1199877/PR, Rel. Ministro Sérgio Kukina, DJe 19/04/2013; EREsp 1079126/RS, Rel. Ministro Hamilton Carvalhido, Primeira Seção, DJe 06/05/2011.

5. Entendimento contrário ocasionaria a conclusão de que, com o transcurso do prazo quinquenal, as eventuais ilegalidades se convalidariam, ou que, mesmo sendo o ato considerado ilegal e

ocasionando violações a direitos no decorrer de sua vigência, estas violações não poderiam mais ser analisadas pelo Poder Judiciário.

6. No âmbito da atividade estatal na prestação dos serviços públicos, diretamente ou mediante regime de delegação, a interpretação conjunta do princípio da indisponibilidade do interesse público primário e do princípio da segurança jurídica leva à conclusão de que as ilegalidades de um ato jurídico que prorroga o contrato de concessão, causando benefícios ou prejuízos a qualquer das partes, se prolongam no tempo, podendo ser judicialmente questionada enquanto vigente o contrato.

7. A missão constitucional desta Corte Superior de Justiça é uniformização da interpretação da norma infraconstitucional – exige o respeito aos precedentes firmados no âmbito dos órgãos competentes. Assim, verifica-se que o tema tratado nesses autos foi pacificado pela Primeira Seção no julgamento do EResp n.º 1.079.

126/RS, Rel. Ministro Hamilton Carvalhido, ficando superado os precedentes com entendimento contrário.

8. Agravo interno não provido.

(AgInt no REsp 1544212/RS, Rel. Ministro MAURO CAMPBELL MARQUES, SEGUNDA TURMA, julgado em 11/06/2019, DJe 04/09/2019)

Comentários

O precedente em epígrafe trata do estabelecimento do termo *a quo* do prazo prescricional para ajuizamento de Ação Civil Pública aviada contra ato de prorrogação de contrato administrativo. Uma das teses apresentadas sustentou a prescrição da pretensão em razão do transcurso do lapso quinquenal, iniciado no momento da prorrogação contratual. Em contraposição, a tese vencedora, defendeu que o termo inicial da prescrição somente ocorre com a extinção do contrato, ou melhor, do aditivo contratual que se pretende ver anulado. Isto porque, como a relação contratual é de trato sucessivo, não se pode admitir o início do prazo prescricional antes da sua extinção.

Sugerimos a leitura atenta do inteiro teor do julgado, com especial atenção aos votos proferidos pelo Relator, e pela Ministra Assusete Magalhães, posto que apoiados no histórico de decisões da Corte sobre o tema.

Para mais informações, utilize o QR Code ao lado.

4. APLICAÇÃO DO CÓDIGO DE DEFESA DO CONSUMIDOR

Informativo 0649. PROCESSO REsp 1.745.415-SP, Rel. Min. Paulo de Tarso Sanseverino, Terceira Turma, por unanimidade, julgado em 14/05/2019, DJe 21/05/2019

TEMA: Contrato Administrativo. Fiança bancária acessória. Código de Defesa do Consumidor e Súmula n. 297/STJ. Inaplicabilidade.

DESTAQUE: O Código de Defesa do Consumidor é inaplicável ao contrato de fiança bancária acessório a contrato administrativo.

INFORMAÇÕES DO INTEIRO TEOR: No caso em análise, a controvérsia diz respeito a um contrato de fiança bancária, acessório a um contrato administrativo, tendo como beneficiário da fiança um ente da administração pública. Esse contrato administrativo não está sujeito ao Código de Defesa do Consumidor, uma vez que a lei já assegura às entidades da Administração Pública inúmeras prerrogativas nas relações contratais com seus fornecedores, não havendo necessidade de aplicação da legislação consumerista. Deveras, a fiança bancária, quando contratada no âmbito de um contrato administrativo, também sofre incidência do regime publicístico, uma vez que a contratação dessa garantia não decorre da liberdade de contratar, mas da posição de supremacia que a lei confere à Administração Pública nos contratos administrativos. Pode-se concluir, portanto, que a fiança bancária acessória a um contrato administrativo também não encerra uma relação de consumo, o que impossibilita a aplicação da Súmula n. 297/STJ.

Comentários

O precedente em epígrafe discute a importante questão relativa à possibilidade de aplicação do Código de Defesa do Consumidor para a proteção do ente público, nas situações em que ele atuar como consumidor de serviços prestados por particulares.

A matéria ganha contorno interessante, haja vista o fato de que a discussão deve-se basear no conceito de consumidor e na possibilidade de inserir o Poder Público dentro deste conceito.

O cerne da discussão está no próprio conceito de consumidor. Em nível internacional doutrina diverge, e a divergência decorre do entendimento de que consumidores intermediários, que se valem de produtos ou serviços, como bens de produção, devem ser excluídos do conceito de consumidor. Os adeptos dessa posição defendem que os órgãos públicos são verdadeiros fornecedores, ou seja, consumidores intermediários, já que utilizam os bens e serviços como instrumentos de execução de seus serviços, não estando, portanto, sob a égide da Lei n. 8.078/90. Nesse sentido, o Poder Público não seria consumidor, uma vez que não adquire os serviços como consumidor final.

Ademais, essa corrente também fundamenta a inaplicabilidade do Código de Defesa do Consumidor no fato de que a Administração Pública, ao celebrar os seus contratos, encontra-se em uma posição de supremacia que, por sua vez, não se coaduna com um sistema jurídico de tutela do consumidor, que pressupõe a vulnerabilidade do destinatário final do produto ou serviço.

Ocorre que, a Administração Pública não atua na busca de lucro, mas sim na prestação de serviços à coletividade e, como tal, pode ser considerada usuária final destes serviços. Isto porque, a supremacia jurídica determinada pela legislação administrativa, não afasta a possibilidade de vulnerabilidade técnica ou econômica. Sendo assim, dependendo da situação e circunstâncias do caso concreto, a Administração poderá ser considerada vulnerável quando adquirir produtos ou utilizar serviços na qualidade de destinatário final, merecendo, portanto, a tutela jurídica da Lei n. 8.078/90. Nestes casos, como a finalidade da atuação administrativa é o interesse público, deve ser em nome deste que o Código de Defesa do Consumidor será aplicado, sempre de forma subsidiária, aos contratos administrativos, nas situações em que esteja configurada a vulnerabilidade do ente contratante.

O entendimento que entendemos correto, então, é o de que o órgão ou entidade pública pode ser considerado consumidor final e, como tal, gozar dos benefícios do CDC sempre que estiver em posição de vulnerabilidade técnica, científica, fática ou econômica perante o fornecedor, visto que a superioridade jurídica do ente público é presumida nos contratos administrativos e desde que a Administração esteja adquirindo o produto ou serviço na condição de destinatário final, ou seja, para o atendimento de uma necessidade própria e não para o desenvolvimento de uma atividade econômica.

Não é esse, contudo, o entendimento que prevalece na jurisprudência do STJ. Conforme o entendimento externado pela Terceira Turma, bem retratado pelos seguintes trechos do voto do Relator:

> *Esse contrato principal, firmado com a SABESP (ente da administração pública indireta do Estado de São Paulo), não está sujeito ao Código de Defesa do Consumidor, uma vez que a lei já assegura às entidades da Administração Pública inúmeras prerrogativas nas relações contratais com seus fornecedores, não havendo necessidade de aplicação da legislação consumerista.*
>
> *(...)*
>
> *Pode-se concluir, portanto, que a fiança bancária acessória a um contrato administrativo também não encerra uma relação de consumo.*
>
> *No caso dos autos, a parte ora recorrente alegou ser vítima de fato do serviço (falsificação de assinatura) no curso da contratação de uma fiança bancária acessória a um contrato administrativo.*

Pretende-se, portanto, estabelecer uma relação de imputação entre um fato praticado pelo banco (fornecedor de serviços ao mercado de consumo) e um dano experimentado pela vítima (consumidora em potencial de serviços bancários).

Apesar dessa relação de imputação contar com a presença de um fornecedor de serviços, de um lado, e de um consumidor em potencial, do outro, não há relação de consumo na espécie, como já demonstrado neste voto.

Não havendo relação de consumo, não se aplica o disposto no art. 14 do Código de Defesa do Consumidor, que estatui a responsabilidade civil do fornecedor pelo fato do serviço.

Por conseguinte, também não se aplica a norma de extensão prevista no já citado art. 17 do Código de Defesa do Consumidor, que estende a responsabilidade objetiva do fornecedor a todas as vítimas do fato do serviço (bystandars).

Vale ressaltar que, em outra ocasião, foi proferido o seguinte julgado, aparentemente acolhendo o entendimento que defendemos. Vejamos:

ADMINISTRATIVO – RECURSO ORDINÁRIO EM MANDADO DE SEGURANÇA – CONTRATO ADMINISTRATIVO – PRESTAÇÃO DE SERVIÇO DE PUBLICIDADE – INEXISTÊNCIA DE RELAÇÃO DE CONSUMO – INCOMPETÊNCIA DO PROCON – NULIDADE DA MULTA APLICADA.

1. Em se tratando de contrato administrativo, em que a Administração é quem detém posição de supremacia justificada pelo interesse público, não incidem as normas contidas no CDC, especialmente quando se trata da aplicação de penalidades.

2. ***Somente se admite a incidência do CDC nos contratos administrativos em situações excepcionais, em que a Administração assume posição de vulnerabilidade técnica, científica, fática ou econômica perante o fornecedor, o que não ocorre na espécie, por se tratar de simples contrato de prestação de serviço de publicidade.***

3. Incompetência do PROCON para atuar em relação que não seja de consumo.

4. Recurso ordinário em mandado de segurança provido.

(RMS 31.073/TO, Rel. Ministra ELIANA CALMON, SEGUNDA TURMA, julgado em 26/08/2010, DJe 08/09/2010)

Conclui-se, portanto, que a jurisprudência do STJ está inclinada em sentido contrário ao que defendemos. Em razão dos parcos precedentes sobre a matéria e da insipiência da discussão, não é possível afirmar que se trata de entendimento consolidado ou pacífico, mas o fato é que o STJ, atualmente, não admite a aplicação do Código de Defesa do Consumidor nas relações jurídicas envolvendo a Administração Pública.

CAPÍTULO 7

IMPROBIDADE ADMINISTRATIVA

1. SÚMULAS

Súmula 599 – O princípio da insignificância é inaplicável aos crimes contra a administração pública. (Súmula 599, CORTE ESPECIAL, julgado em 20/11/2017, DJe 27/11/2017)

Comentários

O princípio da insignificância não se aplica aos crimes praticados contra a administração pública, segundo a jurisprudência do STJ, uma vez que invariavelmente implicam em violação do princípio da moralidade, que não admite gradação econômica.

Súmula 634 – Ao particular aplica-se o mesmo regime prescricional previsto na Lei de Improbidade Administrativa para o agente público. (Súmula 634, PRIMEIRA SEÇÃO, julgado em 12/06/2019, DJe 18/06/2019, DJe 17/06/2019)

Comentários

O decurso do tempo extingue o poder que a Administração Pública tem de sancionar os atos ímprobos praticados por seus agentes ou até mesmo por particulares em concorrência com aqueles, a fim de punir a inércia estatal, bem como evitar a insegurança nas relações jurídicas com o ente público.

Na ação de improbidade administrativa, o prazo de prescrição varia de acordo com o réu, nos moldes estipulados pela L.I.A.

Com efeito, o artigo 23 da Lei de Improbidade assim dispõe:

> *"Art. 23. As ações destinadas a levar a efeito as sanções previstas nesta lei podem ser propostas: I – até cinco anos após o término do exercício de mandato, de cargo em comissão ou de função de confiança; II – dentro do prazo prescricional previsto em lei específica para faltas disciplinares puníveis com demissão a bem do serviço público, nos casos de exercício de cargo efetivo ou emprego; III – até cinco anos da data da apresentação à administração pública da prestação de contas final pelas entidades referidas no parágrafo único do art. 1º desta Lei (Incluído pela Lei nº 13.019, de 2014)."*

Analise-se:

a) Se o requerido for detentor de cargo em comissão, função de confiança ou mandato eletivo, o prazo de prescrição para propositura de ação de improbidade será de 5 (cinco) anos a contar do término do exercício do cargo, função de confiança ou mandato. Nesses casos, primeiro o mandato se exaure, para, então, se iniciar a contagem do prazo de prescrição. A *intentio legis* é evitar que o agente se valha da própria torpeza e evite a sanção de improbidade administrativa enquanto ainda está no exercício da função, ensejando sua prescrição.

Sendo assim, o termo a quo para início do prazo prescricional é o final do mandato, cargo ou função em que esteja investido.

b) Se o réu for servidor público que exerce cargo efetivo, o prazo prescricional é o mesmo previsto no estatuto do servidor para as infrações puníveis com demissão.

No âmbito federal, a Lei 8.112/90 estabelece o prazo de prescrição, nestas situações, de 5 (cinco) anos, a contar do conhecimento do fato infracional pela Administração Pública. Saliente-se que esse prazo vai variar de acordo com a esfera de governo ao qual o servidor está vinculado, uma vez que o estatuto funcional tem aplicação somente em relação aos servidores do ente federativo. Logo, se for servidor estadual, é o estatuto daquele estado que vai definir a prescrição para a propositura de ação de improbidade em face daquele agente público.

Ocorre que, quanto aos particulares, a lei é silente no que tange ao prazo de prescrição para aplicação das sanções de improbidade.

Nesse caso, o entendimento que prevaleceu na Corte é de que a prescrição para aplicação da penalidade é a mesma prevista para o agente público que atuou em concurso com o particular. Isso porque, o particular somente pratica atos de improbidade em concurso com um agente público e figura no polo passivo da ação em litisconsórcio.

Com isso restou afastada pela jurisprudência do STJ a tese defendida por parte da doutrina, segundo a qual aplicar-se-ia ao particular que agiu em conluio com o agente público o prazo decenal previsto no Código Civil.

2. COMPETÊNCIA PARA JULGAMENTO DA AÇÃO DE IMPROBIDADE

Informativo 662. PROCESSO REsp 1.737.900-SP, Rel. Min. Herman Benjamin, Segunda Turma, por unanimidade, julgado em 19/11/2019, DJe 19/12/2019

TEMA: Membro do Ministério Público estadual. Ação Civil para perda do cargo. Causa de pedir não vinculada a ilícito capitulado na Lei n. 8.429/1992. Competência. Tribunal de Justiça. Art. 38, § 2º, da Lei n. 8.625/1993.

DESTAQUE: Ação Civil de perda de cargo de Promotor de Justiça cuja causa de pedir não esteja vinculada a ilícito capitulado na Lei n. 8.429/1992 deve ser julgada pelo Tribunal de Justiça.

INFORMAÇÕES DO INTEIRO TEOR: A questão central ora discutida está relacionada à competência para processar e julgar a Ação Civil Pública para perda do cargo de Promotor de Justiça, o que exige contemplar a força normativa do § 2º do art. 38 da Lei n. 8.625/1993, que prescreve: "a ação civil para a decretação da perda do cargo será proposta pelo Procurador Geral de Justiça perante o Tribunal de Justiça local, após autorização do Colégio de Procuradores, na forma da Lei Orgânica". No caso analisado, mesmo tendo conhecimento de que a ação proposta pelo Parquet destina-se a decretar a perda do cargo público de Promotor de Justiça, adotou o Tribunal o entendimento atual e os precedentes jurisprudenciais do STJ e do STF que atestam a inexistência de foro privilegiado nas Ações Civis Públicas para apuração de ato de improbidade administrativa. No entanto, há de se fazer um distinguishing do caso concreto em relação ao posicionamento sedimentado no STJ e no STF acerca da competência do juízo monocrático para o processamento e julgamento das Ações Civis Públicas por ato de improbidade administrativa, afastando o "foro privilegiado ou especial" das autoridades envolvidas. **É que a causa de pedir da ação ora apreciada não está vinculada a ilícito capitulado na Lei n. 8.429/1992, que disciplina as sanções aplicáveis aos atos de improbidade administrativa, mas a infração disciplinar atribuível a Promotor de Justiça no exercício da função pública, estando este atualmente em disponibilidade**. Ademais, o STJ possui precedente no sentido de que "a Ação Civil com foro especial, não se confunde com a ação civil pública de improbidade administrativa, regida pela Lei n. 8.429/1992, que não prevê tal prerrogativa". Nessa linha: REsp 1.627.076/SP, Rel. Ministra Regina Helena Costa, Primeira Turma, DJe 14/8/2018; REsp 1.737.906/SP, Relatora Ministra Regina Helena Costa, DJ 24/8/2018. Conclui-se, portanto, que a competência para processar e julgar a ação de perda de cargo de promotor de justiça é do Tribunal de Justiça local.

Comentários

O que importa compreender, no presente julgado, é a distinção necessária entre a **Ação Civil Pública por ato de improbidade** e a **Ação Civil Pública para perda de cargo** de Promotor de Justiça. Isto porque, o STF e o STJ têm entendimento pacífico afastando o foro privilegiado para as autoridades em geral, em sede Ação Civil Pública por ato de improbidade administrativa.

No presente caso, o STJ manteve a competência do Tribunal de Justiça, tendo em vista que a causa de pedir deduzida não trata de atos de improbidade administrativa previstos na Lei 8.429/1992, mas de infração administrativa capaz de ensejar a perda do cargo. Nesse caso a competência do Tribunal de Justiça está prevista no artigo 38, § 2º da Lei 8.625/1993, ou seja, decorre de lei.

Já Ação de Improbidade Administrativa, por se tratar de ação de reparação civil, deve ser processada e julgada pelas instâncias ordinárias. Senão veja-se o seguinte julgado da Corte Especial, publicado no Informativo nº 0527:

> *PROCESSO CIVIL. COMPETÊNCIA. AÇÃO DE IMPROBIDADE ADMINISTRATIVA.*
>
> *A ação de improbidade administrativa deve ser processada e julgada nas instâncias ordinárias, ainda que proposta contra agente político que tenha foro privilegiado no âmbito penal e nos crimes de responsabilidade. Reclamação improcedente. (Rcl 12.514/MT, Rel. Ministro ARI PARGENDLER, CORTE ESPECIAL, julgado em 13/03/2014, DJe 21/03/2014)*

Convém, ainda, transcrever outro importante julgado no qual foram extremados os ritos das referidas ações. No caso, a Corte firmou o entendimento de que a previsão legal da Ação Civil Pública para perda de cargo não impede o ajuizamento de Ação de Improbidade Administrativa visando a aplicação das sanções previstas na Lei 8.429/1992, inclusive a perda do cargo. Vejamos:

> *ADMINISTRATIVO E PROCESSUAL CIVIL. RECURSO ESPECIAL. AÇÃO CIVIL PÚBLICA. IMPROBIDADE ADMINISTRATIVA. CONTROVÉRSIA A RESPEITO DA POSSIBILIDADE DE APLICAÇÃO DA PENA DE PERDA DE CARGO A MEMBRO DO MINISTÉRIO PÚBLICO. POSSIBILIDADE.*
>
> *1. Recurso especial no qual se discute a possibilidade de haver aplicação da pena de perda do cargo a membro do Ministério Público, em ação civil pública por ato de improbidade administrativa.*
>
> *2. Constatado que a Corte de origem empregou fundamentação adequada e suficiente para dirimir a controvérsia, é de se afastar a alegada violação do art. 535 do CPC.*
>
> *3. Nos termos do art. 37, § 4º, da Constituição Federal e da Lei n.8.429/1992, qualquer agente público, de qualquer dos Poderes da União, dos Estados, do Distrito Federal e dos Municípios pode ser punido com a pena de perda do cargo que ocupa, pela prática de atos de improbidade administrativa.*
>
> *4. A previsão legal de que o Procurador-Geral de Justiça ou o Procurador-Geral da República ajuizará ação civil específica para a aplicação da pena de demissão ou perda do cargo, nos*

casos elencados na lei, dentre os quais destacam-se a prática de crimes e os atos de improbidade, não obsta que o legislador ordinário, cumprindo o mandamento do § 4º do art. 37 da Constituição Federal, estabeleça a pena de perda do cargo a membro do Ministério Público quando comprovada a prática de ato ímprobo, em ação civil pública específica para sua constatação.

5. Na legislação aplicável aos membros do Ministério Público, asseguram-se à instituição as providências cabíveis para sancionar o agente comprovadamente ímprobo. Na Lei n. 8.429/1992, o legislador amplia a legitimação ativa, ao prever que a ação será proposta "pelo Ministério Público ou pela pessoa jurídica interessada" (art.17). Não há competência exclusiva do Procurador-Geral.

6. Assim, a demissão por ato de improbidade administrativa de membro do Ministério Público (art. 240, inciso V, alínea b, da LC n.75/1993) não só pode ser determinada pelo trânsito em julgado de sentença condenatória em ação específica, cujo ajuizamento foi provocado por procedimento administrativo e é da competência do Procurador-Geral, como também pode ocorrer em decorrência do trânsito em julgado da sentença condenatória proferida em ação civil pública prevista na Lei n. 8.429/1992. Inteligência do art.12 da Lei n. 8.429/1992.

7. Recurso especial provido para declarar a possibilidade de, em ação civil pública por ato de improbidade administrativa, ser aplicada a pena de perda do cargo a membro do Ministério Público, caso a pena seja adequada à sua punição.

(REsp 1191613/MG, Rel. Ministro BENEDITO GONÇALVES, PRIMEIRA TURMA, julgado em 19/03/2015, DJe 17/04/2015)

Para mais informações, utilize o QR Code ao lado.

3. ATOS DE IMPROBIDADE

3.1. Informativo n. 577. DIREITO ADMINISTRATIVO. CARACTERIZAÇÃO DE TORTURA COMO ATO DE IMPROBIDADE ADMINISTRATIVA.

A tortura de preso custodiado em delegacia praticada por policial constitui ato de improbidade administrativa que atenta contra os princípios da administração pública. O legislador estabeleceu premissa que deve orientar o agente público em toda a sua atividade, a saber: "Art. 4° Os agentes públicos de qualquer nível ou hierarquia são obrigados a velar pela estrita observância dos princípios de legalidade, impessoalidade, moralidade e publicidade no trato dos assuntos que lhe são afetos". Em reforço, o art. 11, I, da mesma lei, reitera que configura improbidade a violação a quaisquer princípios da administração, bem como a deslealdade às instituições, notadamente a prática de ato visando a fim proibido em lei ou regulamento. Tais disposições evidenciam que o legislador teve preocupação redobrada em estabelecer que a grave desobediência – por parte de agentes públicos – ao sistema normativo em vigor pode significar ato de improbidade. Com base nessas premissas, a Segunda Turma já teve oportunidade de decidir que "A Lei 8.429/1992 objetiva coibir, punir e afastar da atividade pública todos os agentes que demonstraram pouco apreço pelo princípio da juridicidade, denotando uma degeneração de caráter incompatível com a natureza da atividade desenvolvida" (REsp 1.297.021-PR, DJe 20/11/2013). É certo que o STJ, em alguns momentos, mitiga a rigidez da interpretação literal dos dispositivos acima, porque "não se pode confundir improbidade com simples ilegalidade. **A improbidade é ilegalidade tipificada e qualificada pelo elemento subjetivo da conduta do agente. Por isso mesmo, a jurisprudência do STJ considera indispensável, para a caracterização de improbidade, que a conduta do agente seja dolosa, para a tipificação das condutas descritas nos artigos 9º e 11 da Lei 8.429/92, ou pelo menos eivada de culpa grave, nas do artigo 10" (AIA 30-AM, Corte Especial, DJe 28/9/2011)**. A referida mitigação, entretanto, ocorre apenas naqueles casos sem gravidade, sem densidade jurídica relevante e sem demonstração do elemento subjetivo. De qualquer maneira, a detida análise da Lei n. 8.429/1992 demonstra que o legislador, ao dispor sobre o assunto, não determinou expressamente quais seriam as vítimas mediatas ou imediatas da atividade desonesta para fins de configuração do ato como ímprobo. Impôs, sim, que o agente público respeite o sistema jurídico em vigor e o bem comum, que é o fim último da Administração Pública. **Essa ausência de menção explícita certamente decorre da compreensão de que o ato ímprobo é, muitas vezes, um fenômeno pluriofensivo, ou seja, ele pode atingir bens jurídicos diversos.** Ocorre que o ato que apenas atingir bem privado e individual jamais terá a qualificação de ímprobo, nos termos do ordenamento em vigor. O mesmo não ocorre, entretanto, com o ato que atingir bem/interesse privado e público ao mesmo tempo. Aqui, sim, haverá potencial ocorrência de ato de improbidade. Por isso, o primordial é verificar se, dentre todos os bens atingidos pela postura do agente, existe algum que seja vinculado ao interesse e ao bem público. Se assim for, como consequência imediata, a Administração Pública será vulnerada de forma concomitante. No caso em análise, trata-se de discussão sobre séria arbitrariedade praticada por policial, que, em tese, pode ter significado gravíssimo atentado contra direitos humanos. Com efeito, o respeito aos direitos fundamentais, para além de mera acepção individual, é fundamento da nossa República, conforme o art. 1º, III, da CF, e é objeto de preocupação permanente da Administração Pública, de maneira geral. De tão importante, a prevalência dos direitos humanos, na forma em que disposta no inciso II do art. 4º da CF, é vetor de regência da República Federativa do Brasil nas suas relações internacionais. Não por outra razão, inúmeros são os tratados e convenções assinados pelo nosso Estado a respeito do tema. Dentre vários, lembra-se a Convenção Americana de Direito Humanos (promulgada pelo Decreto n. 678/1992), que já no seu art. 1º, dispõe explicitamente que os Estados signatários são obrigados a respeitar as liberdades públicas. E, de forma mais eloquente, os arts. 5º e 7º da referida convenção reforçam as suas disposições introdutórias ao prever, respectivamente, o "Direito à integridade pessoal" e o "Direito à liberdade pessoal". A essas previsões, é oportuno ressaltar que o art. 144 da CF é taxativo sobre as atribuições gerais das forças de segurança na missão de proteger os direitos e garantias acima citados. Além do mais, é injustificável pretender que os atos mais gravosos à dignidade da pessoa humana e aos direitos humanos, entre os quais a tortura, praticados por servidores públicos, mormente policiais armados, sejam punidos apenas no âmbito disciplinar, civil e penal, afastando-se a aplicação da Lei da Improbidade Administrativa. **Essas práticas ofendem diretamente a Administração Pública, porque o Estado brasileiro tem a obrigação de garantir a integridade física, psíquica e moral de todos, sob pena de inúmeros reflexos jurídicos, inclusive na ordem internacional**. Pondere-se que o agente público incumbido da missão de garantir o respeito à ordem pública, como é o caso do policial, ao descumprir com suas obrigações legais e constitucionais de forma frontal, mais que atentar apenas contra um indivíduo, atinge toda a coletividade e a própria corporação a que pertence de forma imediata. Ademais, pertinente reforçar que o legislador, ao prever que constitui ato de improbidade administrativa que atenta contra os princípios da administração pública qualquer ação ou omissão que viole os deveres de lealdade às instituições, findou por tornar de interesse público, e da própria Administração em si, a proteção da imagem e das atribuições dos entes/entidades públicas. Disso resulta que qualquer atividade atentatória a esse bem por parte de agentes públicos tem a potencialidade de ser considerada como improbidade administrativa. Afora isso, a tortura perpetrada por policiais contra presos mantidos sob a sua custódia tem outro reflexo jurídico imediato. Ao agir de tal forma, o agente público cria, de maneira praticamente automática, obrigação ao Estado, que é o dever de indenizar, nos termos do art. 37, § 6º, da CF. Na hipótese em análise, o ato ímprobo caracteriza-se quando se constata que a vítima foi torturada em instalação pública, ou melhor, em delegacia de polícia. Por fim, violência policial arbitrária não é ato apenas contra o particular-vítima, mas sim contra a própria Administração Pública, ferindo suas bases de legitimidade e respeitabilidade. Tanto é assim que essas condutas são tipificadas, entre outros estatutos, no art. 322 do CP, que integra o Capítulo I ("Dos Crimes Praticados por Funcionário Público contra a Administração Pública"), que por sua vez está inserido no Título XI ("Dos Crimes contra a Administração Pública"), e também nos arts. 3º e 4º da Lei n. 4.898/1965, que trata do abuso de autoridade. Em síntese, atentado à vida e à liberdade individual de particulares, praticado por agentes públicos armados – incluindo tortura, prisão ilegal e "justiciamento" –, afora repercussões nas esferas penal, civil e disciplinar, pode configurar improbidade administrativa, porque, além de atingir a pessoa-vítima, alcança, simultaneamente, interesses caros à Administração em geral, às instituições de segurança pública em especial, e ao próprio Estado Democrático de Direito. Precedente citado: REsp 1.081.743-MG, Segunda Turma, julgado em 24/3/2015. REsp 1.177.910-SE, Rel. Ministro Herman Benjamin, julgado em 26/8/2015, DJe 17/2/2016.

Comentários

No presente julgado, a Primeira Seção do STJ, entendeu como ato de improbidade, que atenta contra os princípios da administração pública, enquadrado no artigo 11, I da Lei 8.429/92, o ato de tortura praticado por policial, nas dependências de delegacia. Trata-se de matéria pacificada no âmbito da Corte, conforme os seguintes julgados: AgRg no REsp 1200575/DF; REsp 1081743/MG; REsp 785667/RJ.

Vale a leitura do inteiro teor do julgado, ante o brilhantismo dos seus fundamentos.

Para mais informações, utilize o QR Code ao lado.

3.2. Informativo n. 580. DIREITO ADMINISTRATIVO. DESNECESSIDADE DE LESÃO AO PATRIMÔNIO PÚBLICO EM ATO DE IMPROBIDADE ADMINISTRATIVA QUE IMPORTA ENRIQUECIMENTO ILÍCITO.

Ainda que não haja dano ao erário, é possível a condenação por ato de improbidade administrativa que importe enriquecimento ilícito (art. 9º da Lei n. 8.429/1992), excluindo-se, contudo, a possibilidade de aplicação da pena de ressarcimento ao erário. Isso porque, comprovada a ilegalidade na conduta do agente, bem como a presença do dolo indispensável à configuração do ato de improbidade administrativa, a ausência de dano ao patrimônio público exclui tão-somente a possibilidade de condenação na pena de ressarcimento ao erário. As demais penalidades são, em tese, compatíveis com os atos de improbidade tipificados no art. 9º da LIA. REsp 1.412.214-PR, Rel. Min. Napoleão Nunes Maia Filho, Rel. para acórdão Min. Benedito Gonçalves, julgado em 8/3/2016, DJe 28/3/2016.

Comentários

Trata-se de precedente autoexplicativo no qual a Corte reconheceu a possibilidade de condenação de agente político por ato de improbidade, em razão de sua conduta ilícita, dolosa e que acarretou enriquecimento ilícito, mesmo diante da constatação de inexistência de danos ao erário.

No caso, foi afastado, tão somente, o dever de ressarcimento ao erário, já que o dano ao erário não ocorreu.

Vale salientar que, para que seja aplicada a sanção de ressarcimento ao erário, faz-se necessário que a lesão aos cofres públicos esteja demonstrada, não se admitindo o ressarcimento por lesão presumida.

Vejamos o seguinte julgado, publicado no Informativo 577, que trata, perfeitamente, do binômio ilegalidade-lesividade:

> *ADMINISTRATIVO E PROCESSUAL CIVIL. AÇÃO POPULAR. IRREGULARIDADES FORMAIS AVERIGUADAS NO PROCEDIMENTO LICITATÓRIO, QUE NÃO ENSEJARAM, CONTUDO, DANO AO ERÁRIO, CONFORME RECONHECIDO EM PERÍCIA JUDICIAL E PELO TCE DE MINAS GERAIS. IMPOSSIBILIDADE DE CONDENAÇÃO DOS RECORRENTES NO RESSARCIMENTO DOS COFRES PÚBLICOS, COM ESTEIO EM LESÃO PRESUMIDA À MUNICIPALIDADE, SOB PENA DE ENRIQUECIMENTO SEM CAUSA DO ENTE ESTATAL.*
>
> *1. À luz da Súmula 418/STJ, é inadmissível o Recurso Especial interposto antes da publicação do acórdão dos Embargos de Declaração, sem posterior ratificação, como ocorreu em relação ao Nobre Apelo de fls. 6.492/6.514, haja vista a peça recursal ter sido protocolizada em 24.02.2011, sendo que o Acórdão que julgou os últimos Embargos interpostos foi disponibilizado no Dje em 30.09.2011. O Recurso Especial, dest'arte, não transpõe a barreira da admissibilidade, porquanto interposto antes do julgamento dos Embargos de Declaração, ou seja, antes do exaurimento das instâncias ordinárias, em desconformidade com o*

disposto no referido art. 105, III da Constituição Federal 2. A preliminar de nulidade do acórdão vergastado, por suposta violação ao art. 535, II do CPC, somente tem guarida quando o julgado se omite na apreciação de questões de fato e de direito relevantes para a causa – alegadas pelas partes ou apreciáveis de ofício – o que não ocorreu nos presentes autos.

3. Mostra-se deficiente a fundamentação dos recursos que se limitaram a elencar os dispositivos de lei federal (arts. 964 do CC/1916 e 131, 165, 436 e 458, II do Estatuto Processual Civil) sem, contudo, relacioná-los de forma específica com o eventual vício de fundamentação alegadamente existente no acórdão guerreado, incidindo, portanto, a Súmula 284 do Supremo Tribunal Federal.

4. A Ação Popular consiste em um relevante instrumento processual de participação política do cidadão, destinado eminentemente à defesa do patrimônio público, bem como da moralidade administrativa, do meio-ambiente e do patrimônio histórico e cultural; referido instrumento possui pedido imediato de natureza desconstitutiva-condenatória, pois colima, precipuamente, a insubsistência do ato ilegal e lesivo a qualquer um dos bens ou valores enumerados no inciso LXXIII do art. 5º. da CF/88 e, consequentemente, a condenação dos responsáveis e dos beneficiários diretos ao ressarcimento ou às perdas e danos correspondentes.

5. Tem-se, dessa forma, como imprescindível a comprovação do binômio ilegalidade-lesividade, como pressuposto elementar para a procedência da Ação Popular e consequente condenação dos requeridos no ressarcimento ao erário em face dos prejuízos comprovadamente atestados ou nas perdas e danos correspondentes.

6. Eventual violação à boa-fé e aos valores éticos esperados nas práticas administrativas não configura, por si só, elemento suficiente para ensejar a presunção de lesão ao patrimônio público, conforme sustenta o Tribunal a quo; e assim é porque a responsabilidade dos agentes em face de conduta praticada em detrimento do patrimônio público exige a comprovação e a quantificação do dano, nos termos do art. 14 da Lei 4.717/65; assevera-se, nestes termos, que entendimento contrário implicaria evidente enriquecimento sem causa do Município, que usufruiu dos serviços de publicidade prestados pela empresa de propaganda durante o período de vigência do contrato.

7. Não se conhece do Recurso Especial da Empresa de Propaganda e Marketing, em face de sua manifesta intempestividade, e do Recurso Especial interposto pelo ex-Prefeito. Recursos Especiais dos demais recorrentes providos, para afastar a condenação dos mesmos a restituir aos cofres públicos o valor fixado no Acórdão do Tribunal de origem. Com fulcro no art. 509 do CPC, atribui-se efeito expansivo subjetivo à presente Decisão, para excluir a condenação ressarcitória dos demais litisconsortes necessários.

(REsp 1447237/MG, Rel. Ministro NAPOLEÃO NUNES MAIA FILHO, PRIMEIRA TURMA, julgado em 16/12/2014, DJe 09/03/2015)

Para mais informações, utilize o QR Code ao lado.

3.3. Informativo n. 584. DIREITO ADMINISTRATIVO. POSSIBILIDADE DE DUPLA CONDENAÇÃO AO RESSARCIMENTO AO ERÁRIO PELO MESMO FATO.

Não configura bis in idem a coexistência de título executivo extrajudicial (acórdão do TCU) e sentença condenatória em ação civil pública de improbidade administrativa que determinam o ressarcimento ao erário e se referem ao mesmo fato, desde que seja observada a dedução do valor da obrigação que primeiramente foi executada no momento da execução do título remanescente. Conforme sedimentada jurisprudência do STJ, nos casos em que fica demonstrada a existência de prejuízo ao erário, a sanção de ressarcimento, prevista no art. 12 da Lei n. 8.429/92, é imperiosa, constituindo consequência necessária do reconhecimento da improbidade administrativa (AgRg no AREsp 606.352-SP, Segunda Turma, DJe 10/2/2016; REsp 1.376.481-RN, Segunda Turma, DJe 22/10/2015). Ademais, as instâncias judicial e administrativa não se confundem, razão pela qual a fiscalização do TCU não inibe a propositura da ação civil pública. Assim, é possível a formação de dois títulos executivos, devendo ser observada a devida dedução do valor da obrigação que primeiramente foi executada no momento da execução do título remanescente. Precedente citado do STJ: REsp 1.135.858-TO,

Segunda Turma, DJe 5/10/2009. Precedente citado do STF: MS 26.969-DF, Primeira Turma, DJe 12/12/2014. REsp 1.413.674-SE, Rel. Min. Olindo Menezes (Desembargador Convocado do TRF 1ª Região), Rel. para o acórdão Min. Benedito Gonçalves, julgado em 17/5/2016, DJe 31/5/2016.

Comentários

O precedente em epígrafe, retrata o pacífico entendimento do STJ, e também do STF, consagrando a independência das instâncias administrativa e judicial, no que tange à fiscalização e combate dos atos de improbidade administrativa.

Nesse sentido, confira-se a ementa relativa ao julgamento do MS nº 26969, relatado pelo Ministro LUIZ FUX, do STF:

> *Ementa: 1.* ***O Tribunal de Contas tem atribuição fiscalizadora acerca de verbas recebidas do Poder Público, sejam públicas ou privadas (MS n° 21.644/DF), máxime porquanto implícito ao sistema constitucional a aferição da escorreita aplicação de recursos oriundos da União****, mercê da interpretação extensiva do inciso II do art. 71 da Lei Fundamental. 2. O art. 71, inciso II, da CRFB/88 eclipsa no seu âmago a fiscalização da Administração Pública e das entidades privadas. 3. É cediço na doutrina pátria que "o alcance do inciso [II do art. 71] é vasto, de forma a alcançar todos os que detenham, de alguma forma, dinheiro público, sem seu sentido amplo. Não há exceção e a interpretação deve ser a mais abrangente possível, diante do princípio republicano, (...)". (OLIVEIRA, Regis Fernandes de. Curso de Direito Financeiro . 3ª ed. São Paulo: Revista dos Tribunais, 2010. p. 564). 4. O Decreto nº 200/67, dispõe de há muito que "quem quer que utilize dinheiros públicos terá de justificar seu bom e regular emprego na conformidade das leis, regulamentos e normas emanadas das autoridades administrativas competentes.". 5. O Tribunal de Contas da União, sem prejuízo de sua atuação secundum constitutionem, atua com fundamento infraconstitucional, previsto no art. 8º da Lei Orgânica desse órgão fiscalizatório. 6.* ***As instâncias judicial e administrativa não se confundem, razão pela qual a fiscalização do TCU não inibe a propositura da ação civil pública****, tanto mais que, consoante informações prestadas pela autoridade coatora, "na hipótese de ser condenada ao final do processo judicial, bastaria à Impetrante a apresentação dos documentos comprobatórios*

> *da quitação do débito na esfera administrativa ou vice-versa.". Assim, não ocorreria duplo ressarcimento em favor da União pelo mesmo fato. 7. Denegação da segurança, sem resolução do mérito, diante da falta de apresentação, nesta ação, de fundamento capaz de afastar a exigibilidade do título constituído pelo TCU em face da Impetrante, ficando ressalvado, ex vi do art. 19 da Lei nº 12.016, o direito de propositura de ação própria, ou mesmo de eventual oposição na execução fiscal ou na ação civil pública para o afastamento da responsabilidade da Impetrante.*
>
> *(MS 26969, Relator(a): LUIZ FUX, Primeira Turma, julgado em 18/11/2014, ACÓRDÃO ELETRÔNICO DJe-244 DIVULG 11-12-2014 PUBLIC 12-12-2014)*

Em decorrência do reconhecimento da independência das instâncias, o STJ reconheceu ainda a ausência de *bis in idem* pelo simples fato da dupla condenação, já que é possível, no momento da execução do segundo título, o abatimento dos valores já ressarcidos. Senão veja-se o seguinte trecho extraído do voto condutor, proferido pelo Ministro Benedito Gonçalves:

> Saliente-se, ainda, que, como bem apontado no voto do Ministro Relator, não obstante ter o Tribunal de Contas da União condenado o recorrido ao ressarcimento do prejuízo causado e ao pagamento de multa administrativa, é assente o entendimento de que não se configura bis in idem a coexistência de título executivo extrajudicial (acórdão do TCU) e sentença condenatória em ação civil pública de improbidade que determinam o ressarcimento ao erário. O que não se permite é a constrição patrimonial além do efetivo prejuízo apurado. Assim, é possível a formação de dois títulos executivos, devendo ser observada a devida dedução do valor da obrigação que primeiramente foi executada no momento da execução do título remanescente.

3.4. Informativo n. 581. DIREITO ADMINISTRATIVO. PRAZO PARA O TCU EXIGIR COMPROVAÇÃO DE REGULAR APLICAÇÃO DE VERBAS FEDERAIS POR MEIO DE TOMADA DE CONTAS ESPECIAL.

É de cinco anos o prazo para o TCU, por meio de tomada de contas especial (Lei n. 8.443/1992), exigir do ex-gestor público municipal a comprovação da regular aplicação de verbas federais repassadas ao respectivo Município. De fato, não se olvida que as "ações de ressarcimento" são imprescritíveis, conforme dispõe § 5º do art. 37 da CF, o que tem sido observado e reiterado nos julgamentos do STJ, seja em sede de ação de improbidade com pedido de ressarcimento, seja em ação com o fim exclusivo de ressarcir o erário. **No entanto, a hipótese em análise não versa sobre o exercício do direito de ação, ou seja, de pedir ressarcimento perante o Poder Judiciário**. Diversamente, **trata da imputação de débito e aplicação de multa promovida pelo TCU, no exercício do seu poder/dever de velar pelas contas públicas, mediante atuação administrativa, oportunidade em que não há falar em exercício do direito de ação**. Trata-se de procedimento de controle das finanças públicas, de grande valia, a fim de constituir crédito não tributário, no caso de contas julgadas irregulares, com reconhecido status de título executivo extrajudicial, nos termos dos arts. 19, caput, e 24 da Lei n. 8.443/1992. Sob esse prisma, o ônus da prova do adequado e regular emprego das verbas públicas é imputado, como não poderia ser diferente, ao responsável pela utilização dos valores repassados pela União. Assim, a não comprovação da adequada aplicação dos recursos públicos traduz, apenas por presunção, a ocorrência de prejuízo ao erário e, consequentemente, a imputação do débito e multa ao gestor falho ou faltoso. E nesse ponto reside o principal fundamento para entender que a atuação administrativa está sujeita a prazo para a constituição do crédito não tributário. Isso porque, enquanto que na tomada de contas especial o ônus da prova incumbe ao responsável pela aplicação dos recursos repassados, característica intrínseca do processo de prestação ou tomada de contas; na ação de ressarcimento, imprescritível, o ônus da prova do efetivo prejuízo ao erário incumbe a quem pleiteia o ressarcimento, perante o Poder Judiciário. Dessa forma, não é razoável cogitar, mediante singelo raciocínio lógico, que ex-gestor público permaneça obrigado a provar que aplicou adequadamente verbas públicas após 30, 40 ou 50 anos dos fatos a serem provados, em flagrante vulneração dos princípios da segurança jurídica e da ampla defesa, bases do ordenamento jurídico, afinal é notória a instabilidade jurídica e a dificuldade, ou mesmo impossibilidade, de produção de provas após o decurso de muito tempo. **Lado outro, a imprescritibilidade das ações de ressarcimento visa, à evidência, o resguardo do patrimônio público a qualquer tempo. Nessa hipótese, conforme a**

dicção constitucional "ação de ressarcimento", o ônus da prova incumbe a quem alega a ocorrência do prejuízo ao erário e atribui responsabilidade ao seu causador, perante o Poder Judiciário. Assim, a exceção constitucional à regra da prescritibilidade pressupõe o exercício da jurisdição e a efetiva prova do prejuízo ao erário e da responsabilidade do seu causador, ônus de quem pleiteia. Caso contrário, admitir-se-ia Estado de Exceção, em que qualquer ex-gestor público demandado pelo TCU, em tomada de contas especial, estaria obrigado a provar, a qualquer tempo, mesmo que decorridas décadas, a adequada aplicação de verbas federais repassadas, independentemente da comprovação de efetivo prejuízo ao erário. Dessa forma, a atuação do TCU, mediante tomada de contas especial, atribuindo o ônus da prova a quem recebeu repasse de verbas públicas federais é legítimo e possível, nos termos da legislação, em especial a Lei n. 8.443/1992. Entretanto, a não sujeição dessa atuação a limite temporal conduziria a situações de profunda e grave perplexidade, contrárias ao Estado de Direito. Quanto ao prazo para a atuação do TCU, o art. 8º da Lei n. 8.443/1992, ao tratar do aspecto temporal na tomada de contas especial, apenas prevê que "**a autoridade administrativa competente, sob pena de responsabilidade solidária, deverá imediatamente adotar providências com vistas à instauração da tomada de contas especial para apuração de fatos, identificação dos responsáveis e quantificação do dano" no caso de "não comprovação da aplicação dos recursos repassados pela União".** Dessa forma, resulta imperativo o uso da analogia, como recurso de integração legislativa, conforme permissivo do art. 4º da LINDB, para o fim de aferir o prazo para o agir da Administração. Nesse passo, descarta-se, de pronto, a aplicação das regras gerais de prescrição previstas no Código Civil em virtude da especificidade do Direito Administrativo em face do Direito Privado. **Isso posto, verifica-se que, no âmbito do Direito Administrativo, o Decreto n. 20.910/1932, estabeleceu, como regra geral, o prazo prescricional quinquenal, quando o sujeito passivo da relação jurídica for a Fazenda Pública (art. 1º). E, na hipótese inversa, ou seja, quando o sujeito ativo for a Administração, o ordenamento jurídico somente previu regras específicas para determinadas ações administrativas, que se assemelham ao direito não regulado em questão**, como se extrai da análise dos arts. 173 e 174 do CTN, art. 142 da Lei n. 8.112/1990, art. 54 da Lei n. 9.784/1999, art. 23 da Lei n. 8.429/1992, art. 13, § 1º, da Lei n. 9.847/1999, art. 1º da Lei n. 6.838/1980, e, em especial, do art. 1º da Lei n. 9.873/1999. Percebe-se, da análise desses dispositivos, que o prazo máximo de cinco anos é uma constante para as hipóteses de decadência ou prescrição nas relações com o Poder Público, seja por meio de regra geral quando está no polo passivo da relação, seja por meio de inúmeras regras específicas quando está no polo ativo da relação jurídica. Dessa forma, não há motivo bastante para distinguir a hipótese dos autos ao das regras específicas similares, em que a Administração possui o prazo de 5 anos para apurar infrações, ou mesmo da regra geral que impõe o prazo de 5 anos para as ações dos administrados contra a Administração. Aliás, em hipótese similar à presente, porquanto ausente prazo decadencial específico no que concerne ao exercício do poder de polícia pela Administração, antes do advento da Lei n. 9.873/1999, a Primeira Seção do STJ, no julgamento do REsp 1.105.442-RJ (DJe 22/2/2011), sob o rito do art. 543-C do CPC/1973, assentou ser ele de 5 anos, valendo-se da aplicação analógica do art. 1º do Decreto n. 20.910/1932. **Isso posto, a tomada de contas especial está sujeita ao prazo decadencial de 5 anos desde quando exigível, limite temporal para que irregularidade nas contas gere presunção de prejuízo ao erário e importe na imputação do débito e multa ao responsável. Expirado esse prazo, ressalva-se a via judicial para eventual ação de ressarcimento, esta imprescritível, oportunidade em que deverá ser provado o efetivo prejuízo ao erário e a responsabilidade do acionado.** REsp 1.480.350-RS, Rel. Min. Benedito Gonçalves, julgado em 5/4/2016, DJe 12/4/2016.

Comentários

O precedente em análise trata da sensível questão atinente ao prazo decadencial para instauração do procedimento de Tomada de Contas Especial, pelo TCU. Ante o silêncio da Lei 8.443/1992 e o disposto no artigo 37, § 5º da Constituição, a Corte de origem entendeu ser imprescritível a atuação do TCU na hipótese.

A Primeira Turma do STJ, contudo, estabeleceu interessante distinção entre a Ação de Ressarcimento ao erário por ato de improbidade administrativa e o procedimento administrativo de tomada de contas especial de competência do TCU. Segundo o entendimento firmado, a imprescritibilidade da ação judicial de ressarcimento ao erário, prevista no artigo 37, § 5º da Carta Magna, não se estende ao procedimento de tomada de contas especial.

Aplica-se, analogicamente, segundo o entendimento da Corte, o prazo previsto no art. 1º do Decreto 20.910/1932.

Embora se trate de tema tormentoso, colhemos o seguinte julgado do STF (TEMA 857), firmado em sede de repercussão geral, acolhendo a imprescritibilidade tão somente das ações de ressarcimento ao erário por ato de improbidade administrativa:

> *DIREITO CONSTITUCIONAL. DIREITO ADMINISTRATIVO. RESSARCIMENTO AO ERÁRIO. IMPRESCRITIBILIDADE. SENTIDO E ALCANCE DO ART. 37, § 5 º, DA CONSTITUIÇÃO. 1. A prescrição é instituto que milita em favor da estabilização das relações sociais. 2. Há, no entanto, uma série de exceções explícitas no texto constitucional, como a prática dos crimes de racismo (art. 5º, XLII, CRFB) e da ação de grupos armados, civis ou militares, contra a ordem constitucional e o Estado Democrático (art. 5º, XLIV, CRFB). 3. O texto constitucional é expresso (art. 37, § 5º, CRFB) ao prever que a lei estabelecerá os prazos de prescrição para ilícitos na esfera cível ou penal, aqui entendidas em sentido amplo, que gerem prejuízo ao erário e sejam praticados por qualquer agente. 4. A Constituição, no mesmo dispositivo (art. 37, § 5º, CRFB) decota de tal comando para o Legislador as ações cíveis de ressarcimento ao erário, tornando-as, assim, imprescritíveis. 5.* ***São, portanto, imprescritíveis as ações de ressarcimento ao erário fundadas na prática de ato doloso tipificado na Lei de Improbidade Administrativa****. 6. Parcial provimento do recurso extraordinário para (i) afastar a prescrição da sanção de ressarcimento e (ii) determinar que o tribunal recorrido, superada a preliminar de mérito pela imprescritibilidade das ações de ressarcimento por improbidade administrativa, aprecie o mérito apenas quanto à pretensão de ressarcimento.*
>
> *(RE 852475, Relator(a): ALEXANDRE DE MORAES, Relator(a) p/ Acórdão: EDSON FACHIN, Tribunal Pleno, julgado em 08/08/2018, PROCESSO ELETRÔNICO REPERCUSSÃO GERAL – MÉRITO DJe-058 DIVULG 22-03-2019 PUBLIC 25-03-2019)*

Para mais informações, utilize o QR Code ao lado.

3.5. Informativo nº 549. DIREITO ADMINISTRATIVO. PREJUÍZO AO ERÁRIO *IN RE IPSA* NA HIPÓTESE DO ART. 10, VIII, DA LEI DE IMPROBIDADE ADMINISTRATIVA.

É cabível a aplicação da pena de ressarcimento ao erário nos casos de ato de improbidade administrativa consistente na dispensa ilegal de procedimento licitatório (art. 10, VIII, da Lei 8.429/1992) mediante fracionamento indevido do objeto licitado. De fato, conforme entendimento jurisprudencial do STJ, a existência de prejuízo ao erário é condição para determinar o ressarcimento ao erário, nos moldes do art. 21, I, da Lei 8.429/1992 (REsp 1.214.605-SP, Segunda Turma, DJe 13/6/2013; e REsp 1.038.777-SP, Primeira Turma, DJe 16/3/2011). **No caso, não há como concluir pela inexistência do dano, pois o prejuízo ao erário é inerente (in re ipsa) à conduta ímproba, na medida em que o Poder Público deixa de contratar a melhor proposta, por condutas de administradores**. Precedentes citados: REsp 1.280.321-MG, Segunda Turma, DJe 9/3/2012; e REsp 817.921-SP, Segunda Turma, DJe 6/12/2012. REsp 1.376.524-RJ, Rel. Min. Humberto Martins, julgado em 2/9/2014.

Comentários

É entendimento pacífico do STJ que a dispensa indevida de licitação acarreta dano presumido ao erário. Isto porque, em razão do ato de improbidade, a administração fica impossibilitada de contratar a proposta mais vantajosa. A propósito: AgInt no REsp 1743546 / PR; AgRg no REsp 1499706/SP, AgRg no AgRg no REsp 1.288.585/RJ, REsp 1.624.224/RS, REsp 1.685.214/MG REsp 1.376.524/RJ, REsp 1.280.321/MG.

Ocorre que o reconhecimento do ato de improbidade e a presunção do dano ao erário, para fins de ressarcimento, não devem levar ao enriquecimento sem causa da administração, por meio de aplicação de sanções desproporcionais. Por isso, no momento da fixação dos valores a serem ressarcidos, deve se levar em conta o valor básico dos serviços efetivamente prestados ou dos bens entregues em benefício da Administração Pública.

3.6. Informativo nº 0529. DIREITO ADMINISTRATIVO. IMPROBIDADE ADMINISTRATIVA POR VIOLAÇÃO AOS PRINCÍPIOS DA ADMINISTRAÇÃO PÚBLICA.

O atraso do administrador na prestação de contas, sem que exista dolo, não configura, por si só, ato de improbidade administrativa que atente contra os princípios da Administração Pública (art. 11 da Lei n. 8.429/92). Isso porque, para a configuração dessa espécie de ato de improbidade administrativa, **é necessária a prática dolosa de conduta que atente contra os princípios da Administração Pública**. Dessa forma, há improbidade administrativa na omissão dolosa do administrador, pois o dever de prestar contas está relacionado ao princípio da publicidade, tendo por objetivo dar transparência ao uso de recursos e de bens públicos por parte do agente estatal. Todavia, o simples atraso na entrega das contas, sem que exista dolo na espécie, não configura ato de improbidade. Precedente citado: REsp 1.307.925-TO, Rel. Segunda Turma, DJe 23/8/2012. AgRg no REsp 1.382.436-RN, Rel. Min. Humberto Martins, julgado em 20/8/2013.

Comentários

Nos termos do célebre voto proferido pelo Ministro Teori Albino Zavascky na Ação de Improbidade Administrativa nº30/AM, julgada pela Corte Especial do STJ em 2011, "*não se pode confundir improbidade com simples ilegalidade. A improbidade é ilegalidade tipificada e qualificada pelo elemento subjetivo da conduta do agente. Por isso mesmo, a jurisprudência do STJ considera indispensável, para a caracterização de improbidade, que a conduta do agente seja dolosa, para a tipificação das condutas descritas nos artigos 9º e 11 da Lei 8.429/92, ou pelo menos eivada de culpa grave, nas do artigo 10.*".

Portanto, pode-se afirmar que, inexistindo danos ao erário, para que esteja configurado o ato de improbidade administrativa, é preciso que a conduta esteja tipificada na Lei 8.429/1992 e tenha sido praticado com dolo. Sendo assim, o mero atraso na prestação de contas, à míngua de demonstração de má-fé ou dolo na omissão do gestor público, não configura ato de improbidade administrativa.

4. PRESCRIÇÃO

Informativo 571. DIREITO ADMINISTRATIVO. TERMO INICIAL DO PRAZO PRESCRICIONAL DA AÇÃO DE IMPROBIDADE ADMINISTRATIVA NO CASO DE REELEIÇÃO.

O prazo prescricional em ação de improbidade administrativa movida contra prefeito reeleito só se inicia após o término do segundo mandato, ainda que tenha havido descontinuidade entre o primeiro e o segundo mandato em razão da anulação de pleito eleitoral, com posse provisória do Presidente da Câmara, por determinação da Justiça Eleitoral, antes da reeleição do prefeito em novas eleições convocadas. De fato, a reeleição pressupõe mandatos consecutivos. A legislatura, por sua vez, corresponde, atualmente, a um período de quatro anos, no caso de prefeitos. O fato de o Presidente da Câmara Municipal ter assumido provisoriamente, conforme determinação da Justiça Eleitoral, até que fosse providenciada nova eleição, não descaracterizou a legislatura. Assim, prevalece o entendimento jurisprudencial pacífico desta Corte, no sentido de que, no caso de agente político detentor de mandato eletivo ou de ocupantes de cargos de comissão e de confiança inseridos no polo passivo da ação de improbidade administrativa, a contagem do prazo prescricional inicia-se com o fim do mandato. Exegese do art. 23, I, da Lei 8.429/1992. Nesse sentido: AgRg no AREsp 161.420-TO, Segunda Turma, DJe 14/4/2014. REsp 1.414.757-RN, Rel. Min. Humberto Martins, julgado em 6/10/2015, DJe 16/10/2015.

Comentários

Sabe-se que o prazo prescricional para ajuizamento da Ação de Improbidade Administrativa movida contra Prefeito inicia-se com a cessação do vínculo, ou seja, com o final do mandato eletivo. Esse é o entendimento que decorre da interpretação literal do artigo 23, I da Lei 8.429/1992.

No caso de reeleição, é entendimento pacífico do STJ que o prazo prescricional se inicia a partir do final do segundo mandato. Trata-se de entendimento antigo e firme na Corte, conforme atestam os seguintes julgados: AgRg no AREsp 161420-TO, REsp 1290824-MG, AgRg no REsp 1259432-PB, AgRg no AREsp 119023-MG, REsp 1836329 / CE, AgRg no REsp 1409468 / GO.

No caso em análise, a Segunda Turma apreciou a curiosa situação em que, entre o primeiro e o segundo mandato do prefeito, réu na ação de improbidade, houve um período em que o Presidente da Câmara Municipal assumiu provisoriamente o cargo, conforme determinação da Justiça Eleitoral, até que fosse providenciada nova eleição. Sendo certo que, no novo pleito, foi confirmada a reeleição do réu, o STJ entendeu que o período em que o cargo foi ocupado pelo Presidente da Câmara de Vereadores não descaracterizou a legislatura, razão pela qual manteve o entendimento pacífico de que o prazo prescricional somente iniciou após término do segundo mandato.

Ademais, assim como fez nas Reclamações 2.790 e 2.115, o STJ, no caso, reafirmou o seu posicionamento de que, excetuada a hipótese de atos de improbidade praticados pelo Presidente da República e Ministros de Estado em crimes conexos com os cometidos por aquele (o Presidente), não há norma alguma que proíba que os agentes políticos respondam por crimes de responsabilidade e por atos de improbidade. Tal entendimento, posteriormente, foi chancelado pelo STF (TEMA 576) em sede de repercussão geral:

> *"O processo e julgamento de prefeito municipal por crime de responsabilidade (Decreto-lei 201/67) não impede sua responsabilização por atos de improbidade administrativa previstos na Lei 8.429/1992, em virtude da autonomia das instâncias."*

5. AGENTES DO ATO DE IMPROBIDADE

5.1. Informativo 568. DIREITO ADMINISTRATIVO. POSSIBILIDADE DE APLICAÇÃO DA LEI DE IMPROBIDADE ADMINISTRATIVA A ESTAGIÁRIO.

O estagiário que atua no serviço público, ainda que transitoriamente, remunerado ou não, **está sujeito a responsabilização**

por ato de improbidade administrativa (Lei 8.429/1992). De fato, o conceito de agente público, constante dos artigos 2º e 3º da Lei 8.429/1992 (Lei de Improbidade Administrativa), **abrange não apenas os servidores públicos, mas todo aquele que exerce, ainda que transitoriamente ou sem remuneração, por eleição, nomeação, designação, contratação ou qualquer outra forma de investidura ou vínculo, mandato, cargo, emprego ou função na Administração Pública**. Assim, na hipótese em análise, o estagiário, que atua no serviço público, enquadra-se no conceito legal de agente público preconizado pela Lei 8.429/1992. Ademais, as disposições desse diploma legal são aplicáveis também àquele que, mesmo não sendo agente público, induza ou concorra para a prática do ato de improbidade ou dele se beneficie sob qualquer forma, direta ou indireta. Isso porque o objetivo da Lei de Improbidade não é apenas punir, mas também afastar do serviço público os que praticam atos incompatíveis com o exercício da função pública. REsp 1.352.035-RS, Rel. Min. Herman Benjamin, julgado em 18/8/2015, DJe 8/9/2015.

Comentários

A Lei 8.429/92 conceitua e apresenta o rol de sujeitos ativos a responderem por atos ímprobos, afirmando que a improbidade administrativa pode ser praticada por qualquer agente público, servidor ou não, contra a administração direta, indireta, fundacional ou autárquica de qualquer dos Poderes da União, Estados ou Municípios e de empresas incorporadas ao patrimônio público. Isto posto, aqueles que praticam ato de improbidade são agentes públicos. Importa-nos observar que também pode cometer ato de improbidade quem atua em nome da Administração Pública ainda que temporariamente e sem remuneração, conforme preceito do artigo 2º da referida lei.

> *Art. 2° Reputa-se agente público, para os efeitos desta lei, todo aquele que exerce, ainda que transitoriamente ou sem remuneração, por eleição, nomeação, designação, contratação ou qualquer outra forma de investidura ou vínculo, mandato, cargo, emprego ou função nas entidades mencionadas no artigo anterior.*

Portanto, nas palavras do E. Ministro relator:

> *"No mais, o conceito de agente público, constante dos artigos 2º e 3º da Lei 8.429/1992, abrange não apenas os servidores públicos, mas todo aquele que exerce, ainda que transitoriamente ou sem remuneração, por eleição, nomeação, designação, contratação ou qualquer outra forma de investidura ou vínculo, mandato, cargo, emprego ou função na Administração Pública.*
>
> *Assim, o estagiário que atua no serviço público, ainda que transitoriamente, remunerado ou não, se enquadra no conceito legal de agente público preconizado pela Lei 8.429/1992."*

5.2. Informativo nº 535. DIREITO ADMINISTRATIVO E PROCESSUAL CIVIL. AÇÃO DE IMPROBIDADE ADMINISTRATIVA AJUIZADA APENAS EM FACE DE PARTICULAR.

Não é possível o ajuizamento de ação de improbidade administrativa exclusivamente em face de particular, sem a concomitante presença de agente público no polo passivo da demanda. De início, ressalta-se que os particulares estão sujeitos aos ditames da Lei 8.429/1992 (LIA), não sendo, portanto, o conceito de sujeito ativo do ato de improbidade restrito aos agentes públicos. Entretanto, analisando-se o art. 3º da LIA, observa-se que o particular será incurso nas sanções decorrentes do ato ímprobo nas seguintes circunstâncias: a) induzir, ou seja, incutir no agente público o estado mental tendente à prática do ilícito; b) concorrer juntamente com o agente público para a prática do ato; e c) quando se beneficiar, direta ou indiretamente do ato ilícito praticado pelo agente público. Diante disso, é inviável o manejo da ação civil de improbidade exclusivamente contra o particular. Precedentes citados: REsp 896.044– PA, Segunda Turma, DJe 19/4/2011; REsp 1.181.300-PA, Segunda Turma, DJe 24/9/2010. REsp 1.171.017-PA, Rel. Min. Sérgio Kukina, julgado em 25/2/2014.

Comentários

Além dos agentes públicos, os particulares também podem responder por improbidade, desde que se beneficiem ou

concorram para a prática do ato. Dessa forma, a lei de improbidade não se aplica somente a agentes públicos, estabelecendo sanções a particulares, alheios à estrutura do Estado.

Assim estabelece o artigo 3º da Lei 8429/1992 – LIA:

> *Art. 3° As disposições desta lei são aplicáveis, no que couber, àquele que, mesmo não sendo agente público, **induza** ou **concorra** para a prática do ato de improbidade ou dele se **beneficie** sob qualquer forma direta ou indireta.*

Note-se que a lei, ao prever a figura do particular como praticante de ato de improbidade administrativa, refere-se àquele que induza, concorra ou se beneficie do ato ímprobo. Nas três situações legalmente previstas, a atuação do particular no ato de improbidade é coadjuvante à do agente público.

A Lei de Improbidade Administrativa, no seu artigo 2º valeu-se do mais amplo conceito de agente público, prevendo, ainda, a figura do agente público por equiparação.

> *Art. 2° Reputa-se agente público, para os efeitos desta lei, todo aquele que exerce, ainda que transitoriamente ou sem remuneração, por eleição, nomeação, designação, contratação ou qualquer outra forma de investidura ou vínculo, mandato, cargo, emprego ou função nas entidades mencionadas no artigo anterior.*

Vale ressaltar que todos os agentes que se enquadrem, de qualquer forma, em alguma das hipóteses do artigo 2º, para fins de responsabilização, são considerados agentes públicos, e respondem, ainda que isoladamente, pelos atos de improbidade que praticar.

Com respaldo nesse entendimento, o STJ refuta a possibilidade de o particular – aquele que não se enquadra nos artigos 1º e 2º da LIA – responder por ato de improbidade administrativa, salvo em litisconsórcio com agente público.

6. MEDIDAS CAUTELARES E ASPECTOS PROCESSUAIS DA AÇÃO DE IMPROBIDADE

6.1. Informativo nº 549. DIREITO ADMINISTRATIVO E PROCESSUAL CIVIL. REVISÃO EM RECURSO ESPECIAL DAS PENAS IMPOSTAS EM RAZÃO DA PRÁTICA DE ATO DE IMPROBIDADE ADMINISTRATIVA.

As penalidades aplicadas em decorrência da prática de ato de improbidade administrativa, caso seja patente a violação aos princípios da proporcionalidade e da razoabilidade, podem ser revistas em recurso especial. Nessa situação, não se aplica a Súmula 7 do STJ. EREsp 1.215.121-RS, Rel. Min. Napoleão Nunes Maia Filho, julgado em 14/8/2014.

Comentários

A regra geral, que decorre da melhor interpretação do enunciado do Súmula 7 do STJ, é de que o STJ não deve revolver a matéria fática necessária à revisão das penalidades aplicadas em sede de Ação de Improbidade Administrativa. Ocorre que, em situações extremas, nas quais se mostra patente a violação aos princípios da proporcionalidade e razoabilidade, o STJ costuma afastar a aplicação da Súmula 7 para promover a revisão das penalidades aplicadas pelas Cortes de origem.

Dessa forma, quando a decisão recorrida encerrar uma aplicação excessiva de penalidades, ou, no caso contrário, quando consagrar verdadeira impunidade admite-se a revisão do julgado pela via estreita do recurso especial.

6.2. Informativo nº 547. DIREITO ADMINISTRATIVO E PROCESSUAL CIVIL. REQUISITOS DA MEDIDA CAUTELAR DE INDISPONIBILIDADE DE BENS PREVISTA NO ART. 7º DA LEI 8.429/1992. RECURSO REPETITIVO (ART. 543-C DO CPC E RES. 8/2008-STJ).

É possível decretar, de forma fundamentada, medida cautelar de indisponibilidade de bens do indiciado **na hipótese em que existam fortes indícios acerca da prática de ato de improbidade lesivo ao erário**. De fato, o art. 7º da Lei 8.429/1992 (Lei de Improbidade Administrativa) instituiu medida cautelar de indisponibilidade de bens que apresenta caráter especial em relação à compreensão geral das medidas cautelares. Isso porque, para a decretação da referida medida, **embora se exija a demonstração de fumus boni iuris – consistente em fundados indícios da prática de atos de improbidade –, é desnecessária a prova de periculum in mora concreto – ou seja, de que os réus estariam dilapidando efetivamente seu patrimônio ou de que eles estariam na iminência de fazê-lo** (colocando em risco eventual ressarcimento ao erário). O requisito do periculum in mora estaria implícito no referido art. 7º, parágrafo único, da Lei 8.429/1992, que visa assegurar "o integral ressarcimento" de eventual prejuízo ao erário, o que, inclusive, atende à determinação contida no art. 37, § 4º, da CF (REsp 1.319.515-ES, Primeira Seção, DJe 21/9/2012; e EREsp 1.315.092-RJ, Primeira Seção, DJe 7/6/2013). **Ora, como a indisponibilidade dos bens visa evitar que ocorra a dilapidação patrimonial, não é razoável aguardar atos concretos direcionados à sua diminuição ou dissipação, na medida em que exigir a comprovação de que esse fato estaria ocorrendo ou prestes a ocorrer tornaria difícil a efetivação da medida cautelar em análise** (REsp 1.115.452-MA, 13 Segunda Turma, DJ 20/4/2010). Além do mais, o disposto no referido art. 7º em nenhum momento exige o requisito da urgência, reclamando apenas a demonstração, numa cognição sumária, de que o ato de improbidade causou lesão ao patrimônio público ou ensejou enriquecimento ilícito. REsp 1.366.721-BA, Rel. Min. Napoleão Nunes Maia Filho, Rel. para acórdão Min. Og Fernandes, julgado em 26/2/2014.

Comentários

As cautelares, em linhas gerais são medidas que visão garantir o resultado útil do processo. Tais medidas serão requeridas mediante a demonstração do *fumus boni iuris* e do *periculum in mora*. Em sede de Ação de Improbidade Administrativa, a medida cautelar de indisponibilidade de bens será aplicada como garantia de devolução, em caso de aplicação de penalidade de perda dos bens acrescidos ilicitamente. Saliente-se que, conforme entendimento pacificado no Superior Tribunal de Justiça a indisponibilidade de bens pode ser requerida na ação de improbidade com a simples demonstração de *fumus boni iuris.* Isso porque, o *periculum in mora* é presumido, nessas ações.

O artigo 7º da Lei de Improbidade Administrativa dispõe o seguinte:

> *Art. 7° Quando o ato de improbidade causar lesão ao patrimônio público ou ensejar enriquecimento ilícito, caberá a autoridade administrativa responsável pelo inquérito representar ao Ministério Público, para a indisponibilidade dos bens do indiciado.*
>
> *Parágrafo único. A indisponibilidade a que se refere o caput deste artigo recairá sobre bens que assegurem o integral ressarcimento do dano, ou sobre o acréscimo patrimonial resultante do enriquecimento ilícito.*

Sob o ponto de vista processual, importa frisar que, a lei ao prever a indisponibilidade de bens, não estabeleceu requisitos que remetam à ideia de urgência.

No precedente em questão, firmado sob o rito dos recursos repetitivos, colhe-se o seguinte trecho do voto do Ministro Og Fernandes, que proferiu o voto condutor da divergência:

> *"Com base nessas premissas, percebe-se que o sistema da Lei de Improbidade Administrativa admitiu, expressamente, a* ***tutela de evidência****. O disposto no art. 7º da aludida legislação, em nenhum momento, exige o requisito da urgência, reclamando, apenas, para o cabimento da medida, a demonstração, numa cognição sumária, de que o ato de improbidade causou lesão ao patrimônio público ou ensejou enriquecimento ilícito."*

No mesmo sentido entendeu o Ministro Mauro Campbell Marques:

> *"Por ser uma tutela sumária fundada em evidência, a medida constritiva não possui caráter sancionador nem antecipa a culpabilidade do agente, sendo reversível o provimento judicial que a deferir. Ressalte-se que a decretação da indisponibilidade de bens, mesmo sendo desnecessária a demonstração do "periculum in mora", não é medida automática, devendo ser adequadamente fundamentada pelo magistrado, sob pena de nulidade."*

Isto posto, o STJ, no julgamento em epígrafe, processado sob o rito dos recursos repetitivos, firmou-se a seguinte tese jurídica, encerrando o julgamento do TEMA 701.

> *"É possível a decretação da 'indisponibilidade de bens do promovido em Ação Civil Pública por Ato de Improbidade Administrativa, quando ausente (ou não demonstrada) a prática de atos (ou a sua tentativa) que induzam a conclusão de risco de alienação, oneração ou dilapidação patrimonial de bens do acionado, dificultando ou impossibilitando o eventual ressarcimento futuro"'.*

6.3. Informativo nº 533. DIREITO ADMINISTRATIVO E PROCESSUAL CIVIL. BLOQUEIO DE BENS EM VALOR SUPERIOR AO INDICADO NA INICIAL DA AÇÃO DE IMPROBIDADE.

Em ação de improbidade administrativa, é possível que se determine a indisponibilidade de bens (art. 7º da Lei 8.429/1992) – inclusive os adquiridos anteriormente ao suposto ato de improbidade – em valor superior ao indicado na inicial da ação visando a garantir o integral ressarcimento de eventual prejuízo ao erário, levando-se em consideração, até mesmo, o valor de possível multa civil como sanção autônoma. Isso porque a indisponibilidade acautelatória prevista na Lei de Improbidade Administrativa tem como finalidade a reparação integral dos danos que porventura tenham sido causados ao erário. REsp 1.176.440-RO, Rel. Min. Napoleão Nunes Maia Filho, julgado em 17/9/2013.

Comentários

A medida de indisponibilidade de bens prevista no Artigo 7º da Lei 8.429/1992 tem natureza cautelar, e visa assegurar o integral ressarcimento dos danos causados ao erário. Não há na legislação de regência da matéria qualquer referência aos bens sobre os quais deva recair a medida. Bastando que sejam respeitados os princípios da proporcionalidade e da razoabilidade, a medida deverá incidir sobre os bens necessários e suficientes ao integral ressarcimento aos cofres públicos, levando em consideração, inclusive, o valor estimado da multa civil.

Trata-se de entendimento sedimentado na Corte, aplicado até os dias atuais, conforme se vê nos seguintes arestos.

> *RECURSO ESPECIAL. PROCESSUAL CIVIL E ADMINISTRATIVO. IMPROBIDADE ADMINISTRATIVA. MANUTENÇÃO DA ORDEM DE INDISPONIBILIDADE RECAÍDA SOBRE MOTOCICLETA E IMÓVEIS. IMPOSSIBILIDADE DE REVISÃO. INCIDÊNCIA DA SÚMULA N. 7/STJ. BEM DE FAMÍLIA. POSSIBILIDADE DE RESTRIÇÃO. SÚMULA N. 83/STJ.*
>
> *I – Trata-se, na origem, de agravo de instrumento interposto contra decisão proferida nos autos de improbidade administrativa, ajuizada pelo Ministério Público do Estado de Santa Catarina, que indeferiu a limitação da ordem de indisponibilidade a um único imóvel dos agravados. A decisão foi parcialmente reformada pelo Tribunal de origem. Contra o acórdão, os réus opuseram embargos de declaração, os quais foram desprovidos. Inconformados, os réus interpuseram o presente recurso especial, admitido pelo Tribunal a quo.*
>
> *II – Porquanto constatou o Tribunal de origem que os requisitos para a manutenção da indisponibilidade de bens estão presentes, é fácil perceber que, existindo qualquer passo além daqui, esta Corte Superior estaria revolvendo matéria probatória para funcionar como terceira instância na análise de fatos – dando-se de frente com o enunciado da Súmula n. 7/STJ. Afinal de contas, a função institucional do Superior Tribunal de Justiça é promover a interpretação com larga amplitude da Legislação Federal infraconstitucional a partir do desenho de fato já traçado pela instância recorrida. Ao lado do Supremo Tribunal Federal, funciona como autêntica Corte de Precedentes.*
>
> *III – O Superior Tribunal de Justiça possui entendimento consolidado no sentido de que a decretação de indisponibilidade de bens* ***pode recair sobre bem de família****, Súmula n. 83/STJ. Precedentes: AgInt no REsp n. 1.772.897/ES, Rel. Ministro Sérgio Kukina, Primeira Turma, julgado em 5/12/2019, DJe 16/12/2019; AgInt no REsp n. 1.633.282/SC, Rel. Ministro Francisco Falcão, Segunda Turma, julgado em 20/6/2017, DJe 26/6/2017; EDcl no AgRg no REsp n. 1.351.825/BA, Rel. Ministro Og Fernandes, Segunda Turma, julgado em 22/9/2015, DJe 14/10/2015.*
>
> *IV – Recurso especial não conhecido.*
>
> *(REsp 1837848/SC, Rel. Ministro FRANCISCO FALCÃO, SEGUNDA TURMA, julgado em 05/03/2020, DJe 10/03/2020)*

> *ADMINISTRATIVO. PROCESSUAL CIVIL. AGRAVO INTERNO NO RECURSO ESPECIAL. IMPROBIDADE ADMINISTRATIVA. LEI Nº 8.429/92. INDISPONIBILIDADE DE BEM DE FAMÍLIA ADQUIRIDO ANTERIORMENTE À PRÁTICA DOS ATOS TIDOS COMO ÍMPROBOS. POSSIBILIDADE.*
>
> *1. A medida de indisponibilidade de bens de que trata a Lei nº 8.429/92 tem natureza cautelar e visa assegurar a efetividade das sanções pecuniárias que venham a integrar a futura e eventual condenação do réu,* ***não sendo equiparada à expropriação de bens****. Nesse contexto, a indisponibilidade pode recair sobre bens adquiridos antes ou depois dos fatos descritos na inicial, bem como sobre bens de família. Precedentes.*
>
> *2. Agravo interno desprovido.*
>
> *(AgInt no REsp 1772897/ES, Rel. Ministro SÉRGIO KUKINA, PRIMEIRA TURMA, julgado em 05/12/2019, DJe 16/12/2019)*

Como dito, a indisponibilidade não se restringe aos bens considerados como produtos do ilícito, tampouco aos bens adquiridos após a ocupação do cargo público em que ocorreu o ato ímprobo. A medida acautelatória abrange tantos bens quantos bastem à integral satisfação das sanções pecuniárias que venham a ser impostas ao réu.

Vale ressaltar que, a teor dos julgados acima citados, o STJ vem admitindo a incidência da cautelar de indisponibilidade sobre bens de família, justamente por não se tratar de medida expropriatória. Entretanto, ainda não há julgados tratando da expropriação de tais bens ao final do processo. Destarte, ainda não há definição jurisprudencial sobre as hipóteses em que o bem de família poderá ser expropriado, considerando-se a regra expressa de impenhorabilidade estampada no artigo 832 do CPC.

CAPÍTULO 8

BENS PÚBLICOS

1. SÚMULAS

Súmula nº 103 – Incluem-se entre os imóveis funcionais que podem ser vendidos os administrados pelas forças armadas e ocupados pelos servidores civis.

Comentários

A Lei 8.025/1990 fez distinção entre os imóveis administrados pelas Forças Armadas ocupados por civis, dos imóveis, sob mesma administração, ocupados por militares. Os imóveis ocupados por militares, em razão da sua indispensabilidade, não foram incluídos na autorização legal concedida ao Poder Executivo para alienação a particulares.

A Lei 8.025/1990, nos termos do artigo 6º, garante ao legítimo ocupante do imóvel funcional o direito de adquiri-lo pelo valor de mercado previamente à publicação do Edital de concorrência pública.

Súmula nº 238 – A avaliação da indenização devida ao proprietário do solo, em razão de alvará de pesquisa mineral, é processada no juízo estadual da situação do imóvel.

Súmula 496 – Os registros de propriedade particular de imóveis situados em terrenos de marinha não são oponíveis à União. (Súmula 496, PRIMEIRA SEÇÃO, julgado em 08/08/2012, DJe 13/08/2012)

Comentários

Como se sabe os terrenos de marinha são de propriedade originária da União, nos termos do artigo 20, VII da Constituição Federal. Tratando-se de propriedade originária da União, os terrenos de marinha nunca estiveram em propriedade de terceiros. Não obstante a referência ao artigo 20, VII da Constituição Federal, os terrenos de marinha pertencem à União desde a criação do estado brasileiro. Portanto, qualquer título de propriedade porventura ostentado por particular garante, no máximo, presunção relativa de propriedade ao seu titular a quem caberá não apenas provar a propriedade, mas, também, que o referido bem não está situado em terreno de marinha.

Súmula nº 619 – A ocupação indevida de bem público configura mera detenção, de natureza precária, insuscetível de retenção ou indenização por acessões e benfeitorias. (Súmula 619, CORTE ESPECIAL, julgado em 24/10/2018, DJe 30/10/2018)

Comentários

A jurisprudência do Superior Tribunal de Justiça vem-se manifestando no sentido de que a utilização de bens públicos não induz posse, tratando-se de mera detenção pelo particular. Logo, não seria possível a utilização dos meios de defesa possessória por esse particular para proteger sua utilização.

Segundo o artigo 1.196 do CC. Considera-se possuidor todo aquele que tem de fato o exercício, pleno ou não, de algum dos poderes inerentes à propriedade. Já o art. 1.219, do mesmo diploma legal, reconheceu o direito à indenização pelas benfeitorias úteis e necessárias, no caso do possuidor de boa-fé, além do direito de retenção. Senão veja-se:

> Art. 1.219. O possuidor de boa-fé tem direito à indenização das benfeitorias necessárias e úteis, bem como, quanto às voluptuárias, se não lhe forem pagas, a levantá-las, quando o puder sem detrimento da coisa, e poderá exercer o direito de retenção pelo valor das benfeitorias necessárias e úteis.

*Dessa forma, a Corte afastando qualquer possibilidade de reconhecimento de boa-fé, não reconhece qualquer direito sobre o imóvel, tampouco à indenização por benfeitorias ao **mero detentor** de terras públicas.*

Nesse sentido trazemos à colação a ementa do REsp 184075/DF, recentemente relatado pelo Ministro Herman Benjamin, publicado no informativo nº 0671, que trata da ocupação ilegal de bens de uso comum do povo por comerciantes:

> *PROCESSUAL CIVIL E DIREITO URBANÍSTICO. QUIOSQUES E TRAILERS SOBRE CALÇADA. CIDADES SUSTENTÁVEIS. ART. 2º, I, DA LEI 10.257/2001 (ESTATUTO DA CIDADE). BEM PÚBLICO DE USO COMUM DO POVO. ART. 99, I, DO CÓDIGO CIVIL. ANEXO I DO CÓDIGO DE TRÂNSITO BRASILEIRO. SÚMULA 619/STJ. INAPLICABILIDADE DO PRINCÍPIO DA CONFIANÇA. FISCALIZAÇÃO DA AGEFIS. PODER DE POLÍCIA. DIREITO LOCAL. SÚMULA 280/STF.*
>
> *1. Os recorrentes pretendem manter quiosques e trailers comerciais que instalaram sobre calçadas. Incontroverso que a área em disputa é de uso público e que tanto a ocupação do terreno como a atividade comercial em si carecem de regular aprovação estatal, por ausência de licitação e licenciamento. Buscando impedir ações concretas de desocupação, ajuizaram "ação de impugnação de notificação com pedido liminar", julgada procedente em primeira instância para determinar à Agência de Fiscalização do Distrito Federal (Agefis) que "se abstenha de proceder a interdição e atos demolitórios dos quiosques objetos da lide", decisão essa reformada pelo Tribunal de Justiça.*
>
> *2. O cerne da controvérsia nos autos foi solucionado pelo Tribunal de origem com fundamento na legislação local (Leis Distritais 4.150/2008 e 4.257/2008; e Decreto Distrital 38.555/2017). Logo, nesse ponto, a revisão da decisão recorrida encontra óbice na Súmula 280 do STF. Por outro lado, o Superior Tribunal de Justiça entende que a análise da divergência jurisprudencial fica prejudicada quando a tese sustentada já foi afastada no exame do Recurso Especial pela alínea "a" do permissivo constitucional. No mais, o acórdão recorrido está em consonância com a jurisprudência do STJ sobre ocupação ilícita de bens e terrenos públicos, urbanos ou rurais.*
>
> *3. Em cidades tomadas por veículos automotores, a maior parte deles a serviço de minoria privilegiada, calçadas integram o*

mínimo existencial de espaço público dos pedestres, a maioria da população.

Na qualidade de genuínas artérias de circulação dos que precisam ou preferem caminhar, constituem expressão cotidiana do direito de locomoção. No Estado Social de Direito, o ato de se deslocar a pé em segurança e com conforto qualifica-se como direito de todos, com atenção redobrada para a acessibilidade dos mais vulneráveis, aí incluídos idosos, crianças e pessoas com deficiência. Mister atinar que, no dia a dia da cidade contemporânea, o universo complexo da mobilidade urbana reserva papel crítico às calçadas, não se esgotando no fluxo de carros e na construção de ruas, avenidas, estradas, pontes e viadutos.

4. No Direito, calçadas compõem a família dos bens públicos, consoante o art. 99, I, do Código Civil. O Anexo I do Código de Trânsito Brasileiro distingue entre calçada e passeio. Juridicamente falando, as duas noções são próximas; e a distinção, tênue, pois o legislador qualificou o passeio como "parte da calçada". Na hipótese dos autos, o que se vê, em plena capital da República, é exemplo (o pior possível para o resto do Brasil) de brutal apropriação de calçadas para usos particulares destituídos de função ou benefício social, atributo inseparável da classe dos bens públicos.

5. Em País ainda marcado pela ferida aberta das favelas e por fração significativa de pessoas vivendo ao relento, sem teto, poderia soar irrealista esperar que o Judiciário se preocupe com a existência, conservação e proteção de calçadas. Nada mais equivocado, no entanto, pois o autêntico juiz se revela quando decide questões jurídicas que, embora aparentem atrelamento a dificuldades do presente ou a concepções obsoletas do passado, se projetam sobre as gerações futuras. E, não é segredo, calçadas e cidades do amanhã se formam no seio do caos urbano da nossa época, mesmo que ainda não passem de esqueletos imperfeitos à espera, mais adiante, de corpo imaginado ou de destino prometido pela Constituição e pelas leis.

Essa exatamente a expectativa que o Estatuto da Cidade deposita – se faltar ou falhar ação administrativa ou sobrar cobiça individual – no Judiciário brasileiro, ao prescrever que a Política Urbana deve garantir o "direito a cidades sustentáveis", em favor das "presentes e futuras gerações" (Lei 10.257/2001, art. 2º, I).

6. Segundo jurisprudência pacífica do STJ, a ninguém é lícito ocupar espaço público (calçada, in casu), exceto se estritamente conforme à legislação e após regular procedimento administrativo. A Administração dispõe de dever-poder de revisão de ofício de seus atos, exercitável a qualquer momento, mais ainda quando o ato administrativo de qualquer tipo for emitido em caráter provisório ou precário, com realce para o urbanístico, ambiental e sanitário.

Além disso, é interditado atribuir efeitos permanentes a alvará provisório: "A ocupação indevida de bem público configura mera detenção, de natureza precária, insuscetível de retenção ou indenização por acessões e benfeitorias" (Súmula 619/STJ, Corte Especial).

7. Se o apossamento do espaço urbano público ocorre ilegalmente, incumbe ao administrador, sob risco de cometimento de improbidade e infração disciplinar, proceder à imediata demolição de eventuais construções irregulares e à desocupação de bem turbado ou esbulhado.

Em rigor, evidenciaria despropósito estabelecer, no Código de Trânsito Brasileiro (art. 181, VIII, e art. 182, VI, respectivamente), sanção administrativa de multa para quem estacionar veículo no passeio (infração grave) e mesmo para quem nele simplesmente parar por minutos (infração leve) e, ao mesmo tempo, admitir a sua ocupação ilícita ou duradoura para fins comerciais (quiosques, trailers) ou com construções privadas, pouco importando a espécie.

8. O princípio da confiança não socorre quem, em sã consciência ou assumindo os riscos de sua conduta, ocupa ou usa irregularmente bem público, irrelevante haja pagamento de tributos e outros encargos, pois prestação pecuniária não substitui licitação e licenciamento.

Em tais circunstâncias, o que se tem é – no extremo oposto da régua ético-jurídica – confiança na impunidade, confiança derivada da impunidade e confiança que fomenta a impunidade, exatamente a perversão da ordem democrática de direito.

9. Recurso Especial parcialmente conhecido e, nesta parte, não provido.

(REsp 1846075/DF, Rel. Ministro HERMAN BENJAMIN, SEGUNDA TURMA, julgado em 03/03/2020, DJe 18/05/2020)

Para mais informações, utilize o QR Code ao lado.

2. UTILIZAÇÃO DE BENS PÚBLICOS

2.1. Informativo n. 554. DIREITO ADMINISTRATIVO. OBTENÇÃO DE RECEITA ALTERNATIVA EM CONTRATO DE CONCESSÃO DE RODOVIA.

Concessionária de rodovia pode cobrar de concessionária de energia elétrica pelo uso de faixa de domínio de rodovia para a instalação de postes e passagem de cabos aéreos efetivadas com o intuito de ampliar a rede de energia, na hipótese em que o contrato de concessão da rodovia preveja a possibilidade de obtenção de receita alternativa decorrente de atividades vinculadas à exploração de faixas marginais. O caput do art. 11 da Lei 8.987/1995 (Lei de Concessões e Permissões) prescreve que, "No atendimento às peculiaridades de cada serviço público, **poderá o poder concedente prever, em favor da concessionária, no edital de licitação, a possibilidade de outras fontes provenientes de receitas alternativas, complementares, acessórias ou de projetos associados, com ou sem exclusividade, com vistas a favorecer a modicidade das tarifas, observado o disposto no art. 17 desta Lei**". Ressalte-se que, como a minuta do contrato de concessão deve constar no edital – conforme dispõe o art. 18, XIV, da Lei 8.987/1995 –, o mencionado art. 11, ao citar "no edital", não inviabiliza que a possibilidade de aferição de outras receitas figure apenas no contrato, haja vista se tratar de parte integrante do edital. Sendo assim, desde que haja previsão no contrato de concessão da rodovia, permite-se a cobrança, a título de receita alternativa, pelo uso de faixa de domínio, ainda que a cobrança recaia sobre concessionária de serviços de distribuição de energia elétrica. Ademais, havendo previsão contratual, não há como prevalecer o teor do art. 2º do Decreto 84.398/1980 em detrimento do referido art. 11 da Lei 8.987/1995. Precedente citado: REsp 975.097-SP, Primeira Seção,

DJe 14/5/2010. EREsp 985.695-RJ, Rel. Min. Humberto Martins, julgado em 26/11/2014, DJe 12/12/2014.

Comentários

No precedente em epígrafe, a Primeira Seção debate acerca do alcance da extensão interpretativa do artigo 11 da Lei 8.987/1995, Lei das Concessões, que assim dispõe:

> *Art. 11. No atendimento às peculiaridades de cada serviço público, poderá o poder concedente prever, em favor da concessionária, no edital de licitação, a possibilidade de outras fontes provenientes de receitas alternativas, complementares, acessórias ou de projetos associados, com ou sem exclusividade, com vistas a favorecer a modicidade das tarifas, observado o disposto no art. 17 desta Lei.*
>
> *Parágrafo único. As fontes de receita previstas neste artigo serão obrigatoriamente consideradas para a aferição do inicial equilíbrio econômico-financeiro do contrato.*

No caso em análise, foi reconhecida a possibilidade jurídica de concessionária de rodovia cobrar de concessionária de energia elétrica pelo uso da faixa de domínio para instalação de linhas de transmissão.

Vale ressaltar que o Decreto n. 84.398/1980 prevê o seguinte:

> *Art. 1º – A ocupação de faixas de domínio de rodovias, ferrovias e de terrenos de domínio público, e a travessia de hidrovias, rodovias, ferrovias, oleodutos e linhas de transmissão de energia elétrica de outros concessionários, por linhas de transmissão, subtransmissão e distribuição de energia elétrica de concessionários de serviços públicos de energia elétrica, serão autorizadas pelo órgão público federal, estadual ou municipal ou entidade competente, sob cuja jurisdição estiver a área a ser ocupada ou atravessada. (Redação dada pelo Decreto nº 86.859, de 1982)*
>
> *Parágrafo único – Para os fins do disposto neste artigo, será considerada entidade competente a pessoa física ou jurídica que, em razão de concessão, autorização ou permissão, for titular dos direitos relativos à via de transporte, auto ou linha a ser atravessada, ou a ter a respectiva faixa de domínio ocupada. (Incluído pelo Decreto nº 86.859, de 1982)*

> *Art. 2º – Atendidas as exigências legais e regulamentares referentes aos respectivos projetos, as autorizações serão por prazo indeterminado e sem ônus para os concessionários de serviços públicos de energia elétrica.*

Em que pese a Corte não tenha se manifestado, expressamente, sobre a revogação tácita do Decreto n.84.398/1980, prevaleceu o entendimento amparado no texto da Lei de Concessões, que autoriza, desde que prevista no contrato, a cobrança às concessionárias de energia elétrica pelo uso das faixas de domínio das rodovias em regime de concessão.

3. PATRIMÔNIO DA UNIÃO FEDERAL

Informativo n. 589. DIREITO ADMINISTRATIVO. NULIDADE DE CONTRATO DE COMPRA E VENDA DE IMÓVEL PERTENCENTE À UNIÃO.

É nulo o contrato firmado entre particulares de compra e venda de imóvel de propriedade da União quando ausentes o prévio recolhimento do laudêmio e a certidão da Secretaria do Patrimônio da União (SPU), ainda que o pacto tenha sido registrado no Cartório competente. Para melhor compreensão da controvérsia, transcreve-se o art. 3º do Decreto-Lei n. 2.398/1987, que dispõe sobre foros, laudêmios e taxas de ocupação relativas a imóveis de propriedade da União, e dá outras providências: "Art. 3º A transferência onerosa, entre vivos, do domínio útil e da inscrição de ocupação de terreno da União ou cessão de direito a eles relativos dependerá do prévio recolhimento do laudêmio, em quantia correspondente a 5% (cinco por cento) do valor atualizado do domínio pleno do terreno, excluídas as benfeitorias. § 1º As transferências parciais de aforamento ficarão sujeitas a novo foro para a parte desmembrada. § 2º Os Cartórios de Notas e Registro de Imóveis, sob pena de responsabilidade dos seus respectivos titulares, não lavrarão nem registrarão escrituras relativas a bens imóveis de propriedade da União, ou que contenham, ainda que parcialmente, área de seu domínio: I – sem certidão da Secretaria do Patrimônio da União – SPU que declare: a) ter o interessado recolhido o laudêmio devido, nas transferências onerosas entre vivos; b) estar o transmitente em dia, perante o Patrimônio da União, com as obrigações relativas ao imóvel objeto da transferência; e c) estar autorizada a transferência do imóvel, em virtude de não se encontrar em área de interesse do serviço público; II – sem a observância das normas estabelecidas em regulamento". Os bens públicos podem ser classificados como bens de uso comum do povo, bens de uso especial e bens dominicais. A diferença principal entre eles reside no fato de que as duas primeiras espécies possuem destinação pública, enquanto a terceira não a possui. **Os terrenos pertencentes à União são bens públicos, apesar de os bens dominicais terem destinação precipuamente particular. Seguindo o escólio de doutrina "o regime dos bens dominicais é parcialmente público e parcialmente privado". Por isso, deve-se ter consciência de que a sua natureza não é exclusivamente patrimonial, pois a Administração Pública não deseja apenas auferir renda, mas também observar o interesse coletivo representado pelo domínio direto do imóvel**. Conforme explicitado, os bens dominicais possuem especificidades com relação à propriedade privada, que é regulada exclusivamente pelo Código Civil. Dentre elas, existe o direito de transferir onerosamente o domínio útil do imóvel mediante o pagamento de laudêmio, pois se trata, como dito alhures, de relação de natureza híbrida. Portanto, **o contrato de compra e venda desses imóveis deve se revestir de formalidades sem as quais se desnatura a sua natureza jurídica**. Logo, não é somente o pagamento do laudêmio que diferencia essa espécie de transferência onerosa entre vivos, **mas, e, principalmente, a autorização da União para a realização do negócio jurídico**. Como se trata de bem público de interesse da União, ela deve acompanhar de perto, por meio da SPU, a realização de sua transferência, pois, como dispõe a lei, pode ocorrer a vinculação do imóvel ao serviço público. Ademais, os Cartórios de Registro de Imóveis têm a obrigação de não lavrar nem registrar escrituras relativas a bens imóveis de propriedade da União sem a certidão da SPU, sob pena de responsabilidade dos seus titulares. Precedente citado: REsp 1.201.256-RJ, Primeira Turma, DJe 22/2/2011. REsp 1.590.022-MA, Rel. Min. Herman Benjamin, por unanimidade, julgado em 9/8/2016, DJe 8/9/2016.

Comentários

Conforme o Decreto-Lei 9.760/1946, os bens imóveis da União são dos mais diversos tipos. Vejamos:

> Art. 1º Incluem-se entre os bens imóveis da União:
>
> a) os terrenos de marinha e seus acréscidos ;
>
> b) os terrenos marginais dos rios navegáveis, em Territórios Federais, se, por qualquer título legítimo, não pertencerem a particular;
>
> c) os terrenos marginais de rios e as ilhas nestes situadas na faixa da fronteira do território nacional e nas zonas onde se faça sentir a influência das marés;
>
> d) as ilhas situadas nos mares territoriais ou não, se por qualquer título legítimo não pertencerem aos Estados, Municípios ou particulares;
>
> e) a porção de terras devolutas que fôr indispensável para a defesa da fronteira, fortificações, construções militares e estradas de ferro federais;
>
> f) as terras devolutas situadas nos Territórios Federais;
>
> g) as estradas de ferro, instalações portuárias, telégrafos, telefones, fábricas oficinas e fazendas nacionais;
>
> h) os terrenos dos extintos aldeamentos de índios e das colônias militares, que não tenham passado, legalmente, para o domínio dos Estados, Municípios ou particulares;
>
> i) os arsenais com todo o material de marinha, exército e aviação, as fortalezas, fortificações e construções militares, bem como os terrenos adjacentes, reservados por ato imperial;
>
> j) os que foram do domínio da Coroa;
>
> k) os bens perdidos pelo criminoso condenado por sentença proferida em processo judiciário federal;
>
> l) os que tenham sido a algum título, ou em virtude de lei, incorporados ao seu patrimônio.

Os bens públicos podem ser classificados como bens de uso comum do povo, bens de uso especial e bens dominicais. O precedente ora em análise, trata das relações jurídicas travadas entre o Poder Público e os particulares em decorrência da ocupação dos bens dominicais da União. A diferença principal entre as três espécies de bens públicos reside no fato de que os bens de uso comum do povo e os bens de uso especial possuem destinação pública, enquanto os bens dominicais, em regra, são utilizados por particulares.

Com efeito, por meio da enfiteuse legalmente constituída, o ente público transfere a uma pessoa a titularidade do domínio útil do bem, que consiste na possibilidade de usar, fruir, dispor e reaver o bem. Em outras palavras, com a transferência do domínio útil, todas as faculdades do domínio são passadas ao enfiteuta, restando somente ao proprietário (titular do domínio real) o direito ao pagamento de foro anual e de laudêmio em caso de alienação do domínio útil a terceiros.

Em decorrência da transferência do domínio útil dos bens dominicais, a União permanece no exercício do poder-dever de controlar a ocupação do seu patrimônio, além de fazer jus à percepção do foro e do laudêmio. Portanto, a transferência do domínio útil depende de autorização da Superintendência do Patrimônio da União – SPU, sob pena de nulidade do negócio jurídico. Isto porque, o particular não é proprietário do bem e, por isso deve satisfações à SPU que, não apenas tem o dever de arrecadar as receitas dominicais, mas, e, principalmente, de administrar todo o acervo de bens da União, no que se inclui o cadastro dos ocupantes.

CAPÍTULO 9

INTERVENÇÃO DO ESTADO NA PROPRIEDADE

1. SÚMULAS

Súmula nº 12 - Em desapropriação, são cumuláveis juros compensatórios e moratórios.

Comentários

Este enunciado deve ser estudado à luz do disposto na Súmula Vinculante 17 do STF. Vejamos:

> ***Súmula vinculante 17***
>
> *Durante o período previsto no parágrafo 1º do artigo 100 da Constituição, não incidem juros de mora sobre os precatórios que nele sejam pagos.*

Portanto, não se cogita em incidência de juros de mora antes de esgotado o prazo constitucional para pagamento do precatório. Antes disso a Fazenda Pública não pode ser considerada em mora.

Ressalte-se ainda, que foi julgado pela Primeira Seção o REsp 1118103/SP, da relatoria do Ministro Teori Albino Zavascky, sob o rito dos recursos repetitivos, assim ementado:

> *ADMINISTRATIVO. DESAPROPRIAÇÃO. JUROS MORATÓRIOS E COMPENSATÓRIOS. INCIDÊNCIA. PERÍODO. TAXA. REGIME ATUAL. DECRETO-LEI 3.365/41, ART. 15-B. ART. 100, § 12 DA CF (REDAÇÃO DA EC 62/09). SÚMULA VINCULANTE 17/STF. SÚMULA 408/STJ.*
>
> *1. Conforme prescreve o art. 15-B do Decreto-lei 3.365/41, introduzido pela Medida Provisória 1.997-34, de 13.01.2000, o termo inicial dos juros moratórios em desapropriações é o dia "1º de janeiro do exercício seguinte àquele em que o pagamento deveria*

ser feito, nos termos do art. 100 da Constituição". É o que está assentado na jurisprudência da 1ª Seção do STJ, em orientação compatível com a firmada pelo STF, inclusive por súmula vinculante (Enunciado 17).

2. Ao julgar o REsp 1.111.829/SP, DJe de 25/05/2009, sob o regime do art. 543-C do CPC, a 1ª Seção do STJ considerou que os juros compensatórios, em desapropriação, são devidos no percentual de 12% ao ano, nos termos da Súmula 618/STF, exceto no período compreendido entre 11.06.1997 (início da vigência da Medida Provisória 1.577, que reduziu essa taxa para 6% ao ano), até 13.09.2001 (data em que foi publicada decisão liminar do STF na ADIn 2.332/DF, suspendendo a eficácia da expressão "de até seis por cento ao ano", do caput do art. 15-A do Decreto-lei 3.365/41, introduzido pela mesma MP). Considerada a especial eficácia vinculativa desse julgado (CPC, art. 543-C, § 7º), impõe-se sua aplicação, nos mesmos termos, aos casos análogos. A matéria está, ademais, sumulada pelo STJ (Súmula 408).

3. Segundo jurisprudência assentada por ambas as Turmas da 1ª Seção, os juros compensatórios, em desapropriação, somente incidem até a data da expedição do precatório original. Tal entendimento está agora também confirmado pelo § 12 do art. 100 da CF, com a redação dada pela EC 62/09. Sendo assim, não ocorre, no atual quadro normativo, hipótese de cumulação de juros moratórios e juros compensatórios, eis que se tratam de encargos que incidem em períodos diferentes: os juros compensatórios têm incidência até a data da expedição de precatório, enquanto que os moratórios somente incidirão se o precatório expedido não for pago no prazo constitucional.

4. Recurso especial parcialmente provido. Recurso sujeito ao regime do art. 543-C do CPC.

(REsp 1118103/SP, Rel. Ministro TEORI ALBINO ZAVASCKI, PRIMEIRA SEÇÃO, julgado em 24/02/2010, DJe 08/03/2010)

Na ocasião foram firmadas as seguintes teses repetitivas:

"O termo inicial dos juros moratórios em desapropriações é o dia 1º de janeiro do exercício seguinte àquele em que o pagamento deveria ser feito.

Os juros compensatórios, em desapropriação, somente incidem até a data da expedição do precatório original (...), não havendo hipótese de cumulação de juros moratórios com juros compensatórios".

Dessa forma, entendemos que, em desapropriação, incidem juros moratórios e juros compensatórios, porém em períodos distintos.

Súmula nº 56 – Na desapropriação para instituir servidão administrativa são devidos os juros compensatórios pela limitação de uso da propriedade.

Súmula nº 67 – Na desapropriação, cabe a atualização monetária, ainda que por mais de uma vez, independente do decurso de prazo superior a um ano entre o cálculo e o efetivo pagamento da indenização.

Comentários

Vide Súmula 561 do STF:

> *Em desapropriação, é devida a correção monetária até a data do efetivo pagamento da indenização, devendo proceder-se à atualização do cálculo, ainda que por mais de uma vez.*

Súmula nº 69 – Na desapropriação direta, os juros compensatórios são devidos desde a antecipada imissão na posse e, na desapropriação indireta, a partir da efetiva ocupação do imóvel.

Comentários

A regra relativa aos juros compensatórios é que eles incidem desde o momento em que o proprietário perde a posse do bem. Isto porque, os juros compensatórios servem para compensar o expropriado pelos danos patrimoniais que experimentou, não havendo que se falar em qualquer dano antes da perda da posse.

Súmula nº 70 – Os juros moratórios, na desapropriação direta ou indireta, contam-se desde o trânsito em julgado da sentença.

Comentários

O STF editou a Súmula Vinculante n. 17, superando o enunciado em questão. vejamos:

> ***Súmula vinculante 17***
>
> *Durante o período previsto no parágrafo 1º do artigo 100 da Constituição, não incidem juros de mora sobre os precatórios que nele sejam pagos.*

Os juros moratórios incidem a partir de quando se verifica a mora, e, no caso da Fazenda Pública, somente se verifica a mora a partir do final do prazo constitucional para pagamento do precatório.

Vale lembrar, contudo, que, quando a desapropriação é proposta por pessoa jurídica de direito privado, os juros moratórios são devidos a **partir do trânsito em julgado** da sentença, conforme o seguinte julgado, que retrata o entendimento pacífico da Corte.

> *PROCESSUAL CIVIL E ADMINISTRATIVO. DESAPROPRIAÇÃO POR UTILIDADE PÚBLICA. VIOLAÇÃO DO ART. 1.022 DO CPC/2015 NÃO CARACTERIZADA. CONCESSIONÁRIA DE SERVIÇO PÚBLICO. SOCIEDADE ANÔNIMA. PESSOA JURÍDICA DE DIREITO PRIVADO. NÃO ENQUADRAMENTO NO CONCEITO DE FAZENDA PÚBLICA. JUROS MORATÓRIOS. INAPLICABILIDADE DO ART. 15-B DO DECRETO-LEI 3.365/1941. TERMO INICIAL. TRÂNSITO EM JULGADO DA SENTENÇA. INEXISTÊNCIA DE AFRONTA AOS ARTS. 1.022*
>
> *1. Não há ofensa ao art. 1.022 do Código de Processo Civil, pois o Tribunal de origem julgou integralmente a lide e solucionou a controvérsia, manifestando-se expressamente sobre a alíquota dos juros moratórios e sobre a aplicação do art. 15-B do Decreto-Lei 3.365/1941 ao feito. AUSÊNCIA DE PREQUESTIONAMENTO QUANTO AO ART. 932, V, "A" E "C" DO CPC/2015 E DEFICIÊNCIA NA FUNDAMENTAÇÃO.*

2. No que concerne à citada afronta aos arts. 932, V, "a" e "c" do CPC/2015 não se pode conhecer da irresignação, pois o referido dispositivo não foi analisado pela instância de origem. Ausente, portanto, prequestionamento.

3. Ainda que existisse prequestionamento, não há como conhecer do apelo extremo quanto ao aludido artigo, porquanto o insurgente restringe-se a alegar genericamente ofensa à citada norma sem, contudo, demonstrar de forma clara e fundamentada como o aresto recorrido teria violado a legislação federal apontada. Incide na espécie, por analogia, o princípio estabelecido na Súmula 284/STF. VIOLAÇÃO AO ART. 15-B DO DECRETO-LEI 3.365/41

4. O acórdão recorrido destoa da jurisprudência do Superior Tribunal de Justiça de que é inaplicável o regime do art. 15-B do Decreto-Lei 3.365/1941 ***quanto ao termo inicial dos juros moratórios, nas desapropriações propostas por pessoa jurídica de direito privado, que não submetem as suas dívidas ao sistema de precatórios****, conforme se extrai do julgamento dos EREsp 1.350.914/MS, Rel. Ministro Og Fernandes, Primeira Seção, DJe 15/2/2016. Em tais hipóteses, os juros são devidos a contar do* ***trânsito em julgado****. Precedentes: REsp 1.714.102/SP, Rel. Ministro Og Fernandes, Segunda Turma, DJe 23/4/2018; REsp 1.736.150/SP, Rel. Ministro Mauro Campbell Marques, Segunda Turma, DJe 27/6/2018; REsp 1.718.773/SP, Rel. Ministro Herman Benjamin, Segunda Turma, DJe 16/11/2018. CONCLUSÃO*

5. Recurso Especial parcialmente conhecido e, nessa extensão, provido em parte.

(REsp 1830653/GO, Rel. Ministro HERMAN BENJAMIN, SEGUNDA TURMA, julgado em 03/12/2019, DJe 27/05/2020)

As pessoas jurídicas de direito privado, quando não estão submetidas ao regime de pagamentos via precatório, consideram-se em mora a partir do trânsito em julgado.

Súmula nº 102 – A incidência dos juros moratórios sobre os compensatórios, nas ações expropriatórias, não constitui anatocismo vedado em lei.

Comentários

O STJ entende que os juros compensatórios são a compensação do expropriado pela perda da posse (lucros cessantes), integrando o valor da indenização que lhe é devida. Os juros compensatórios incidem, **a partir da imissão na posse**, sobre a diferença entre o valor levantado pelo expropriado (80% do valor depositado pelo expropriante) e o valor da condenação, incidindo **até o trânsito em julgado**.

Os juros moratórios, por sua vez, incidem **sobre o valor do precatório** (indenização + juros compensatórios), quando este não for pago até primeiro de janeiro do exercício seguinte àquele em que o pagamento deveria ter sido feito, conforme o art. 15-B do Decreto-Lei 3.365/1941, até a data do pagamento.

O STF e o STJ, em hipóteses desta natureza, afastam a aplicabilidade da Súmula 121 da Suprema Corte, sob o fundamento de que o referido enunciado veda, apenas, a incidência cumulada de juros moratórios, a teor do quanto decidido no RE 102.631/SP, da Relatoria do Ministro Sydney Sanches. Portanto, como os juros moratórios e compensatórios possuem naturezas jurídicas distintas, entende-se que não se trata de anatocismo, desde que respeitados os períodos de incidência de cada uma das modalidades de juros.

Súmula nº 113 - Os juros compensatórios, na desapropriação direta, incidem a partir da posse, calculados sobre o valor da indenização, corrigido monetariamente.

Comentários

Como dito acima, os juros compensatórios integram a indenização devida ao proprietário do bem expropriado, visando compensá-lo pela perda antecipada do bem. Por isso mesmo, tais juros são devidos a partir da ocupação do imóvel.

Súmula nº 114 - Os juros compensatórios, na desapropriação indireta, incidem a partir da ocupação, calculados sobre o valor da indenização, corrigido monetariamente.

Comentários

A desapropriação indireta ocorre nas situações em que o Estado invade o bem privado sem respeitar os procedimentos administrativos e judiciais inerentes à desapropriação. Com efeito, configura verdadeiro esbulho ao direito de propriedade do particular perpetrado pelo ente público, de forma irregular e ilícita. Também é conhecida pela doutrina com a designação de apossamento administrativo.

A jurisprudência reconhece a desapropriação indireta, apontando três requisitos necessários a sua configuração, quais sejam: o **apossamento irregular** do bem pelo poder público, a **destinação pública** deste bem, ou seja, sua afetação ao interesse público, ou pela execução de uma obra ou prestação de determinado serviço e a **impossibilidade de se reverter a situação** sem ensejar prejuízos aos interesses da coletividade.

Portanto, a partir do momento em que o proprietário perde a posse do bem em decorrência da ação estatal, começam a ser devidos os juros compensatórios.

Súmula 119 – A ação de desapropriação indireta prescreve em vinte anos. (Súmula 119, PRIMEIRA SEÇÃO, julgado em 08/11/1994, DJ 16/11/1994 p. 31143)

Comentários

Trata-se de matéria sumulada antes da entrada em vigor do Código Civil de 2002. As premissas adotadas pela Corte permanecem as mesmas, contudo os prazos foram reduzidos a partir de 2002.

A Primeira Seção do STJ, no julgamento do REsp175352/SC, da relatoria do Ministro Herman Benjamin firmou a seguinte tese, sob o rito dos artigos 1.036 e seguintes do CPC:

> *"O prazo prescricional aplicável à desapropriação indireta, na hipótese em que o Poder Público tenha realizado obras no local ou atribuído natureza de utilidade pública ou de interesse social ao imóvel, é de 10 anos, conforme parágrafo único do art. 1.238 do CC".*

Súmula nº 131 - Nas ações de desapropriação incluem-se no cálculo da verba advocatícia as parcelas relativas aos juros compensatórios e moratórios, devidamente corrigidas.

Súmula nº 141 - Os honorários de advogado em desapropriação direta são calculados sobre a diferença entre a indenização e a oferta, corrigidas monetariamente.

Súmula nº 354 - A invasão do imóvel é causa de suspensão do processo expropriatório para fins de reforma agrária.

Comentários

O enunciado permanece aplicável, conforme seguintes julgados:

> *PROCESSUAL CIVIL E ADMINISTRATIVO. AGRAVO INTERNO NOS EMBARGOS DE DECLARAÇÃO NO AGRAVO EM RECURSO ESPECIAL. DESAPROPRIAÇÃO. REFORMA AGRÁRIA. IMÓVEL INVADIDO. MOVIMENTO SEM TERRA. INOCORRÊNCIA DE VIOLAÇÃO DO ART. 535, II. AUSÊNCIA DE VÍCIOS OU OMISSÕES. SÚMULA 354/STJ: A INVASÃO DO IMÓVEL É CAUSA DE SUSPENSÃO DO PROCESSO EXPROPRIATÓRIO PARA FINS DE REFORMA AGRÁRIA. PRECEDENTES: AGRG NO RESP 1.249.579/AL, REL. MIN. CASTRO MEIRA, DJE 4.9.2013; AGRG NO RESP 1.134.313/PB, REL. MIN. SÉRGIO KUKINA, DJE 5.9.2016; RESP 1.414.484/PE, REL. MIN. OG FERNANDES, DJE 29.6.2015 E AGRG NO ARESP 516.531/PE, REL. MIN. HERMAN BENJAMIN, DJE 5.8.2015. PARECER DO MINISTÉRIO PÚBLICO FEDERAL PELO DESPROVIMENTO DO RECURSO ESPECIAL. AGRAVO INTERNO DO INCRA A QUE SE NEGA PROVIMENTO.*
>
> *1. A lide foi resolvida com a devida fundamentação, ainda que sob ótica diversa daquela almejada pelo recorrente, o que, por si só, não configura ofensa do art. 535, II do CPC/1973.*
>
> *2. Ressalte-se que o entendimento do STJ é de que a mera invasão da propriedade imóvel acarreta a suspensão do procedimento*

administrativo de desapropriação, conforme dispõe sua Súmula 354.

3. Agravo Interno do INCRA a que se nega provimento.

(AgInt nos EDcl no AREsp 650.591/PB, Rel. Ministro NAPOLEÃO NUNES MAIA FILHO, PRIMEIRA TURMA, julgado em 18/09/2018, DJe 27/09/2018)

ADMINISTRATIVO. DESAPROPRIAÇÃO. REFORMA AGRÁRIA. ESBULHO. VISTORIA. SÚMULA 354/STJ. NULIDADE. OMISSÃO. NÃO OCORRÊNCIA.

1. Inexiste contrariedade ao art. 535 do CPC/1973 quando a Corte de origem decide clara e fundamentadamente todas as questões postas a seu exame. Ademais, não se deve confundir decisão contrária aos interesses da parte com ausência de prestação jurisdicional.

2. A existência de esbulho anterior impede a realização de vistoria no imóvel na desapropriação para reforma agrária, nos termos da Súmula 354/STJ: "A invasão do imóvel é causa de suspensão do processo expropriatório para fins de reforma agrária".

3. Recurso especial a que se nega provimento.

(REsp 1318717/MG, Rel. Ministro OG FERNANDES, SEGUNDA TURMA, julgado em 08/05/2018, DJe 14/05/2018)

Súmula nº 408 – Nas ações de desapropriação, os juros compensatórios incidentes após a Medida Provisória no 1.577, de 11.6.1997, devem ser fixados em 6% ao ano até 13.9.2001, e, a partir de então, em 12% ao ano, na forma da Súmula no 618 do Supremo Tribunal Federal.

Comentários

Os juros compensatórios, como dito linhas acima, começam a incidir a partir do momento em que o particular perde a posse do bem, *in casu,* a partir da data de imissão provisória na posse efetivada pelo ente estatal. O percentual de juros é de 6% ao ano, conforme entendimento do Supremo Tribunal Federal. Ocorre que a matéria enseja algumas discussões analisadas a seguir.

O Decreto-Lei 3.365/41, originariamente, definia o pagamento de juros compensatórios no valor de 12% ao ano. Posteriormente, o diploma foi alterado pela Medida Provisória 1.577/97, convertida na Medida Provisória 2.183/01, que incluiu o art. 15-A no Decreto-Lei, dispondo a incidência de juros compensatórios no valor de 6% ao ano.

A matéria sofreu algumas críticas doutrinárias e jurisprudenciais, sendo objeto de controle de constitucionalidade, por meio da ADI n. 2332-2 que suspendeu, em sede liminar, a determinação de que os juros fossem pagos no valor de até 6% ao ano, reafirmando o entendimento já trazido pela Súmula 618 do Supremo Tribunal Federal. Como a liminar em ADI não tem caráter retroativo, a aplicação dos juros compensatórios no valor de 6% ao ano foi mantida para os pagamentos feitos entre 11/06/97 e 13/09/2001, a partir de quando voltou a incidir a regra que determinava a incidência da parcela no percentual de 12% ao ano.

Neste sentido, o Superior Tribunal de Justiça editou a Súmula 408, dispondo que "Nas ações de desapropriação, os juros compensatórios incidentes após a Medida Provisória n. 1.577, de 11/06/1997, devem ser fixados em 6% ao ano até 13/09/2001 e, a partir de então, em 12% ao ano, na forma da Súmula n. 618 do Supremo Tribunal Federal".

Todavia, no julgamento final da referida ADI 2332, o Supremo Tribunal Federal manteve a disposição do Decreto-Lei 3365/41, com a redação dada pela MP 2.183/2001, e afastou a aplicabilidade da Súmula 618. Portanto, os juros compensatórios voltaram a ser de 6% ao ano.

Por tais razões, entendemos que a Súmula 408, em comento, foi superada pelo entendimento do STF firmado na ADI 2332-2, no seguinte sentido:

> *I – É constitucional o percentual* de ***juros compensatórios*** *de 6% (seis por cento) ao ano para a remuneração pela imissão provisória na posse de bem objeto de* ***desapropriação****; II – A base de cálculo dos* ***juros compensatórios*** *em* ***desapropriações*** *corresponde à diferença entre 80% do preço ofertado pelo ente público e o valor fixado na sentença; III – São constitucionais as normas que condicionam a incidência de* ***juros compensatórios*** *à produtividade da propriedade; IV – É constitucional a estipulação de parâmetros mínimo e máximo para a concessão de*

*honorários advocatícios em **desapropriações**, sendo, contudo, vedada a fixação de um valor nominal máximo de honorários.*

Súmula nº 637 – O ente público detém legitimidade e interesse para intervir, incidentalmente, na ação possessória entre particulares, podendo deduzir qualquer matéria defensiva, inclusive, se for o caso, o domínio. (Súmula 637, CORTE ESPECIAL, julgado em 06/11/2019, DJe 11/11/2019)

Comentários

O entendimento sumulado funda-se na tese consagrada na jurisprudência da Corte no sentido de que a posse irregular de bem público não passa de mera detenção. Portanto, na disputa de posse de bem público por particulares, o ente público pode alegar qualquer matéria defensiva, inclusive o domínio, não sendo aplicável o artigo 557 do CPC.

A Administração Pública, na maioria das vezes, não ocupa fisicamente os bens públicos, notadamente os bens dominicais. A posse do Estado sobre os bens públicos, portanto, decorre naturalmente da propriedade, já que a ocupação física de todo o patrimônio público é materialmente impossível.

Sendo assim, quando o bem em disputa é público, se o particular não ostentar título que legitime a sua posse, será considerado mero detentor sem direito a proteção possessória. Por via transversa, o Estado, demonstrando a propriedade, e inexistindo título em favor do particular, automaticamente estará demonstrando a posse.

2. DESAPROPRIAÇÃO INDIRETA

2.1. Informativo 671. REsp 1.757.352-SC, Rel. Min. Herman Benjamin, Primeira Seção, por maioria, julgado em 12/02/2020, DJe PROCESSO 07/05/2020 (Tema 1019)

TEMA: Desapropriação indireta. Declaração de utilidade pública. Realização de obras e serviços de caráter produtivo. Prescrição.

Aplicação do prazo de 10 anos previsto no parágrafo único do art. 1.238 do CC/2002.

DESTAQUE: O prazo prescricional aplicável à desapropriação indireta, na hipótese em que o Poder Público tenha realizado obras no local ou atribuído natureza de utilidade pública ou de interesse social ao imóvel, é de 10 anos, conforme parágrafo único do art. 1.238 do CC.

INFORMAÇÕES DO INTEIRO TEOR: Ante a ausência de normas expressas que regulassem o prazo prescricional das ações de desapropriação indireta, o Superior Tribunal de Justiça, à luz do disposto no art. 550 do Código Civil de 1916, firmou o entendimento de que a ação de indenização por apossamento administrativo, por possuir natureza real e não pessoal, sujeitava-se ao prazo prescricional de 20 anos, e não àquele previsto no Decreto-Lei 20.910/1932 (Súmula 119 do STJ: "A ação de desapropriação indireta prescreve em 20 anos").Partiu-se da premissa de que a ação expropriatória indireta possui natureza real e, enquanto não transcorrido o prazo para aquisição da propriedade por usucapião, subsistiria a pretensão de reivindicar o correspondente preço do bem objeto do apossamento administrativo. As razões para a fixação do prazo prescricional no tocante à ação de desapropriação indireta permanecem válidas. O Código Civil de 2002, contudo, reduziu o prazo da usucapião extraordinária para 15 anos (art. 1.238, caput) e previu a possibilidade de aplicação do prazo de 10 anos (art. 1.238, parágrafo único) nos casos em que o possuidor tenha estabelecido no imóvel sua moradia habitual, ou realizado obras ou serviços de caráter produtivo. Considerando que as hipóteses legais de desapropriação por utilidade pública indicam que a posse havida pela Administração Pública tem por fim a realização de obras ou serviços de caráter produtivo, é aplicável o prazo prescricional decenal, previsto na regra especial do parágrafo único do art. 1.238 do CC/2002.A prescrição decenal é questionada em alguns julgados da Primeira Turma, sob o argumento de que, por se tratar de uma regra extraordinária, deve ser interpretada de forma restrita, aplicando-se, portanto, apenas em favor de particulares. A solução da controvérsia deve ser encontrada na técnica hermenêutica. Veja-se que tanto o caput quanto o parágrafo único não são voltados à Administração Pública, porquanto presentes no Código Civil e, dessarte, regulam ambos as relações entre particulares, tão somente. Em qualquer uma das hipóteses, vale-se o intérprete da analogia.Com efeito, o mesmo fundamento que afastaria a aplicação do parágrafo único (ou seja, de que a regra é exclusiva para particulares) serviria para afastar o regramento da usucapião extraordinária, prevista no caput. Logo, nessa linha de raciocínio, também não poderia ser aplicado o prazo de 15 anos à Administração Pública. Hipótese descartada, como já visto, considerando que o STJ já decidiu pela aplicação do CC à presente questão.

Comentários

Mesmo quando se trata de desapropriação indireta, que ocorre nas situações em que o Estado invade o bem privado sem respeitar os procedimentos administrativos e judiciais inerentes à desapropriação, o objetivo almejado Estado, **presumivelmente**, é a realização de obras de utilidade pública no bem expropriado. Busca-se, portanto, o bem comum.

A discussão travada girou em torno da aplicação (analógica) do *caput* do artigo 1.238, ou do parágrafo único do mesmo dispositivo. O *caput* estabelece o prazo de 15 anos para a consumação da usucapião pelo possuidor, independentemente de comprovação de boa-fé. Já o parágrafo único, reduz o prazo para 10 anos, quando o possuidor residir no imóvel, tendo nele realizado obras de caráter produtivo. Vejamos:

> *Art. 1.238. Aquele que, por quinze anos, sem interrupção, nem oposição, possuir como seu um imóvel, adquire-lhe a propriedade, independentemente de título e boa-fé; podendo requerer ao juiz que assim o declare por sentença, a qual servirá de título para o registro no Cartório de Registro de Imóveis.*
>
> *Parágrafo único. O prazo estabelecido neste artigo reduzir-se-á a dez anos se o possuidor houver estabelecido no imóvel a sua moradia habitual, ou nele realizado obras ou serviços de caráter produtivo.*

A tese firmada, sob o rito dos recursos repetitivos, já se encontrava assentada na Corte Especial quando do julgamento do seguinte *leading case*:

> *DIREITO CIVIL. AGRAVO INTERNO NOS EMBARGOS DE DIVERGÊNCIA EM AGRAVO EM RECURSO ESPECIAL. AUSÊNCIA DE SIMILITUDE FÁTICA ENTRE OS ARESTOS EM CONFRONTO. SÚMULA 168 DO STJ. AGRAVO INTERNO NÃO PROVIDO.*
>
> *I – Trata-se de agravo interno interposto contra decisão monocrática de indeferimento liminar dos embargos de divergência, diante da ausência de similitude fática entre o acórdão embargado e o julgado paradigma e incidência da súmula 168 do STJ.*
>
> *II – A ausência de similitude fática impede o comparativo entre acórdão embargado e paradigma de modo a obstar a configuração do dissídio jurisprudencial supostamente alegado pela parte.*
>
> *III – A jurisprudência do Superior Tribunal de Justiça se firmou no sentido de que, "considerando que a desapropriação indireta pressupõe a realização de obras pelo Poder Público ou sua destinação em função da utilidade pública/interesse social, com base no atual Código Civil, o prazo prescricional aplicável às expropriatórias indiretas passou a ser de 10 (dez anos)", observada a regra de transição do art. 2.028 do Código Civil de 2002. Precedentes.*
>
> *IV – Incidência, in casu, da súmula 168/STJ, que preconiza não caber "embargos de divergência, quando a jurisprudência do Tribunal se firmou no mesmo sentido do acórdão embargado". Agravo Interno não provido.*
>
> *(AgInt nos EAREsp 815.431/RS, Rel. Ministro FELIX FISCHER, CORTE ESPECIAL, julgado em 18/10/2017, DJe 27/10/2017)*

Em razão dos serviços de utilidade pública realizados, que, de qualquer forma, se assemelham à expressão "*serviços de caráter produtivo*", previsto no Código Civil, a Corte entendeu pela aplicação do parágrafo único do artigo 1.238, CC, que prevê o prazo decenal.

Vale ressaltar que há precedente da Primeira Seção afastando a aplicação do parágrafo único do artigo 1.238, CC, sob o fundamento de que, após a ocupação do bem, não ocorreram as obras ou serviços necessários no local.

Vejamos:

> *PROCESSO CIVIL. ADMINISTRATIVO. EMBARGOS DE DIVERGÊNCIA EM RECURSO ESPECIAL. DESAPROPRIAÇÃO. INDIRETA. NATUREZA. AÇÃO INDENIZATÓRIA DE DIREITO REAL. PRESCRIÇÃO. APLICAÇÃO ANALÓGICA DO PRAZO DE USUCAPIÃO. REGRA. PRAZO DECENAL. CONSTRUÇÃO DE OBRAS OU IMPLANTAÇÃO DE SERVIÇOS DE UTILIDADE PÚBLICA OU INTERESSE SOCIAL. PRESUNÇÃO RELATIVA. POSSIBILIDADE DE PROVA EM SENTIDO CONTRÁRIO. PRAZO DE QUINZE ANOS.* ***EXCEÇÃO****.*
>
> *1. Conforme a jurisprudência, é irrelevante para o conhecimento dos embargos de divergência o fato de não estar o acórdão paradigma transitado em julgado.*
>
> *2. A divergência entre os órgãos fracionários deste Colegiado é evidente. Para a Primeira Turma, o prazo é de 15 anos, na medida em que o parágrafo único do art. 1.238 do Código Civil destina-se especificamente a regular os direitos do posseiro particular que ocupa o imóvel para uso residencial ou produtivo. Para a Segunda Turma, o prazo de 10 anos de referido dispositivo é plenamente aplicável à desapropriação indireta, por presumir-se a implementação pelo Poder Público de obras ou serviços de utilidade pública ou interesse social.*
>
> *3. O conceito de desapropriação indireta retrata situação fática em que a Administração, sem qualquer título legítimo, ocupa indevidamente a propriedade privada. Incorporado de forma irreversível e plena o bem particular ao patrimônio público, resta ao esbulhado apenas a ação indenizatória por desapropriação indireta.*
>
> *4. A jurisprudência conferiu a essa ação indenizatória caráter de direito real, equiparando seu prazo prescricional ao da ocorrência de usucapião em favor do ente público.*
>
> *5. A adoção das regras de Direito Privado decorre unicamente de construção jurisprudencial. Para aplicação ao Direito Administrativo de normas do Código Civil de 2002 destinadas a regular relações estritamente particulares, é preciso interpretá-las de forma temperada. No caso da desapropriação indireta, inexiste sequer norma positiva no Direito Administrativo, não podendo se exigir da lei civil essa disposição.*
>
> *6. Todo o sentido do Código Civil é pela ponderação entre os direitos de propriedade do particular e o interesse coletivo. No equilíbrio entre eles, está a função social da propriedade. Assim, plenamente aplicável o parágrafo único às hipóteses*

de desapropriação indireta, por presunção de haver o Estado implantado obras ou serviços de caráter social ou utilidade pública.

7. A presunção é relativa, podendo ser afastada pela demonstração efetiva de inexistência de referidas obras ou serviços.

*8. **Em regra, portanto, o prazo prescricional das ações indenizatórias por desapropriação indireta é decenal. Admite-se, excepcionalmente, o prazo prescricional de 15 anos, caso concreta e devidamente afastada a presunção legal**.*

9. No caso dos autos, o acórdão da origem demonstra tratar-se de desapropriação indireta pela construção de rodovia, hipótese de incidência da regra geral. A obra foi realizada em 1976. O decreto de utilidade pública editado em 1994 interrompeu a prescrição. Aplicando-se a regra de transição do Código Civil de 2002, o prazo prescricional de 10 anos teve início em 11/1/2003. Tendo a presente ação sido ajuizada em agosto de 2013, é forçoso o reconhecimento da prescrição.

10. Embargos de divergência providos.

(EREsp 1575846/SC, Rel. Ministro OG FERNANDES, PRIMEIRA SEÇÃO, julgado em 26/06/2019, DJe 30/09/2019)

Vide comentários à Súmula 119.

Para mais informações, utilize o QR Code ao lado.

2.2. Informativo n. 660. PROCESSO REsp 1.770.001-AM, Rel. Min. Mauro Campbell Marques, Segunda Turma, por unanimidade, julgado em 05/11/2019, DJe 07/11/2019

TEMA: Esbulho possessório praticado por particulares. Serviços de infraestrutura pelo Estado. Desapropriação indireta. Inocorrência.

DESTAQUE Não configura desapropriação indireta quando o Estado limita-se a realizar serviços públicos de infraestrutura em gleba cuja invasão por particulares apresenta situação consolidada e irreversível.

INFORMAÇÕES DO INTEIRO TEOR Na desapropriação, o poder público recebe o imóvel para si, a fim de dar a respectiva destinação pública – isto é, atender ao interesse social ou à utilidade pública – e em troca dá a indenização ao seu proprietário. A diferença essencial entre a desapropriação direta e a indireta está no modus operandi, porque na primeira há todo o respeito ao devido processo legal, mas na segunda o Poder Público atua como esbulhador, praticando o ato ilícito, que eufemisticamente chama-se "apossamento administrativo", e tomando o imóvel para si sem pagar nenhuma indenização. No caso, não se imputa ao Poder Público a responsabilidade integral por alegada desapropriação indireta quando, em gleba cuja ocupação por terceiros apresenta situação consolidada e irreversível, limita-se a realizar serviços públicos de infraestrutura, sem que tenha concorrido para o esbulho ocasionado exclusivamente por particulares. Isso porque não se pode ter a consecução da atividade pública como um ato ilícito, é dizer, a oferta de saúde pública, de ensino público, constitui na verdade um mandamento constitucional, assim como a urbanização local. Assim, na medida em que o Poder Público não pratica o ato ilícito denominado "apossamento administrativo" nem, portanto, toma a propriedade do bem para si, não deve responder pela perda da propriedade em desfavor do particular, ainda que realize obras e serviços públicos essenciais para a comunidade instalada no local. O caso concreto mais parece ser aquele retratado no art. 1.228, §§ 4º e 5º, do Código Civil, que a doutrina alcunha de "desapropriação judicial", que consiste numa espécie de venda obrigatória da propriedade de bem imóvel na hipótese de este consistir em extensa área, na posse ininterrupta e de boa-fé, por mais de cinco anos, de um número considerável de pessoas, caracterizando-se essa "desapropriação judicial" pelo pagamento do preço pelos próprios possuidores e a sua fixação pelo juiz da causa.

Comentários

Como dito alhures, a desapropriação indireta ocorre nas situações em que o Estado invade o bem privado sem respeitar os procedimentos administrativos e judiciais inerentes à desapropriação. Com efeito, configura verdadeiro esbulho ao direito de propriedade do particular perpetrado pelo ente público, de forma irregular e ilícita. Também é conhecida pela doutrina com a designação de apossamento administrativo.

A jurisprudência reconhece a desapropriação indireta, apontando três requisitos necessários a sua configuração, quais sejam: o **apossamento irregular** do bem pelo poder público, a **destinação pública** deste bem, ou seja, sua afetação ao interesse público, ou pela execução de uma obra ou prestação de determinado serviço e a **impossibilidade de se reverter a situação** sem ensejar prejuízos aos interesses da coletividade.

Portanto, ao nosso entender corretamente, a Corte afasta a possibilidade de reconhecimento da desapropriação indireta quando o esbulho é cometido por particulares, que, no bem invadido, fixam residência por longos anos. A realização de obras e serviços no local não configura o chamado "apossamento administrativo", uma vez que o esbulho se deu por iniciativa de particulares. A intervenção estatal, nesses casos, ocorre diante de fato consumado, tempos depois da ocorrência do esbulho, não repelido pelo proprietário, e com o objetivo de garantir os direitos e garantias fundamentais da coletividade.

Vale salientar que o STJ, no julgamento do Resp 1.442.440-AC, levando em consideração o fato de que não houve inércia do proprietário, mas omissão e ineficiência da administração pública, adotou entendimento diametralmente oposto ao do Acórdão sob crítica. Vejamos:

> *PROCESSUAL CIVIL E ADMINISTRATIVO. REINTEGRAÇÃO DE POSSE. CASO CONCRETO. IMPOSSIBILIDADE. INVASÃO DO IMÓVEL POR MILHARES DE FAMÍLIAS DE BAIXA RENDA. OMISSÃO DO ESTADO EM FORNECER FORÇA POLICIAL PARA O CUMPRIMENTO DO MANDADO JUDICIAL. APOSSAMENTO ADMINISTRATIVO E OCUPAÇÃO CONSOLIDADA. AÇÃO REINTEGRATÓRIA.*

CONVERSÃO EM INDENIZATÓRIA. POSTERIOR EXAME COMO DESAPROPRIAÇÃO JUDICIAL. SUPREMACIA DO INTERESSE PÚBLICO E SOCIAL SOBRE O PARTICULAR. INDENIZAÇÃO. RESPONSABILIDADE DO ESTADO E DO MUNICÍPIO. JULGAMENTO EXTRA PETITA E REFORMATIO IN PEJUS. NÃO OCORRÊNCIA. LEGITIMIDADE AD CAUSAM. JUSTO PREÇO. PARÂMETROS PARA A AVALIAÇÃO. SUPRESSÃO DE INSTÂNCIA. CÁLCULO DO VALOR. LIQUIDAÇÃO DE SENTENÇA.

(...). 2. Hipótese em que a parte autora, a despeito de ter conseguido ordem judicial de reintegração de posse desde 1991, encontra-se privada de suas terras até hoje, ou seja, há mais de 2 (duas) décadas, sem que tenha sido adotada qualquer medida concreta para obstar a constante invasão do seu imóvel, seja por ausência de força policial para o cumprimento do mandado reintegratório, seja em decorrência dos inúmeros incidentes processuais ocorridos nos autos ou em face da constante ocupação coletiva ocorrida na área, por milhares de famílias de baixa renda.

3. Constatada, no caso concreto, a impossibilidade de devolução da posse à proprietária, o Juiz de primeiro grau converteu, de ofício, a ação reintegratória em indenizatória (desapropriação indireta), determinando a emenda da inicial, a fim de promover a citação do Estado e do Município para apresentar contestação e, em consequência, incluí-los no polo passivo da demanda.

4. O Superior Tribunal de Justiça já se manifestou no sentido da possibilidade de conversão da ação possessória em indenizatória, em respeito aos princípios da celeridade e economia processuais, a fim de assegurar ao particular a obtenção de resultado prático correspondente à restituição do bem, quando situação fática consolidada no curso da ação exigir a devida proteção jurisdicional, com fulcro nos arts. 461, § 1º, do CPC/1973.

5. A conversão operada na espécie não configura julgamento ultra petita ou extra petita, ainda que não haja pedido explícito nesse sentido, diante da impossibilidade de devolução da posse à autora, sendo descabido o ajuizamento de outra ação quando uma parte do imóvel já foi afetada ao domínio público, mediante apossamento administrativo, sendo a outra restante ocupada de forma precária por inúmeras famílias de baixa renda com a intervenção do Município e do Estado, que implantaram toda a infraestrutura básica no local, tornando-se a área bairros urbanos. 6. Não há se falar em violação ao princípio da congruência, devendo ser aplicada à espécie a teoria da substanciação, segundo a qual apenas os fatos vinculam o julgador, que poderá atribuir-lhes a qualificação jurídica que entender adequada ao acolhimento ou à rejeição do pedido, como fulcro nos brocardos iura novit curia e mihi factum dabo tibi ius e no art. 462 do CPC/1973.

7. Caso em que, ao tempo do julgamento do primeiro grau, a lide foi analisada à luz do disposto no art. 1.228, §§ 4º e 5º, do CC/2002, que trata da desapropriação judicial, chamada também por alguns doutrinadores de desapropriação por posse-trabalho ou de desapropriação judicial indireta, cujo instituto autoriza o magistrado, sem intervenção prévia de outros Poderes, a declarar a perda do imóvel reivindicado pelo particular em favor de considerável número de pessoas que, na posse ininterrupta de extensa área, por mais de cinco anos, houverem realizado obras e serviços de interesse social e econômico relevante.

8. Os conceitos abertos existentes no art. 1.228 do CC/2002 propiciam ao magistrado uma margem considerável de discricionariedade ao analisar os requisitos para a aplicação do referido instituto, de modo que a inversão do julgado, no ponto, demandaria o reexame do conjunto fático-probatório, providência vedada no âmbito do recurso especial, em face do óbice da Súmula 7 do STJ.

9. Não se olvida a existência de julgados desta Corte de Justiça no sentido de que "inexiste desapossamento por parte do ente público ao realizar obras de infraestrutura em imóvel cuja invasão já se consolidara, pois a simples invasão de propriedade urbana por terceiros, mesmo sem ser repelida pelo Poder Público, não constitui desapropriação indireta" (AgRg no REsp 1.367.002/MG, Rel. Ministro Mauro Campbell Marques, Segunda Turma, julgado em 20/06/2013, DJe 28/06/2013). 10. ***Situação em que tal orientação não se aplica ao caso estudado, pois, diante dos fatos delineados no acórdão recorrido, não há dúvida de que os danos causados à proprietária do imóvel decorreram de atos omissivos e comissivos da administração pública, tendo em conta que deixou de fornecer a força policial necessária para o cumprimento do mandado reintegratório, ainda na fase inicial da invasão, permanecendo omissa quanto ao surgimento de novas habitações irregulares, além de ter realizado obras de infraestrutura no local, com o objetivo de garantir a função social da propriedade, circunstâncias que ocasionaram o desenvolvimento urbano da área e a desapropriação direta de parte do bem.*** *. 11. O Município de Rio Branco, juntamente com o Estado do Acre, constituem sujeitos passivos legítimos da indenização prevista* *no art. 1.228, § 5º, do CC/2002, visto que os possuidores, por serem hipossuficientes, não podem arcar com o ressarcimento dos prejuízos sofridos pelo proprietário do imóvel (ex vi do Enunciado 308 Conselho da Justiça Federal). 12. Diante da procedência parcial da ação indenizatória contra a Fazenda Pública municipal, tem-se aplicável, além do recurso voluntário, o reexame necessário, razão pela qual não se vislumbra a alegada ofensa aos arts. 475 e 515 do CPC/1973, em face da reinclusão do Estado do Acre no polo passivo da demanda, por constituir a legitimidade ad causam matéria de ordem pública, passível de reconhecimento de ofício, diante do efeito translativo.*

13. A solução da controvérsia exige que sejam levados em consideração os princípios da proporcionalidade, da razoabilidade e da segurança jurídica, em face das situações jurídicas já consolidadas no tempo, de modo a não piorar uma situação em relação à qual se busca a pacificação social, visto que "é fato público e notório que a área sob julgamento, atualmente, corresponde a pelo menos quatro bairros dessa cidade (Rio Branco), onde vivem milhares de famílias, as quais concedem função social às terras em litígio, exercendo seu direito fundamental social à moradia". 14. Os critérios para a apuração do valor da justa indenização serão analisados na fase de liquidação de sentença, não tendo sido examinados pelo juízo da primeira instância, de modo que não podem ser apreciados pelo Tribunal de origem, tampouco por esta Corte Superior, sob pena de supressão de instância.

15. Recursos especiais parcialmente conhecidos e, nessa extensão, desprovidos.

(REsp 1442440/AC, Rel. Ministro GURGEL DE FARIA, PRIMEIRA TURMA, julgado em 07/12/2017, DJe 15/02/2018)

3. DESAPROPRIAÇÃO PARA FINS DE REFORMA AGRÁRIA

3.1. Informativo n. 626. PROCESSO REsp 1.306.051-MA, Rel. Min. Napoleão Nunes Maia Filho, por unanimidade, julgado em 08/05/2018, DJe 28/05/2018

TEMA Desapropriação por interesse social para fins de reforma agrária. Art. 19 da LC n. 76/1993. Assistentes técnicos do INCRA e do MPF. Servidores Públicos. Restituição de honorários periciais. Impossibilidade.

DESTAQUE Nas ações de desapropriação por interesse social para fins de reforma agrária descabe a restituição, pelo expropriado sucumbente de honorários periciais aos assistentes técnicos do INCRA e do MPF.

INFORMAÇÕES DO INTEIRO TEOR Inicialmente, verifica-se que o art. 19 da LC n. 76/1993 determina que: "as despesas judiciais e os honorários do advogado e do perito constituem encargos do sucumbente, assim entendido o expropriado, se o valor da indenização for igual ou inferior ao preço oferecido, ou o expropriante, na hipótese de valor superior ao preço oferecido." Ocorre que essa possibilidade não se aplica nos casos em que os expropriados restaram sucumbentes e os assistentes técnicos são servidores de carreira do INCRA e do MPF, não tendo sido, portanto, contratados de maneira particular para a realização do acompanhamento deste trabalho pericial. Para se falar em reembolso é necessário que tenha havido um gasto inicial da parte vencedora, no presente caso, contudo, porquanto se tratam de servidores públicos das respectivas estruturas funcionais que atuam nas demandas em que seus órgãos funcionam, por dever de ofício, não se pode falar em restituição.

Para mais informações, utilize o QR Code ao lado.

3.2. Informativo nº 549. Segunda Turma DIREITO ADMINISTRATIVO. DELIMITAÇÃO DO VALOR DE INDENIZAÇÃO POR DESAPROPRIAÇÃO PARA FINS DE REFORMA AGRÁRIA.

Nas desapropriações para fins de reforma agrária, **o valor da indenização deve ser contemporâneo à avaliação efetivada em juízo**, tendo como base o laudo adotado pelo juiz para a fixação do justo preço, pouco importando a data da imissão na posse ou mesmo a da avaliação administrativa. **De fato, a avaliação efetivada em juízo, ordinariamente, deverá se reportar à época em que for**

realizada – e não ao passado – para fixar a importância correspondente ao bem objeto da expropriação, haja vista que exigir que esses trabalhos técnicos refiram-se à realidade passada (de anos, muitas vezes) pode prejudicar a qualidade das avaliações e o contraditório. A propósito, extrai-se do art. 26 do Decreto-Lei 3.365/1941 que a indenização, em regra, deverá corresponder ao valor do imóvel apurado na data da perícia (avaliação judicial). Precedentes citados: REsp 1.314.758-CE, Segunda Turma, DJe 24/10/2013; e AgRg no REsp 1.395.872-CE, Segunda Turma, DJe 25/10/2013. AgRg no REsp 1.459.124-CE, Rel. Min. Herman Benjamin, 18/9/2014.

Para mais informações, utilize o QR Code ao lado.

4. DESAPROPRIAÇÃO POR UTILIDADE PÚBLICA

Informativo n. 547. DIREITO ADMINISTRATIVO E PROCESSUAL CIVIL. DISPENSA DE CITAÇÃO DO CÔNJUGE NA DESAPROPRIAÇÃO POR UTILIDADE PÚBLICA.

Na ação de desapropriação por utilidade pública, a citação do proprietário do imóvel desapropriado dispensa a do respectivo cônjuge. Isso porque o art. 16 do Decreto-Lei 3.365/1941 (Lei das Desapropriações) dispõe que a "citação far-se-á por mandado na pessoa do proprietário dos bens; a do marido dispensa a da mulher". Ressalte-se que, apesar de o art. 10, § 1º, I, do CPC dispor que "ambos os cônjuges serão necessariamente citados para as ações que versem sobre direitos reais imobiliários", **o art. 42 do referido Decreto-Lei preconiza que o CPC somente incidirá no que for omissa a Lei das Desapropriações.** Assim, havendo previsão expressa quanto à matéria, não se aplica a norma geral. Precedente citado do **STF: RE 86.933**, Segunda Turma, DJ 18/6/1979. REsp 1.404.085-CE, Rel. Min. Herman Benjamin, julgado em 5/8/2014 (Informativo nº 547).

Comentários

O Decreto-Lei 3.365/1941, nos seus artigos 16 e 42, prevê o seguinte:

> *Art. 16. A citação far-se-á por mandado na pessoa do proprietário dos bens; a do marido dispensa a dá mulher; a de um sócio, ou administrador, a dos demais, quando o bem pertencer a sociedade; a do administrador da coisa no caso de condomínio, exceto o de edifício de apartamento constituindo cada um propriedade autônoma, a dos demais condôminos e a do inventariante, e, se não houver, a do cônjuge, herdeiro, ou legatário, detentor da herança, a dos demais interessados, quando o bem pertencer a espólio.*
>
> *Parágrafo único. Quando não encontrar o citando, mas ciente de que se encontra no território da jurisdição do juiz, o oficial portador do mandado marcará desde logo hora certa para a citação, ao fim de 48 horas, independentemente de nova diligência ou despacho.*
>
> *Art. 42. No que esta lei for omissa aplica-se o Código de Processo Civil*

O referido diploma é lei específica das ações de desapropriação, o que afasta a aplicação do art. 10 do CPC. Ademais, o artigo 16 do Decreto-lei 3.365/41 nunca teve a sua inconstitucionalidade declarada pelo STF, e vem sendo aplicado pelo STJ.

5. DESAPROPRIAÇÃO POR ZONA

> ADMINISTRATIVO. DESAPROPRIAÇÃO INDIRETA. INDENIZAÇÃO. PRESCRIÇÃO AQUISITIVA DE PARTE DO IMÓVEL. INTERRUPÇÃO DO PRAZO PRESCRICIONAL. DECRETO ESTADUAL Nº 4.471/94. JUROS COMPENSATÓRIOS. TERMO INICIAL. VALORIZAÇÃO DA ÁREA REMANESCENTE. ABATIMENTO. ART. 27 DO DECRETO-LEI 3.365/41.
>
> 1. Mesmo que editado em data posterior ao indevido apossamento, o decreto expropriatório emanado do Poder Público, ou qualquer outro ato normativo que declare o interesse da entidade expropriante, implica o reconhecimento da titularidade

do domínio ao proprietário e tem o condão de interromper o prazo prescricional.

2. Os juros compensatórios são devidos em razão da perda antecipada da posse, a qual implica diminuição da garantia da prévia indenização estipulada na Constituição Federal, de forma que, no caso de desapropriação indireta, os juros devem incidir a partir da efetiva ocupação do imóvel. Súmula 114/STJ.

3. Na desapropriação, direta ou indireta, quando há valorização da área remanescente não desapropriada em decorrência de obra ou serviço público, dispõe o Estado de três instrumentos legais para evitar que a mais valia, decorrente da iniciativa estatal, locuplete sem justa causa o patrimônio de um ou de poucos: a desapropriação por zona ou extensiva, a cobrança de contribuição de melhoria e o abatimento proporcional, na indenização a ser paga, da valorização trazida ao imóvel.

4. A valorização imobiliária decorrente da obra ou serviço público pode ser geral, quando beneficia indistintamente um grupo considerável de administrados, ou especial, que ocorre quando o benefício se restringe a um ou alguns particulares identificados ou, pelo menos, identificáveis.

5. A mais valia geral subdivide-se em ordinária e extraordinária. A primeira tem lugar quando todos os imóveis lindeiros à obra pública se valorizam em proporção semelhante. A segunda, diferentemente, toma parte quando algum ou alguns imóveis se valorizam mais que outros, atingidos pela mais valia ordinária.

6. Na hipótese de valorização geral ordinária, dispõe o Poder Público da contribuição de melhoria como instrumento legal apto a "diluir", entre os proprietários beneficiados com a obra, o custo de sua realização.

7. No caso de valorização geral extraordinária, pode o Estado valer-se da desapropriação por zona ou extensiva, prevista no art.4º do Decreto-Lei 3.365/41. Havendo valorização exorbitante de uma área, pode o Estado incluí-la no plano de desapropriação e, com a revenda futura dos imóveis ali abrangidos, socializar o benefício a toda coletividade, evitando que apenas

um ou alguns proprietários venham a ser beneficiados com a extraordinária mais valia.

8. Por fim, tratando-se de valorização específica, e somente nessa hipótese, poderá o Estado abater, do valor a ser indenizado, a valorização experimentada pela área remanescente, não desapropriada, nos termos do art. 27 do Decreto-Lei 3.365/41.

9. No caso, a área remanescente não desapropriada valorizou em decorrência da construção de rodovia estadual. A valorização experimentada pelo imóvel não é especial, mas genérica, atingindo patamares semelhantes todos os imóveis lindeiros à via pública construída. Assim, a mais valia deve ser cobrada por meio do instrumento legal próprio, que é a contribuição de melhoria, sendo indevido o abatimento proporcional do justo preço a ser pago pela desapropriação.

10. Recurso especial provido.

(REsp 1092010/SC, Rel. Ministro CASTRO MEIRA, SEGUNDA TURMA, julgado em 12/04/2011, DJe 15/09/2011).

Comentários

A desapropriação por zona se efetiva em razão da realização de obra pública, na qual o ente estatal tenha a necessidade de desapropriar, não somente o espaço necessário à construção da obra, mas também a zona vizinha a esta construção. Acerca do tema. O art. 4º, do Decreto-Lei 3.365/41 define que:

> *"A desapropriação poderá abranger a área contígua necessária ao desenvolvimento da obra a que se destina, e as zonas que se valorizarem extraordinariamente, em consequência da realização do serviço. Em qualquer caso, a declaração de utilidade pública deverá compreendê-las, mencionando-se quais as indispensáveis à continuação da obra e as que se destinam à revenda".*

Sendo assim, a desapropriação extensiva ocorre em terreno além do necessário para a realização da obra, sendo que a lei exige que o decreto expressamente disponha sobre sua razão, discriminando, inclusive, qual parcela da desapropriação é feita para a obra e qual a parcela em que a desapropriação ocorre por zona.

Dessa forma, a desapropriação por zona poderá ocorrer nas seguintes situações:

a) em virtude de uma necessidade pública de posterior extensão da obra, devidamente justificada, como forma de dar celeridade à execução da parte acrescida; ou

b) se o Estado entender que haverá uma supervalorização dos terrenos vizinhos, quando então a desapropriação será feita para que o poder público possa, posteriormente à execução da obra, vender os bens expropriados pelo valor já valorizado. Nestes casos, o valor recebido a mais será utilizado com a finalidade de custear os gastos feitos com a execução da obra pública.

Parte da doutrina considera que a desapropriação por zona com a intenção de alienar os bens após a sua valorização configura especulação imobiliária, contrária ao texto constitucional. Ademais, para esta parte da doutrina, a Constituição Federal de 1988 criou o tributo de Contribuição de Melhoria justamente para abarcar esses casos, de onde se depreende que o ordenamento jurídico não autoriza a indenização do Estado por outros meios. Dessa forma, o decreto lei 3365/41 não teria sido recepcionado, neste ponto, pela Constituição Federal de 1988 e a desapropriação por zona, somente seria possível nos casos de necessidade de posterior extensão da obra.

Este entendimento não é aceito pela jurisprudência do Supremo Tribunal Federal que determina ser viável a desapropriação por zona nos casos em que a obra pública enseje uma valorização extraordinária dos imóveis vizinhos. Em outras palavras, sempre que a obra pública ensejar valorização diferenciada aos prédios vizinhos, permitindo que um determinado imóvel valorize mais do que os outros, a desapropriação por zona é a melhor forma de garantir o pagamento ao poder público.

6. SERVIDÃO ADMINISTRATIVA

Informativo n. 614. PROCESSO REsp 1.309.158-RJ, Rel. Min. Luis Felipe Salomão, por unanimidade, julgado em 26/09/2017, DJe 20/10/2017

TEMA: Ação indenizatória. Locação de área para estação de telefonia celular. Compartilhamento de infraestrutura. Sublocação não caracterizada. Direito de uso. Servidão administrativa instituída pela lei em benefício das prestadoras de serviços de telecomunicações de interesse coletivo. Inviabilidade de indenização.

DESTAQUE: O compartilhamento de infraestrutura de estação rádio base de telefonia celular por prestadoras de serviços de telecomunicações de interesse coletivo caracteriza servidão administrativa, não ensejando direito à indenização ao locador da área utilizada para instalação dos equipamentos.

INFORMAÇÕES DO INTEIRO TEOR: A discussão reside em saber se o compartilhamento de equipamentos de telecomunicações e de uma torre visando à fixação de antenas de telefonia celular por empresas prestadoras de serviços de telecomunicações caracteriza sublocação, ensejando direito à indenização ao locador do espaço. Inicialmente cumpre salientar que o *caput* do art. 73 da Lei n. 9.472/97 (Lei Geral de Telecomunicações), dispõe que "as prestadoras de serviços de telecomunicações de interesse coletivo terão direito à utilização de postes, dutos, condutos e servidões pertencentes ou controlados por prestadora de serviços de telecomunicações ou de outros serviços de interesse público, de forma não discriminatória e a preços e condições justos e razoáveis". Registre-se ainda que o art. 10 da Lei n. 11.934/2009 estabelece ser obrigatório o compartilhamento de torres pelas prestadoras de serviços de telecomunicações que utilizam estações transmissoras de radiocomunicação nas situações em que o afastamento entre elas for menor do que 500 (quinhentos) metros, exceto quando houver justificado motivo técnico. Além disso, tanto a Resolução n. 274/01 da Anatel como a Resolução Conjunta n. 1 da Anatel, Aneel e ANP, de

24/11/1999, também preveem o direito ao compartilhamento da infraestrutura entre prestadoras de serviço de telecomunicações de interesse coletivo. Esta utilização compartilhada tem nítida relevância de interesse público, pois propicia que haja: a) barateamento dos custos do serviço público; b) minimização dos impactos urbanísticos, paisagísticos e ambientais; c) otimização da manutenção contínua da rede; d) condições a ensejar a cobrança de tarifas mais baixas dos consumidores; e) fomento à concorrência, expansão e melhoria da cobertura da rede. **Como visto, o compartilhamento de infraestrutura é compulsório, sendo inviável atribuir a natureza jurídica de sublocação à operação. Nesse passo, tendo em vista a ideia de submissão dos direitos subjetivos ao interesse público, o direito de uso, previsto no artigo 73 da Lei n. 9.472/97, cristaliza servidão administrativa instituída pela lei em benefício das prestadoras de serviços de telecomunicações de interesse coletivo, constituindo-se direito real, de natureza pública, a ser exercido sobre bem de propriedade alheia**, para fins de utilidade pública, instituído com base em lei específica. Deste modo, considerando a característica de **servidão administrativa** do compartilhamento de infraestrutura, só haveria de cogitar-se em indenização se houvesse redução do potencial de exploração econômica do bem imóvel.

Comentários

O instituto da servidão administrativa prevê que um determinado prédio privado se torna serviente à execução de atividades de interesse público, seja a prestação de um determinado serviço de interesse social ou a execução de uma obra pública. Por exemplo, quando o estado precisa passar tubos em um terreno para garantir a prestação do serviço de fornecimento de água, o próprio serviço é dominante, ensejando a relação de dominação em face do bem privado.

Pode-se verificar, portanto, que a servidão afeta o caráter exclusivo da propriedade, uma vez que impõe ao proprietário o dever de suportar a utilização do bem pelo poder público, independentemente de sua concordância.

A servidão administrativa decorre do poder de polícia do Estado que, por seu turno, se baseia no princípio da supremacia do interesse público sobre o interesse privado, sujeitando o direito de propriedade dos cidadãos ao cumprimento de sua função social. Neste sentido, o art. 40, do Decreto-Lei 3.365/41, regulamenta a servidão, dispondo que *"O expropriante poderá constituir servidões, mediante indenização na forma desta lei"*. Da mesma forma, o art. 18, XII, da lei 8.987/95 define a possibilidade de instituição de servidões pelo concessionário de serviços públicos, após a efetivação de declaração de interesse público pelo ente estatal.

Conforme verificado do texto legal acima transcrito, é cediço que, diante da instituição de servidão administrativa, caso a medida enseje um prejuízo ao proprietário, será devida a indenização prévia. Ressalte-se que o poder público não atribui um valor a título de pagamento pela servidão, não se confundindo com o instituto da locação de bens. O que ocorre, de fato, é o pagamento pelo dano que tenha sido causado ao bem imóvel serviente.

Na situação fática objeto de julgamento a servidão administrativa decorre do compartilhamento de infraestrutura entre empresas prestadoras de serviços de telefonia. No caso, uma das empresas firmou um contrato de locação de bem imóvel, para fins de alocação de Estação Rádio Base (torre de celular). Na vigência do contrato, o proprietário do bem serviente verificou a existência de equipamentos, pertencentes a outras operadoras, instalados na área locada. Por isso buscou o Poder Judiciário para obter indenização.

Ocorre que o Artigo 73 da Lei 9472/1997 estabelece o seguinte:

> Art. 73. As prestadoras de serviços de telecomunicações de interesse coletivo terão direito à utilização de postes, dutos, condutos e servidões pertencentes ou controlados por prestadora de serviços de telecomunicações ou de outros serviços de interesse público, de forma não discriminatória e a preços e condições justos e razoáveis.
>
> Parágrafo único. Caberá ao órgão regulador do cessionário dos meios a serem utilizados definir as condições para adequado atendimento do disposto no caput.

O referido dispositivo estabelece verdadeiro direito subjetivo à constituição de servidão administrativa sobre as torres umas das outras. E mais, tal previsão se justifica pela necessidade da coletividade de barateamento dos serviços de telecomunicações.

Nesse sentido, vejamos o seguinte trecho do voto do Ministro relator:

> *"O compartilhamento de infraestrutura tem nítida relevância de interesse público, pois propicia que haja: a) barateamento dos custos do serviço público; b) minimização dos impactos urbanísticos, paisagísticos e ambientais; c) otimização da manutenção contínua da rede; d) condições a ensejar a cobrança de tarifas mais baixas dos consumidores; e) fomento à concorrência, expansão e melhoria da cobertura da rede.*
>
> *No mesmo diapasão, é bem oportuno mencionar que o compartilhamento de infraestutura vai ao encontro do disposto no art. 2º da Lei n. 13.116/2015, que estabelece ser objetivo da lei promover e fomentar os investimentos em infraestrutura de redes de telecomunicações, visando, entre outros objetivos: I – à minimização dos impactos urbanísticos, paisagísticos e ambientais; II – à ampliação da capacidade instalada de redes de telecomunicações, tendo em vista a atualização tecnológica e a melhoria da cobertura e da qualidade dos serviços prestados; III – ao incentivo ao compartilhamento de infraestrutura de redes de telecomunicações."*
>
> *(...)*
>
> *"A servidão administrativa caracteriza-se por ser um dever de abstenção que recai sobre os proprietários e possuidores de bens e que é imposto em vista de características próprias desses bens e da realização de valores de interesse coletivo. Constitui em restrições às faculdades do domínio e do dever de suportar conduta,* ***não gerando, em princípio, direito de indenização, caso não haja imposição de obrigações de grande intensidade ou que importem a eliminação do substrato econômico da propriedade.****"*
>
> *(...)*
>
> *"Dessarte, fica nítido que, em vista da característica de servidão administrativa do compartilhamento de infraestrutura, só haveria de cogitar-se em remuneração se houvesse previsão legal específica, e em indenização se houvesse redução do potencial de exploração econômica do bem imóvel – o que não ocorre, visto*

> *que a autora está fazendo a exploração econômica de seu bem e recebendo regularmente aluguéis, que não são em nada prejudicados pelo uso compartilhado da infraestrutura construída pela locatária Embratel."*

Verificada a inexistência de prejuízos ao proprietário do imóvel, em decorrência da servidão administrativa, a Corte, em precedente irretocável, deu provimento ao recurso especial para julgar improcedente o pedido formulado na exordial, afastando a possibilidade de indenização.

Para mais informações, utilize o QR Code ao lado.

CAPÍTULO 10

RESPONSABILIDADE CIVIL DO ESTADO

1. SÚMULAS

Súmula n. 615 - Não pode ocorrer ou permanecer a inscrição do município em cadastros restritivos fundada em irregularidades na gestão anterior quando, na gestão sucessora, são tomadas as providências cabíveis à reparação dos danos eventualmente cometidos. Primeira Seção, aprovada em 9/5/2018, DJe 14/5/2018.

Comentários

O verbete em questão confere eficácia normativa ao princípio da intranscendência das sanções, seguindo na esteira do posicionamento do STF. Trata-se de princípio que excepcionaliza a ideia de impessoalidade. O princípio da intranscendência subjetiva das sanções, consagrado pelo STF, inibe a aplicação de severas sanções a entidades federativas por atos de gestões anteriores.

Com efeito, deve-se evitar a aplicação de penalidades à Administração Pública que possam dificultar a governabilidade do novo gestor caso haja irregularidades decorrentes das gestões anteriores – desde que se demonstre que o novo administrador está tomando todas as providências necessárias a sanar os prejuízos.

A título de exemplo, com base nessa orientação, o Supremo Tribunal Federal negou o pedido da União de se determinar a suspensão da condição de inadimplente de Estado-Membro, bem como das limitações dela decorrentes, uma vez que as irregularidades praticadas pelo ente federado foram decorrentes de atuação da gestão anterior.

Nesse sentido, inclusive, encontramos a Súmula 46 da AGU que dispõe que "Será liberada da restrição decorrente da inscrição do município no SIAFI ou CADIN a prefeitura administrada pelo prefeito que sucedeu o administrador faltoso, quando tomadas todas as providências objetivando o ressarcimento ao erário".

Súmula n.624 – É possível cumular a indenização do dano moral com a reparação econômica da Lei n. 10.559/2002 (Lei da Anistia Política). Primeira Seção, julgado em 12/12/2018, DJe 17/12/2018. (Informativo n. 638.)

Comentários

Trata-se da interpretação dada pela Corte à Lei 10.559/2002, que regulamentou o art. 8º do ADCT e a concessão dessa reparação econômica para os anistiados e dá outras providências. Destacamos alguns dispositivos da lei em referência, para melhor entendimento da matéria.

O *caput* do artigo 8º do ADCT prevê o seguinte:

> Art. 8º. É concedida anistia aos que, no período de 18 de setembro de 1946 até a data da promulgação da Constituição, foram atingidos, em decorrência de motivação exclusivamente política, por atos de exceção, institucionais ou complementares, aos que foram abrangidos pelo Decreto Legislativo nº 18, de 15 de dezembro de 1961 , e aos atingidos pelo Decreto-Lei nº 864, de 12 de setembro de 1969 , asseguradas as promoções, na inatividade, ao cargo, emprego, posto ou graduação a que teriam direito se estivessem em serviço ativo, obedecidos os prazos de permanência em atividade previstos nas leis e regulamentos vigentes, respeitadas as características e peculiaridades das carreiras dos servidores públicos civis e militares e observados os respectivos regimes jurídicos.

A lei 10559/2002, no que é relevante ao entendimento da matéria, dispõe o seguinte:

> *Art. 1º O Regime do Anistiado Político compreende os seguintes direitos:*
>
> *I – declaração da condição de anistiado político;*

II – reparação econômica, de caráter indenizatório, em prestação única ou em prestação mensal, permanente e continuada, asseguradas a readmissão ou a promoção na inatividade, nas condições estabelecidas no caput e nos §§ 1º e 5º do art. 8º do Ato das Disposições Constitucionais Transitórias;

(...)

Art. 2º São declarados anistiados políticos aqueles que, no período de 18 de setembro de 1946 até 5 de outubro de 1988, por motivação exclusivamente política, foram:

I – atingidos por atos institucionais ou complementares, ou de exceção na plena abrangência do termo;

II – punidos com transferência para localidade diversa daquela onde exerciam suas atividades profissionais, impondo-se mudanças de local de residência;

III – punidos com perda de comissões já incorporadas ao contrato de trabalho ou inerentes às suas carreiras administrativas;

IV – compelidos ao afastamento da atividade profissional remunerada, para acompanhar o cônjuge;

V – impedidos de exercer, na vida civil, atividade profissional específica em decorrência das Portarias Reservadas do Ministério da Aeronáutica no S-50-GM5, de 19 de junho de 1964, e no S-285-GM5;

VI – punidos, demitidos ou compelidos ao afastamento das atividades remuneradas que exerciam, bem como impedidos de exercer atividades profissionais em virtude de pressões ostensivas ou expedientes oficiais sigilosos, sendo trabalhadores do setor privado ou dirigentes e representantes sindicais, nos termos do § 2º do art. 8º do Ato das Disposições Constitucionais Transitórias;

VII – punidos com fundamento em atos de exceção, institucionais ou complementares, ou sofreram punição disciplinar, sendo estudantes;

VIII – abrangidos pelo Decreto Legislativo no 18, de 15 de dezembro de 1961, e pelo Decreto-Lei no 864, de 12 de setembro de 1969;

IX – demitidos, sendo servidores públicos civis e empregados em todos os níveis de governo ou em suas fundações públicas, empresas públicas ou empresas mistas ou sob controle estatal, exceto nos Comandos militares no que se refere ao disposto no § 5º do art. 8º do Ato das Disposições Constitucionais Transitórias;

X – punidos com a cassação da aposentadoria ou disponibilidade;

XI – desligados, licenciados, expulsos ou de qualquer forma compelidos ao afastamento de suas atividades remuneradas, ainda que com fundamento na legislação comum, ou decorrentes de expedientes oficiais sigilosos.

XII – punidos com a transferência para a reserva remunerada, reformados, ou, já na condição de inativos, com perda de proventos, por atos de exceção, institucionais ou complementares, na plena abrangência do termo;

XIII – compelidos a exercer gratuitamente mandato eletivo de vereador, por força de atos institucionais;

XIV – punidos com a cassação de seus mandatos eletivos nos Poderes Legislativo ou Executivo, em todos os níveis de governo;

XV – na condição de servidores públicos civis ou empregados em todos os níveis de governo ou de suas fundações, empresas públicas ou de economia mista ou sob controle estatal, punidos ou demitidos por interrupção de atividades profissionais, em decorrência de decisão de trabalhadores;

XVI – sendo servidores públicos, punidos com demissão ou afastamento, e que não requereram retorno ou reversão à atividade, no prazo que transcorreu de 28 de agosto de 1979 a 26 de dezembro do mesmo ano, ou tiveram seu pedido indeferido, arquivado ou não conhecido e tampouco foram considerados aposentados, transferidos para a reserva ou reformados;

XVII – impedidos de tomar posse ou de entrar em exercício de cargo público, nos Poderes Judiciário, Legislativo ou Executivo, em todos os níveis, tendo sido válido o concurso.

(...)

Art. 3º A reparação econômica de que trata o inciso II do art. 1º desta Lei, nas condições estabelecidas no caput do art. 8º do Ato das Disposições Constitucionais Transitórias, correrá à conta do Tesouro Nacional.

(...)

Art. 4º A reparação econômica em prestação única consistirá no pagamento de trinta salários mínimos por ano de punição e será devida aos anistiados políticos que não puderem comprovar vínculos com a atividade laboral.

(...)

Art. 6º O valor da prestação mensal, permanente e continuada, será igual ao da remuneração que o anistiado político receberia se na ativa estivesse, (...)

A súmula 624, sob análise, cuida da interpretação do artigo 16 da Lei 10559/2002, que prevê o seguinte.

> *Art. 16. Os direitos expressos nesta Lei não excluem os conferidos por outras normas legais ou constitucionais, vedada a acumulação de quaisquer pagamentos ou benefícios ou indenização* ***com o mesmo fundamento****, facultando-se a opção mais favorável.*

Aparentemente, o dispositivo traz uma espécie de acordo de adesão entre os anistiados políticos e o Estado brasileiro, como se a obtenção da reparação econômica prevista na lei fosse excludente de qualquer outra pretensão, de qualquer natureza, fundada nos atos de exceção praticados entre 18 de setembro de 1946 e 05 de outubro de 1988. Talvez até tenha sido esta a intensão do legislador, mas não é esse o entendimento doutrinário e jurisprudencial sobre a matéria.

No entendimento da Corte, as indenizações por danos morais e por danos materiais, mesmo quando fundadas no mesmo fato, não se confundem. Trata-se de entendimento consagrado desde a edição da Súmula 37: *"São cumuláveis as indenizações por dano material e dano moral oriundos do mesmo fato."*.

De fato, a responsabilidade civil decorre da confluência de três elementos: a) conduta, b) dano e c) nexo de causalidade. Tais elementos representam os fundamentos jurídicos da responsabilidade civil. Sendo assim, ainda haja a identidade de conduta, quando não houver identidade de dano, não haverá identidade de fundamentos, já que diferem os demais elementos da responsabilidade civil. Com isso se quer dizer que, em decorrência de um mesmo ato, podem surgir danos diversos, indenizáveis de forma autônoma.

O trecho a seguir transcrito, extraído de um dos votos do Ministro Herman Benjamin, bem sintetiza os fundamentos adotados pela 1ª Seção na formação entendimento sumulado:

> *"Inexiste vedação para a acumulação da reparação econômica com indenização por danos morais, porquanto se trata de verbas indenizatórias com fundamentos e finalidades diversas: aquela visa à recomposição patrimonial (danos emergentes e lucros cessantes), ao passo que esta tem por escopo a tutela da integridade moral, expressão dos direitos da personalidade"*
>
> *(AgRg no REsp 1467148/SP, Rel. Ministro HERMAN BENJAMIN, SEGUNDA TURMA, julgado em 05/02/2015, DJe 11/02/2015)*

Com isso, é possível concluir que a Lei 10559/2002 conferiu apenas a reparação econômica aos anistiados, assim entendida como a reparação dos danos patrimoniais sofridos, o que não exclui a possibilidade do anistiado, que obteve reparação econômica pela via administrativa, buscar indenização por danos morais pela via judicial.

2. PRECATÓRIOS

2.1. Informativo 670. PROCESSO AgInt no RMS 61.014-RO, Rel. Min. Benedito Gonçalves, Primeira Turma, por unanimidade, julgado em 20/04/2020, DJe 24/04/2020. DIREITO ADMINISTRATIVO, DIREITO CONSTITUCIONAL

TEMA Precatório. Direito de preferência (art. 100, § 2º, da CF/1988). Reconhecimento, mais de uma de vez, em um mesmo precatório. Impossibilidade.

DESTAQUE A preferência prevista no § 2º do art. 100 da Constituição Federal **não pode ser** reconhecida mais de uma vez em um mesmo precatório.

INFORMAÇÕES DO INTEIRO TEOR Quanto ao direito de preferência, na linha do entendimento firmado pelo Supremo Tribunal Federal, o STJ tem pacífico entendimento pela possibilidade de haver, mais de uma vez, o reconhecimento ao credor do direito à preferência constitucional no pagamento de precatório, ainda que no mesmo exercício financeiro, desde que observado o limite estabelecido pelo § 2º do art. 100 da CF/1988 em cada um dos precatórios. Contudo, a preferência autorizada pela Constituição não pode ser reconhecida duas vezes em um mesmo precatório, porquanto, por via oblíqua, implicaria a extrapolação do limite previsto na norma constitucional. Aliás, o próprio § 2º do art. 100 da CF/1988 revela que, após o fracionamento para preferência, eventual saldo remanescente deverá ser pago na ordem cronológica de apresentação do precatório. Portanto, as hipóteses autorizadoras da preferência (idade, doença grave ou deficiência) devem ser consideradas, isoladamente, em cada precatório, ainda que tenha como destinatário um mesmo credor.

Comentários

A questão objeto do julgamento diz respeito à possibilidade de reconhecimento da preferência do § 2º do art. 100 da CF/1988, mais de uma vez, em um mesmo precatório.

O regime de pagamento de precatórios está previsto no artigo 100 da Constituição Federal.

> *Art. 100. Os pagamentos devidos pelas Fazendas Públicas Federal, Estaduais, Distrital e Municipais, em virtude de sentença judiciária, far-se-ão exclusivamente na ordem cronológica de apresentação dos precatórios e à conta dos créditos respectivos, proibida a designação de casos ou de pessoas nas dotações orçamentárias e nos créditos adicionais abertos para este fim.*
>
> *§ 1º Os débitos de* ***natureza alimentícia*** *compreendem aqueles decorrentes de salários, vencimentos, proventos, pensões e suas complementações, benefícios previdenciários e indenizações por morte ou por invalidez, fundadas em responsabilidade civil, em virtude de sentença judicial transitada em julgado,* ***e serão pagos com preferência*** *sobre todos os demais débitos, exceto sobre aqueles referidos no § 2º deste artigo.*
>
> *§ 2º Os débitos de* ***natureza alimentícia*** *cujos titulares, originários ou por sucessão hereditária, tenham 60 (sessenta) anos de idade, ou sejam portadores de doença grave, ou pessoas com deficiência, assim definidos na forma da lei,* ***serão pagos com preferência sobre todos os demais débitos, até o valor equivalente ao triplo fixado em lei para os fins do disposto no § 3º deste artigo****, admitido o fracionamento para essa finalidade, sendo que o restante será pago na ordem cronológica de apresentação do precatório.*
>
> *§ 3º O disposto no caput deste artigo relativamente à expedição de precatórios não se aplica aos pagamentos de obrigações definidas em leis como de pequeno valor que as Fazendas referidas devam fazer em virtude de sentença judicial transitada em julgado.*

Da leitura dos dispositivos constitucionais supra, é possível concluir que existem, basicamente, três filas de precatório, quais sejam:

a) fila **geral**; b) fila do precatórios **alimentares** e c) fila **especial** dos precatórios alimentares cujos titulares são idosos, portadores de doenças graves ou pessoas com deficiência. A fila especial, ou *superpreferência*, prevista no parágrafo 2º, está submetida a um limite de valor correspondente a três vezes o valor máximo do RPV, admitido o seu fracionamento. Sendo assim, ultrapassado o limite de valor, o remanescente será incluído na fila dos precatórios alimentares.

O entendimento consolidado no STJ, e bem retratado no precedente em epígrafe, não reconhece o direito do credor, no mesmo precatório, valer-se mais de uma vez da superpreferência, ainda que por motivos distintos. Sendo assim, o credor que se enquadra em mais de uma hipótese do § 2º do Art. 100, CF (ex. 60 anos + doença grave), mas teve o seu precatório fracionado, não pode gozar novamente do mesmo benefício relativamente ao remanescente. Nesse caso, o precatório remanescente deve obedecer a fila dos precatórios alimentares.

2.2. Informativo n. 645. PROCESSO QO no REsp 1.665.599-RS, Rel. Min. Napoleão Nunes Maia Filho, Corte Especial, por unanimidade, julgado em 20/03/2019, DJe 02/04/2019 (Tema 291). DIREITO ADMINISTRATIVO, DIREITO FINANCEIRO

TEMA Revisão de entendimento consolidado em tema repetitivo. Tema 291/STJ. Período compreendido entre a data da realização dos cálculos e a da requisição ou do precatório. Juros de mora. Cabimento. Entendimento fixado pelo STF, em repercussão geral. Tema 96/STF.

DESTAQUE Incidem os juros da mora no período compreendido entre a data da realização dos cálculos e a da requisição ou do precatório.

INFORMAÇÕES DO INTEIRO TEOR Inicialmente cumpre salientar que do julgamento do REsp 1.143.677/RS (rel. min. Luiz Fux, DJe 04/02/2010), este Superior Tribunal de Justiça fixou a tese (Tema Repetitivo 291/STJ) no sentido de que não incidem juros moratórios entre a elaboração dos cálculos e o efetivo pagamento da Requisição de Pequeno Valor – RPV. **No**

entanto, sobreveio o julgamento do Recurso Extraordinário 579.431/RS, sob a relatoria do ministro Marco Aurélio (DJe 30/06/2017), com repercussão geral reconhecida e julgada, tendo sido fixada a tese de que incidem os juros da mora no período compreendido entre a data da realização dos cálculos e a da requisição ou do precatório (Tema 96/STF). De acordo com a orientação fixada pelo STF, o termo inicial dos juros moratórios é a citação, que deverão incidir até a data da requisição ou do precatório. Assim, considerando os princípios da segurança jurídica, da proteção da confiança e da isonomia, nos termos do art. 927, § 4º do CPC/2015, é patente e evidente a necessidade de revisão do entendimento consolidado no enunciado de Tema Repetitivo 291/STJ, a fim de adequá-lo à nova orientação fixada pelo egrégio Supremo Tribunal Federal quando do julgamento do RE 579.431/RS (Repercussão Geral - Tema 96/STF).

Comentários

O Supremo Tribunal Federal editou a Súmula Vinculante 17 que estabelece que "*durante o período previsto no parágrafo 1º do artigo 100 da Constituição, não incidem juros de mora sobre os precatórios que nele sejam pagos*". O parágrafo 1º do artigo 100 da Constituição Federal, após a promulgação da Emenda Constitucional nº62/2009, corresponde ao parágrafo 5º do mesmo artigo. Vejamos.

> *§ 5º É obrigatória a inclusão, no orçamento das entidades de direito público, de verba necessária ao pagamento de seus débitos, oriundos de sentenças transitadas em julgado, constantes de precatórios judiciários apresentados até 1º de julho, fazendo-se o pagamento até o final do exercício seguinte, quando terão seus valores atualizados monetariamente.*

Portanto, nos termos da Súmula Vinculante 17, não incidem juros de mora no período compreendido entre a data da expedição do precatório e 31 de dezembro do exercício seguinte. Trata-se do chamado período de graça, dentro do qual a Administração Pública não pode ser considerada em mora.

Após a promulgação da Emenda Constitucional nº 62/2009, que promoveu profundas alterações no regime constitucional dos precatórios, surgiu no STF a discussão sobre a superação da Súmula Vinculante 17, que é anterior à referida Emenda Constitucional. Foi reconhecida a repercussão geral da tese, que foi recentemente julgada (RE 1169289 julgado em 16/06/2020) dando a seguinte solução ao Tema 1037:

> *O enunciado da Súmula Vinculante 17 não foi afetado pela superveniência da Emenda Constitucional 62/2009, de modo que não incidem juros de mora no período de que trata o § 5º do art. 100 da Constituição. Havendo o inadimplemento pelo ente público devedor,* ***a fluência dos juros inicia-se após o 'período de graça'****.*

Portanto, o precedente em análise revisou o entendimento anterior, que previa que *"não incide juros moratórios entre a elaboração dos cálculos e o efetivo pagamento da requisição de pequeno valor – RPV."*. A partir da revisão do entendimento, a tese firmada ganhou a seguinte redação:

> *"Incidem os juros da mora no período compreendido entre a data da realização dos cálculos e a da requisição ou do precatório"*

Com isso, o entendimento do STJ restou alinhado com o do STF, afastando a dúvida até então existente sobre a incidência de juros de mora no período compreendido entre a data da elaboração dos cálculos e a data da expedição do precatório. **Incidem, portanto, os juros desde a citação, cessando na data da expedição do precatório, e voltando a incidir após o término do prazo previsto no § 5 º do artigo 100 da Constituição Federal.**

3. AÇÃO DE REGRESSO E RESPONSABILIZAÇÃO DOS AGENTES PÚBLICOS

3.1. Informativo n. 655. PROCESSO REsp 1.576.254-RS, Rel. Min. Mauro Campbell Marques, Primeira Seção, por maioria, julgado em 26/06/2019, DJe 04/09/2019 (Tema 963)

TEMA: Execução regressiva da Eletrobrás contra a União. Impossibilidade. Condenações ao pagamento das diferenças na devolução do empréstimo compulsório sobre o consumo de energia elétrica. Responsabilidade solidária subsidiária da União. Interpretação do art. 4º, § 3º, da Lei n. 4.156/1962. Tema 963.

DESTAQUE: Não há direito de regresso portanto não é cabível a execução regressiva proposta pela Eletrobrás contra a União em razão da condenação das mesmas ao pagamento das diferenças na devolução do empréstimo compulsório sobre o consumo de energia elétrica ao particular contribuinte da exação.

INFORMAÇÕES DO INTEIRO TEOR: A Centrais Elétricas Brasileiras S.A. – Eletrobrás foi criada pela União em 1961, na forma de sociedade de economia mista, como holding do setor elétrico, com o objetivo específico previsto no art. 2º da Lei n. 3.890– A/1961 de construir e operar usinas geradoras/ produtoras e linhas de transmissão e distribuição de energia elétrica. A ideia era superar a crise gerada pela desproporção entre a demanda e a oferta de energia no país, ou seja, atuar em um setor estratégico para o desenvolvimento nacional. Nesse contexto, o empréstimo compulsório sobre o consumo de energia elétrica instituído pela Lei n. 4.156/1962 foi uma forma de se verter recursos para a Eletrobrás intervir no setor de energia elétrica subscrevendo ações, tomando obrigações e financiando as demais empresas atuantes no setor das quais o Poder Público (Federal, Estadual ou Municipal) fosse acionista. De relevo que: a) o emprego dos recursos provenientes da arrecadação do empréstimo compulsório sobre o consumo de energia elétrica não o foi em exclusivo benefício da empresa, mas sim na construção e realização de uma política pública estratégica e de âmbito nacional no campo energético formulada pela própria União; b) a criação da sociedade de economia mista se fez com destaque do patrimônio do ente criador conferindo-lhe autonomia para realizar uma missão específica de política pública tida por prioritária; e c) nem a lei e nem os recursos representativos da controvérsia julgados por este Superior Tribunal de Justiça (REsp 1.003.955/RS e REsp 1.028.592/RS, Primeira Seção, Rel. Min. Eliana Calmon, julgados em 12/08/2009) trouxeram a definição de quotas de responsabilidade da dívida, situação base para a aplicação do art. 283 do CC/2002 e do art. 80 do CPC/1973. Nessa linha, somente é legítima uma interpretação do art. 4º, § 3º, da Lei n. 4.156/1962 que permita a incursão no patrimônio do ente criador em caso de insuficiência do patrimônio da criatura, já que garantidor dessa atividade. Resta assim, configurada a situação de responsabilidade solidária subsidiária da União pelos valores a serem devolvidos na sistemática do empréstimo compulsório sobre o consumo de energia elétrica.

Comentários

Discute-se o cabimento da execução regressiva proposta pela ELETROBRÁS contra a UNIÃO em razão da condenação ao pagamento das diferenças na devolução do empréstimo compulsório sobre o consumo de energia elétrica ao contribuinte da exação. Vale salientar que, analisando o substrato fático do recurso, é possível concluir que o presente julgado tem aplicabilidade restrita aos feitos em que a coisa julgada não delimitou expressamente quais percentuais cabem à ELETROBRAS e à União na devolução do empréstimo compulsório.

Como se sabe, o empréstimo compulsório sobre o consumo da energia elétrica foi instituído pela Lei 4.156/1962, que previu a responsabilidade solidária da União pela devolução, nos termos da lei, dos valores nominais, nos seguintes termos:

> *Art. 4º Até 30 de junho de 1965, o consumidor de energia elétrica tomará obrigações da ELETROBRÁS, resgatáveis em 10 (dez) anos, a juros de 12% (doze por cento) ao ano, correspondentes a 20% (vinte por cento) do valor de suas contas. A partir de 1º de julho de 1965, e até o exercício de 1968, inclusive, o valor da tomada de tais obrigações será equivalente ao que fôr devido a título de impôsto único sôbre energia elétrica.*
>
> *§ 1º O distribuidor de energia elétrica promovera a cobrança ao consumidor, conjuntamente com as suas contas, do empréstimo de que trata êste artigo, e mensalmente o recolherá, nos prazos previstos para o impôsto único e sob as mesmas penalidades, em agência do Banco do Brasil à ordem da ELETROBRÁS ou diretamente à ELETROBRÁS, quando esta assim determinar. (Redação dada pela Lei nº 5.073, de 1966)*
>
> *§ 2º O consumidor apresentará as suas contas à Eletrobrás e receberá os títulos correspondentes ao valor das obrigações,*

> *acumulando-se as frações até totalizarem o valor de um título, cuja emissão poderá conter assinaturas em fac-simile. (Redação dada pela Lei nº 4.364, de 22.7.1964)*
>
> *§ 3º É assegurada a responsabilidade solidária da União, em qualquer hipótese, pelo valor nominal dos títulos de que trata êste artigo.*

Diante deste contexto, e dos contornos objetivos da demanda formadora do precedente, extraímos os seguintes trechos do Voto do Relator Ministro Mauro Campbell Marques, que bem definem o entendimento do Corte.

> *Diante do contexto histórico e legislativo apresentado, o caso não é e nem pode ser de aplicação pura e simples do art. 285, do CC/2002 (art. 915, do CC/1916), que define a hipótese de ser a dívida exclusiva de apenas um dos devedores solidários. Isto porque o emprego realizado pela ELETROBRÁS dos recursos provenientes da arrecadação do empréstimo compulsório sobre o consumo de energia elétrica não o foi em exclusivo benefício da empresa, mas sim na construção e realização de uma política pública estratégica e de âmbito nacional no campo energético formulada pela própria UNIÃO (além do fato de ser a UNIÃO seu acionista controlador). Dada essa amplitude, impossível imaginar que não haja aí também interesse próprio da UNIÃO que se confunde com o interesse público e de toda a sociedade.*
>
> *(...)*
>
> *Efetivamente, a responsabilidade da UNIÃO deve ser buscada na própria lei do empréstimo, a partir de uma interpretação sistemática do conjunto normativo e histórico envolvido na elaboração do mencionado art. 4º, § 3º, da Lei nº 4.156/62. Assim, em se tratando sociedade de economia mista organizada sob a forma de sociedade anônima, atualmente à luz do Decreto-lei nº 200 e da Lei das S/A (Lei nº. 6.404/76), com capital constituído de recursos públicos e privados, criada a ELETROBRÁS para realizar atividade própria da UNIÃO, seu ente criador, que poderia realizar tais atividades diretamente (ver antigo art. 153, da CF/1946 e atual art. 21, XII, "b", da CF/1988), é de se presumir que esse destaque de parte sua (da UNIÃO) deve arcar com todas as atividades e encargos decorrentes de sua finalidade própria e específica, dada sua autonomia, somente sendo legítima uma interpretação que permita a incursão no patrimônio do ente criador em caso de insuficiência do patrimônio da criatura, já*

> *que garantidor dessa atividade. Resta assim, configurada a situação de responsabilidade solidária subsidiária da UNIÃO pelos valores a serem devolvidos na sistemática do empréstimo compulsório sobre o consumo de energia elétrica, devendo assim ser interpretada a letra do art. 4º, § 3º, da Lei nº 4.156/62.*
>
> *Como o caso é de responsabilidade solidária subsidiária, inexiste o direito de regresso da ELETROBRÁS contra a UNIÃO, pois esta somente é garantidora, perante o credor, nas situações de insuficiência patrimonial da empresa principal devedora. A expressão "em qualquer hipótese" contida no dispositivo legal (art. 4º, § 3º, da Lei nº 4.156/62) existe apenas para permitir ao consumidor/contribuinte/credor optar por acionar diretamente a UNIÃO e, nesse último caso, esta é que terá direito de regresso contra a ELETROBRÁS ou benefício de ordem, se houver patrimônio suficiente, já que originalmente destacado da UNIÃO justamente com a finalidade de realizar a política no setor de energia.*

Portanto, restou firmada a seguinte tese repetitiva, válida para os casos em que o título executivo não delimitou as responsabilidades das rés União e ELETROBRAS.

> *"Não há direito de regresso portanto não é cabível a execução regressiva proposta pela ELETROBRÁS contra a UNIÃO em razão da condenação das mesmas ao pagamento das diferenças na devolução do empréstimo compulsório sobre o consumo de energia elétrica ao PARTICULAR CONTRIBUINTE da exação."*

Ressalte-se ainda, que o STJ, no julgamento do Tema 315 decidiu que:

> *"A parte autora pode eleger apenas um dos devedores solidários para figurar no pólo passivo da demanda. (...) A possibilidade de escolha de um dos devedores solidários afasta a figura do litisconsórcio compulsório ou necessário."*

3.2. Informativo nº 0532. DIREITO PROCESSUAL CIVIL E ADMINISTRATIVO. LEGITIMIDADE DE AGENTE PÚBLICO PARA RESPONDER DIRETAMENTE POR ATOS PRATICADOS NO EXERCÍCIO DE SUA FUNÇÃO.

Na hipótese de dano causado a particular por agente público no exercício de sua função, há de se conceder ao lesado

a possibilidade de ajuizar ação diretamente contra o agente, contra o Estado ou contra ambos. De fato, o art. 37, § 6º, da CF prevê uma garantia para o administrado de buscar a recomposição dos danos sofridos diretamente da pessoa jurídica, que, em princípio, é mais solvente que o servidor, independentemente de demonstração de culpa do agente público. Nesse particular, a CF simplesmente impõe ônus maior ao Estado decorrente do risco administrativo. Contudo, não há previsão de que a demanda tenha curso forçado em face da administração pública, quando o particular livremente dispõe do bônus contraposto; tampouco há imunidade do agente público de não ser demandado diretamente por seus atos, o qual, se ficar comprovado dolo ou culpa, responderá de qualquer forma, em regresso, perante a Administração. Dessa forma, a avaliação quanto ao ajuizamento da ação contra o agente público ou contra o Estado deve ser decisão do suposto lesado. Se, por um lado, o particular abre mão do sistema de responsabilidade objetiva do Estado, por outro também não se sujeita ao regime de precatórios, os quais, como é de cursivo conhecimento, não são rigorosamente adimplidos em algumas unidades da Federação. Posto isso, o servidor público possui legitimidade passiva para responder, diretamente, pelo dano gerado por atos praticados no exercício de sua função pública, sendo que, evidentemente, o dolo ou culpa, a ilicitude ou a própria existência de dano indenizável são questões meritórias. Precedente citado: REsp 731.746-SE, Quarta Turma, DJe 4/5/2009. REsp 1.325.862-PR, Rel. Min. Luis Felipe Salomão, julgado em 5/9/2013.

Comentários

Com efeito, de uma leitura do art. 37, § 6º da Constituição Federal, pode-se concluir que a responsabilização do ente público se configura objetiva, mas que seus agentes respondem somente de forma subjetiva – ou seja, após a análise de dolo ou culpa desse – perante o Estado em ação de regresso. Sendo assim, inobstante a responsabilidade seja atribuída à Pessoa Jurídica, o agente que ensejou o dano não se exime de ressarcir os prejuízos causados ao ente público.

Entretanto, conforme entendimento pacificado no Supremo Tribunal Federal, não é possível a propositura de ação, diretamente, em face do agente público causador do dano. Isso porque, quando o texto constitucional, em seu art. 37, § 6º, estabeleceu a responsabilidade estatal, garantiu um direito ao particular lesado de ser indenizado pelos prejuízos que sofreu, mas também concedeu ao agente a garantia de só ser cobrado pelo Estado. É o que se convencionou chamar de teoria da dupla garantia – garantia à vítima e ao agente:

> Art. 37. § 6º – As pessoas jurídicas de direito público e as de direito privado prestadoras de serviços públicos responderão pelos danos que seus agentes, nessa qualidade, causarem a terceiros, assegurado o direito de regresso contra o responsável nos casos de dolo ou culpa.

Vejamos o julgado da Suprema Corte acerca do tema.

> Ementa: RECURSO EXTRAORDINÁRIO. ADMINISTRATIVO. RESPONSABILIDADE OBJETIVA DO ESTADO: § 6º DO ART. 37 DA MAGNA CARTA. ILEGITIMIDADE PASSIVA AD CAUSAM. AGENTE PÚBLICO (EX-PREFEITO). PRÁTICA DE ATO PRÓPRIO DA FUNÇÃO. DECRETO DE INTERVENÇÃO. O § 6º do artigo 37 da Magna Carta autoriza a proposição de que somente as pessoas jurídicas de direito público, ou as pessoas jurídicas de direito privado que prestem serviços públicos, é que poderão responder, objetivamente, pela reparação de danos a terceiros. Isto por ato ou omissão dos respectivos agentes, agindo estes na qualidade de agentes públicos, e não como pessoas comuns. Esse mesmo dispositivo constitucional consagra, ainda, dupla garantia: uma, em favor do particular, possibilitando-lhe ação indenizatória contra a pessoa jurídica de direito público, ou de direito privado que preste serviço público, dado que bem maior, praticamente certa, a possibilidade de pagamento do dano objetivamente sofrido. Outra garantia, no entanto, em prol do servidor estatal, que somente responde administrativa e civilmente perante a pessoa jurídica a cujo quadro funcional se vincular. Recurso extraordinário a que se nega provimento. (RE 327904 / SP – SÃO PAULO. Julgamento: 15/08/2006. Órgão Julgador: Primeira Turma)

Esse entendimento também não admite a propositura de ação *per saltum* da pessoa natural do agente. Ademais, esse posicionamento jurisprudencial e doutrinário tem fulcro no princípio da impessoalidade. Isso porque um dos enfoques deste princípio define que não há qualquer relação entre o agente público e o particular prejudicado, haja vista o fato de que quando o agente causou o prejuízo, não o fez na condição de particular, o fez em nome do Estado. Em outras palavras, a conduta do agente público não deve ser imputada à pessoa do agente, mas sim ao Estado que está atuando por meio dele. Essa faceta do princípio da impessoalidade nada mais é do que a aplicação da teoria do órgão, ou teoria da imputação volitiva.

O Superior Tribunal de Justiça, no julgado em epígrafe, se manifestou em sentido diverso, no ano de 2014, admitindo a propositura da ação de reparação civil pela vítima, diretamente, em face do agente público, em razão da busca por economicidade e eficiência processual.

Ocorre que tal entendimento não encontra amparo na jurisprudência do STF, que, no julgamento do RE 1027633, pelo Tribunal Pleno, em 14/08/2019, firmou a seguinte tese em sede de repercussão geral.

> *"A teor do disposto no art. 37, § 6º, da Constituição Federal, a ação por danos causados por agente público deve ser ajuizada contra o Estado ou a pessoa jurídica de direito privado prestadora de serviço público, sendo parte ilegítima para a ação o autor do ato, assegurado o direito de regresso contra o responsável nos casos de dolo ou culpa"*

Portanto, o precedente em comento encontra-se superado.

4. RESPONSABILIDADE OBJETIVA POR CONDUTAS LÍCITAS E ILÍCITAS

4.1. Informativo n. 634. PROCESSO REsp 1.492.832-DF, Rel. Min. Gurgel de Faria, por maioria, julgado em 04/09/2018, DJe 01/10/2018

TEMA: Responsabilidade civil do Estado. Imposto de importação. Alteração de alíquotas. Indústria nacional. Impacto econômico-financeiro. Risco da atividade. Direito à manutenção do status quo ante. Inexistência.

DESTAQUE: Não se verifica o dever do Estado de indenizar eventuais prejuízos financeiros do setor privado decorrentes da alteração de política econômico-tributária, no caso de o ente público não ter se comprometido, formal e previamente, por meio de determinado planejamento específico.

INFORMAÇÕES DO INTEIRO TEOR: Considerando o art. 37, § 6º, da Constituição Federal e o art. 43 do Código Civil, verifica-se que não há controvérsia sobre o dever do Estado de indenizar na hipótese de seus atos ocasionarem prejuízos. É a responsabilidade objetiva decorrente do risco administrativo. Todavia, a alteração de alíquotas de tributos é decisão política condicionada aos requisitos constitucionais e a finalidade desse ato estatal é variável, conforme o interesse perseguido pelo Estado em determinado momento. Nitidamente com finalidade extrafiscal, a Portaria MF n. 492, de 14 de setembro de 1994, com respaldo na Lei n. 3.244/1957, alterou para vinte por cento a alíquota do imposto de importação para os produtos nela relacionados, expondo sua motivação: "os níveis tarifários dos produtos relacionados eram inadequados ao cumprimento dos objetivos da Tarifa Aduaneira do Brasil". Observe-se que a possibilidade de a União alterar a alíquota do imposto de importação, para mais ou para menos, além de exercício regular de sua competência tributária constitucional, é de conhecimento público desde 14/08/1957, data de publicação da lei no Diário Oficial da União. E, especificamente, quanto à 78 possibilidade de redução para a alíquota de 20%, desde o DL n. 2.162/1984, publicado aos 20/09/1984. Ora, se a ninguém é dado alegar o desconhecimento da lei, não pode o setor privado alcançado pela redução de alíquota sustentar a quebra do princípio da confiança e, com isso, pretender indenização porque o Estado brasileiro atuou, legitimamente, na regulação do mercado, exercendo competência privativa sua. Em tese, somente nos casos em que o Estado se compromete, por ato formal, a incentivar, no campo fiscal, determinado ramo do setor privado, por certo período, é que se poderia invocar a quebra da confiança na modificação de política fiscal. Assim, o impacto econômico-financeiro sobre a produção e a comercialização de mercadorias pelas sociedades empresárias causado pela alteração da alíquota de tributos decorre do risco da atividade próprio da álea econômica de cada ramo produtivo.

Comentários

A questão debatida no precedente em análise diz respeito à responsabilidade civil da União decorrente da edição da Portaria MF n. 492, de 14 de setembro de 1994 que, com respaldo na Lei n. 3.244/1957, reduziu para 20% a alíquota do imposto de importação para os produtos nela relacionados, dentre os quais brinquedos, que é o ramo de atividade da recorrente.

Atualmente, é pacífico, no ordenamento jurídico brasileiro e na doutrina comparada e jurisprudência, a responsabilização do ente público pelos danos que seus agentes causam a particulares, nessa qualidade. O surgimento e evolução do Estado de Direito faz nascer a ideia de que a Administração Pública se submete ao Direito, assim como os demais sujeitos de direitos da sociedade.

Esse dever de ressarcir particulares por danos causados é manifestação da responsabilidade extracontratual, haja vista o fato de que não decorre de qualquer contrato ou vínculo anterior com o sujeito indenizado. A responsabilidade extracontratual do Estado corresponde à obrigação de o poder público recompor prejuízos causados a particulares, em dinheiro, em decorrência de ações ou omissões, comportamentos materiais ou jurídicos, quando imputados aos agentes públicos, no exercício de suas funções.

A Constituição Federal regulamenta a responsabilidade civil, em seu art. 37, § 6º, que determina, *in litteris*:

> *§ 6º – As pessoas jurídicas de direito público e as de direito privado prestadoras de serviços públicos responderão pelos danos que seus agentes, nessa qualidade, causarem a terceiros, assegurado o direito de regresso contra o responsável nos casos de dolo ou culpa.*

No mesmo sentido estabelece o art. 43 do Código Civil que a responsabilidade do ente público se configura objetiva. Vejamos:

> *Art. 43. As pessoas jurídicas de direito público interno são civilmente responsáveis por atos dos seus agentes que nessa qualidade causem danos a terceiros, ressalvado direito regressivo contra os causadores do dano, se houver, por parte destes, culpa ou dolo.*

Consoante explicitado, a responsabilidade civil das pessoas jurídicas de direito público e das prestadoras de serviços públicos não depende da comprovação de elementos subjetivos ou ilicitude, baseando-se, somente em três elementos, quais sejam conduta de agente público, dano e nexo de causalidade.

Não há dúvidas, portanto, sobre a responsabilidade extracontratual do Estado quando de seus atos ocasionarem prejuízos a terceiros. A questão que se coloca, entretanto, é definição da responsabilidade civil por atos políticos, decorrentes da alteração de política econômico-tributária, ou seja, da extrafiscalidade.

A extrafiscalidade, dita em simples palavras, é a atuação estatal reguladora da economia, exercida por meio da variação da carga tributária com finalidade diversa da arrecadação. A própria Constituição Federal, nos seus artigos 150, § 1º e 153, § 1º, estabelece quais são os tributos extrafiscais. A finalidade principal dos tributos extrafiscais não é arrecadatória, mas sim de regulação econômica.

De acordo com as mudanças do cenário econômico e com os objetivos políticos almejados para o país em cada momento histórico, as alíquotas dos tributos extrafiscais são manejadas com vistas ao alcance dos objetivos econômicos planejados. Com o manejo da extrafiscalidade pela Administração Pública, atividades econômicas poderão experimentar momentos de estímulo e de desestímulo setorial. Trata-se do movimento natural da economia.

Naturalmente que, os atos praticados nesse ambiente de dinamismo econômico, somente ensejarão responsabilidade civil do Estado em situações excepcionais. Nas palavras do Ministro Relator:

> *"não se verifica o dever do Estado de indenizar eventuais prejuízos financeiros do setor privado decorrentes da alteração de política econômico-tributária, **no caso de o ente público não ter se comprometido, formal e previamente, por meio de determinado planejamento específico**, pois a alteração de alíquotas de tributos é decisão política condicionada aos*

requisitos constitucionais e a finalidade desse ato estatal é variável, conforme o interesse perseguido pelo Estado em determinado momento.

Assim, consignei que a Portaria MF n. 492/1994, por meio da qual fora reduzida, com finalidade extrafiscal, a alíquota do imposto de importação não caracterizaria violação a direito subjetivo da fabricante de brinquedos, mormente porque não violado o princípio da confiança (já que a lei já previa a possibilidade da alteração da alíquota) e porque a instituição de salvaguardas não representaria reconhecimento ou confissão de política econômica equivocada.

A possibilidade de a União alterar a alíquota do imposto de importação, para mais ou para menos, além de exercício regular de sua competência tributária constitucional, é de conhecimento público desde 14/08/1957, data de publicação da lei no Diário Oficial da União. E, especificamente, quanto à possibilidade de redução para a alíquota de 20%, desde o DL n. 2.162/1984, publicado aos 20/09/1984.

Como afirmado no voto originário, não há, pois, como entender que a redução de alíquota do imposto de importação pudesse dar ensejo à indenização, pois, além de ser exercício da competência tributária constitucional, decorrente da própria soberania do Estado Democrático de Direito, não implicou quebra do princípio da confiança, pois não existia qualquer compromisso formal do Estado, no que se refere à manutenção de medidas protetivas às indústrias nacionais, especialmente, no caso, a de fabricação de brinquedos.

Em outras palavras, a fabricante de brinquedos não tinha, à época, direito subjetivo à manutenção de um determinado arcabouço fiscal, muito menos à manutenção de uma alíquota de imposto de importação no momento de abertura do Brasil ao mercado externo (opção política também decorrente da soberania do Estado).

Como se sabe, para a configuração do direito à indenização decorrente da responsabilidade civil do Estado, seja subjetiva ou objetiva, essa última no caso dos autos, a par de perquirir a existência do ato estatal, do nexo de causalidade e do dano correspondente, é fundamental identificar qual o direito subjetivo estaria sendo lesionado, como exigem o art. 159 do Código Civil de 1916, vigente à época do ajuizamento da ação, e o art. 186 do Código Civil de 2002.

Nessa linha, os danos experimentados pela fabricante não decorreram de violação a direito subjetivo seu, mas da ineficiência, à época, de seu parque industrial para a competição internacional, não havendo, de outro lado, obrigação de a União reparar o dano sofrido, uma vez que a decisão política pela alteração de alíquotas de impostos ou da política econômica, em determinados momentos, é prerrogativa exclusiva sua, decorrente da soberania do Estado Democrático de Direito.

Nesses termos, inexistente direito subjetivo possível de violação, é inoportuna a discussão sobre a existência de nexo causal entre a redução da alíquota e eventuais prejuízos financeiros da recorrente, pois o impacto econômico-financeiro correlato decorre do risco da atividade, próprio da álea econômica de cada ramo produtivo."

O mesmo caso foi submetido ao crivo do STF em se de recurso extraordinário, ocasião em que o precedente ora em comento restou integralmente mantido pelo Pretório Excelso.

EMENTA DIREITO CIVIL. TRIBUTÁRIO. IMPOSTO DE IMPORTAÇÃO. REDUÇÃO DE ALÍQUOTA. FACULDADE DO ART. 153, § 1º, DA CONSTITUIÇÃO FEDERAL. POLÍTICA CAMBIAL E COMÉRCIO EXTERIOR. RESPONSABILIDADE CIVIL. AUSÊNCIA DE DIREITO ADQUIRIDO A REGIME JURÍDICO TRIBUTÁRIO. RECURSO EXTRAORDINÁRIO INTERPOSTO SOB A ÉGIDE DO CPC/1973. ALEGAÇÃO DE OFENSA AO ART. 5º, LIV, DA CONSTITUIÇÃO DA REPÚBLICA. DEVIDO PROCESSO LEGAL. AUSÊNCIA DE REPERCUSSÃO GERAL. EVENTUAL VIOLAÇÃO REFLEXA DA CONSTITUIÇÃO DA REPÚBLICA NÃO VIABILIZA O RECURSO EXTRAORDINÁRIO. AGRAVO MANEJADO SOB A VIGÊNCIA DO CPC/2015. 1. O exame da alegada ofensa ao art. 5º, LIV, da Lei Maior, observada a estreita moldura com que devolvida a matéria à apreciação desta Suprema Corte, dependeria de prévia análise da legislação infraconstitucional aplicada à espécie, o que foge à competência jurisdicional extraordinária prevista no art. 102 da Magna Carta. 2. O entendimento da Corte de origem, nos moldes do assinalado na decisão agravada, não diverge da jurisprudência firmada no Supremo Tribunal Federal. Compreensão diversa demandaria a reelaboração da moldura fática delineada no acórdão de origem, a tornar oblíqua e reflexa eventual ofensa à Constituição, insuscetível, como tal, de viabilizar o conhecimento do recurso extraordinário. 3. As razões do agravo interno não se mostram aptas a infirmar os fundamentos que lastrearam a decisão agravada, principalmente no que se refere à ausência de ofensa a preceito da Constituição da República. 4. Majoração, em

> *10% (dez por cento), dos honorários anteriormente fixados, obedecidos os limites previstos no art. 85, §§ 2º, 3º e 11, do CPC/2015, ressalvada eventual concessão do benefício da gratuidade da Justiça. 5. Agravo interno conhecido e não provido.*
>
> *(ARE 1175599 AgR, Relator(a): ROSA WEBER, Primeira Turma, julgado em 10/12/2019, PROCESSO ELETRÔNICO DJe-019 DIVULG 31-01-2020 PUBLIC 03-02-2020)*

Transcrevemos a seguir os seguintes do Voto do Ministro Alexandre de Moraes, que refletem o mesmo entendimento que defendemos.

> *No que remanesce, é preciso afirmar, inicialmente, que o Imposto de Importação é um tributo de forte perfil extrafiscal, ou seja, atua decisivamente na promoção ou no desestímulo de atividades econômicas. Trata-se, portanto, de um tributo que também tem por objeto regular o mercado.*
>
> *(...)*
>
> *Efetivamente, levando-se em consideração a velocidade com que podem ocorrer as mudanças no cenário econômico, não seria prudente impor ao Poder Executivo a espera pelo longo processo legislativo convencional. Logo, a alteração pode se dar mediante portaria ou decreto presidencial, com vigência imediata.*
>
> *(...)*
>
> ***A responsabilidade civil do Estado pela edição de atos normativos é, em regra, inexistente**. Sua aplicabilidade é absolutamente restrita. In casu, tratando-se de ato normativo de caráter genérico, abstrato e impessoal, deve ser afastada a obrigação indenizatória estatal."*

Portanto, os atos normativos "*de caráter genérico, abstrato e impessoal*" e que não violem o dever de confiança, não ensejam responsabilidade civil do Estado.

4.2. Informativo nº 0523. DIREITO ADMINISTRATIVO. IMPRESCRITIBILIDADE DA PRETENSÃO DE INDENIZAÇÃO POR DANO MORAL DECORRENTE DE ATOS DE TORTURA.

É imprescritível a pretensão de recebimento de indenização por dano moral decorrente de atos de tortura ocorridos durante o regime militar de exceção. Precedentes citados: AgRg no AG 1.428.635-BA, Segunda Turma, DJe 9/8/2012; e AgRg no AG 1.392.493-RJ, Segunda Turma, DJe 1/7/2011. REsp 1.374.376-CE, Rel. Min. Herman Benjamin, julgado em 25/6/2013.

Comentários

O julgado trata da tormentosa questão da responsabilidade civil da União no tocante à indenização por danos morais decorrentes de perseguições políticas, perpetradas por ocasião do golpe militar de 1964, que culminaram na sistemática violação de direitos fundamentais, inclusive torturas.

A jurisprudência da Corte é pacífica no sentido de que são imprescritíveis as pretensões de recebimento de indenização em razão de atos atentatórios à dignidade da pessoa humana por violação de direitos fundamentais, notadamente quando ocorridos no período em que o Brasil vivia regime de exceção. Senão vejamos:

> *PROCESSUAL CIVIL E ADMINISTRATIVO. OFENSA AO ART. 1.022 DO CPC/2015 NÃO CARACTERIZADA. ANISTIA. INDENIZAÇÃO POR DANOS MORAIS. PERSEGUIÇÃO POLÍTICA OCORRIDA DURANTE O REGIME MILITAR. IMPRESCRITIBILIDADE. INAPLICABILIDADE DO ART. 1º DO DECRETO 20.910/1932. ACUMULAÇÃO DE REPARAÇÃO ECONÔMICA COM INDENIZAÇÃO POR DANOS MORAIS. POSSIBILIDADE. MOTIVAÇÃO POLÍTICA NÃO COMPROVADA NAS INSTÂNCIAS ORDINÁRIAS. IMPOSSIBILIDADE DE REEXAME DE FATOS E PROVAS NA INSTÂNCIA EXTRAORDINÁRIA. EMBARGOS DECLARATÓRIOS CONSIDERADOS PROTELATÓRIOS, PELO TRIBUNAL DE ORIGEM. REEXAME DE PROVAS. IMPOSSIBILIDADE. SÚMULA 7 DO STJ.*
>
> *(...)*
>
> *2. No que concerne à questão da prescrição, a jurisprudência do STJ está pacificada no sentido de que a prescrição quinquenal, disposta no art. 1º do Decreto 20.910/1932, é inaplicável aos danos decorrentes de violação de direitos fundamentais, que são imprescritíveis, principalmente quando ocorreram durante o Regime Militar, época na qual os jurisdicionados não podiam deduzir a contento as suas pretensões. 3. A Lei 10.559/2002 proíbe a acumulação de: a) reparação econômica em parcela única com reparação econômica em prestação continuada (art.3º, § 1º); b) pagamentos, benefícios ou indenizações com o mesmo*

fundamento, facultando-se ao anistiado político, nesta hipótese, a escolha da opção mais favorável (art. 16).

4. Inexiste vedação para a acumulação da reparação econômica com indenização por danos morais, porquanto se trata de verbas indenizatórias com fundamentos e finalidades diversas: aquela visa à recomposição patrimonial (danos emergentes e lucros cessantes), ao passo que esta tem por escopo a tutela da integridade moral, expressão dos direitos da personalidade.

(...)

7. Recurso Especial parcialmente conhecido e, nessa parte, não provido.

(REsp 1783581/RS, Rel. Ministro HERMAN BENJAMIN, SEGUNDA TURMA, julgado em 21/03/2019, DJe 01/07/2019)

ADMINISTRATIVO E PROCESSUAL CIVIL. NEGATIVA DE PRESTAÇÃO JURISDICIONAL. INOCORRÊNCIA. RESPONSABILIDADE CIVIL DO ESTADO. POSIÇÃO AO REGIME MILITAR INSTAURADO EM 1964. PERSEGUIÇÃO POLÍTICA. DANOS MORAIS. IMPRESCRITIBILIDADE. DESRESPEITO À DIGNIDADE DA PESSOA HUMANA. CARACTERIZAÇÃO. FIXAÇÃO DO QUANTUM INDENIZATÓRIO. CORREÇÃO MONETÁRIA E JUROS DE MORA. TERMO INICIAL.

(...)

2. Este Superior Tribunal de Justiça tem entendimento no sentido de que "a prescrição quinquenal, disposta no art. 1º do Decreto 20.910/1932, é inaplicável aos danos decorrentes de violação de direitos fundamentais, que são imprescritíveis, principalmente quando ocorreram durante o Regime Militar, época na qual os jurisdicionados não podiam deduzir a contento suas pretensões" (AgInt no REsp 1.648.124/RJ, Rel. Ministro Herman Benjamin, Segunda Turma, julgado em 5/6/2018, DJe 23/11/2018). 3. O incontroverso quadro fático delineado pela Corte de origem evidencia, de parte do Estado brasileiro pós-1964, a existência de perseguição, tortura, prisão e imposição de uma vida clandestina em desfavor dos autores recorrentes, ex-militares, isso tudo por motivação política, em contexto indicador de violação da dignidade da pessoa humana e, por isso, caracterizador da ocorrência de dano moral.

(...)

7. Recurso especial dos autores provido.

(REsp 1815870/RJ, Rel. Ministro SÉRGIO KUKINA, PRIMEIRA TURMA, julgado em 19/09/2019, DJe 23/09/2019)

ADMINISTRATIVO. RECURSO ESPECIAL. CÓDIGO DE PROCESSO CIVIL DE 1973. APLICABILIDADE. SERVIDOR PÚBLICO ESTADUAL. PRETENSÃO DE REINTEGRAÇÃO AO CARGO PÚBLICO, CUJO AFASTAMENTO FOI MOTIVADO POR PERSEGUIÇÃO POLÍTICA. VIOLAÇÃO DE DIREITOS FUNDAMENTAIS. PRISÃO E TORTURA PERPETRADOS DURANTE O REGIME MILITAR. IMPRESCRITIBILIDADE DA AÇÃO. RECURSO ESPECIAL PROVIDO.

(...)

II – Trata-se, na origem, de ação ordinária proposta por ex-servidor da Assembleia Legislativa do Paraná buscando sua reintegração ao cargo anteriormente ocupado, além dos efeitos financeiros e funcionais, com fundamento no art. 8º do ADCT e na Lei n. 10.559/02, sob a alegação de que seu desligamento ocorreu em razão de perseguição política, perpetrada na época da ditadura militar.

III – ***A Constituição da República não prevê lapso prescricional ao direito de agir quando se trata de defender o direito inalienável à dignidade humana, sobretudo quando violada durante o período do regime de exceção****.*

IV – Este Superior Tribunal de Justiça orienta-se no sentido de ser imprescritível a reparação de danos, material e/ou moral, decorrentes de violação de direitos fundamentais perpetrada durante o regime militar, período de supressão das liberdades públicas.

V – A 1ª Seção desta Corte, ao julgar EREsp 816.209/RJ, de Relatoria da Ministra Eliana Calmon, afastou expressamente a tese de que a imprescritibilidade, nesse tipo de ação, alcançaria apenas os pleitos por dano moral, invocando exatamente a natureza fundamental do direito protegido para estender a imprescritibilidade também às ações por danos patrimoniais, o que deve ocorrer, do mesmo modo, em relação aos pleitos de reintegração a cargo público.

VI – O retorno ao serviço público, nessa perspectiva, corresponde a reparação intimamente ligada ao princípio da dignidade humana, porquanto o trabalho representa uma das expressões mais relevantes do ser humano, sem o qual o indivíduo é privado do exercício amplo dos demais direitos constitucionalmente garantidos.

VII – A imprescritibilidade da ação que visa reparar danos provocados pelos atos de exceção não implica no afastamento da prescrição quinquenal sobre as parcelas eventualmente devidas ao Autor. Não se deve confundir imprescritibilidade da ação de reintegração com imprescritibilidade dos efeitos patrimoniais e funcionais dela decorrentes, sob pena de prestigiar a inércia do Autor, o qual poderia ter buscado seu direito desde a publicação da Constituição da República.

VIII – Recurso especial provido.

(REsp 1565166/PR, Rel. Ministra REGINA HELENA COSTA, PRIMEIRA TURMA, julgado em 26/06/2018, DJe 02/08/2018)

4.3. Informativo nº 0522. DIREITO ADMINISTRATIVO. AÇÃO DE INDENIZAÇÃO PELO ARRENDATÁRIO DIRETAMENTE CONTRA A UNIÃO NO CASO DE DESAPROPRIAÇÃO PARA REFORMA AGRÁRIA.

A União é parte legítima para figurar no polo passivo de ação em que o arrendatário objetive ser indenizado pelos prejuízos decorrentes da desapropriação, por interesse social para a reforma agrária, do imóvel arrendado. Isso porque o direito à indenização do arrendatário não se sub-roga no preço do imóvel objeto de desapropriação por interesse social para a reforma agrária, pois a relação entre arrendante (expropriado) e arrendatário é de direito pessoal. Assim, não se aplica, nessa hipótese, o disposto no art. 31 do Decreto-Lei 3.365/1941, pois a sub-rogação no preço ocorre apenas quanto aos direitos reais constituídos sobre o bem expropriado. REsp 1.130.124-PR, Rel. Min. Eliana Calmon, julgado em 4/4/2013.

Comentários

O julgado em análise nos remete à teoria do risco administrativo, adotada pelo direito brasileiro. O Estado é realmente um sujeito político, jurídico e economicamente mais poderoso que o administrado, gozando de determinadas prerrogativas não estendidas aos demais sujeitos de direito. Em razão disso, passou-se a considerar que, por ser mais poderoso, o Estado teria que arcar com um **risco maior**, decorrente de suas inúmeras atividades e prerrogativas. Surgiu, assim, a teoria do **Risco Administrativo.** Esta teoria responsabiliza o ente público, objetivamente, pelos danos que seus agentes causarem a terceiros, contudo, admite a exclusão da responsabilidade em determinadas situações em que haja a exclusão de algum dos elementos desta responsabilidade civil.

Com efeito, a responsabilidade do Estado, pode inclusive decorrer de atos lícitos por ele praticados, bastando que estejam presentes os requisitos da responsabilização (conduta, nexo causal e dano). Ademais, nos casos de danos decorrentes de **atos lícitos**, a responsabilização do ente estatal depende da comprovação de os **danos sofridos foram anormais e específicos**. Isso porque a responsabilização do Estado por condutas lícitas se lastreia no princípio da isonomia, já que não é razoável, tampouco isonômico que uma ação estatal em prol da coletividade onere, demasiadamente, um único indivíduo.

No caso do precedente em análise, a responsabilidade civil decorreu de ato lícito da administração (desapropriação), sendo que os efeitos reflexos do ato resvalaram na esfera jurídica de terceiros, no caso do arrendatário do bem. É bom lembrar que, os efeitos reflexos do ato administrativo, também são suscetíveis à responsabilização. Isto porque, atingem uma relação jurídica estranha àquela tratada no bojo da conduta estatal, gerando consequências em relação a terceiros não previstos diretamente no ato praticado, tal como ocorre com o arrendatário do imóvel desapropriado. O arrendatário é terceiro não previsto na relação jurídica instituída entre o poder público e o proprietário desapropriado. Sendo assim, o ato de desapropriação o atinge, de forma reflexa, porém igual forma suscetível de responsabilização.

Portanto, o entendimento sedimentado na Corte considera que o dever de indenizar o arrendatário não é atribuível ao proprietário, pois este meramente sofreu os efeitos da desapropriação. Por consequência, e o valor da indenização não se sub-roga no preço do imóvel, devendo o Estado indenizar o arrendatário pelos danos sofridos, de forma autônoma e independente.

4.4. Informativo n. 581. DIREITO ADMINISTRATIVO. INDENIZAÇÃO POR DANOS MORAIS A ANISTIADO POLÍTICO.

O anistiado político que obteve, na via administrativa, a reparação econômica prevista na Lei n. 10.559/2002 (Lei de Anistia) não está impedido de pleitear, na esfera judicial, indenização por danos morais pelo mesmo episódio político. É certo que a Primeira Turma do STJ, no julgamento do REsp 1.323.405-DF (DJe 11/12/2012), já concluiu que a reparação econômica prevista na Lei n. 10.559/2002 teria o condão de reparar, a um só tempo, os danos materiais e morais que o anistiado político houvesse suportado em razão de perseguição política, circunstância que inibiria a propositura, em separado, de pleito judicial de reparação moral. De pronto, é imperioso observar que a Lei n. 10.559/2002, em seu art. 16, admite a coexistência dos direitos nela expressos com outros conferidos por distintas normas legais ou constitucionais, vedando, tão somente, a acumulação de pagamentos, benefícios ou indenização com o mesmo fundamento. Entretanto, a redação prevista no art. 16 revela comando dirigido, antes e unicamente, à Administração, e não à jurisdição. Ademais, quanto à natureza jurídica da reparação econômica prevista na Lei n. 10.559/2002, necessária se faz a preliminar análise do art. 8º do ADCT, que garantiu a concessão da anistia àqueles que, em decorrência de motivação exclusivamente política, sofreram prejuízos na sua esfera profissional e, por consequência, patrimonial. Com efeito, a Lei n. 10.559/2002, ao regulamentar o art. 8º do ADCT, ateve-se a estipular os direitos profissionais do anistiado político e suas repercussões econômicas. Além disso, analisando-se seus arts. 4º e 5º, escancara-se a natureza patrimonial da reparação econômica concedida pela Comissão de Anistia. Pelo exposto, o recebimento da reparação econômica de que trata a Lei n. 10.559/2002 não exclui, só por si, o direito de o anistiado buscar na via judicial, em ação autônoma e distinta, a reparação dos danos morais que tenha sofrido em decorrência da mesma perseguição política geradora da anterior reparação administrativa (art. 5º, V e X, da CF), pois distintos se revelam os fundamentos que amparam a cada uma dessas situações. Precedentes citados: REsp 890.930-RJ, Primeira Turma, DJ 14/6/2007; AgRg no REsp 1.467.148-SP, Segunda Turma, DJe 11/2/2015; e REsp 1.220.982-RS, Segunda Turma, DJe 21/10/2011. REsp 1.485.260-PR, Rel. Min. Sérgio Kukina, julgado em 5/4/2016, DJe 19/4/2016.

Comentários

A matéria está sumulada. Vide comentários à Súmula 624.

4.5. Informativo 0674. ADMINISTRATIVO. RESPONSABILIDADE CIVIL OBJETIVA DO ESTADO. FALECIMENTO DE ADVOGADO NAS DEPENDÊNCIAS DO FÓRUM. MORTE CAUSADA POR DISPAROS DE ARMA DE FOGO EFETUADOS POR RÉU EM AÇÃO CRIMINAL. OMISSÃO ESTATAL EM ATIVIDADE DE RISCO ANORMAL. ART. 927, PARÁGRAFO ÚNICO, DO CÓDIGO CIVIL. NEXO DE CAUSALIDADE CONFIGURADO. HISTÓRICO DA DEMANDA.

1. Cuida-se, na origem, de "ação de indenização" em que se buscam o reconhecimento da responsabilidade civil e a condenação da Fazenda do Estado de São Paulo ao pagamento de danos materiais e morais em virtude do falecimento de advogado dentro do Fórum de São José dos Campos, decorrente de disparo de arma de fogo efetuado por réu em processo criminal, no qual a vítima figurava como patrono da parte autora. A sentença julgou parcialmente procedentes os pedidos. O Tribunal de origem, por sua vez, reformou o decisum por entender que "não restou evidenciado (art. 333, I do CPC), à luz dos elementos trazidos aos autos, o nexo de causalidade a gerar a responsabilidade civil do Estado." NÃO INCIDÊNCIA DO ÓBICE DA SÚMULA 7/STJ 2. Os fatos foram devidamente descritos no acórdão impugnado, razão pela qual não incide o óbice da Súmula 7/STJ no conhecimento do recurso.

RESPONSABILIDADE CIVIL OBJETIVA DO ESTADO POR OMISSÃO: HIPÓTESE EXCEPCIONAL QUANDO CARACTERIZADO RISCO ANORMAL DA ATIVIDADE 3. A regra geral do ordenamento brasileiro é de responsabilidade civil objetiva por ato comissivo do Estado e de responsabilidade subjetiva por comportamento omissivo. Contudo, em situações excepcionais de risco anormal da atividade habitualmente desenvolvida, a responsabilização estatal na omissão também se faz independentemente de culpa.

4. Aplica-se igualmente ao Estado a prescrição do art. 927, parágrafo único, do Código Civil, de responsabilidade civil objetiva por atividade naturalmente perigosa, irrelevante seja a conduta comissiva ou omissiva. O vocábulo "atividade" deve ser interpretado de modo a incluir o comportamento em si e bens

associados ou nele envolvidos. Tanto o Estado como os fornecedores privados devem cumprir com o dever de segurança, ínsito a qualquer produto ou serviço prestado. Entre as atividades de risco "por sua natureza" incluem-se as desenvolvidas em edifícios públicos, estatais ou não (p. ex., instituição prisional, manicômio, delegacia de polícia e fórum), com circulação de pessoas notoriamente investigadas ou condenadas por crimes, e aquelas outras em que o risco anormal se evidencia por contar o local com vigilância especial ou, ainda, com sistema de controle de entrada e de detecção de metal por meio de revista eletrônica ou pessoal.

5. A Resolução 104, de 6 de abril de 2010, do Conselho Nacional de Justiça determinou o controle de acesso das pessoas aos Tribunais, bem como a instalação de aparelhos de detecção de metal nas áreas de ingresso nos prédios dos fóruns. É incontestável nos autos que a porta do Fórum com detector de metal encontrava-se avariada e que não havia seguranças na entrada do estabelecimento público que pudessem inspecionar os que adentrassem o local.

6. Ademais, também presente o nexo causal, apto a determinar a responsabilização do Poder Público no caso concreto. Se não fosse por sua conduta omissiva, tendo deixado de agir com providências necessárias a garantir a segurança dos magistrados, autoridades, servidores e usuários da Justiça no Fórum Estadual, o evento danoso não teria ocorrido. É certo ainda que a exigência de atuação nesse sentido - de forma a impedir ou, pelo menos, dificultar que réu em Ação Penal comparecesse à audiência portando arma de fogo - não está, de forma alguma, acima do razoável.

CONCLUSÃO 7. Recurso Especial provido.

(REsp 1869046/SP, Rel. Ministro HERMAN BENJAMIN, SEGUNDA TURMA, julgado em 09/06/2020, DJe 26/06/2020).

Comentários

O precedente em epígrafe perpassa a discussão acerca da responsabilidade civil do Estado em razão do exercício de atividades naturalmente perigosas, como são perfeitamente enquadradas as situações de custódia. Tais situações costumam excepcionar o entendimento prevalecente na doutrina e na jurisprudência de que a responsabilidade extracontratual do Estado, em caso de omissão, é regida pela Teoria da Responsabilidade Subjetiva.

Existem situações fáticas em que o dano é causado a um particular em virtude de **uma não atuação** do agente público. A maioria da doutrina entende que a conduta omissiva não está abarcada pelo art. 37, §6º da CRFB. O não fazer do Estado não geraria responsabilidade objetiva nos moldes do texto constitucional, que traz implícita, em seus termos, a existência de uma conduta, nexo causal e dano como elementos da responsabilidade estatal, sem perquirição sobre a culpa do serviço. A doutrina e jurisprudência dominantes reconhecem que, em casos de omissão, aplica-se a Teoria da Responsabilidade Subjetiva, onde o elemento subjetivo da conduta (culpa) condiciona o dever de indenizar. Há divergência doutrinária e jurisprudencial a respeito, contudo, é esse o entendimento que adotamos. Portanto, nas omissões do Estado a regra é a aplicação da Teoria da Responsabilidade Subjetiva.

Ressalte-se que a Responsabilidade Subjetiva, aplicável no Direito Administrativo, não tem os mesmos contornos daquela apresentada pela da teoria civilista, ou seja, não depende da demonstração de dolo ou culpa do agente público, mas sim da chamada **Culpa Anônima, ou Culpa do Serviço**. Tal teoria defende que a má prestação do serviço ou a sua prestação ineficiente geraria a responsabilidade subjetiva do estado.

Nesse caso, para fins de responsabilização do ente público, não é necessário comprovar a culpa do agente, bastando a comprovação da má prestação de serviço ou da prestação ineficiente do serviço ou, ainda, da prestação atrasada do serviço como ensejadora do dano. Sendo assim, são elementos da responsabilidade estatal em casos de omissão: o comportamento omissivo do Estado, o dano, o nexo de causalidade e **a culpa do serviço público**. Com efeito, a responsabilização, neste contexto, depende da ocorrência de ato omissivo ilícito, ou seja, a omissão do agente deve configurar o descumprimento dos seus deveres legalmente estabelecidos legais.

Portanto, se o serviço foi prestado de forma devida, a atuação pública atendeu aos padrões normais e, ainda assim, ocorreu dano a um particular por situação alheia à conduta do Estado não há que se cogitar em responsabilização extracontratual.

No precedente sob foco, a situação fática ensejadora da demanda foi o homicídio de um advogado, nas dependências do fórum, praticado por réu em ação penal, enquanto aguardava o início da audiência. Trata-se de caso típico de má prestação do serviço público, suficiente, inclusive, para o preenchimento dos requisitos da responsabilidade estatal à luz da Teoria da Responsabilidade Subjetiva. Entretanto, não foi esse o caminho trilhado pela Corte, que acatou a responsabilidade objetiva do Estado com base na Teoria do Risco Criado. Vejamos o seguinte trecho do voto do Relator, Ministro Herman Benjamin, da Segunda Turma:

> *"A regra geral do ordenamento brasileiro é de responsabilidade civil objetiva por ato comissivo do Estado e de responsabilidade subjetiva por comportamento omissivo. Contudo, em situações excepcionais de risco anormal da atividade habitualmente desenvolvida, a responsabilização estatal na omissão também se faz independentemente de culpa.*
>
> *Aplica-se igualmente ao Estado a prescrição do art. 927, parágrafo único, do Código Civil, de responsabilidade civil objetiva por atividade naturalmente perigosa, irrelevante seja a conduta comissiva ou omissiva. O vocábulo "atividade" deve ser interpretado de modo a incluir o comportamento em si e bens associados ou nele envolvidos. Tanto o Estado como os fornecedores privados devem cumprir com o dever de segurança, ínsito a qualquer produto ou serviço prestado. Entre as atividades de risco "por sua natureza" incluem-se as desenvolvidas em edifícios públicos, estatais ou não (p. ex., instituição prisional, manicômio, delegacia de polícia e fórum), com circulação de pessoas notoriamente investigadas ou condenadas por crimes, e aquelas outras em que o risco anormal está evidenciado por contar o local com vigilância especial ou, ainda, com sistema de controle de entrada e de detecção de metais por meio de revista eletrônica ou pessoal."*

Portanto, a Segunda Turma do STJ, expressamente, acatou a possibilidade de, nos casos em que o Estado execute atividades ou preste serviços naturalmente perigosos, aplicação do parágrafo único do artigo 927 do Código Civil, que estabelece que "*haverá obrigação de reparar o dano, independentemente de culpa, nos casos especificados em lei, ou quando a atividade normalmente desenvolvida pelo autor do dano implicar, por sua natureza, risco para os direitos de outrem."*

Em que pese a fundamentação do Acórdão esteja lastreada no Código Civil, ambiente estranho às relações jurídicas de direito público, o resultado do julgamento encontra eco na doutrina mais moderna, que sustenta, *p.ex.* a responsabilidade objetiva do Estado nas situações de custódia. Isto porque, todas as vezes que o Estado detém alguém ou alguma coisa sob os seus cuidados, cria para si uma situação de risco diferenciado. O risco criado, que também denominamos **Risco Suscitado,** gera responsabilidade objetiva do estado, ainda que por omissão, pelos danos causados ao custodiado e/ou pelo custodiado.

Em tais situações, a doutrina entende que o Estado terá responsabilidade, ainda que haja uma situação de caso fortuito, bastando a comprovação de que este fortuito só foi possível em virtude atuação estatal. Tal situação é o que a doutrina designa fortuito interno (ou caso fortuito). Logo, se, por exemplo, uma rebelião de presos causa a morte de um refém, o estado é civilmente responsável, não podendo alegar que se trata de caso fortuito. Em sentido contrário, se um preso é atingido por um raio dentro do presídio, a princípio, não haveria responsabilização do Estado, haja vista o dano decorrer de um fortuito externo (ou força maior), ou seja, totalmente alheio e independente da atuação estatal.

5. PRESCRIÇÃO

Informativo nº 0512. DIREITO ADMINISTRATIVO E PROCESSUAL CIVIL. PRAZO PRESCRICIONAL DA PRETENSÃO INDENIZATÓRIA CONTRA A FAZENDA PÚBLICA. PRAZO QUINQUENAL DO DEC. N. 20.910/1932. RECURSO REPETITIVO (ART. 543-C DO CPC E RES. N. 8/2008-STJ).

Aplica-se o prazo prescricional quinquenal – previsto no art. 1º do Dec. n. 20.910/1932 – às ações indenizatórias ajuizadas contra a Fazenda Pública, e não o prazo prescricional trienal – previsto no art. 206, § 3º, V, do CC/2002. O art. 1º do Dec. n.

20.910/1932 estabelece que "as dívidas passivas da União, dos Estados e dos Municípios, bem assim todo e qualquer direito ou ação contra a Fazenda federal, estadual ou municipal, seja qual for a sua natureza, prescrevem em cinco anos contados da data do ato ou fato do qual se originarem". Por sua vez, o art. 206, § 3º, V, do CC/2002 dispõe que prescreve em três anos a pretensão de reparação civil. Ocorre que, no que tange às pretensões formuladas contra a Fazenda Pública, deve-se aplicar o prazo prescricional do Dec. n. 20.910/1932 por ser norma especial em relação ao CC, não revogada por ele. Nesse aspecto, vale ressaltar que os dispositivos do CC/2002, por regularem questões de natureza eminentemente de direito privado, nas ocasiões em que abordam temas de direito público, são expressos ao afirmarem a aplicação do Código às pessoas jurídicas de direito público, aos bens públicos e à Fazenda Pública. No caso do art. 206, § 3º, V, do CC/2002, em nenhum momento foi indicada a sua aplicação à Fazenda Pública. Certamente, não há falar em eventual omissão legislativa, pois o art. 178, § 10, V, do CC/1916 estabelecia o prazo prescricional de cinco anos para as ações contra a Fazenda Pública, o que não foi repetido no atual código, tampouco foi substituído por outra norma infraconstitucional. Por outro lado, o art. 10 do referido decreto trouxe hipótese em que o prazo quinquenal não seria aplicável, qual seja, a existência de prazos prescricionais reduzidos constantes de leis e regulamentos já em vigor quando de sua edição. Esse dispositivo deve ser interpretado pelos critérios histórico e hermenêutico e, por isso mesmo, não fundamenta a afirmação de que o prazo prescricional nas ações indenizatórias contra a Fazenda Pública teria sido reduzido pelo CC/2002. Ademais, vale consignar que o prazo quinquenal foi reafirmado no art. 2º do Dec.-lei n. 4.597/1942 e no art. 1º-C da Lei n. 9.494/1997, incluído pela MP n. 2.180– 35, de 2001. Precedentes citados: AgRg no AREsp 69.696-SE, DJe 21/8/2012, e AgRg nos EREsp 1.200.764-AC, DJe 6/6/2012. REsp 1.251.993-PR, Rel. Min. Mauro Campbell, julgado em 12/12/2012.

Comentários

Trata-se de julgado emblemático, que pois fim a grande parte das discussões acerca da prescrição das ações contra a Fazenda Pública. Após a consagração da tese veiculada no julgamento em epígrafe, pode-se dizer que o prazo prescricional estabelecido no

Decreto 20.910/1932 é a **regra geral de prescrição aplicável à fazenda pública**. A prescrição quinquenal prevista no Decreto 20.910/1932 somente cede espaço aos prazos previstos em leis especiais, ou, quando estabelecidos em leis gerais, houver previsão expressa.

Para mais informações, utilize o QR Code ao lado.

CAPÍTULO 11

SERVIÇOS PÚBLICOS

1. SÚMULAS

Súmula n. 506 – A Anatel não é parte legítima nas demandas entre a concessionária e o usuário de telefonia decorrentes de relação contratual.

Comentários

No julgamento do REsp 1068944 / PB, o STJ já havia pacificado a questão da ilegitimidade da Anatel nas demandas que tem por objeto a discussão da relação de consumo entre as concessionárias e os usuários. Vejamos a tese firmada na ocasião:

> *Em demandas sobre a legitimidade da cobrança de tarifas por serviço de telefonia, movidas por usuário contra a concessionária, não se configura hipótese de litisconsórcio passivo necessário da ANATEL.*

Trata-se de questão eminentemente processual. A súmula em questão trata fundamentalmente da possibilidade de litisconsórcio entre concedente e concessionária nas demandas ajuizadas pelos usuários dos serviços.

Ocorre que, para que haja litisconsórcio é preciso que mais de uma pessoa figurem como parte no mesmo polo de uma relação jurídica. Trata-se do necessário vínculo de direito material com relação jurídica litigiosa, sem o qual exsurge a ilegitimidade de parte. Isto porque, quem não pode ganhar nem perder, não pode ser parte no processo, salvo por expressa previsão legal.

Nas concessões de serviços públicos, a relação jurídica existente entre a concessionária e os usuários do serviço público. As agências reguladoras exercem Poder Normativo e Poder de Polícia, regulamentando e fiscalizando a prestação do serviço. Porém, disso não se conclui que as agências sejam, nem mesmo por equiparação, consideradas fornecedoras do serviço.

Portanto, as agências reguladoras não são partes legítimas para figurar como litisconsortes, facultativo ou necessário, nas demandas envolvendo as concessionárias e os usuários dos serviços.

2. LOTEAMENTO URBANO

Informativo n. 651. PROCESSO REsp 1.164.893-SE, Rel. Min. Herman Benjamin, Primeira Seção, por unanimidade, julgado em 23/11/2016, DJe 01/07/2019

TEMA: Loteamento. Regularização. Poder-dever municipal. Limitação às obras de infraestrutura essenciais. Cobrança do loteador dos custos da atuação saneadora.

DESTAQUE: Existe o poder-dever do Município de regularizar loteamentos clandestinos ou irregulares restrito às obras essenciais a serem implantadas em conformidade com a legislação urbanística local, sem prejuízo do também poder-dever da Administração de cobrar dos responsáveis os custos em que incorrer a sua atuação saneadora.

INFORMAÇÕES DO INTEIRO TEOR: De início, pontua-se ser encargo inafastável do Município promover a ocupação ordenada do solo urbano, consoante previsão do art. 30, VIII, da CF/1988. O dever de realizar o asfaltamento das vias, a implementação de iluminação pública, redes de energia, água e esgoto, calçamento de ruas, etc. refere-se a todo o território do ente político, e não apenas aos loteamentos incompletos, de modo a "garantir o bem-estar de seus habitantes", nos termos do Plano Diretor e da legislação urbanística, conforme o art. 182 da CF/1988, atendendo-se aos mais carentes em primeiro lugar. No âmbito infraconstitucional, a atuação do governo local deve buscar garantir o "direito a cidades sustentáveis" e evitar o parcelamento do solo inadequado em relação à infraestrutura urbana, segundo determina o art. 2º, I e VI, "c", do Estatuto da Cidade (Lei n. 10.257/2001). O dever de regularizar loteamentos há de ser interpretado à luz dessas disposições constitucionais e legais. Além disso, o art. 40, § 5º, da Lei n. 6.766/1979 (Lei do Parcelamento do Solo Urbano) determina que a regularização dos loteamentos deve observar as diretrizes fixadas pela legislação urbanística, sendo inviável impor ao Município descumprimento de suas próprias leis (quando, por exemplo, proíbe a ocupação de certas áreas de risco), por conta tão só de omissão do loteador. Evidentemente, ao Poder Judiciário não compete determinar a regularização de loteamentos clandestinos (não aprovados pelo Município) em terrenos que ofereçam perigo imediato para os moradores lá instalados ou mesmo fora do limite de expansão urbana fixada nos termos dos padrões de desenvolvimento local. A intervenção judicial, nessas circunstâncias, faz-se na linha de exigir do Poder Público a remoção das pessoas alojadas nesses lugares insalubres, impróprios ou inóspitos, assegurando-lhes habitação digna e segura, o verdadeiro direito à cidade. **Mesmo na hipótese de loteamentos irregulares (aprovados, mas não inscritos ou executados adequadamente), a obrigação do Poder Público restringe-se à infraestrutura para sua inserção na malha urbana, como ruas, esgoto, iluminação pública etc., de modo a atender aos moradores já instalados, sem prejuízo do também poder-dever da Administração de cobrar dos responsáveis os custos em que incorrer na sua atuação saneadora.** Registre-se que **descabe impor ao Município o asfaltamento, por exemplo**, de um condomínio de veraneio ou de classe média, se as ruas da cidade, que servem diariamente os moradores permanentes ou os em pobreza extrema, não possuem esse melhoramento. Inviável ainda obrigá-lo a implantar calçadas e vias em um condomínio de luxo, apenas porque o loteamento não foi completado, se o restante da cidade, onde moram os menos afortunados, não conta com iluminação pública ou esgotamento sanitário. Em síntese, o juiz dos fatos haverá, na apuração da responsabilidade estatal, de estar atento a esses conflitos para definir, entre as prioridades urbanístico-ambientais, o que é mais importante. Assim, não é possível afastar peremptoriamente a responsabilidade do

Município, devendo este ser condenado a realizar somente as obras essenciais a serem implantadas, em conformidade com a legislação urbanística local (art. 40, § 5º, da Lei do Parcelamento do Solo Urbano).

Comentários

Primeiramente, vejamos o que dispõe o artigo 40 da Lei 6766/1979, amplamente debatido no julgado em comento:

> *Art. 40. A Prefeitura Municipal, ou o Distrito Federal quando for o caso, se desatendida pelo loteador a notificação, poderá regularizar loteamento ou desmembramento não autorizado ou executado sem observância das determinações do ato administrativo de licença, para evitar lesão aos seus padrões de desenvolvimento urbano e na defesa dos direitos dos adquirentes de lotes.*
>
> *§ 1º A Prefeitura Municipal, ou o Distrito Federal quando for o caso, que promover a regularização, na forma deste artigo, obterá judicialmente o levantamento das prestações depositadas, com os respectivos acréscimos de correção monetária e juros, nos termos do § 1º do art. 38 desta Lei, a título de ressarcimento das importâncias despendidas com equipamentos urbanos ou expropriações necessárias para regularizar o loteamento ou desmembramento.*
>
> *§ 2º As importâncias despendidas pela Prefeitura Municipal, ou pelo Distrito Federal quando for o caso, para regularizar o loteamento ou desmembramento, caso não sejam integralmente ressarcidas conforme o disposto no parágrafo anterior, serão exigidas na parte faltante do loteador, aplicando-se o disposto no art. 47 desta Lei.*
>
> *§ 3º No caso de o loteador não cumprir o estabelecido no parágrafo anterior, a Prefeitura Municipal, ou o Distrito Federal quando for o caso, poderá receber as prestações dos adquirentes, até o valor devido.*
>
> *§ 4º A Prefeitura Municipal, ou o Distrito Federal quando for o caso, para assegurar a regularização do loteamento ou desmembramento, bem como o ressarcimento integral de importâncias despendidas, ou a despender, poderá promover judicialmente os procedimentos cautelares necessários aos fins colimados.*
>
> *§ 5º A regularização de um parcelamento pela Prefeitura Municipal, ou Distrito Federal, quando for o caso, não poderá contrariar o disposto nos arts. 3º e 4º desta Lei, ressalvado o disposto no § 1º desse último.*

É preciso que se tenha em mente que o Poder de Polícia não é mera faculdade, é poder-dever da Administração Pública. Portanto, quando a Administração falha no exercício do Poder de Polícia, a Administração atrai para si, em virtude da sua omissão, responsabilidades que, a princípio, seriam do particular.

Portanto, conforme o entendimento do STJ, o município atrai para si responsabilidade quanto à implementação de obras necessárias à implantação de loteamento, quando não exerce, de forma efetiva, o seu poder-dever de fiscalizar. Porém, essa responsabilidade atraída não pode representar um prêmio ao loteador, que deve ressarcir o erário pelas despesas decorrentes da regularização do "empreendimento".

Ressalte-se, por fim, que a responsabilidade do município, no caso, deve ser cotejada, à luz do princípio da razoabilidade, levando em consideração as condições da cidade como um todo, evitando com isso, que sejam realizadas obras e serviços inexistentes em outras áreas da cidade.

Nesse sentido, vale transcrever o seguinte trecho do voto do Ministro relator do Acórdão, Ministro Herman Benjamin:

> *"22. Mais importante que discutir se há discricionariedade ou dever-poder de regularizar loteamentos (e, sem dúvida, dever-poder existe!) é reconhecer que a atuação da Prefeitura não serve para beneficiar o loteador faltoso. Sem falar que vai muito além de garantir os direitos dos adquirentes de lotes prejudicados pela omissão, pois incumbe ao Administrador, também por força de lei, considerar a cidade como um todo e os direitos dos outros munícipes à qualidade urbanístico-ambiental.*
>
> *23. O que deve orientar a atuação do Município é, essencialmente, o interesse coletivo na observância aos "**padrões de desenvolvimento urbano**" (art. 40, caput, in fine, da Lei Lehmann), para cumprir as "funções sociais da cidade e garantir o bem-estar de seus habitantes" (art. 182, caput, da CF). Isso, como é fácil perceber, nem sempre é observado ao se impor ao Município, simples e automaticamente, a imediata regularização de um dado loteamento, quando houver situações mais graves e urgentes de degradação urbana e de dignidade da pessoa humana em outros bolsões de pobreza.*

> *24. Descabe impor ao Município o asfaltamento, por exemplo, de um condomínio de veraneio ou de classe média, se as ruas da cidade, que servem diariamente os moradores permanentes ou os em pobreza extrema, não possuem esse melhoramento. Inviável ainda obrigá-lo a implantar calçadas e vias em um condomínio de luxo, apenas porque o loteamento não foi completado, se o restante da cidade, onde moram os menos afortunados, não conta com iluminação pública ou esgotamento sanitário. Em síntese, o juiz dos fatos haverá, na apuração da responsabilidade estatal, de estar atento a esses conflitos para definir, entre as prioridades urbanístico-ambientais, o que é mais importante."*

Destarte, o entendimento da Corte sobre a matéria restou assim sintetizado:

> *Existe o poder-dever do Município, mas a sua atuação deve ser restringir às obras essenciais a serem implantadas, em conformidade com a legislação urbanística local (art. 40, § 5º, da Lei 6.799/79),* ***especial à infraestrutura essencial necessária para inserção na malha urbana,*** *como ruas, esgoto, energia e iluminação pública, de modo a atender aos moradores já instalados, sem prejuízo do também dever-poder da Administração de cobrar dos responsáveis os custos em que incorrer na sua atuação saneadora.*

Para mais informações, utilize o QR Code ao lado.

3. DIREITO DOS USUÁRIOS

3.1. Informativo n. 641. PROCESSO REsp 1.543.465-RS, Rel. Min. Napoleão Nunes Maia Filho, por unanimidade, julgado em 13/12/2018, DJe 04/02/2019

TEMA: Transporte rodoviário interestadual. Idoso. Vagas gratuitas. Isenção das tarifas de pedágio e de utilização dos terminais rodoviários.

DESTAQUE: A reserva de 2 (duas) vagas gratuitas por veículo para idosos com renda igual ou inferior a 2 (dois) salários mínimos, prevista no art. 40, I, do Estatuto do Idoso, não se limita ao valor das passagens, abrangendo eventuais custos relacionados diretamente com o transporte, em que se incluem as tarifas de pedágio e de utilização dos terminais.

INFORMAÇÕES DO INTEIRO TEOR: A controvérsia cinge-se a saber se o direito do idoso a duas vagas gratuitas, no transporte interestadual, compreende, além do valor das passagens, as tarifas de pedágio e de utilização dos terminais rodoviários. Vale dizer, se a gratuidade abrange tais valores, o disposto no Decreto n. 5.943/2006 e na Resolução n. 1.692 da ANTT estão eivados de nulidade, por extrapolar o poder regulamentar. A gratuidade do transporte ao idoso, vale lembrar, não foi estabelecida somente pela Lei n. 10.741/2003. Encontra, antes disso, suporte constitucional (art. 230, § 2º). Nota-se, nesse particular, que o constituinte teve especial atenção ao transporte dos idosos, revelando-se tratar, além de um direito, de uma verdadeira garantia, pois tem por escopo, além de facilitar o dever de amparo ao idoso, assegurar sua participação na comunidade, seu bem-estar e sua dignidade, conforme o disposto nos arts. 229 e 230 da Constituição Federal. Além disso, tal gratuidade foi também prevista no art. 40, I, da Lei n. 10.741/2003, inserida no Capítulo X, atinente ao transporte, e que se encontra fincada no título referente aos direitos fundamentais, devendo ser objeto de interpretação teleológica e sistemática. Verifica-se, ademais, que a referida legislação de regência assegura a reserva de 2 vagas gratuitas por veículo para idosos com renda igual ou inferior a 2 (dois) salários-mínimos, não estabelecendo qualquer condicionante além do critério de renda a ser observado. Nesse sentido, a reserva de 2 (duas) vagas gratuitas por veículo para idosos com renda igual ou inferior a 2 (dois) salários-mínimos, não se limita ao valor das passagens, abrangendo eventuais custos relacionados diretamente com o transporte, onde se incluem as tarifas de pedágio e de utilização dos terminais. Vale dizer, deve-se garantir ao idoso com reduzido poder aquisitivo, a dispensa do pagamento de valor que importe em obstáculo ao transporte interestadual, de forma a conferir a completa efetividade à norma. Note-se, ainda, em relação ao pedágio, que o custo para a operacionalização das empresas de transportes é estável. Independemente de o veículo transportar 5 ou 30 passageiros, um ou dois idosos com a garantia da gratuidade, o valor devido ao pedágio será o mesmo. Sendo assim, a questão atinente ao equilíbrio econômico-financeiro deverá ser resolvida pelas transportadoras com o poder concedente, com a observância do disposto na legislação específica.

Comentários

O julgado trata, em sede de Ação Civil Pública, da nulidade do parágrafo único do art. 8º. do Decreto 5.943/2006, bem como do parágrafo único do art. 6º. da Resolução 1.692 da ANTT, de forma a garantir a gratuidade do transporte interestadual conferida ao idoso, nos termos do art. 40, I da Lei 10.471/2003.

Vejamos o que dispõem os dispositivos legais analisados pela Corte:

> *Estatuto do Idoso*
>
> *Art. 40. No sistema de transporte coletivo interestadual observar-se-á, nos termos da legislação específica: (Regulamento) (Vide Decreto nº 5.934, de 2006)*
>
> *I – a reserva de 2 (duas) vagas gratuitas por veículo para idosos com renda igual ou inferior a 2 (dois) salários-mínimos;*
>
> ***Decreto 5.943/2006***
>
> *Art. 8º O benefício concedido ao idoso assegura os mesmos direitos garantidos aos demais passageiros.*
>
> *Parágrafo único. Não estão incluídas no benefício as tarifas de pedágio e de utilização dos terminais e as despesas com alimentação.*

O Decreto 5.943/2006 foi revogado pelo Decreto 9921/2019, que, no seu artigo 44 prevê, igualmente que:

> *Art. 44. O benefício concedido à pessoa idosa assegura os mesmos direitos garantidos aos demais passageiros.*

> *Parágrafo único. As tarifas de pedágio e de utilização dos terminais e as despesas com alimentação não estão incluídas no benefício tarifário.*

O entendimento da Corte sobre a matéria pode ser sintetizado pelo seguinte trecho do voto do Ministro Napoleão Nunes Maia, o Relator:

> *"Por tudo o que já foi exposto, não tem lugar a almejada interpretação do inciso I do art. 40 com a previsão do respectivo inciso II, que garante o desconto, de forma expressa, no valor da passagem. A reserva de 2 (duas) vagas gratuitas por veículo para idosos com renda igual ou inferior a 2 (dois) salários-mínimos, conforme já consignado, não se limita ao valor das passagens, abrangendo eventuais custos relacionados diretamente com o transporte, onde se incluem as tarifas de pedágio e de utilização dos terminais.* ***Vale dizer, deve-se garantir ao idoso com reduzido poder aquisitivo (com renda igual ou inferior a 2 salários-mínimos), a dispensa do pagamento de valor que importe em obstáculo ao transporte interestadual, de forma a conferir a completa efetividade à norma."***

Para mais informações, utilize o QR Code ao lado.

3.2. Informativo n. 634. PROCESSO REsp 1.412.433-RS, Rel. Min. Herman Benjamin, Primeira Seção, por unanimidade, julgado em 25/04/2018, DJe 28/09/2018 (Tema 699)

DIREITO ADMINISTRATIVO, DIREITO DO CONSUMIDOR

TEMA: Fornecimento de energia elétrica. Débitos do consumidor. Fraude no medidor de consumo. Corte administrativo do serviço. Possibilidade. Critérios. Tema 699.

DESTAQUE: Na hipótese de débito estrito de recuperação de consumo efetivo por fraude no aparelho medidor atribuída ao consumidor, desde que apurado em observância aos princípios do contraditório e da ampla defesa, é possível o corte administrativo do fornecimento do serviço de energia elétrica, mediante prévio aviso ao consumidor, pelo inadimplemento do consumo recuperado correspondente ao período de 90 (noventa) dias anterior à constatação da fraude, contanto que executado o corte em até 90 (noventa) dias após o vencimento do débito, sem prejuízo do direito de a concessionária utilizar os meios judiciais ordinários de cobrança da dívida, inclusive antecedente aos mencionados 90 (noventa) dias de retroação.

INFORMAÇÕES DO INTEIRO TEOR: Inicialmente cumpre salientar que, no panorama geral da jurisprudência do STJ, são três os principais cenários de corte administrativo do serviço em decorrência de débitos de consumo de energia elétrica por inadimplemento: a) consumo regular (simples mora do consumidor); b) recuperação de consumo por responsabilidade atribuível à concessionária; e c) recuperação de consumo por responsabilidade atribuível ao consumidor (normalmente, fraude do medidor). Relativamente a esse último cenário, a jurisprudência do STJ veda o corte quando o ilícito for aferido unilateralmente pela concessionária. A contrario sensu, é possível a suspensão do serviço se o débito pretérito por fraude do medidor cometida pelo consumidor for apurado de forma a proporcionar o contraditório e a ampla defesa. Assim, incumbe à concessionária do serviço público observar rigorosamente os direitos ao contraditório e à ampla defesa do consumidor na apuração do débito, já que o entendimento do STJ repele a averiguação unilateral da dívida. Dessa forma, o não pagamento dos débitos por recuperação de efetivo consumo por fraude ao medidor enseja o corte do serviço, assim como acontece para o consumidor regular que deixa de pagar a conta mensal (mora), sem deixar de ser observada a natureza pessoal (não propter rem) da obrigação, conforme pacífica jurisprudência do STJ. Além disso, o reconhecimento da possibilidade de corte de energia elétrica deve ter limite temporal de apuração retroativa, pois incumbe às concessionárias o dever não só de fornecer o serviço, mas também de fiscalizar adequada e periodicamente o sistema de controle de consumo. Por conseguinte e à luz do princípio da razoabilidade, a suspensão administrativa do fornecimento do serviço – como instrumento de coação extrajudicial ao pagamento de parcelas pretéritas relativas à recuperação de consumo por fraude do medidor atribuível ao consumidor – deve ser possibilitada quando não forem pagos débitos relativos aos últimos 90 (noventa) dias da apuração da fraude, sem prejuízo do uso das vias judiciais ordinárias de cobrança. Da mesma forma, deve ser fixado prazo razoável de, no máximo, 90 (noventa) dias, após o vencimento da fatura de recuperação de consumo, para que a concessionária possa suspender o serviço.

Comentários

Discussão objeto do julgamento diz respeito à possibilidade de o prestador de serviços públicos suspender o fornecimento de energia elétrica em razão de débito do consumidor.

Observe-se que o corte administrativo do fornecimento de energia elétrica, geralmente, ocorre em três tipos de situações. A primeira delas ocorre com o inadimplemento das faturas do consumo regular, ou seja, por simples mora do consumidor. A segunda situação ocorre quando a concessionária, em razão de problemas técnicos que impediram o faturamento no tempo devido, recupera o consumo retroativamente. O corte no fornecimento do serviço pode ainda ocorrer, quando for constatada a fraude no medidor, ato ilícito praticado pelo consumidor.

O caso tratado nesse tópico diz respeito a apuração de débitos pretéritos, que decorreram de fato atribuível ao consumidor, no caso, fraude no medidor de consumo. A jurisprudência do STJ é pacífica no sentido de vedar o corte quando o ilícito for aferido unilateralmente pela concessionária. Sendo assim, quando a recuperação do consumo decorrer de fraude no medidor é indispensável que seja garantido ao consumidor, administrativamente, o contraditório e a ampla defesa.

Ademais, restou assentado que "à *luz do princípio da razoabilidade, a suspensão do fornecimento do serviço – como instrumento de coação ao pagamento de parcelas pretéritas relativas à recuperação de consumo por fraude do medidor atribuível ao consumidor – seja possibilitada* ***quando não foram pagos os débitos relativos aos últimos 90 (noventa) dias da averiguação da fraude****. Como muito bem apontou o e. Ministro Sérgio Kukina em seu voto-vista, deve ser estipulado que a concessionária* ***só possa suspender o serviço, na hipótese aqui tratada, no período de até 90 (noventa) dias após o vencimento da fatura de recuperação de consumo****. Vale ressaltar que à concessionária remanesce o direito de ressarcimento de todo o período fraudado pelos meios legais de cobrança, estando aqui sendo limitado apenas o instrumento da suspensão do fornecimento de serviço."*

Portanto, resto firmada a seguinte tese repetitiva, aplicável aos casos em que é constatada a fraude no medidor.

> *"Na hipótese de débito estrito de recuperação de consumo efetivo por fraude no aparelho medidor atribuída ao consumidor, desde que apurado em observância aos princípios do contraditório e da ampla defesa, é possível o corte administrativo do fornecimento do serviço de energia elétrica, mediante prévio aviso ao consumidor, pelo inadimplemento do consumo recuperado correspondente ao período de 90 (noventa) dias anterior à constatação da fraude, contanto que executado o corte em até 90 (noventa) dias após o vencimento do débito, sem prejuízo do direito de a concessionária utilizar os meios judiciais ordinários de cobrança da dívida, inclusive antecedente aos mencionados 90 (noventa) dias de retroação."*

Sendo assim o corte só pode ocorrer quanto ao débito recuperado para os 90 que antecederam a constatação da fraude, e, após 90 dias do vencimento da fatura. O consumo recuperado para o período que antecedeu os 90 dias deve ser cobrado pelas vias ordinárias, sem possibilidade de corte.

Em que pese o julgamento tenha sido finalizado no STJ, a questão encontra-se pendente de julgamento no STF.

3.3. Informativo n. 601. PROCESSO REsp 1.389.750-RS, Rel. Min. Herman Benjamin, Primeira Seção, por unanimidade, julgado em 14/12/2016, DJe 17/4/2017. (Tema 879)

TEMA: Ação de repetição de indébito. Tarifa de energia elétrica. Relação contratual. Consumidor e concessionária do serviço público. Interesse da ANEEL. Não ocorrência, em regra. DESTAQUE Não há, em regra, interesse jurídico da ANEEL – Agência Nacional de Energia Elétrica – para figurar como ré ou assistente simples de ação de repetição de indébito relativa a valores cobrados por força de contrato de fornecimento de energia elétrica celebrado entre usuário do serviço e concessionária do serviço público.

INFORMAÇÕES DO INTEIRO TEOR: Sob o rito do art. 543-C do CPC (atualmente 1.036 e seguintes do CPC/2015), foi admitida a seguinte tese controvertida: "**questão atinente ao interesse jurídico da ANEEL (Agência Nacional de Energia Elétrica) para figurar no polo passivo de ação revisional e de repetição de indébito relativa a contrato de fornecimento de energia elétrica celebrado entre usuário do serviço e concessionária do serviço público**". O Superior Tribunal de Justiça, por meio de diversos julgados anteriores, sedimentou a compreensão de que não há, em regra, interesse jurídico da ANEEL para figurar como ré ou assistente simples de Ação de Repetição de Indébito relativa a valores cobrados por força de contrato de fornecimento de energia elétrica celebrado entre usuário do serviço e concessionária do serviço público.

Comentários

Trata o julgado da questão atinente ao interesse jurídico da ANEEL (Agência Nacional de Energia Elétrica) para figurar no polo passivo de ação revisional e de repetição de indébito relativa a contrato de fornecimento de energia elétrica celebrado entre usuário do serviço e concessionária do serviço público.

A tese foi firmada no seguinte sentido:

> *Não há, em regra, interesse jurídico da Aneel (Agência Nacional de Energia Elétrica) para figurar como ré ou assistente simples de Ação de Repetição de Indébito relativa a valores cobrados por força de contrato de fornecimento de energia elétrica celebrado entre usuário do serviço e concessionária do serviço público.*

Remetemos o leitor aos comentários tecidos sobre a súmula 506, STJ.

Para mais informações, utilize o QR Code ao lado.

3.4. EREsp 845.982/RJ, Rel. Ministro LUIZ FUX, PRIMEIRA SEÇÃO, julgado em 24/06/2009, DJe 03/08/2009. PROCESSUAL CIVIL. ADMINISTRATIVO. EMBARGOS DE DIVERGÊNCIA EM RECURSO ESPECIAL. ENERGIA ELÉTRICA. UNIDADES PÚBLICAS ESSENCIAIS, COMO SOEM SER HOSPITAIS; PRONTO-SOCORROS; ESCOLAS; CRECHES; FONTES DE ABASTECIMENTO D'ÁGUA E ILUMINAÇÃO PÚBLICA; E SERVIÇOS DE SEGURANÇA PÚBLICA. INADIMPLÊNCIA. SUSPENSÃO DO FORNECIMENTO. SERVIÇO PÚBLICO ESSENCIAL

1. A suspensão do serviço de energia elétrica, por empresa concessionária, em razão de inadimplemento de unidades públicas essenciais – hospitais; pronto-socorros; escolas; creches; fontes de abastecimento d'água e iluminação pública; e serviços de segurança pública –, como forma de compelir o usuário ao pagamento de tarifa ou multa, despreza o interesse da coletividade.

2. É que resta assente nesta Corte que: "O princípio da continuidade do serviço público assegurado pelo art. 22 do Código de Defesa do Consumidor deve ser obtemperado, ante a exegese do art. 6º, § 3º, II da Lei nº 8.987/95 que prevê a possibilidade de interrupção do fornecimento de energia elétrica quando, após aviso, permanecer inadimplente o usuário, considerado o interesse da coletividade.

Precedentes de ambas as Turmas de Direito Público (...) " RESP 845.982/RJ.

3. Deveras, não se concebe a aplicação da legislação infraconstitucional, *in casu*, art. 6.º, § 3.º, II, da Lei 8.987/95, sem o crivo

dos princípios constitucionais, dentre os quais sobressai o da dignidade da pessoa humana, que é um dos fundamentos da República como previsto na Constituição Federal.

4. **In casu, o acórdão recorrido (RESP 845.982/RJ), de relatoria do Ministro Castro Meira, Segunda Turma, decidiu pela impossibilidade de interrupção no fornecimento de energia elétrica das unidades de ensino do Colégio Pedro II, autarquia federal que presta serviço educacional, situado na Cidade do Rio de Janeiro**, consoante se infere do voto-condutor: "(...) Entretanto, in casu, a concessionária pretende interromper o fornecimento de energia elétrica das unidades de ensino do Colégio Pedro II, autarquia federal que presta serviço educacional a "aproximadamente quinze mil alunos". Ainda que a falta de pagamento por pelos entes públicos deva ser repudiada, neste caso, a Corte regional que, ao tempo em que proibiu o corte da energia, também determinou que a verba seja afetada para o pagamento do valor devido, se for o caso, pela requisição de complementação orçamentária. Nas hipóteses em que o consumidor seja pessoa jurídica de direito público, prevalece nesta Turma a tese de que o corte de energia é possível, desde que não aconteça de forma indiscriminada, preservando-se as unidades públicas essenciais (...) Ressalto que a interrupção de fornecimento de energia elétrica de ente público somente é considerada ilegítima quando atinge necessidades inadiáveis da comunidade, entendidas essas – por analogia à Lei de Greve – como "aquelas que, não atendidas, coloquem em perigo iminente a sobrevivência, a saúde ou a segurança da população" (art. 11, parágrafo único, da Lei n.º 7.783/89), aí incluídos, hospitais, prontos-socorros, centros de saúde, escolas e creches (...)". O acórdão paradigma (RESP 619.610/RS), de relatoria do Ministro Francisco Falcão, Primeira Turma, examinando hipótese análoga, decidiu pela possibilidade de corte no fornecimento de energia elétrica, em razão de inadimplência, em se tratando de Estado-consumidor, mesmo no caso de prestação de serviços públicos essenciais, como a educação, verbis: "(...) **Com efeito, ainda que se trate o consumidor de ente público, é cabível realizar-se o corte no fornecimento de energia elétrica, mesmo no caso de prestação de**

serviços públicos essenciais, como a educação, desde que antecedido de comunicação prévia por parte da empresa concessionária, a teor do art. 17 da Lei nº 9.427/96. Tal entendimento se justifica em atendimento aos interesses da coletividade, na medida em que outros usuários sofrerão os efeitos da inadimplência do Poder Público, podendo gerar uma mora continuada, assim como um mau funcionamento do sistema de fornecimento de energia (...)".

5. Embargos de Divergência rejeitados.

Comentários

Por evidente desprezo pelo interesse da coletividade, será ilegal a paralisação de determinado serviço público por inadimplemento do usuário, caso enseje a interrupção de um serviço essencial à coletividade – como ocorre, por exemplo, nos casos em que uma concessionária determina o corte no fornecimento de energia elétrica de um hospital em virtude do inadimplemento.

Nesses casos, a interrupção do serviço será prejudicial ao interesse da coletividade e não pode subsistir, em garantia ao princípio da supremacia do interesse público sobre o interesse privado, impedindo que se priorizem os direitos do prestador do serviço, em detrimento das necessidades coletivas.

Vale ressaltar que o entendimento do presente julgado, em que pese firmado em 2009, persiste na Corte até os dias atuais.

Vejamos:

> *ADMINISTRATIVO. AGRAVO INTERNO. ENERGIA ELÉTRICA. INTERRUPÇÃO DO FORNECIMENTO. PESSOA JURÍDICA DE DIREITO PÚBLICO. PRESERVAÇÃO DE SERVIÇOS ESSENCIAIS. PAGAMENTO DAS FATURAS EM ATRASO NÃO ACARRETA A PERDA SUPERVENIENTE DO INTERESSE DE AGIR. JULGAMENTO ULTRA PETITA. AUSÊNCIA DE PREQUESTIONAMENTO. SÚMULA 282/STF.*
>
> *1. "O interesse de agir é identificado pela análise do binômio necessidade-utilidade. Assim, a aludida condição da ação se faz presente quando a tutela jurisdicional se mostrar necessária*

à obtenção do bem da vida pretendido e o provimento postulado for efetivamente útil ao demandante, proporcionando-lhe melhora em sua situação jurídica" (REsp 1.584.614/CE, Rel. Ministra Regina Helena Costa, Primeira Turma, DJe 7/11/2018).
2. Assim, considerando que a pretensão formulada pela autora da ação visa à condenação da parte ré em se abster de interromper o fornecimento de energia elétrica em virtude da essencialidade do serviço prestado pela Universidade Federal de Sergipe e do Hospital Universitário, há se concluir que remanesce o interesse processual em obter a tutela jurisdicional, independentemente do adimplemento das faturas em atraso.

3. As concessionárias somente podem deixar de fornecer energia elétrica a entes públicos inadimplentes quando não houver prejuízo à continuidade dos serviços públicos essenciais. Isso porque o interesse da coletividade deve ser ponderado ante a aplicação das disposições normativas que possibilitam a interrupção do fornecimento de energia elétrica quando, após aviso, permanecer inadimplente o usuário.

4. A alteração das conclusões adotadas pela Corte de origem, de modo a analisar a razoabilidade da medida adotada, bem como a essencialidade do serviço prestado, demandaria, necessariamente, novo exame do acervo fático-probatório constante dos autos, providência vedada em recurso especial, conforme o óbice previsto na Súmula 7/STJ.

5. A matéria relativa à existência de julgamento ultra petita não foi apreciada pela instância judicante de origem, tampouco foram opostos embargos declaratórios para suprir eventual omissão.

Portanto, ante a falta do necessário prequestionamento, incide o óbice da Súmula 282/STF.

6. Agravo interno a que se nega provimento.

(AgInt no REsp 1814096/SE, Rel. Ministro SÉRGIO KUKINA, PRIMEIRA TURMA, julgado em 05/11/2019, DJe 11/11/2019)

Para mais informações, utilize o QR Code ao lado.

4. GARANTIA DO SERVIÇO X RESERVA DO POSSÍVEL

4.1. Informativo n. 633. PROCESSO EDcl no REsp 1.657.156-RJ, Rel. Min. Benedito Gonçalves, Primeira Seção, por unanimidade, julgado em 12/09/2018, DJe 21/09/2018 (Tema 106). DIREITO ADMINISTRATIVO

TEMA: Direito à saúde. Medicamentos não incorporados em atos normativos do SUS. Fornecimento pelo Poder Público. Obrigatoriedade. Caráter excepcional. Requisitos cumulativos. Embargos de declaração. Necessidade de esclarecimento. Fornecimento de medicamento para uso off label. Vedação nos casos não autorizados pela ANVISA. Tema 106.

DESTAQUE: A concessão dos medicamentos não incorporados em atos normativos do SUS exige a presença cumulativa dos seguintes requisitos: i) Comprovação, por meio de laudo médico fundamentado e circunstanciado expedido por médico que assiste o paciente, da imprescindibilidade ou necessidade do medicamento, assim como da ineficácia, para o tratamento da moléstia, dos fármacos fornecidos pelo SUS; ii) incapacidade financeira de arcar com o custo do medicamento prescrito; iii) existência de registro do medicamento na ANVISA, observados os usos autorizados pela agência. Modula-se os efeitos do presente repetitivo de forma que os requisitos acima elencados sejam exigidos de forma cumulativa somente quanto aos processos distribuídos a partir da data da publicação do acórdão embargado, ou seja, 4/5/2018.

INFORMAÇÕES DO INTEIRO TEOR: Trata-se de embargos de declaração opostos em face de acórdão julgado sob a sistemática dos recursos repetitivos, no qual se pede que se esclareça, dentre outros pontos, se a necessidade do registro na ANVISA afasta o fornecimento de medicamento de uso off label, que é aquele em que o medicamento é utilizado no tratamento de patologias não autorizado pela agência governamental e, por conseguinte, não se encontra indicado na bula. Verifica-se que o art. 19-T da lei n. 8.080/1990 impõe duas vedações distintas. A constante do inciso I que veda o pagamento, o ressarcimento ou o reembolso pelo SUS de medicamento fora do uso autorizado pela ANVISA, ou seja, para tratamento não indicado na bula e aprovado no registro em referido órgão regulatório. Já o inciso II, impede a dispensação, o pagamento, o ressarcimento ou o reembolso pelo SUS de medicamento que não tenha ainda sido registrado na ANVISA. Assim, nos termos da legislação vigente, no âmbito do SUS somente podem ser utilizados medicamentos que tenham sido previamente registrados ou com uso autorizado pela Agência Nacional de Vigilância Sanitária – ANVISA. A exigência desse registro é medida que visa proteger o usuário do sistema de saúde, pois estes medicamentos foram submetidos a estudos clínicos que comprovaram a sua qualidade, a sua efetividade e a sua segurança. Contudo, a ANVISA, com fundamento no art. 21 do Decreto n. 8.077/2013, em caráter excepcional, tem autorizado a utilização de medicamentos fora das prescrições aprovadas no registro. Sendo assim, ainda que não conste no registro na ANVISA, na hipótese de haver autorização, ainda que precária, para determinado uso, é resguardado o direito do usuário do Sistema Único de Saúde de também ter acesso a utilização do medicamento no uso autorizado não presente no registro. Por seu turno, observa-se que ficou consignado no acórdão embargado que "os critérios e requisitos estipulados somente serão exigidos para os processos que forem distribuídos a partir da conclusão do presente julgamento". No entanto, tal termo inicial suscita dúvidas, podendo ser interpretado de, pelos menos, duas formas: a conclusão do julgamento refere-se ao julgamento do recurso especial, ou seja, o termo inicial da modulação seria a data da assentada que se julgou o repetitivo e fixou-se a sua tese (25/4/2018); ou a conclusão do julgamento impõe o esgotamento da instância, isto é, o termo inicial da modulação seria quando se julgar o último recurso cabível no âmbito do Superior Tribunal de Justiça. Sendo assim, com espeque no inciso I do art. 494 do CPC/2015, que possibilita a correção de ofício de inexatidões materiais, altera-se o termo inicial da modulação dos efeitos do presente repetitivo, que passa a ser a data da publicação do acórdão embargado, ou seja, 4/5/2018.

Comentários

O precedente em comento trata da tormentosa questão relativa ao fornecimento de medicamentos não previstos nos atos normativos do SUS, inclusive quando destinados para uso em situações fora de bula, ou seja, para finalidades não previstas originariamente pelo fabricante.

Primeiramente, vale frisar que o STJ entende que não há violação ao princípio da separação de poderes em razão da determinação judicial para fornecimento de medicamentos. Isto porque, a partir interpretação teleológica, se conclui que o princípio da separação de poderes está previsto na Constituição Federal, não como um fim em si mesmo, mas para funcionar como instrumento de efetividade sobretudo dos direitos e garantias fundamentais.

Sendo assim, a Corte, ao firmar a tese estabeleceu os requisitos necessários para o deferimento da medida. Vejamos:

> *Tese firmada.*
>
> *A concessão dos medicamentos não incorporados em atos normativos do SUS exige a presença cumulativa dos seguintes requisitos:*
>
> *i) Comprovação, por meio de laudo médico fundamentado e circunstanciado expedido por médico que assiste o paciente, da imprescindibilidade ou necessidade do medicamento, assim como da ineficácia, para o tratamento da moléstia, dos fármacos fornecidos pelo SUS;*
>
> *ii) incapacidade financeira de arcar com o custo do medicamento prescrito;*
>
> *iii) existência de registro do medicamento na ANVISA, observados os usos autorizados pela agência.*

Após a análise do julgado, é possível concluir que o STJ restringiu, mas não proibiu, o fornecimento de medicamentos para uso fora de bula, ou seja, é possível que seja determinado o fornecimento do medicamento quando o seu uso, ainda que fora de bula, tenha sido autorizado pela ANVISA.

Ademais, em sede de embargos de declaração, foram modulados os efeitos do julgado, nos seguintes termos:

> *"Modula-se os efeitos do presente repetitivo de forma que os requisitos acima elencados sejam exigidos de forma cumulativa somente quanto aos processos distribuídos a partir da data da publicação do acórdão embargado, ou seja, 4/5/2018."*

Portanto a tese repetitiva somente se aplica aos processos que foram ajuizados após 04/05/2018.

Para mais informações, ACORDÃO PRINCIPAL, utilize o QR Code ao lado.

Para mais informações, ACORDÃO ED, utilize o QR Code ao lado.

4.2. Informativo n. 532. DIREITO ADMINISTRATIVO E PROCESSUAL CIVIL. BLOQUEIO DE VERBAS PÚBLICAS PARA GARANTIR O FORNECIMENTO DE MEDICAMENTOS PELO ESTADO. RECURSO REPETITIVO (ART. 543-C DO CPC E RES. 8/2008-STJ)

É possível ao magistrado determinar, de ofício ou a requerimento das partes, o bloqueio ou sequestro de verbas públicas como medida coercitiva para o fornecimento de medicamentos pelo Estado na hipótese em que a demora no cumprimento da obrigação acarrete risco à saúde e à vida do demandante. De acordo com o caput do art. 461 do CPC, na "ação que tenha por objeto o cumprimento de obrigação de fazer ou não fazer, o juiz concederá a tutela específica da obrigação ou, se procedente o pedido, determinará providências que assegurem o resultado prático equivalente ao do adimplemento". O teor do § 5º do mesmo art. 461, por sua vez, estabelece que, para "a efetivação da tutela específica ou a obtenção do resultado prático equivalente, poderá o juiz, de ofício ou a requerimento, determinar as medidas necessárias, tais como a imposição de multa por tempo de atraso, busca e apreensão, remoção de pessoas e coisas, desfazimento de obras e impedimento de atividade nociva, se necessário com requisição de força policial". Nesse contexto, deve-se observar que não é taxativa a enumeração, no aludido § 5º do art. 461, das medidas necessárias à efetivação da tutela específica ou à obtenção do resultado prático equivalente, tendo em vista a impossibilidade de previsão legal de todas as hipóteses fáticas relacionadas à norma. Dessa forma, é lícito o magistrado adotar, com o intuito de promover a efetivação da tutela, medida judicial que não esteja explicitamente prevista no § 5º do art. 461, mormente na hipótese em que a desídia do ente estatal frente a comando judicial possa implicar grave lesão à saúde ou risco à vida da parte demandante, uma vez que, nessas hipóteses, o direito fundamental à saúde (arts. 6º e 196 da CF) prevalece sobre os interesses financeiros da Fazenda Nacional. Precedentes citados: EREsp 770.969-RS, Primeira Seção, DJ 21/8/2006; REsp. 840.912-RS, Primeira Turma, DJ 23/4/2007; e REsp. 1.058.836/RS, Segunda Turma, DJe 1º/9/2008. REsp 1.069.810-RS, Rel. Min. Napoleão Nunes Maia Filho, julgado em 23/10/2013.

Comentários

O julgamento tratou da questão referente ao fornecimento de medicamento necessário ao tratamento de saúde, sob pena de bloqueio ou sequestro de verbas do Estado a serem depositadas em conta-corrente. O cerne da questão, também nesse caso, é eminentemente constitucional, inclusive encontra-se pendente de julgamento no Pretório Excelso, o Tema 289/STF.

Trata-se de definir, à luz do princípio da razoabilidade, diante de risco de dano à vida, se o direito à vida e à saúde devem se sobrepor ou ceder espaço ao princípio da indisponibilidade dos bens públicos.

Há de esclarecer que não há razões a serem suscitadas pelo gestor público para justificar o descumprimento de ordem judicial expressa, notadamente quando a ordem visa resguardar a vida de uma pessoa humana. O sequestro, no caso, é medida de coerção indireta estabelecida pelo juiz para a hipótese remota e improvável de descumprimento de decisão judicial. Portanto, embora aceito pela jurisprudência do STJ, o sequestro não deve acontecer, porque o gestor público deve cumprir a ordem.

A tese repetitiva foi firmada no seguinte sentido.

Tratando-se de fornecimento de medicamentos, cabe ao Juiz adotar medidas eficazes à efetivação de suas decisões, podendo, se necessário, determinar até mesmo o sequestro de valores do devedor (bloqueio), segundo o seu prudente arbítrio, e sempre com adequada fundamentação.

4.3. Informativo n. 592. PROCESSO REsp 1.607.472-PE, Rel. Min. Herman Benjamin, por unanimidade, julgado em 15/9/2016, DJe 11/10/2016.

TEMA: Obras de acessibilidade aos portadores de necessidades especiais. Alegação da Teoria da Reserva do Possível.

DESTAQUE: É essencial, incluso no conceito de mínimo existencial, o direito de pessoas com necessidades especiais poderem frequentar universidade pública, razão pela qual não pode a instituição alegar a incidência da cláusula da reserva do possível como justificativa para sua omissão em providenciar a conclusão de obras de adaptação em suas edificações e instalações.

INFORMAÇÕES DO INTEIRO TEOR: Tratou-se de ação civil pública proposta por Ministério Público Federal contra Universidade Federal com o escopo de obrigar a instituição de ensino a iniciar as obras de adaptação de todas as suas edificações para permitir sua utilização por pessoas portadoras de necessidade especiais. No campo dos direitos individuais e sociais de absoluta prioridade, o juiz não se deve impressionar nem se sensibilizar com alegações de conveniência e oportunidade trazidas pelo administrador relapso. A ser diferente, estaria o Judiciário a fazer juízo de valor ou político em esfera na qual o legislador não lhe deixou outra possibilidade de decidir que não seja a de exigir o imediato e cabal cumprimento dos deveres, completamente vinculados, da Administração Pública. Se um direito é qualificado pelo legislador como de absoluta prioridade, deixa de integrar o universo de incidência da reserva do possível, já que a sua possibilidade é, preambular e obrigatoriamente, fixada pela Constituição ou pela lei. Ademais, tratando-se de direito essencial, incluso no conceito de mínimo existencial, inexistirá empecilho jurídico para que o Judiciário estabeleça a inclusão de determinada política pública nos planos orçamentários do ente político, principalmente quando não houver comprovação objetiva da incapacidade econômico-financeira da pessoa estatal.

Comentários

O Julgado sob foco trata do conflito aparente entre os princípios da reserva do possível e da separação de poderes, em face de direitos fundamentais, ligados, portanto, ao mínimo existencial.

Sobre o tema, o STF possui tese de repercussão geral com mérito julgado. Senão vejamos:

> *Ementa: REPERCUSSÃO GERAL. RECURSO DO MPE CONTRA ACÓRDÃO DO TJRS. REFORMA DE SENTENÇA QUE DETERMINAVA A EXECUÇÃO DE OBRAS NA CASA DO ALBERGADO DE URUGUAIANA. ALEGADA OFENSA AO PRINCÍPIO DA SEPARAÇÃO DOS PODERES E DESBORDAMENTO DOS LIMITES DA RESERVA DO POSSÍVEL. INOCORRÊNCIA. DECISÃO QUE CONSIDEROU DIREITOS CONSTITUCIONAIS DE PRESOS MERAS NORMAS PROGRAMÁTICAS. INADMISSIBILIDADE. PRECEITOS QUE TÊM EFICÁCIA PLENA E APLICABIILIDADE IMEDIATA. INTERVENÇÃO JUDICIAL QUE SE MOSTRA NECESSÁRIA E ADEQUADA PARA PRESERVAR O VALOR FUNDAMENTAL DA PESSOA HUMANA. OBSERVÂNCIA, ADEMAIS, DO POSTULADO DA INAFASTABILIDADE DA JURISDIÇÃO. RECURSO CONHECIDO E PROVIDO PARA MANTER A SENTENÇA CASSADA PELO TRIBUNAL. I – É lícito ao Judiciário impor à Administração Pública obrigação de fazer, consistente na promoção de medidas ou na execução de obras emergenciais em estabelecimentos prisionais. II – Supremacia da dignidade da pessoa humana que legitima a intervenção judicial. III – Sentença reformada que, de forma correta, buscava assegurar o respeito à integridade física e moral dos detentos, em observância ao art. 5º, XLIX, da Constituição Federal. IV – Impossibilidade de opor-se à sentença de primeiro grau o argumento da reserva do possível ou princípio da separação dos poderes. V – Recurso conhecido e provido.*
>
> *(RE 592581, Relator(a): RICARDO LEWANDOWSKI, Tribunal Pleno, julgado em 13/08/2015, ACÓRDÃO ELETRÔNICO REPERCUSSÃO GERAL – MÉRITO DJe-018 DIVULG 29-01-2016 PUBLIC 01-02-2016)*

CAPÍTULO 12

PROCESSO ADMINISTRATIVO

1. SÚMULAS

Súmula 343 - É obrigatória a presença de advogado em todas as fases do processo administrativo disciplinar. (Súmula 343, TERCEIRA SEÇÃO, julgado em 12/09/2007, DJ 21/09/2007 p. 334)

Comentários

O verbete impõe uma interpretação garantista ao art. 156 da lei 8112/90, o qual dispunha ser uma faculdade do acusado a representação por advogado. A redação decorreu da evolução jurisprudencial acerca das garantias constitucionais e do reconhecimento da importância de defesa técnica como forma de evitarem-se abusos por parte das autoridades públicas, diante da ausência de conhecimento específico pelo particular interessado no feito.

No entanto, essa orientação não prevaleceu, diante da edição da Súmula Vinculante n. 5 do Supremo Tribunal Federal, em 07 de maio de 2008, que estabelece que *"A falta de defesa técnica por advogado no processo administrativo disciplinar não ofende a Constituição".* Para alguns doutrinadores, a edição desta súmula representa uma retrocessão no direito brasileiro e tem caráter de decisão política. É inegável que, com a edição da súmula do STJ, todos aqueles servidores demitidos sem a presença de advogados previamente teriam o direito à anulação do ato praticado com o imediato retorno ao serviço público, em claro prejuízo à Administração Pública. O fato é que, em 2008, com a edição da súmula vinculante ora transcrita, afasta-se a aplicabilidade da súmula 343 do Superior Tribunal de Justiça, restando aos particulares acusados em processos administrativos disciplinares a faculdade de se fazerem representar por advogado.

Assim, o verbete precisa de uma interpretação conforme, entendido como a garantia de que o advogado participe de todas as fases do processo disciplinar, **desde que o acusado tenha optado por constituir advogado nos autos e não exercer diretamente seu direito de defesa.**

Súmula nº 373 – É ilegítima a exigência de depósito prévio para admissibilidade de recurso administrativo.

Comentários

Trata-se de prerrogativa decorrente do princípio do contraditório e ampla defesa, no que tange à garantia de duplo grau de julgamento. Essa prerrogativa possibilita a reanálise dos atos praticados pela Administração, por provocação do particular, com a finalidade de evitar que se perpetuem injustiças ou decisões ilegais. Como forma de se sedimentar esse direito, a lei exige a motivação dos atos decisórios em toda a sua amplitude, viabilizando apresentação de argumentos em sede recursal, independentemente da possibilidade de discutir posteriormente a mesma matéria por intermédio de provocação do Poder Judiciário.

Nesse sentido, reforça o conhecimento dessa garantia a edição da Súmula Vinculante n.21 pelo Supremo Tribunal Federal dispondo que: "*É inconstitucional a exigência de depósito ou arrolamento prévios de dinheiro ou bens para admissibilidade de recurso administrativo*". Analisando este dispositivo, interpreta-se que tal exigência seria inconstitucional por restringir o acesso ao duplo grau e, consequentemente, inviabilizar o exercício pleno da ampla defesa.

Súmula nº 467 – Prescreve em cinco anos, contados do término do processo administrativo, a pretensão da Administração Pública de promover a execução por infração ambiental.

Comentários

O verbete reflete a jurisprudência pacífica do STJ de que a contagem dos prazos prescricionais se rege pela teoria da *actio nata*, segundo o qual a contagem dos prazos prescricionais tem seu termo inicial quando titular da pretensão tem ciência inequívoca da lesão ao seu direito subjetivo.

Ademais, é pacífico no STJ que o prazo previsto no artigo 1º do Decreto 20.910/1932 funciona como norma geral de prescrição nas causas envolvendo a Fazenda Pública. Dessa forma, à luz do princípio da isonomia, a Corte entende que, sempre que não houver prazo prescricional expresso em lei para demanda envolvendo a Fazenda Pública, o prazo prescricional será quinquenal, nos termos do referido decreto, sendo afasta a possibilidade aplicação analógica do Código Civil.

Conta-se o prazo quinquenal, à luz da teoria da *acitio nata,* a partir do término do processo administrativo, ou seja, após o julgamento do último recurso, e o escoamento do prazo para pagamento administrativo do débito. Sendo assim, a leitura que entendemos correta da expressão *"término do processo"*, é a data em que o infrator se tornou inadimplente perante a Fazenda Pública.

Súmula n. 591 – É permitida a prova emprestada no processo administrativo disciplinar, desde que devidamente autorizada pelo juízo competente e respeitados o contraditório e a ampla defesa. Primeira Seção, aprovada em 13/9/2017, DJe 18/9/2017 (Informativo n. 610).

Comentários

O STJ, em homenagem aos princípios economia processual e da busca da verdade real, assentou o entendimento pela admissão de prova emprestada em sede de processo administrativo disciplinar, desde que seja autorizada pelo juízo competente.

O verbete, faz expressa menção ao respeito pelo contraditório e a ampla defesa. Isso quer dizer que, ainda que a prova emprestada tenha sido produzida licitamente, quando da sua incorporação ao acervo probatório do PAD, deverá ser valorada com ampla participação do interessado no seu cotejamento.

Tal conclusão decorre do princípio da autonomia das instâncias. Este mesmo princípio nos faz concluir que o empréstimo da prova não está vinculado ao julgamento, ou mesmo ao trânsito em julgado da sentença penal. Isto porque, a prova emprestada será valorada, à luz do contraditório e da ampla defesa, **de forma independente** pela comissão no processo administrativo disciplinar.

Vale ressaltar que os precedentes que deram origem à súmula chancelaram, inclusive, a utilização de transcrições de interceptações telefônicas como prova emprestada, não obstante o disposto no artigo 5º, XII da Constituição Federal, que veda a produção da prova fora da esfera criminal. Vejamos:

> *XII – é inviolável o sigilo da correspondência e das comunicações telegráficas, de dados e das comunicações telefônicas, salvo, no último caso, por ordem judicial, nas hipóteses e na forma que a lei estabelecer para fins de investigação criminal ou instrução processual penal;*

Nesse sentido:

> *MANDADO DE SEGURANÇA. SERVIDOR PÚBLICO. PROCESSO ADMINISTRATIVO DISCIPLINAR. SECRETÁRIO NOMEADO PELA COMISSÃO PROCESSANTE. TERMO DE COMPROMISSO. DESNECESSIDADE. IMPEDIMENTO DA COORDENADORA-GERAL DE RECURSOS HUMANOS. NÃO DEMONSTRAÇÃO. SIGILO. CARÁTER INERENTE AO PROCEDIMENTO. INTERCEPTAÇÕES TELEFÔNICAS FORNECIDAS PELO JUÍZO CRIMINAL. ADMISSIBILIDADE. CONTRADITÓRIO E AMPLA DEFESA ASSEGURADOS. DECISÃO TOMADA, TAMBÉM, COM BASE EM DEPOIMENTOS E DOCUMENTOS JUNTADOS AOS AUTOS. RECONHECIMENTO. INDEFERIMENTO DE OITIVA DE TESTEMUNHA FUNDAMENTADA. PORTARIA INAUGURAL. DESNECESSIDADE DE SE ESMIUÇAR OS FATOS A SEREM APURADOS. SEGURANÇA DENEGADA. 1. Não implica nulidade a ausência de termo de compromisso do secretário da comissão do PAD, porquanto tal designação recai necessariamente em servidor público, cujos atos funcionais gozam de presunção de legitimidade e veracidade. 2. Não há impedimento para a Coordenadora-Geral de Recursos Humanos atuar no feito como secretária. 3. O caráter sigiloso do processo administrativo disciplinar decorre do artigo 150 da Lei 8.112/90. 4.* ***Não há impedimento da utilização da interceptação telefônica produzida na ação penal, no processo administrativo disciplinar, desde que observadas as diretrizes da Lei n. 9.296/96.*** *5. Da detida análise da documentação colacionada, não se observa*

> *ter sido obstado o acesso dos investigados aos documentos encaminhados pelo Poder Judiciário, razão pela qual não há que se falar em cerceamento de defesa. 6. Colhe-se dos autos não ter a decisão que demitiu os impetrantes se baseado tão somente nas escutas telefônicas emprestadas da ação penal, mas também nos depoimentos prestados na Polícia Federal e em dados fornecidos pela Superintendência da Zona Franca de Manaus. 7. Não caracteriza nulidade o indeferimento devidamente motivado de produção de prova testemunhal. 8. A descrição minuciosa dos fatos se faz necessária apenas quando do indiciamento do servidor, após a fase instrutória, na qual são efetivamente apurados, e não na portaria de instauração ou na citação inicial do processo administrativo. 9. Mandado de segurança a que se denega a ordem. (MS 14.374/DF, Rel. Ministro JORGE MUSSI, TERCEIRA SEÇÃO, julgado em 14/08/2013, DJe 05/09/2013)*

O STJ também possui decisões no mesmo sentido:

> *MANDADO DE SEGURANÇA. [...]. PROVA LICITAMENTE OBTIDA POR MEIO DE INTERCEPTAÇÃO TELEFÔNICA REALIZADA COM AUTORIZAÇÃO JUDICIAL PARA INSTRUIR INVESTIGAÇÃO CRIMINAL PODE SER UTILIZADA EM PROCESSO ADMINISTRATIVO DISCIPLINAR. [...]. NEGO PROVIMENTO AO RECURSO ORDINÁRIO. (RMS 24194, Relator Min. LUIZ FUX, Primeira Turma, julgado em 13/09/2011)*
>
> *EMENTA: MANDADO DE SEGURANÇA. CONSELHO NACIONAL DE JUSTIÇA. REVISÃO DISCIPLINAR INSTAURADA POR REPRESENTAÇÃO DO MINISTÉRIO PÚBLICO. EXAME DA GRAVIDADE DA CONDUTA. AGRAVAMENTO DA PENA. POSSIBILIDADE. LEGITIMIDADE ATIVA DO MINISTÉRIO PÚBLICO. TEMPESTIVIDADE DA INICIATIVA. PRESENÇA DOS REQUISITOS REGIMENTAIS DE CABIMENTO DA REVISÃO. PROCESSO ADMINISTRATIVO DISCIPLINAR.* ***UTILIZAÇÃO DE PROVA EMPRESTADA. INTERCEPTAÇÃO TELEFÔNICA*** *INCIDENTE SOBRE TERCEIRO INVESTIGADO. NOTÍCIA DE IRREGULARIDADE NA CONDUTA DE AUTORIDADE PÚBLICA. ADMISSIBILIDADE. DECISÃO IMPUGNADA LASTREADA NO EXAME PORMENORIZADO DOS FATOS E DAS PROVAS, CUJO REEXAME NÃO PODE SE DAR NA VIA DO MANDADO DE SEGURANÇA. ORDEM DE SEGURANÇA DENEGADA.*
>
> *(MS 30364, Relator(a): CÁRMEN LÚCIA, Segunda Turma, julgado em 17/03/2020, PROCESSO ELETRÔNICO DJe-091 DIVULG 16-04-2020 PUBLIC 17-04-2020)*

Portanto, no entendimento dos Tribunais Superiores, se a interceptação telefônica foi realizada em conformidade com os ditames constitucionais, ou seja, mediante ordem judicial, e *para fins de investigação criminal ou instrução processual penal (art. 5,XII, CF)*, após a quebra, não há óbices na utilização da prova em processo administrativo disciplinar que vise a apuração dos mesmos fatos.

Súmula n. 592 - O excesso de prazo para a conclusão do processo administrativo disciplinar só causa nulidade se houver demonstração de prejuízo à defesa. Primeira Seção, aprovada em 13/9/2017, DJe 18/9/2017 (Informativo n. 610).

Comentários

Essa súmula reitera o entendimento doutrinário de que os prazos de duração dos processos administrativos são impróprios. Assim, o fato de ter sido extrapolado o seu prazo legal não poderá ensejar, por si só, a nulidade do feito.

Por óbvio, qualquer situação processual que prejudique o direito de defesa é causa de nulidade.

Súmula n. 611 - Desde que devidamente motivada e com amparo em investigação ou sindicância, é permitida a instauração de processo administrativo disciplinar com base em denúncia anônima, em face do poder-dever de autotutela imposto à Administração. Primeira Seção, aprovada em 9/5/2018, DJe 14/5/2018. (Informativo n. 624.).

Comentários

É cediço que, diferentemente do que ocorre na função jurisdicional, os processos administrativos podem ser instaurados sem a necessidade de provocação de qualquer particular interessado. Logo, é possível que a Administração Pública seja instada a manifestar-se, inclusive, em decorrência do direito de petição, estampado no art. 5º, XXXIV da Constituição Federal. Todavia, o início do processo, na esfera administrativa, pode decorrer de vontade originária do Poder Público, no exercício de suas atividades.

Ainda que o processo administrativo tenha se iniciado por iniciativa do particular, não depende da manifestação deste para seu impulso, ou seja, a movimentação do processo incumbe ao poder público que deve atuar, independente de provocação do interessado. Com efeito, o processo administrativo se desenvolve em uma série concatenada de atos administrativos, em uma série lógica e legalmente definida e, para a prática desses atos, o particular não precisa ser questionado por qualquer interessado.

Isso decorre do entendimento de que o processo tem finalidade pública, mesmo nas situações em que o particular dá início a sua tramitação. Em decorrência deste princípio, os agentes públicos encarregados do processo poderão solicitar pareceres, perícias e laudos, realizar a tomada de depoimentos, efetivar diligência, etc. Em síntese, a administração pública pode atuar, de ofício, na condução de todas as fases do processo, inclusive com iniciativa de investigação dos fatos, podendo produzir provas de ofício e proteger os direitos dos cidadãos interessados na regular condução do processo.

Logo, não há porque não admitir que a instauração decorra de informações anteriores obtidas em razão de denúncia anônima.

Súmula n. 635 – Os prazos prescricionais previstos no art. 142 da Lei n. 8.112/1990 iniciam-se na data em que a autoridade competente para a abertura do procedimento administrativo toma conhecimento do fato, interrompem-se com o primeiro ato de instauração válido – sindicância de caráter punitivo ou processo disciplinar – e voltam a fluir por inteiro, após decorridos 140 dias desde a interrupção. Primeira Seção, julgado em 12/06/2019, DJe 17/06/2019. (Informativo n. 649.)

Comentários

Na esfera federal, os prazos prescricionais aplicáveis aos processos administrativos disciplinares estão previstos no Artigo 142 da Lei 8.112/1990, nos seguintes termos:

Art. 142. A ação disciplinar prescreverá:

*I – em **5 (cinco) anos**, quanto às infrações puníveis com **demissão**, cassação de aposentadoria ou disponibilidade e destituição de cargo em comissão;*

*II – em **2 (dois) anos**, quanto à **suspensão**;*

*III – em **180 (cento e oitenta) dias**, quanto à **advertência**.*

§ 1º O prazo de prescrição começa a correr da data em que o fato se tornou conhecido.

§ 2º Os prazos de prescrição previstos na lei penal aplicam-se às infrações disciplinares capituladas também como crime.

§ 3º A abertura de sindicância ou a instauração de processo disciplinar interrompe a prescrição, até a decisão final proferida por autoridade competente.

§ 4º Interrompido o curso da prescrição, o prazo começará a correr a partir do dia em que cessar a interrupção.

Como visto, o verbete cuida de interpretar, basicamente, o transcrito artigo 142, da Lei 8.112/1990.

Primeiramente, convém observar que, no entendimento atual do STJ, o termo *a quo* do prazo prescricional é a data do conhecimento do fato pela autoridade competente para instauração do PAD, e não a data do conhecimento pela Administração Pública. Essa é a interpretação conferida à expressão: "*data em que o fato se tornou conhecido*", prevista no § 1º do artigo 142 supra.

A lei estabelece que são aptos à interrupção da prescrição abertura de sindicância (acusatória – Arts. 143 a 146, Lei 8112/1990) e a instauração de processo disciplinar, ficando interrompido até a decisão final da autoridade competente. Convém ressaltar que restou afastado o potencial interruptivo das sindicâncias meramente investigativas. Tal procedimento, diferente do que ocorre com a sindicância acusatória, não tem previsão legal expressa, e decorre de uma leitura sistemática da lei 9.784/99, a qual determina que o Poder Público tem o poder de apurar a existência de condutas ilícitas.

Por fim, o verbete também consolidou o entendimento de que, a prescrição volta a correr após decorridos 140 dias da instauração do processo administrativo disciplinar. Portanto, em que pese a

Súmula 592, STJ tenha reconhecido que o prazo de duração de tais processos é impróprio e que a extrapolação não gera, a princípio, nulidade, a prescrição retoma a sua contagem após 140 dias da instauração do PAD, e independentemente do seu encerramento.

O prazo de 140 dias previsto na súmula 365/STJ representa a soma dos prazos previstos nos artigos 152 e 167 da Lei 8.112/1990, que, embora sejam impróprios, tão logo expirados, fazem reiniciar a prescrição. Sendo assim, a morosidade processual, embora não gere nulidade, pode causar prejuízo à Administração. Isto porque, a fluência do prazo prescricional, antes do final do processo administrativo, abre a possiblidade da consumação da chamada prescrição intercorrente, apta a fulminar a prestação punitiva estatal.

Vale ressaltar, por fim, que o prazo de 140 dias se conta a partir da efetiva instauração do PAD. Portanto, quando a instauração do processo for precedida de sindicância, nos termos do art. 142, § 3º, a prescrição será interrompida até o seu final (145, par. un Lei 8.112/90). Portanto, após o final do prazo da sindicância, a prescrição voltará a correr, sendo interrompida, novamente, por 140 dias, pela instauração do PAD, conforme estabelecido na súmula 635/STJ.

Súmula n. 641 – A portaria de instauração do processo administrativo disciplinar prescinde da exposição detalhada dos fatos a serem apurados. Primeira Seção, julgado em 18/02/2020, Dje 19/02/2020. (Informativo 665).

Comentários

A portaria de instauração do Processo administrativo disciplinar visa a constituição da comissão processante, não sendo necessária a exposição detalhada dos fatos e fundamentos jurídicos do indiciamento. Isto porque, justamente na fase seguinte é que são garantidos os princípios do contraditório e da ampla defesa.

Portanto, está consolidado o entendimento de que a Portaria de instauração deve preencher os requisitos necessário ao atendimento da sua própria finalidade, que é dar publicidade à constituição da comissão processante e, suscintamente, delimitar o objeto do processo. O detalhamento dos fatos somente ocorrerá na fase do indiciamento.

Vejamos o que dispõe o texto da lei:

> *Art. 151. O processo disciplinar se desenvolve nas seguintes fases:*
>
> *I – instauração, com a publicação do ato que constituir a comissão;*
>
> *II – inquérito administrativo, que compreende instrução, defesa e relatório;*
>
> *III – julgamento.*
>
> *Art. 153. O inquérito administrativo obedecerá ao princípio do contraditório, assegurada ao acusado ampla defesa, com a utilização dos meios e recursos admitidos em direito.*
>
> *Art. 161. Tipificada a infração disciplinar, será formulada a indiciação do servidor, com a especificação dos fatos a ele imputados e das respectivas provas.*
>
> *§ 1º O indiciado será citado por mandado expedido pelo presidente da comissão para apresentar defesa escrita, no prazo de 10 (dez) dias, assegurando-se-lhe vista do processo na repartição.*
>
> *§ 2º Havendo dois ou mais indiciados, o prazo será comum e de 20 (vinte) dias.*
>
> *§ 3º O prazo de defesa poderá ser prorrogado pelo dobro, para diligências reputadas indispensáveis.*
>
> *§ 4º No caso de recusa do indiciado em apor o ciente na cópia da citação, o prazo para defesa contar-se-á da data declarada, em termo próprio, pelo membro da comissão que fez a citação, com a assinatura de (2) duas testemunhas.*

Sendo assim, após a instauração do processo, seguir-se á a fase do inquérito administrativo, quando será garantido ao indiciado o contraditório e a ampla defesa, com a utilização dos meios e recursos legalmente admitidos. Somente ao final do inquérito administrativo, que correrá com ampla participação do servidor, a comissão processante formalizará, se for o caso, o indiciamento, intimando o servidor para apresentação de defesa.

2. INTIMAÇÃO, CONTRADITÓRIO E AMPLA DEFESA

Informativo 667 – PROCESSO. MS 24.567-DF, Rel. Min. Benedito Gonçalves, Primeira Seção, por unanimidade, julgado em 11/03/2020, DJe 16/03/2020. DIREITO ADMINISTRATIVO

TEMA: Processo administrativo. Cadastro e peticionamento no Sistema Eletrônico de Informações. Intimação eletrônica. Presunção de ciência. Regularidade.

DESTAQUE: O cadastro e o peticionamento no Sistema Eletrônico de Informações denotam a ciência de que o processo administrativo tramitará de forma eletrônica.

INFORMAÇÕES DO INTEIRO TEOR: Registre-se, inicialmente, que, para o peticionamento no sistema eletrônico na Administração Pública, foi necessário que o representante legal da impetrante realizasse o preenchimento e aceitação de cadastramento com os "dados para a comunicação oficial". Assim, não há falar em falta de intimação para efetuar regularizações no processo administrativo, tendo a parte ciência de que o processo e suas respectivas intimações prosseguiriam da forma eletrônica. Ressalta-se que a comunicação eletrônica atende plenamente à exigência de assegurar a certeza da ciência pelo interessado, como exige a Lei n. 9.784/1999 (art. 26, § 3º), que regula o processo administrativo no âmbito da Administração Pública Federal.

Comentários

Trata-se de julgado autoexplicativo, porém de fundamental importância. O cadastramento e peticionamento nos sistemas gestores de processo eletrônico implicam a presunção de ciência e aceitação dos termos e condições de uso do sistema, bem como dos atos normativos emitidos pelos Órgãos responsáveis.

Recomendamos a leitura da integra do acórdão.

Para mais informações, utilize o QR Code ao lado.

3. PROCESSO ADMINISTRATIVO DISCIPLINAR

3.1. Informativo 666. PROCESSO MS 23.608-DF, Rel. Min. Napoleão Nunes Maia Filho, Rel. Acd. Min. Og Fernandes, Primeira Seção, por maioria, julgado em 27/11/2019, DJe 05/03/2020

DIREITO ADMINISTRATIVO, DIREITO CONSTITUCIONAL

TEMA: Servidor público. Processo administrativo disciplinar. Improbidade administrativa. Cassação de aposentadoria. Possibilidade.

DESTAQUE: É possível a cassação de aposentadoria de servidor público pela prática, na atividade, de falta disciplinar punível com demissão.

INFORMAÇÕES DO INTEIRO TEOR: Prevalece no STJ e no STF a tese de que a cassação de aposentadoria é compatível com a Constituição Federal, a despeito do caráter contributivo conferido àquela, mormente porque nada impede que, na seara própria, haja o acertamento de contas entre a Administração e o servidor aposentado punido. Assim, constatada a existência de infração disciplinar praticada enquanto o servidor estiver na ativa, o ato de aposentadoria não se transforma num salvo conduto para impedir o sancionamento do infrator pela Administração Pública. Faz-se necessário observar o regramento contido na Lei n. 8.112/1990, aplicando-se a penalidade compatível com as infrações apuradas.

Comentários

A pena de cassação de aposentadoria está prevista no artigo 127, IV da Lei 8.112/1990, cominada para o inativo que, na atividade, praticou ato punível com demissão, nos termos do artigo 134 da mesma lei. A Corte aplicou o entendimento consagrado na jurisprudência do STF sobre o tema.

A constitucionalidade dos referidos dispositivos já foi contestada no STF, por meio da ADPF nº418, da Relatoria do Ministro Alexandre de Moraes.

> *Ementa: ARGUIÇÃO DE DESCUMPRIMENTO DE PRECEITO FUNDAMENTAL. CONSTITUCIONAL E ADMINISTRATIVO. ARTS. 127, IV, E 134 DA LEI 8.112/1990. PENALIDADE DISCIPLINAR DE CASSAÇÃO DE APOSENTADORIA OU DISPONIBILIDADE. EMENDAS CONSTITUCIONAIS 3/1993, 20/1998 E 41/2003. PENALIDADE QUE SE COMPATIBILIZA COM O CARÁTER CONTRIBUTIVO E SOLIDÁRIO DO REGIME PRÓPRIO DE PREVIDÊNCIA DOS SERVIDORES. PODER DISCIPLINAR DA ADMINISTRAÇÃO PÚBLICA. AÇÃO JULGADA IMPROCEDENTE. 1. As Emendas Constitucionais 3/1993, 20/1998 e 41/2003 estabeleceram o caráter contributivo e o princípio da solidariedade para o financiamento do regime próprio de previdência dos servidores públicos. Sistemática que demanda atuação colaborativa entre o respectivo ente público, os servidores ativos, os servidores inativos e os pensionistas. 2. A contribuição previdenciária paga pelo servidor público não é um direito representativo de uma relação sinalagmática entre a contribuição e eventual benefício previdenciário futuro. 3. A aplicação da penalidade de cassação de aposentadoria ou disponibilidade é compatível com o caráter contributivo e solidário do regime próprio de previdência dos servidores públicos. Precedentes. 4. A perda do cargo público foi prevista no texto constitucional como uma sanção que integra o poder disciplinar da Administração. É medida extrema aplicável ao servidor que apresentar conduta contrária aos princípios básicos e deveres funcionais que fundamentam a atuação da Administração Pública. 5. A impossibilidade de aplicação de sanção administrativa a servidor aposentado, a quem a penalidade de cassação de aposentadoria se mostra como única sanção à disposição da Administração, resultaria em tratamento diverso entre servidores ativos e inativos, para o sancionamento dos mesmos ilícitos, em prejuízo do princípio isonômico e da moralidade administrativa, e representaria indevida restrição ao poder disciplinar da Administração em relação a servidores aposentados que cometeram faltas graves enquanto em atividade, favorecendo a impunidade. 6. Arguição conhecida e julgada improcedente.*

> *(ADPF 418, Relator(a): ALEXANDRE DE MORAES, Tribunal Pleno, julgado em 15/04/2020, PROCESSO ELETRÔNICO DJe-105 DIVULG 29-04-2020 PUBLIC 30-04-2020)*

Portanto, conforme o entendimento sedimentado no STF, o regime previdenciário dos servidores públicos não é meramente contributivo, haja vista o princípio da solidariedade no financiamento da previdência. O princípio da solidariedade, previsto no artigo 40 da Constituição Federal, afasta, em absoluto, a natureza sinalagmática de tal relação.

Extrai-se do voto do Ministro relator o seguinte trecho, que exalta a matriz constitucional da penalidade consistente na perda de cargo, que, somente difere da cassação de aposentadoria em razão do momento em que é aplicada. Vejamos:

> *É importante registrar que a Constituição Federal estabeleceu expressamente, no art. 41, § 1º, as hipóteses em que o servidor público estável poderá perder seu cargo público, desde que seja: (i) em virtude de sentença judicial transitada em julgado; (ii) mediante processo administrativo em que lhe seja assegurada ampla defesa; e (iii) mediante procedimento de avaliação periódica de desempenho, na forma de lei complementar, assegurada ampla defesa.*
>
> *A perda do cargo público, portanto, foi prevista no texto constitucional como uma medida extrema aplicável ao servidor que apresentar conduta contrária aos princípios básicos e deveres funcionais que fundamentam a atuação da Administração Pública, principalmente quando existente prática de falta grave ou ato ilícito.*
>
> *Assim, quando a falta grave praticada pelo servidor, ainda em atividade, só for constatada durante sua aposentadoria, a penalidade cabível é a cassação da aposentadoria. Isso porque se o ato ilícito fosse conhecido à época de sua prática e fosse aplicada a pena de demissão, o servidor perderia o cargo e sequer teria direito à aposentadoria.*

Essa conclusão fica bem evidenciada na doutrina de JOSÉ DOS SANTOS CARVALHO FILHO:

> *Registre-se, por oportuno, que não há direito adquirido do ex-servidor ao benefício da aposentadoria, se tiver dado ensejo, enquanto em atividade, à pena de demissão. Por isso, inteiramente*

> *cabível a cassação da aposentadoria. (Manual de Direito Administrativo, 25ª edição, São Paulo: Atlas, 2012, p. 718)*
>
> *(...)*
>
> *A diferença entre os institutos da demissão e da cassação de aposentadoria concentra-se na época em que for constatado o ato ensejador de punição com a perda do cargo. Isto é, se o servidor se encontrar em atividade, torna-se possível a aplicação da demissão; caso contrário, se já estiver aposentado, aplica-se a penalidade de cassação da aposentadoria. Cogitar-se de tratamento diverso, no caso, para servidores ativos e aposentados, implicaria, inclusive, a adoção de solução não isonômica e, portanto, inconstitucional. Representaria, além disso, indevida restrição ao poder disciplinar da Administração em relação a servidores aposentados que cometeram faltas graves enquanto em atividade, favorecendo a impunidade.*

Vale ainda destacar, no que toca ao destino das contribuições vertidas ao Regime Próprio de Previdência Social pelo servidor punido, o seguinte trecho do voto proferido pelo Ministro Roberto Barroso, do STF, no julgamento do AgR no RMS 34.499, Primeira Turma, DJe de 21/09/2017, citado pela Ministra Assusete Magalhães, no seu voto-vista:

> *"mesmo com a cassação da aposentadoria, o agravante não ficará desamparado, porquanto, a despeito de não lhe ser assegurado um suposto direito de resgate das contribuições previdenciárias pagas, a Constituição prevê uma solução para o caso, consistente na possibilidade de contagem do tempo de contribuição no regime próprio para a aposentadoria no Regime Geral de Previdência Social (art. 201, § 9º)"*

Portanto, o STJ e o STF, externando o mesmo entendimento, sob o ponto de vista legal e constitucional, chancelam a aplicação da penalidade de cassação de aposentadoria ao servidor que na ativa praticou penalidade punível com demissão.

Ressalte-se que, em razão do princípio da solidariedade, o servidor que teve cassada a aposentadoria não poderá ser ressarcido das contribuições que verteu ao Regime Próprio de Previdência, mas poderá aproveitar o tempo de contribuição para eventual aposentadoria pelo Regime Geral de Previdência Social.

3.2. Informativo n. 657. PROCESSO MS 17.449-DF, Rel. Min. Mauro Campbell Marques, Primeira Seção, por maioria, julgado em 14/08/2019, DJe 01/10/2019

TEMA: Servidor público federal. Processo administrativo disciplinar. Pena de demissão. Delegação de competência. Art. 84, parágrafo único, da Constituição Federal e Decreto n. 3.035/1999. Recurso hierárquico próprio ao Presidente da República. Cabimento.

DESTAQUE: Cabe recurso hierárquico próprio ao Presidente da República contra penalidade disciplinar aplicada por delegação com base no Decreto n. 3.035/1999.

INFORMAÇÕES DO INTEIRO TEOR: O art. 141, I, da Lei n. 8.112/1990 dispõe que as penalidades disciplinares serão aplicadas "pelo Presidente da República, pelos Presidentes das Casas do Poder Legislativo e dos Tribunais Federais e pelo Procurador-Geral da República, **quando se tratar de demissão e cassação de aposentadoria ou disponibilidade de servidor vinculado ao respectivo Poder, órgão, ou entidade**". Por força do art. 84, IV, "a" e parágrafo único, da Constituição Federal, foi editado o **Decreto n. 3.035/1999, por meio do qual o Presidente da República delegou aos Ministros de Estado e ao Advogado-Geral da União a atribuição de julgar processos administrativos disciplinares e aplicar penalidades aos servidores públicos a eles vinculados, nas hipóteses de demissão e cassação de aposentadoria ou disponibilidade.** Ademais, o cabimento de recurso administrativo dar-se-á na modalidade própria, ou seja, tendo em vista a estruturação orgânica da Administração Pública, **o recurso é dirigido à própria autoridade delegante**, que, no caso, é o Presidente da República. Além disso, nem a Lei Complementar n. 73/1993 nem a Lei n. 8.112/1990 regulam a possibilidade de interposição de recurso administrativo em face de decisão prolatada em sede de processo administrativo disciplinar, razão pela qual são aplicáveis as disposições da Lei n. 9.784/1999. **Nesse contexto, não há impedimento para que seja interposto recurso hierárquico próprio. Isso porque o art. 14, § 3º, da Lei n. 9.784/1999**

estabelece expressamente que as decisões proferidas por meio de ato de delegação considerar-se-ão editadas pelo delegado. Além disso, ao tratar da delegação, a Lei n. 9.784/1999 não estabeleceu nenhuma ressalva quanto à impossibilidade de recurso hierárquico, razão pela qual é aplicável o que dispõe o art. 56 desse diploma legal. Ou seja, não há óbice para a interposição de recurso hierárquico à autoridade delegante porque, embora mediante delegação, a decisão foi tomada pelo delegado no exercício das suas competências administrativas. Além disso, o Decreto n. 3.035/1999 não estabeleceu nenhuma vedação à possibilidade de interposição de recurso hierárquico.

Comentários

Em discussão no julgamento em análise a questão relativa à competência para julgamento do recurso hierárquico interposto contra ato de Ministro de Estado, que, no exercício de competência delegada, aplica sanção disciplinar a servidor público, no caso, a pena de demissão.

A lei expressamente proíbe a delegação de competência e, consequentemente, a avocação: no caso de competência exclusiva, definida em lei; **para decisão de recurso hierárquico** e para edição de atos normativos.

Há previsão expressa no artigo 13 da Lei 9.784/1999, proibindo a delegação de competência para decisão de recursos administrativos. Já no parágrafo 3º do artigo 14 dispõe-se que as decisões adotadas no exercício de competência delegada considerar-se-ão proferidas pelo próprio delegado, e não pelo delegante.

Por meio do Decreto 3.035/1999, o Presidente da República delegou aos Ministros de Estado e ao Advogado-Geral da União a atribuição de julgar Processos Administrativos Disciplinares e aplicar penalidades aos servidores públicos a eles vinculados, nas hipóteses de demissão e cassação de aposentadoria ou disponibilidade, *in verbis*:

> *Art. 1º Fica delegada competência aos Ministros de Estado e ao Advogado-Geral da União, vedada a subdelegação, para, no âmbito dos órgãos da Administração Pública Federal direta, autárquica e fundacional que lhes são subordinados ou*

> *vinculados, observadas as disposições legais e regulamentares, especialmente a manifestação prévia e indispensável do órgão de assessoramento jurídico, praticar os seguintes atos:*
>
> *I – julgar processos administrativos disciplinares e aplicar penalidades, nas hipóteses de demissão e cassação de aposentadoria ou disponibilidade de servidores;*

Como visto, não há no dispositivo acima delegação de competência para o julgamento dos recursos administrativos interpostos contra as decisões proferidas em processos disciplinares, e se houvesse seria ilegal. Ademais, a interpretação de norma de delegação de competência, por se tratar de situação excepcional, deve ser restritiva.

Entretanto, foi suscitada pela Advocacia Geral da União – AGU tese jurídica sustentando a irrecorribilidade das decisões proferidas pelo Advogado Geral da União, no exercício da competência delegada prevista no artigo 1º, I do Decreto 3.035/1999.

Segundo a AGU, os atos praticados no uso de competência delegada seriam considerados atos praticados pela própria autoridade delegante. Com isso, ante a inexistência de autoridade, no Poder Executivo, superior ao Presidente da República, sustentou a AGU a irrecorribilidade da decisão, pois o recurso estaria sendo dirigido à própria autoridade que proferiu a decisão recorrida (Presidente da República).

Ocorre que, a maioria dos Ministros presentes no julgamento afastaram a tese proposta pela AGU, com base nos seguintes dispositivos legais:

> *Lei 8.112/1990.*
>
> *Art. 104. É assegurado ao servidor o direito de requerer aos Poderes Públicos, em defesa de direito ou interesse legítimo. (...)*
>
> *Art. 106.* ***Cabe pedido de reconsideração*** *à autoridade que houver expedido o ato ou proferido a primeira decisão, não podendo ser renovado. (...)*
>
> *Art. 107.* ***Caberá recurso****:*
>
> *I –* ***do indeferimento do pedido de reconsideração****;*
>
> *(...)*
>
> *§ 1º.* ***O recurso será dirigido à autoridade imediatamente superior*** *à que tiver expedido o ato ou proferido a decisão, e, sucessivamente, em escala ascendente, às demais autoridades.*

(...)

Art. 113. Para o exercício do direito de petição, é assegurada vista do processo ou documento, na repartição, ao servidor ou a procurador por ele constituído.

(...)

Art. 114. ***A administração deverá rever seus atos, a qualquer tempo****, quando eivados de ilegalidade.*

Lei 9.784/1999

Art. 13. ***Não podem ser objeto de delegação:***

(...)

II – ***a decisão de recursos administrativos;***

Art. 14. O ato de delegação e sua revogação deverão ser publicados no meio oficial.

(...)

§ 3º ***As decisões adotadas por delegação devem mencionar explicitamente esta qualidade e considerar-se-ão editadas pelo delegado.***

Art. 56. ***Das decisões administrativas cabe recurso, em face de razões de legalidade e de mérito.***

§ 1º O recurso será dirigido à autoridade que proferiu a decisão, a qual, se não a reconsiderar no prazo de cinco dias, ***o encaminhará à autoridade superior.***

Art. 64. O órgão competente para decidir o recurso poderá confirmar, modificar, anular ou revogar, total ou parcialmente, a decisão recorrida, se a matéria for de sua competência.

Da leitura do texto legal é possível concluir que o recurso hierárquico, no caso, é cabível, e a sua análise é indelegável (Art. 13, I, Lei 9.784/99). O julgamento do recurso compete ao Presidente da República, autoridade superior à que proferiu a decisão.

Vale frisar que, o Decreto 3.035/1999, no seu artigo 1º não delegou competência para análise de recurso, mas, tão somente, para **julgar processos disciplinares e aplicar penalidades**. Além disso, o parágrafo 3º do artigo 14 da Lei 9.784/1999 é expresso ao estatuir que as decisões adotadas por delegação considerar-se-ão adotadas pelo delegado, e não pelo delegante. Sendo assim, o ato do Ministro de Estado, no uso de competência delegada é atribuível ao próprio Ministro, sendo, portanto, recorrível ao Presidente das República.

Admitir a irrecorribilidade de tal decisão, a par de afrontar os diversos dispositivos legais citados, contraria a Constituição Federal, conforme se depreende do seguinte trecho do voto-vista da Ministra Assusete Magalhães:

> *"Com efeito, permitir-se a delegação para julgamento do recurso, além de afrontar o art. 13, II, da Lei 9.784/99, aniquilaria todo o sistema recursal, que busca justamente assegurar, à luz dos princípios que regem o poder hierárquico, o direito de petição, a ampla defesa e o duplo grau de jurisdição ou pluralidade de instâncias, que uma matéria decidida seja reapreciada pela autoridade hierarquicamente superior."*

Para mais informações, utilize o QR Code ao lado.

3.3. Informativo n. 598. PROCESSO MS 21.991-DF, Rel. Min. Humberto Martins, Rel. para acórdão Min. João Otávio de Noronha, por maioria, julgado em 16/11/2016, DJe 3/3/2017.

DIREITO ADMINISTRATIVO

TEMA: Mandado de segurança. Procedimento administrativo disciplinar. Servidor efetivo cedido. Fases. Competência. Cisão. Possibilidade. Instauração e apuração pelo órgão cessionário. Julgamento e eventual aplicação de sanção pelo órgão cedente.

DESTAQUE: A instauração de processo disciplinar contra servidor efetivo cedido deve dar-se, preferencialmente, no órgão em que tenha sido praticada a suposta irregularidade, mas o julgamento e a eventual aplicação de sanção, quando findo o prazo de cessão e já tendo o servidor retornado ao órgão de origem, só podem ocorrer no órgão ao qual o servidor público federal efetivo estiver vinculado.

INFORMAÇÕES DO INTEIRO TEOR: Cingiu-se a discussão, entre outras questões, a definir a competência para instaurar e julgar processo disciplinar, bem como para aplicar a respectiva sanção a servidor público federal que praticou falta funcional no exercício de cargo em comissão em órgão para o qual foi cedido. "Tratando-se de conduta praticada pelo agente público durante o período em que esteve cedido, é legítima a instauração do processo administrativo disciplinar pelo órgão em que foi praticada a irregularidade. Nesse sentido, extrai-se do Manual Prático de Processo Administrativo Disciplinar da Controladoria Geral da União: 'No aspecto espacial, o processo disciplinar será instaurado, preferencialmente, no âmbito do órgão ou instituição em que supostamente tenha sido praticado o ato antijurídico, facilitando-se a coleta de provas e a realização de diligências necessárias à elucidação dos fatos. No caso de infrações cometidas por servidores cedidos a outros órgãos, a competência é do órgão onde ocorreu a irregularidade para a instauração do processo disciplinar. Todavia, como o vínculo funcional do servidor se dá com o órgão cedente, apenas a este incumbiria o julgamento e a eventual aplicação da penalidade (Nota Decor/CGU/AGU n. 16/2008-NMS).' Cessada, contudo, toda relação do servidor com o órgão cessionário, é natural que qualquer aplicação de penalidade se dê pelo órgão cedente. Nesse caso, caberia ao órgão cessionário tão somente rescindir o contrato de cessão e devolver o servidor, além de instaurar o procedimento administrativo disciplinar, que, como salientado, será julgado pelo órgão cedente. Por fim, cabe esclarecer que o julgamento e aplicação da sanção são um único ato, que se materializa com a edição de despacho, portaria ou decreto, proferidos pela autoridade competente, devidamente publicado para os efeitos legais, conforme se dessume do disposto nos artigos 141, 166 e 167 do RJU."

Comentários

No presente julgado, proferido pela Corte Especial do STJ, tratou-se da competência para instauração, processamento e julgamento de processo administrativo disciplinar contra servidor efetivo cedido para outro órgão.

O entendimento consagrado consigna que a instauração e o processamento do inquérito administrativo competem ao Órgão cessionário, enquanto o julgamento e aplicação de penalidade competem à autoridade superior do Órgão cedente. Essa foi a interpretação dada aos seguintes dispositivos da lei 8.112/1990:

> *Art. 141. As penalidades disciplinares serão aplicadas:*
>
> *I – pelo Presidente da República, pelos Presidentes das Casas do Poder Legislativo e dos Tribunais Federais e pelo Procurador-Geral da República, quando se tratar de demissão e cassação de aposentadoria ou disponibilidade* ***de servidor vinculado ao respectivo Poder****, órgão, ou entidade;*
>
> *(...)*
>
> *Art. 166. O processo disciplinar, com o relatório da comissão, será remetido à autoridade que determinou a sua instauração, para julgamento.*
>
> *Art. 167. No prazo de 20 (vinte) dias, contados do recebimento do processo, a autoridade julgadora proferirá a sua decisão.*
>
> *§ 1º Se a penalidade a ser aplicada exceder a alçada da autoridade instauradora do processo, este será encaminhado à autoridade competente, que decidirá em igual prazo.*
>
> *(...)*

Sendo assim, o PAD deverá ser instaurado, instruído e relatado pelo Órgão cessionário, no seio do qual o servidor estava em **exercício**, e onde se tem maiores condições de instrução processual. Porém, a competência para julgamento e aplicação de penalidade disciplinar pressupõe o exercício de poder hierárquico, razão pela qual, competem ao superior hierárquico do órgão cedente, onde o servidor tem a sua **lotação**.

O entendimento firmado persiste no STJ até os dias atuais.

> *ADMINISTRATIVO. PROCESSO ADMINISTRATIVO DISCIPLINAR. CASSAÇÃO DE APOSENTADORIA. SERVIDOR PÚBLICO CEDIDO. COMPETÊNCIA ADMINISTRATIVA. ÓRGÃO CEDENTE. SUCESSIVAS PRORROGAÇÕES DO PAD. NULIDADE. NÃO OCORRÊNCIA. IMPROBIDADE ADMINISTRATIVA COM LESÃO AO ERÁRIO. CONFIGURAÇÃO. MOTIVO DO ATO ADMINISTRATIVO*

1. Trata-se de Mandado de Segurança impetrado, com fundamento no art. 105, I, "b", da Constituição da República, contra ato do Ministro de Estado da Ciência, Tecnologia e Inovação que cassou a aposentadoria do impetrante por meio da Portaria 774/2013 (DOU 14.8.2013).

(...)

COMPETÊNCIA PARA APLICAÇÃO DE PENA A SERVIDOR CEDIDO 4. Na hipótese, o impetrante era servidor público, lotado no Ministério da Ciência, Tecnologia e Inovação, o qual foi cedido à Agência Nacional de Saúde para exercer o cargo em comissão de Gerente de Informática, quando praticou os atos objeto de apuração disciplinar.

5. A questão jurídica trazida é saber qual a autoridade competente é para decidir acerca da penalidade disciplinar de demissão: se o Ministro de Estado da Ciência, Tecnologia e Inovação, autoridade competente do órgão cedente, onde lotado o impetrante, ou o Ministro de Estado da Saúde, autoridade competente do órgão cessionário, onde estava em exercício o impetrante.

6. Enfim, a questão se resume a definir se a autoridade competente para julgar o processo disciplinar é aquela do órgão cedente, onde lotado o servidor cedido, ou o órgão cessionário, onde o servidor está em efetivo exercício.

7. A cessão caracteriza-se pelo desdobramento da lotação e do exercício do servidor, de forma a manter a primeira no órgão cedente e a segunda no órgão cessionário. 8. O vínculo com o órgão cedente permanece definitivo e com o órgão cessionário tem natureza temporária, sendo, por conseguinte, decorrência lógico-jurídica que a competência para decidir sobre a aplicação das penas de demissão e de cassação de aposentadoria seja do órgão em que há o vínculo definitivo (cedente), que, no caso, é o Ministro de Estado da Ciência, Tecnologia e Inovação.

(...)

PRORROGAÇÕES DO PROCESSO DISCIPLINAR 12. As sucessivas prorrogações de prazo para conclusão do Processo Administrativo Disciplinar não são, por si sós, causa de nulidade do procedimento. Nesse sentido: MS 17.727/DF, Rel. Ministro Humberto Martins, Primeira Seção, DJe 1º.7.2015; MS 16.192/DF, Rel. Ministro Mauro Campbell Marques, Primeira Seção, DJe 18.4.2013.

13. Segurança Denegada.

(MS 20.679/DF, Rel. Ministro HERMAN BENJAMIN, PRIMEIRA SEÇÃO, julgado em 08/02/2017, DJe 26/04/2017)

3.4. Informativo n. 613. PROCESSO MS 21.669-DF, Rel. Min. Gurgel de Faria, por unanimidade, julgado em 23/08/2017, DJe 09/10/2017

TEMA: Servidor público. Diretor-Presidente de fundação de natureza privada. Processo administrativo disciplinar. Atos ilícitos. Recursos públicos. Princípios basilares da administração pública. Lei n. 8.112/1990. Aplicabilidade.

DESTAQUE: É legal a instauração de procedimento disciplinar, julgamento e sanção, nos moldes da Lei n. 8.112/1990 em face de servidor público que pratica atos ilícitos na gestão de fundação privada de apoio à instituição federal de ensino superior.

INFORMAÇÕES DO INTEIRO TEOR: Na origem, trata-se de mandado de segurança impetrado por servidor público contra ato do Ministro da Educação consistente na edição de portaria que determinou a cassação de sua aposentadoria, após a conclusão de processo administrativo disciplinar que constatou irregularidades em sua gestão frente à fundação de apoio à instituição federal de ensino superior. Nesse cenário, discute-se se os atos praticados por servidor público que assumiu cargo de gestão em fundação de natureza privada podem ser apurados no âmbito da Lei n. 8.112/1990. Inicialmente, cumpre salientar que as fundações de natureza privada são regidas pelo direito privado e possuem o objetivo de propiciar agilidade e autonomia às atividades acadêmicas como um todo, captando e administrando recursos públicos e/ou privados. Com efeito, embora os atos ilícitos tenham sido perpetrados em uma fundação de apoio de natureza privada, é perfeitamente legal a instauração do procedimento disciplinar, o julgamento e a sanção, nos moldes da Lei n. 8.112/1990, mormente quando a acusação imputada envolve desvios de recursos públicos oriundos de universidade federal – na qual o impetrante exercia cargo de professor adjunto –, o que contraria os princípios basilares da administração pública. Assim, o fato de passar a integrar também o corpo funcional da fundação não faz com que o impetrante deixe de ser servidor público federal, mantendo-se, portanto, sob o regramento da Lei n. 8.112/1990. Em outras palavras, o fato de estar vinculado ao ente de apoio não o elide das sanções previstas no regime jurídico dos servidores públicos civis da União. Ademais, não se pode olvidar que, a despeito do caráter privado da fundação, está-se tratando, na espécie, de entidade para o fim específico de dar apoio a instituição federal, utilizando para isso recursos públicos. Nessa esteira, observa-se uma relação intrínseca entre a universidade e a fundação, o que implica a observância dos deveres impostos ao servidor público, esteja ele exercendo atividade na universidade federal ou na própria fundação de apoio, concomitantemente ou não. Dessa forma, eventuais irregularidades praticadas no ente de apoio irão refletir necessariamente na universidade federal e causarão, de algum modo, dano ao erário.

Comentários

As entidades de apoio são particulares que atuam ao lado de hospitais e Universidades Públicas, auxiliando no exercício da atividade destas entidades, por meio da realização de programas de pesquisa e extensão. Estas pessoas jurídicas executam atividades não exclusivas de estado, direcionadas à saúde, educação e pesquisa científica juntamente com órgãos ou entidades públicas que atuam nestes serviços.

É importante frisar que podem ser constituídas sob a forma de fundações, associações e cooperativas, sempre sem finalidade lucrativa, atuando ao lado do órgão público, não se confundindo com a entidade estatal. Nestes casos, deve-se atentar para o fato de que a fundação de apoio, por exemplo, não é fundação pública, mas sim fundação privada, formada por destinação de patrimônio de particulares, submetida às normas do Direito Civil, que se vincula ao ente público, na execução de atividades que atendem aos seus fins.

A criação destas entidades é feita por particulares, muitas vezes pelos próprios servidores do órgão ou entidade pública, com recursos privados para executar atividades de interesse social daquele ente estatal.

O vínculo com o Poder Público decorre da assinatura de convênio, que lhe garante a destinação de recursos públicos, com dotação orçamentária específica, além da possibilidade de cessão de bens e, até mesmo, de servidores públicos.

Ademais, não se pode olvidar que, a despeito da natureza privada que lhes é própria, as entidades de apoio, ao celebrar convênios, podem receber e gerir recursos públicos. Por consequência, estão sujeitas à fiscalização do Ministério Público e os servidores a elas vinculados respondem pelos atos praticados nas esferas civil, penal e disciplinar.

Nesse sentido:

> " A conduta do servidor tida por ímproba não precisa estar, necessária e diretamente, vinculada com o exercício do cargo público. Com efeito, mesmo quando a conduta é perpetrada fora das atividades funcionais, se ela evidenciar incompatibilidade com o exercício das funções do cargo, por malferir princípios basilares da Administração Pública, é sim passível de punição na esfera administrativa, inclusive com a pena máxima de demissão, mormente como no caso em apreço em que o servidor, Auditor Fiscal da Receita Federal, apresenta enriquecimento ilícito, por acumular bens desproporcionais à evolução do patrimônio e da renda – fato esse, aliás, que também está em apuração na esfera penal –, remetendo significativo numerário para conta em banco na Suíça, sem a correspondente declaração de imposto de renda. Inteligência do art. 132, inciso IV, da Lei n.º 8.112/90, c.c. o art. 11 da Lei n.º 8.429/92. 7. Segurança denegada. Agravo regimental prejudicado. (MS 12.536/DF, Rel. Min. LAURITA VAS, Terceira Seção, 26/09/2008)."

Com efeito, no entendimento do STJ, os atos ilícitos praticados por servidores públicos cedidos às fundações de apoio, podem ser apurados via PAD, estando plenamente submetidos aos ditames da Lei n. 8.112/1990.

3.5. Informativo n. 559. DIREITO ADMINISTRATIVO. EXECUÇÃO IMEDIATA DE PENALIDADE IMPOSTA EM PAD.

Não há ilegalidade na imediata execução de penalidade administrativa imposta em PAD a servidor público, ainda que a decisão não tenha transitado em julgado administrativamente. Primeiro, porque os atos administrativos gozam de auto-executoriedade, possibilitando que a Administração Pública realize, através de meios próprios, a execução dos seus efeitos materiais, independentemente de autorização judicial ou do trânsito em julgado da decisão administrativa. Segundo, pois os efeitos materiais de penalidade imposta ao servidor público independem do julgamento de recurso interposto na esfera administrativa, que, em regra, não possui efeito suspensivo (art. 109 da Lei 8.112/1990). Precedentes citados: MS 14.450-DF, Terceira Seção, DJe 66 19/12/2014; MS 14.425-DF, Terceira Seção, DJe 1/10/2014; e MS 10.759-DF, Terceira Seção, DJ 22/5/2006. MS 19.488-DF, Rel. Min. Mauro Campbell Marques, julgado em 25/3/2015, DJe 31/3/2015.

Comentários

É pacífico no STJ o entendimento de que inexiste ilegalidade no cumprimento imediato da penalidade imposta em processo administrativo disciplinar. O entendimento encontra fundamento nos atributos da imperatividade, veracidade e autoexecutoriedade dos atos administrativos.

O atributo da autoexecutoriedade, na lição clássica de Hely Lopes Meirelles, *"consiste na possibilidade que certos atos administrativos ensejam de imediata e direta execução pela própria Administração, independentemente de ordem judicial"* (Direito Administrativo Brasileiro, 29ª ed., Malheiros, São Paulo, 2004, p. 159).

No que tange à questão de fundo objeto do julgado, a autoexecutoriedade encontra expressa previsão legal nos artigos 109 da Lei 8.112/1990 e 61 da Lei 9.784/1999.

> ***Lei 8.112/1990***
>
> *Art. 109. O recurso poderá ser recebido com efeito suspensivo, a juízo da autoridade competente.*
>
> *Parágrafo único. Em caso de provimento do pedido de reconsideração ou do recurso, os efeitos da decisão retroagirão à data do ato impugnado.*
>
> ***Lei 9.784/1999***
>
> *Art. 61. Salvo disposição legal em contrário, o recurso não tem efeito suspensivo. Parágrafo único. Havendo justo receio de prejuízo de difícil ou incerta reparação decorrente da execução, a autoridade recorrida ou a imediatamente superior poderá, de ofício ou a pedido, dar efeito suspensivo ao recurso.*

Está sedimentado na jurisprudência do STJ que os recursos interpostos na esfera administrativa, em regra, são dotados de efeito devolutivo. O efeito suspensivo está previsto na legislação como opção, mas tal opção não pode ser interpretada como uma carta branca a serviço do ego da autoridade competente. A regra destina-se aos casos em que for demonstrado a probabilidade de prejuízo irreparável e irreversível.

Portanto, à míngua de cabal demonstração da probabilidade de dano irreversível e irreparável pela parte interessada, a administração pode e deve aplicar a penalidade decorrente do processo administrativo disciplinar, independentemente do trâmite dos recursos administrativos cabíveis.

Para mais informações, utilize o QR Code ao lado.

3.6. Informativo nº 0526. DIREITO ADMINISTRATIVO. AFASTAMENTO DAS CONCLUSÕES DA COMISSÃO EM PAD.

No processo administrativo disciplinar, quando o relatório da comissão processante for contrário às provas dos autos, admite-se que a autoridade julgadora decida em sentido diverso daquele apontado nas conclusões da referida comissão, desde que o faça motivadamente. Isso porque, segundo o parágrafo único do art. 168 da Lei 8.112/1990, quando "o relatório da comissão contrariar as provas dos autos, a autoridade julgadora poderá, motivadamente, agravar a penalidade proposta, abrandá-la ou isentar o servidor de responsabilidade". Precedentes citados: MS 15.826– DF, Primeira Seção, DJe 31/05/2013; e MS 16.174-DF, Primeira Seção, DJe 17/02/2012. MS 17.811-DF, Rel. Min. Humberto Martins, julgado em 26/6/2013.

Comentários

Trata-se da aplicação da literalidade do texto da lei. Pois é isso que está exposto no artigo 168 da 8.112/1990.

> *Art. 168. O julgamento acatará o relatório da comissão, salvo quando contrário às provas dos autos.*

> *Parágrafo único. Quando o relatório da comissão contrariar as provas dos autos, a autoridade julgadora poderá,* ***motivadamente****, agravar a penalidade proposta, abrandá-la ou isentar o servidor de responsabilidade.*

Note-se que a lei conferiu amplos poderes à autoridade julgadora para aplicação da penalidade, podendo ela abrandar ou agravar a penalidade, e ainda, absolver o servidor, desde que o faça motivadamente.

Vale ressaltar que, após o julgamento do PAD, duas situações distintas podem ocorrer, e que não podem ser confundidas. São elas: a) revisão do processo (art. 174 e segs da Lei 8.112/90), ou b) interposição de recurso.

A **revisão do processo** não é recurso. Trata-se de novo processo no qual a administração proferirá outra decisão sobre a mesma matéria. Não há prazo para pedido de revisão, que depende da alegação de fatos novos ou circunstâncias suscetíveis de justificar a inocência do punido ou a inadequação da penalidade aplicada. Na revisão, contudo, é **vedada a *reformatio in pejus***, nos termos do parágrafo único do artigo 182 da lei 8.112/1990.

É cediço que, em sede de processo jurisdicional, vigora o princípio da vedação à *reformatio in pejus*, ou seja, a interposição do recurso não pode resultar em reforma da decisão impugnada em prejuízo do recorrente. Contudo, em sede de **recurso administrativo**, é **admitida a *reformatio in pejus***, o que, de todo modo, homenageia os princípios da supremacia do interesse público, da verdade material e da legalidade estrita. Sendo assim, a lei determina que, se do julgamento do recurso puder decorrer gravame à situação do recorrente, este deverá ser cientificado para que formule suas alegações antes da decisão. Isto é o que dispõe o parágrafo único do artigo 64 da lei 9.784/1999.

Para mais informações, utilize o QR Code ao lado.

3.7. Informativo nº 0523. DIREITO ADMINISTRATIVO. IRRELEVÂNCIA DO VALOR AUFERIDO PARA A APLICAÇÃO DA PENA DE DEMISSÃO DECORRENTE DA OBTENÇÃO DE PROVEITO ECONÔMICO INDEVIDO.

Deve ser aplicada a penalidade de demissão ao servidor público federal que obtiver proveito econômico indevido em razão do cargo, independentemente do valor auferido. **Isso porque não incide, na esfera administrativa – ao contrário do que se tem na esfera penal –, o princípio da insignificância quando constatada falta disciplinar prevista no art. 132 da Lei 8.112/1990**. Dessa forma, o proveito econômico recebido pelo servidor é irrelevante para a aplicação da penalidade administrativa de demissão, razão pela qual é despiciendo falar, nessa hipótese, em falta de razoabilidade ou proporcionalidade da pena. Conclui-se, então, que o ato de demissão é vinculado, cabendo unicamente ao administrador aplicar a penalidade prevista. MS 18.090-DF, Rel. Min. Humberto Martins, julgado em 8/5/2013.

Comentários

No presente julgado, importa analisar duas relevantes questões. A primeira delas diz respeito à aplicação dos princípios da proporcionalidade e da insignificância quando da imposição das penas de demissão e cassação de aposentadoria, em processo administrativo disciplinar. Outra questão jurídica relevante, que foi objeto de julgamento diz respeito a necessidade, ou não, de suspensão do processo administrativo disciplinar, em razão da pendencia de ação penal instaurada para apurar os mesmos fatos.

Para as hipóteses em que a lei prevê como sanção disciplinar a pena de demissão, o STJ possui entendimento pacífico no seguinte sentido:

> *Enquadrada a conduta ilícita do agente público em hipótese para a qual a lei prevê como única sanção a demissão, não pode a autoridade julgadora aplicar penalidade menos severa, ainda que em reverência ao princípio da proporcionalidade. Precedentes: MS 24.031/DF, Rel. Ministra REGINA HELENA COSTA, PRIMEIRA SEÇÃO, DJe 16/10/2019; MS 22.828/DF, Rel. Ministro GURGEL DE FARIA, PRIMEIRA SEÇÃO, DJe 21/9/2017; MS 18.761/DF, Rel. Ministro MAURO CAMPBELL MARQUES, PRIMEIRA SEÇÃO, DJe 1º/7/2019.*

No mesmo sentido, colhem-se inúmeros julgados do STF. Vejamos:

> *Os princípios da razoabilidade e da proporcionalidade não são passíveis de invocação para se alcançar a substituição de pena demissória legalmente incidente por outra menos gravosa. Precedentes do STF: RMS 34.405 AgR, Rel. Ministro EDSON FACHIN, SEGUNDA TURMA, DJe 5/11/2018; RMS 30.455, Rel. Ministro LUIZ FUX, PRIMEIRA TURMA, DJe 25/6/2012.*

A lei 8.112/1990 quando comina as sanções aplicáveis aos servidores públicos, em certas situações, deixa margem de discricionariedade para a autoridade competente realizar verdadeira dosimetria da penalidade. Isto ocorre, notadamente, quando há previsão das penas de advertência e suspensão, a teor dos artigos 128 a 130 da Lei 8.112/1990. Vejamos:

> *Art. 128. Na aplicação das penalidades serão consideradas a natureza e a gravidade da infração cometida, os danos que dela provierem para o serviço público, as circunstâncias agravantes ou atenuantes e os antecedentes funcionais.*
>
> *Parágrafo único. O ato de imposição da penalidade mencionará sempre o fundamento legal e a causa da sanção disciplinar.*
>
> *Art. 129. A advertência será aplicada por escrito, nos casos de violação de proibição constante do art. 117, incisos I a VIII e XIX, e de inobservância de dever funcional previsto em lei, regulamentação ou norma interna,* ***que não justifique imposição de penalidade mais grave.*** *(Redação dada pela Lei nº 9.527, de 10.12.97)*
>
> *Art. 130. A suspensão será aplicada em caso de reincidência das faltas punidas com advertência e de violação das demais proibições* ***que não tipifiquem infração sujeita a penalidade de demissão****, não podendo exceder de 90 (noventa) dias.*
>
> *§ 1º Será punido com suspensão* ***de até*** *15 (quinze) dias o servidor que, injustificadamente, recusar-se a ser submetido a inspeção médica determinada pela autoridade competente, cessando os efeitos da penalidade uma vez cumprida a determinação.*
>
> *§ 2º Quando houver conveniência para o serviço, a penalidade de suspensão* ***poderá ser convertida em multa,*** *na base de 50% (cinqüenta por cento) por dia de vencimento ou remuneração, ficando o servidor obrigado a permanecer em serviço.*

Como se percebe, a lei confere à autoridade julgadora considerável margem de liberdade, na aplicação das penalidades de advertência e suspensão. Entretanto, o mesmo não ocorre quando se trata de infrações graves, puníveis com demissão. Isto porque, em razão da sua própria natureza, a pena de demissão funciona, no processo disciplinar, como uma espécie de pena capital, insusceptível à dosimetria.

Nos casos de condutas mais graves, a própria redação utilizada pelo legislador conduz ao entendimento de que a aplicação da pena demissória é incontornável. Portanto, uma vez constatada a autoria e materialidade da conduta ilícita punível com demissão, não é possível invocar o princípio da proporcionalidade nem mesmo o da insignificância para atenuar a punição do servidor faltoso.

As infrações previstas no artigo 132 da Lei 8.112/1990, puníveis com demissão ofendem, irremediavelmente, os princípios basilares da Administração Pública, decorrentes ou previstos expressamente no texto constitucional. Não é por outra razão que, nem mesmo na esfera penal, se admite a aplicação do princípio da insignificância em relação aos crimes contra a administração pública. É o que dispõe a Súmula 599 do STJ:

> ***Súmula 599****. O princípio da insignificância é inaplicável aos crimes contra a administração pública. (Súmula 599, CORTE ESPECIAL, julgado em 20/11/2017, DJe 27/11/2017)*

A situação fática subjacente ao julgado evidencia, com clareza, a vinculação à qual está jungida a autoridade competente para julgamento do PAD. *In casu*, o STJ manteve a penalidade de cassação de aposentadoria de Policial Rodoviário Federal, de histórico impoluto, flagrado, às vésperas da sua aposentadoria, no recebimento de propina no valor de R$ 40,00 (quarenta reais), sob o entendimento de que as infrações puníveis com demissão não admitem dosimetria.

Nesse sentido, transcrevemos o seguinte trecho do voto do Ministro Humberto Martins, o Relator, no julgamento ocorrido em 08/05/2013, antes da edição da Súmula 599/STJ.

> *Se estivéssemos na esfera criminal, poder-se-ia cogitar na aplicação do princípio da insignificância, com as consequências advindas da legislação de regência. Na esfera administrativa, todavia, o proveito econômico auferido pelo servidor é irrelevante para a aplicação da*

penalidade, não incidindo o princípio da insignificância, como na esfera penal, razão pela qual é despiciendo falar em razoabilidade ou proporcionalidade da pena, pois o ato de demissão é vinculado, nos termos do art. 117, c/c o art. 132 da Lei n. 8.112/90.

Outrossim, a Corte deliberou ainda não se pode suspender o curso do processo administrativo disciplinar em razão da pendência de ação penal instaurada para apuração dos mesmos fatos.

É cediço que os agentes públicos que praticam atos infracionais se sujeitam, pelos atos praticados, a sanções de natureza penal, civil e administrativa, sendo que as instâncias são independentes entre si. A sanção criminal visa tutelar a coletividade, ao passo que a sanção administrativa tutela os interesses da Administração Pública, vistos sob o ponto de vista funcional. Dessa forma, a decisão proferida em uma dessas instâncias não interfere nas demais. Tal entendimento encontra amparo no texto da lei 8.112/1990, que assim dispõe nos artigos 126 e 125:

> Art. 125. As sanções civis, penais e administrativas poderão cumular-se, sendo independentes entre si.
>
> Art. 126. A responsabilidade administrativa do servidor será afastada no caso de absolvição criminal que negue a existência do fato ou sua autoria.

Portanto, só haverá alteração da decisão proferida no processo administrativo disciplinar quando, contrariamente ao julgamento proferido pela autoridade administrativa, o Poder Judiciário absolver o servidor por **inexistência do fato ou negativa de autoria**. Em todas as demais situações prevalecerá a independência das instâncias.

4. INDEPENDÊNCIA DAS INSTÂNCIAS

Informativo n. 601 – PROCESSO REsp 1.535.222-MA, Rel. Min. Og Fernandes, por unanimidade, julgado em 28/3/2017, DJe 4/4/2017.

TEMA: Promotor de Justiça. Ação civil para a perda do cargo. Prática de crime. Prazo prescricional. Termo a quo. Trânsito em julgado para a acusação da decisão proferida no feito criminal.

Extinção da punibilidade que não impede o ajuizamento de ação cível. Independência das instâncias cível e penal.

DESTAQUE: **Na hipótese de membro de Ministério Público Estadual praticar falta administrativa também prevista na lei penal como crime, o prazo prescricional da ação civil para a aplicação da pena administrativa de perda do cargo somente tem início com o trânsito em julgado da sentença condenatória na órbita penal.**

INFORMAÇÕES DO INTEIRO TEOR: O regime jurídico dos membros do Ministério Público, no que concerne à previsão de perda do cargo, obedece ao disposto no art. 38, § 1º, da Lei Orgânica Nacional n. 8.625/93. Embora seja sabido que as instâncias cível, administrativa e penal são independentes e que a **vinculação automática somente existe quando, na seara penal, se reconhece a negativa do fato ou da autoria, no caso específico do regime jurídico dos membros do Ministério Público existe uma particularidade: a ação cível para decretação da perda do cargo – hipótese analisada – somente pode ser proposta, depois de transitada em julgado a sentença proferida em ação penal, quando houver a prática de crime incompatível com o exercício do cargo.** Ou seja, uma das condições de procedibilidade da ação civil para perda do cargo depende da existência de decreto condenatório proferido no juízo criminal. Diante dessas premissas é que exsurge a principal controvérsia dos autos, a respeito do termo inicial do prazo prescricional para tais hipóteses. Quando a lei determina que a ação civil para perda do cargo somente deve ser ajuizada após o trânsito em julgado da sentença penal, nos casos em que a falta funcional corresponde a uma conduta criminosa; por decorrência lógica, o prazo de prescrição somente pode iniciar-se, no bojo da ação civil de perda do cargo, contado do trânsito em julgado da sentença condenatória na órbita penal. É de se notar a diferença quanto aos casos de processos criminais contra servidores públicos (não no caso dos membros do Ministério Público), quando a prescrição corre no processo administrativo disciplinar. É que, nesses casos, inexiste necessidade de aguardar o deslinde na esfera criminal. A diferença dessas premissas para a hipótese em exame é total. No presente debate, a garantia dada aos membros do Ministério Público de não poderem perder o cargo, senão por meio de ação civil própria e depois da sentença criminal transitada em julgado (prerrogativa que os demais servidores não possuem), não pode se transmudar em óbice para a punição justa e adequada. Pensar o contrário seria admitir a possibilidade de que a ação civil pública para perda do cargo sempre ficaria no aguardo de que a ação criminal fosse rápida e atingisse o trânsito em julgado, antes que o lapso prescricional (seja pela pena em abstrato, seja pena em concreto) incidisse no caso. Uma interpretação nesse patamar, além de contraditória, porquanto levaria à conclusão de que, mesmo impedindo de ingressar com uma demanda, ainda assim haveria um prazo prescricional correndo contra si, desborda de qualquer lógica jurídica. É dizer: prescrição somente ocorre quando alguém, podendo agir, deixa de fazê-lo, no tempo oportuno; não quando deixou de agir *ex lege*.

Comentários

Trata-se, mais uma vez, da aplicação do princípio da *actio nata*, que norteia a interpretação do STJ sobre o instituto da prescrição. Portanto, o cômputo do prazo prescricional somente inicia a partir de quando surge a lesão ao direito subjetivo, e, por consequência a pretensão.

No caso dos membros do Ministério Público, a perda do cargo somente pode ocorrer nas situações previstas no art. 38, § 1º, da Lei n. 8.625/93. Vejamos:

> *Art. 38. Os membros do Ministério Público sujeitam-se a regime jurídico especial e têm as seguintes garantias:*
>
> *(...)*
>
> *§ 1º O membro vitalício do Ministério Público somente perderá o cargo por sentença judicial transitada em julgado, proferida em ação civil própria, nos seguintes casos:*
>
> *I – prática de crime incompatível com o exercício do cargo, após decisão judicial transitada em julgado;*
>
> *II – exercício da advocacia;*
>
> *III – abandono do cargo por prazo superior a trinta dias corridos.*

Portanto, na hipótese de *prática de crime incompatível com o exercício do cargo*, a ação civil que visa a aplicação da sanção disciplinar ao membro do Ministério Público somente pode ser ajuizada após o trânsito em julgado da sentença penal condenatória. Sendo assim, à luz da teoria da *actio nata*, o prazo prescricional somente inicia com o surgimento da pretensão punitiva (disciplinar), que é a data do trânsito em julgado.

CAPÍTULO 13

QUESTÕES PROCESSUAIS

1. SÚMULAS

Súmula nº 175 – Descabe o depósito prévio nas ações rescisórias propostas pelo INSS. (Súmula 175, TERCEIRA SEÇÃO, julgado em 23/10/1996, DJ 31/10/1996)

Súmula nº 85 – Nas relações jurídicas de trato sucessivo em que a Fazenda Pública figure como devedora, quando não tiver sido negado o próprio direito reclamado, a prescrição atinge apenas as prestações vencidas antes do quinquênio anterior à propositura da ação.

2. CERTIDÃO DE DÍVIDA ATIVA E PROTESTO DE TÍTULOS

Informativo n. 643. PROCESSO REsp 1.686.659-SP, Rel. Min. Herman Benjamin, Primeira Seção, por maioria, julgado em 28/11/2018, DJe 11/03/2019 (Tema 777).

DIREITO ADMINISTRATIVO, DIREITO REGISTRAL

TEMA: Certidão da Dívida Ativa – CDA. Protesto. Possibilidade. Art. 1º, parágrafo único, da Lei n. 9.492/1997 com a redação da Lei n. 12.767/2012. Legalidade. Tema 777.

DESTAQUE: A Fazenda Pública possui interesse e pode efetivar o protesto da CDA, documento de dívida, na forma do art. 1º, parágrafo único, da Lei n. 9.492/1997, com a redação dada pela Lei n. 12.767/2012.

INFORMAÇÕES DO INTEIRO TEOR: É importante esclarecer inicialmente que, a esse respeito, o e. STF concluiu o julgamento da ADI 5.135/DF, confirmando a constitucionalidade da norma, fixando a tese de que "O protesto das Certidões de Dívida Ativa – CDA constitui mecanismo constitucional e legítimo, por não restringir de forma desproporcional quaisquer direitos fundamentais garantidos aos contribuintes e, assim, não constituir sanção política". Passando-se à análise do protesto da CDA, sob o prisma da compatibilidade do art. 1º, parágrafo único, da Lei n. 9.492/1997 (redação dada pela Lei n. 12.767/2012) com a legislação federal que disciplina o específico processo executivo dos créditos da Fazenda Pública (Lei n. 6.830/1980), a questão não é nova, tendo sido analisada pelo e. STJ no REsp 1.126.515/PR, cujos fundamentos se mantêm no atual quadro normativo positivo e seguem abaixo reproduzidos. De acordo com o art. 1º da Lei n. 9.492/1997, "Protesto é o ato formal e solene pelo qual se prova a inadimplência e o descumprimento de obrigação originada em títulos e outros documentos de dívida". A Lei n. 12.767/2012 acrescentou o parágrafo único ao art. 1º da Lei n. 9.492/1997, para de modo expresso prescrever que a CDA pode ser levada a protesto. A norma, já em sua redação original rompeu com antiga tradição existente no ordenamento jurídico, consistente em atrelar o protesto exclusivamente aos títulos de natureza cambial (cheques, duplicatas, etc.). Não bastasse isso, o protesto, além de representar instrumento para constituir em mora e/ou comprovar a inadimplência do devedor, é meio alternativo para o cumprimento da obrigação. Sob essa ótica, não se faz legítima qualquer manifestação do Poder Judiciário tendente a suprimir a adoção de meio extrajudicial para cobrança dos créditos públicos. A circunstância de a Lei n. 6.830/1980 disciplinar a cobrança judicial da dívida ativa dos entes públicos não deve ser interpretada como uma espécie de "princípio da inafastabilidade da jurisdição às avessas", ou seja, engessar a atividade de recuperação dos créditos públicos, vedando aos entes públicos o recurso a instrumentos alternativos (evidentemente, respeitada a observância ao princípio da legalidade) e lhes conferindo apenas a via judicial – a qual, como se sabe, ainda luta para tornar-se socialmente reconhecida como instrumento célere e eficaz. É indefensável, portanto, o argumento de que a disciplina legal da cobrança judicial da dívida ativa impede, peremptoriamente, a Administração Pública de instituir ou utilizar, sempre com observância do princípio da legalidade, modalidade extrajudicial para cobrar, com vistas à eficiência, seus créditos.

Comentários

O protesto de títulos está regulamentado na Lei 9.492/1997, que prevê, logo no seu artigo primeiro, que:

> *Art. 1º Protesto é o ato formal e solene pelo qual se prova a inadimplência e o descumprimento de obrigação originada em títulos e outros documentos de dívida.*

Historicamente, a doutrina e a jurisprudência se posicionaram de forma divergente sobre a possibilidade de protesto da CDA, em que pese a lei não tenha restringido o protesto aos títulos de natureza cambial. Entretanto, o entendimento majoritário sempre foi no sentido de que, como o objetivo principal do protesto é garantir exequibilidade ao direito creditício do credor, careceria a Fazenda Pública de interesse jurídico no protesto dos créditos inscritos em Dívida Ativa. Isto porque, por expressa previsão legal, as CDAs já são dotadas dos atributos da liquidez, certeza e exigibilidade. Portanto, ancorando-se na suposta inutilidade do protesto das CDAs, o entendimento jurisprudencial e doutrinário majoritário alijava a Fazenda Pública do protesto de tais títulos.

Não obstante, há efeitos secundários do protesto, ligados à sua coercibilidade, desprestigiados por parte da doutrina, mas que sempre despertaram o interesse da Fazenda Pública. Tal interesse decorre de múltiplos fatores, dentre os quais destacamos dois. O primeiro deles é a necessidade de dotar os créditos públicos de meios coercitivos extrajudiciais de cobrança, capazes de reforçar o interesse do devedor de adimplir as suas dívidas. Noutro giro, considerando a grande quantidade de CDAs que, em razão do baixo valor, sequer chegam a ser ajuizadas, a Fazenda Pública, que não pode dispor dos créditos públicos, necessita de meios extrajudiciais eficazes de cobrança, tais como o protesto.

A celeuma jurídica ganhou novos contornos com a edição da Lei 12.767/2012, que incluiu o parágrafo único no artigo 1º da Lei 9.492/1997, com a seguinte redação:

> *"**Parágrafo único.** Incluem-se entre os títulos sujeitos a protesto as certidões de dívida ativa da União, dos Estados, do Distrito Federal, dos Municípios e das respectivas autarquias e fundações públicas."*

A constitucionalidade do dispositivo foi contestada pela Confederação Nacional da Industria, na ADI nº 5135/DF, julgada pelo STF em 2016, no seguinte sentido:

> *"O protesto das certidões de dívida ativa constitui mecanismo constitucional e legítimo por não restringir de forma desproporcional quaisquer direitos fundamentais garantidos aos contribuintes e, assim, não constituir sanção política."*
>
> *STF. Plenário. ADI 5135/DF, Rel. Min. Roberto Barroso, julgado em 3 e 9/11/2016 (Info 846).*

No julgamento do REsp 1.686.659-SP, ora sob crítica, sob o rito dos recursos repetitivos, foi consagrada a seguinte tese:

> *"a Fazenda pública possui interesse e pode efetivar o protesto da CDA, documento de dívida, na forma do art. 1º, parágrafo único, da Lei 9.492/1997, com a redação dada pela Lei 12.767/2012.".*

Portanto, a matéria relativa à possibilidade de protesto da CDA se encontra totalmente pacificada no Tribunais pátrios.

3. MANDADO DE SEGURANÇA

3.1. Informativo n. 652. PROCESSO AgInt no MS 24.212-DF, Rel. Min. Og Fernandes, Primeira Seção, por unanimidade, julgado em 26/06/2019, DJe 01/08/2019

TEMA: Mandado de Segurança. Anistia política. Correção monetária. Juros moratórios. Cabimento. Consectários legais. Alinhamento ao novo entendimento do STF.

DESTAQUE: É devida a incidência de correção monetária e juros moratórios em ação mandamental para pagamento de retroativos devidos àqueles declarados anistiados políticos, independentemente de decisão expressa nesse sentido.

INFORMAÇÕES DO INTEIRO TEOR: O Supremo Tribunal Federal, em 17 de novembro de 2016, firmou tese em repercussão geral, no bojo do RE 553.710/DF, a favor do pagamento dos retroativos garantidos aos anistiados políticos. No julgamento dos embargos de declaração opostos no julgado mencionado, o Supremo Tribunal Federal, quanto à correção monetária e juros de mora, fixou o entendimento de que é devido o seu pagamento, mesmo em sede mandamental, pois configuram consectários legais. É o que se depreende do seguinte trecho da ementa: "Embargos de declaração no recurso extraordinário. Decisão condenatória. Silêncio quanto à incidência dos consectários legais. Embargos de declaração acolhidos para se prestarem esclarecimentos. (...) 3. Os juros de mora e a correção monetária constituem consectários legais da condenação, de modo que incidem independentemente de expresso pronunciamento judicial. 4. Embargos de declaração acolhidos apenas para esclarecer que os valores retroativos previstos nas portarias de anistia deverão ser acrescidos de juros moratórios e de correção monetária". Seguindo a orientação dada pelo Supremo Tribunal Federal, a Primeira Seção desta Corte de Justiça, nos autos dos Mandados de Segurança n. 21.975/DF, 21.999/DF e 22.221/DF, de relatoria do Min. Napoleão Nunes Maia Filho, julgados em 10/4/2019, firmou compreensão de que os juros moratórios e correção monetária devem incidir sobre os valores a serem pagos retroativamente em virtude da condição de anistiado político.

Comentários

Trata-se de entendimento comum do STF e do STJ, aplicado não apenas nas ações atinentes ao pagamento dos retroativos garantidos aos anistiados políticos. Os juros de mora e a correção monetária são consectários legais e devem ser incluídos nas condenações independentemente de pedido expresso da parte.

Vejamos o seguinte precedente do Plenário do STF sobre a matéria, no qual o entendimento firmado se deu no mesmo sentido, ou seja, *"os juros de mora e a correção monetária constituem consectários legais da condenação, de modo que incidem independentemente de expresso pronunciamento judicial."*:

> *EMENTA Embargos de declaração no recurso extraordinário. Decisão condenatória. Silêncio quanto à incidência dos consectários legais. Embargos de declaração acolhidos para se prestarem esclarecimentos. 1. Negado provimento ao recurso extraordinário, o acórdão recorrido encontra-se confirmado em toda sua extensão, inclusive naquela que não foi expressamente abordada por esta Corte. 2. Havendo condenação da instância inferior ao pagamento de juros de mora e correção monetária, uma vez mantido o acórdão recorrido, também está reconhecido o direito ao percebimento de tais valores, ainda que a respeito do tema não se tenha pronunciado expressamente o STF. 3.* ***Os juros de mora e a correção monetária constituem consectários legais da condenação, de modo que incidem independentemente de expresso pronunciamento judicial.*** *4. Embargos de declaração acolhidos apenas para esclarecer que os valores retroativos previstos nas portarias de anistia deverão ser acrescidos de juros moratórios e de correção monetária.*
>
> *(RE 553710 ED, Relator(a): DIAS TOFFOLI, Tribunal Pleno, julgado em 01/08/2018, PROCESSO ELETRÔNICO DJe-174 DIVULG 23-08-2018 PUBLIC 24-08-2018)*

Vale ressaltar que a Corte Especial do STJ, em 23/06/2020, posteriormente à publicação do resultado do julgamento do RE 553710, proferiu o seguinte Acórdão, afastando a possibilidade de inclusão dos consectários legais na fase executória, sob pena de afronta à coisa julgada.

> *AGRAVO INTERNO NO RECURSO EXTRAORDINÁRIO. EXECUÇÃO EM MANDADO DE SEGURANÇA. ANISTIA. RECONHECIMENTO DO DIREITO AO RECEBIMENTO DOS VALORES RETROATIVOS CONSTANTES DA PORTARIA ANISTIADORA. INCLUSÃO DOS CONSECTÁRIOS LEGAIS NA FASE EXECUTIVA. IMPOSSIBILIDADE. RECURSO NÃO PROVIDO.*
>
> *1. Não é possível a inclusão dos consectários legais nos valores retroativos constantes da portaria de anistia na fase de execução,*

> *se não previsto no acórdão exequendo, sob pena de afronta à coisa julgada.*
>
> *2. Agravo interno não provido.*
>
> *(AgInt no RE nos EDcl no AgInt na ExeMS 17.418/DF, Rel. Ministra MARIA THEREZA DE ASSIS MOURA, CORTE ESPECIAL, julgado em 23/06/2020, DJe 26/06/2020)*

Extraímos o seguinte trecho do voto da Relatora, Ministra Maria Thereza de Assis Moura, elucidativo do entendimento da corte sobre a questão:

> *"Ocorre, todavia, que a presente hipótese se refere a recurso extraordinário interposto em sede de execução de mandado de segurança no qual não houve qualquer discussão a respeito dos consectários legais.*
>
> *Nesse contexto, com razão o acórdão ora recorrido ao afirmar que a decisão proferida pelo Supremo Tribunal Federal nos autos do Recurso Extraordinário 553.710/DF se refere a feito na fase de conhecimento, não sendo possível a inclusão dos consectários legais na fase executiva, salvo disposição expressa nesse sentido, sob pena de afronta à coisa julgada.*
>
> *Ressalte-se, ademais, que, no julgamento do ARE n. 748.371 RG/MT, o Plenário do Excelso Pretório concluiu pela ausência de repercussão geral da questão relativa à suposta afronta aos princípios do contraditório, da ampla defesa, do devido processo legal e dos limites da coisa julgada, se dependente de prévia violação de normas infraconstitucionais (Tema 660/STF), como é o caso dos autos, que trata das normas processuais civis relativas ao processo de execução."*

3.2. Informativo n. 578. DIREITO ADMINISTRATIVO E PROCESSUAL CIVIL. PRAZO DECADENCIAL PARA IMPETRAR MANDADO DE SEGURANÇA CONTRA REDUÇÃO DE VANTAGEM DE SERVIDOR PÚBLICO.

O prazo decadencial para impetrar mandado de segurança contra redução do valor de vantagem integrante de proventos ou de remuneração de servidor público renova-se mês a mês. A citada redução, ao revés da supressão de vantagem, configura relação de trato sucessivo, pois não equivale à negação do próprio fundo de direito. Assim, o prazo decadencial para se impetrar a ação mandamental renova-se mês a mês. Precedente citado: AgRg no REsp 1.211.840-MS, Segunda Turma, DJe 6/2/2015. EREsp 1.164.514-AM, Rel. Min. Napoleão Nunes Maia Filho, julgado em 16/12/2015, DJe 25/2/2016.

Comentários

No entendimento do STJ há uma sensível diferença entre o ato administrativo que suprime vantagem e o ato que reduz vantagem.

Prevalece na corte o entendimento de que o ato que suprime vantagem é um ato único, de efeitos concretos, potencialmente lesivo a direitos do interessado. Nesses casos o prazo decadência para o ajuizamento do mandado de segurança se inicia na data em que ocorreu a ciência do ato. Vejamos os seguintes precedentes que evidenciam o entendimento:

> *PROCESSUAL CIVIL. RECURSO EM MANDADO DE SEGURANÇA. DECADÊNCIA. CONFIGURAÇÃO. MATÉRIA DE ORDEM PÚBLICA. DECLARAÇÃO DE OFÍCIO. POSSIBILIDADE. SUPRESSÃO DE VANTAGEM. ATO ÚNICO, DE EFEITOS CONCRETOS E PERMANENTES. PRECEDENTES.*
>
> *1. A decadência do direito à impetração é matéria de ordem pública que pode e deve ser examinada a qualquer tempo pelo órgão julgador, inclusive de ofício.*
>
> *2. **Ato administrativo que suprime vantagem não configura relação de trato sucessivo, mas ato único, de efeitos concretos e permanentes**. Precedentes.*
>
> *3. A supressão do adicional, tal como questionada pela impetrante, deu-se em 9 de agosto de 2011. O mandado de segurança, por sua vez, foi apresentado à Corte Mineira em 16 de abril 2012, quando já transcorrido o prazo decadencial de cento e vinte dias (art. 23 da Lei n. 12.016/09).*
>
> *4. Recurso ordinário conhecido para, de ofício, declarar a decadência do direito à impetração e denegar a ordem, sem resolução do mérito.*
>
> *(RMS 44.822/MG, Rel. Ministro SÉRGIO KUKINA, PRIMEIRA TURMA, julgado em 09/06/2020, DJe 17/06/2020)*
>
> *PROCESSUAL CIVIL. ADMINISTRATIVO. RECURSO ESPECIAL. MANDADO DE SEGURANÇA. PRAZO DECADENCIAL. TERMO*

> *INICIAL. SUPRESSÃO DE VANTAGEM DE SERVIDOR PÚBLICO. ATO ÚNICO DE EFEITO CONCRETO E PERMANENTE. AUSÊNCIA DE RELAÇÃO DE TRATO SUCESSIVO. DECADÊNCIA RECONHECIDA. RECURSO NÃO PROVIDO.*
>
> *1. Hipótese em que o objeto do mandado de segurança foi a supressão da vantagem pessoal no ato de aposentação do recorrente.*
>
> *2. O ato administrativo supressivo de vantagem de servidor público é comissivo e único, de efeitos concretos, mesmo considerando os reflexos patrimoniais que perduraram no tempo, conforme entendimento pacífico desta Corte. Precedentes.*
>
> *3. Recurso especial a que se nega provimento.*
>
> *(REsp 1292691/CE, Rel. Ministro OG FERNANDES, SEGUNDA TURMA, julgado em 25/06/2019, DJe 28/06/2019)*

Diferentemente, quando a discussão se refere a ato administrativo que promove a redução de vantagem, a Corte entende que se trata de prestação de trato sucessivo, razão pela qual o prazo decadencial do ajuizamento do *writ* renova-se mês a mês. A tirar pelo acórdão sob foco, proferido pela Corte especial, há outros precedentes da Corte no mesmo sentido.

> *ADMINISTRATIVO E PROCESSUAL CIVIL. AGRAVO INTERNO NO RECURSO ESPECIAL. MANDADO DE SEGURANÇA. APOSENTADORIA. REDUÇÃO. RELAÇÃO DE TRATO SUCESSIVO. DECADÊNCIA PARA A IMPETRAÇÃO DO MANDADO DE SEGURANÇA. NÃO OCORRÊNCIA. PRECEDENTES DO STJ. AGRAVO INTERNO IMPROVIDO.*
>
> *I. Agravo interno aviado contra decisão que julgara Recurso Especial interposto contra acórdão publicado na vigência do CPC/73. II. Na origem, trata-se de Mandado de Segurança, impetrado pela parte ora agravada em desfavor do Gerente Executivo do INSS, com o objetivo de que seja revogado o ato que reduziu o valor de sua aposentadoria de ex-combatente.*
>
> *III. Nos termos da jurisprudência desta Corte, "**quando houver redução, e não supressão do valor de vantagem, fica configurada a prestação de trato sucessivo, que se renova mês a mês, pois não equivale à negação do próprio fundo de direito, não havendo que se falar, portanto, em decadência do mandado de segurança**" (STJ, AgRg no Ag 1.337.066/BA, Rel. Ministro CASTRO MEIRA, SEGUNDA TURMA, DJe de 10/11/2010). No mesmo sentido: STJ, AgInt no REsp 1.742.883/*

CE, Rel. Ministro BENEDITO GONÇALVES, PRIMEIRA TURMA, DJe de 02/04/2019; EREsp 1.164.514/AM, Rel. Ministro NAPOLEÃO NUNES MAIA FILHO, CORTE ESPECIAL, DJe de 25/02/2016; AgRg no REsp 1.510.031/CE, Rel. Ministro HUMBERTO MARTINS, SEGUNDA TURMA, DJe de 24/03/2015.

IV. Agravo interno improvido.

(AgInt no REsp 1327257/RJ, Rel. Ministra ASSUSETE MAGALHÃES, SEGUNDA TURMA, julgado em 16/05/2019, DJe 23/05/2019)

PROCESSUAL CIVIL E ADMINISTRATIVO. AGRAVO INTERNO NO RECURSO ESPECIAL. SERVIDOR PÚBLICO. JORNADA DE TRABALHO. REDUÇÃO. AUSÊNCIA DE IMPUGNAÇÃO A FUNDAMENTO CENTRAL DO ACÓRDÃO RECORRIDO. SÚMULA 283/STF. ANÁLISE DE PRECEITO CONSTITUCIONAL. IMPOSSIBILIDADE. COMPETÊNCIA DO STF. DECADÊNCIA. NÃO OCORRÊNCIA. RELAÇÃO DE TRATO SUCESSIVO.

1. Inviável o recurso especial que deixa de impugnar os fundamentos autônomos do acórdão. No caso, o recorrente limitou-se a sustentar nas razões do especial a possibilidade de redução da jornada de trabalho de servidor público, com base no princípio do interesse público e nos critérios da conveniência e da oportunidade administrativas, sem levar em consideração o fundamento central da Corte de origem de que a redução da carga horária fere frontalmente o edital do concurso a que se submeteram os apelados. O vício na fundamentação do recurso permite a aplicação da Súmula 283 do Supremo Tribunal Federal.

2. É vedado, no âmbito do recurso especial, examinar a existência de afronta no acórdão combatido a respeito do princípio constitucional da supremacia do interesse público sobre o privado, sob pena de usurpar-se a competência do STF. Precedente.

*3. O Superior Tribunal de Justiça possui orientação jurisprudencial consolidada de que "a redução do valor de vantagem nos proventos ou remuneração do Servidor, ao revés da supressão destas, configura relação de trato sucessivo, **pois não equivale à negação do próprio fundo de direito, motivo pelo qual o prazo decadencial para se impetrar a ação mandamental renova-se mês a mês, não havendo que se falar, portanto, em decadência do Mandado de Segurança,** em caso assim" (EREsp 1.164.514/AM, Rel. Ministro Napoleão Nunes Maia Filho, Corte Especial, julgado em 16/12/2015, DJe 25/2/2016).*

4. Agravo interno a que se nega provimento.

(AgInt no REsp 1325493/PI, Rel. Ministro OG FERNANDES, SEGUNDA TURMA, julgado em 03/10/2017, DJe 11/10/2017)

3.3. Informativo n. 578. DIREITO ADMINISTRATIVO E PROCESSUAL CIVIL. EFEITOS FINANCEIROS DA CONCESSÃO DE ORDEM MANDAMENTAL CONTRA ATO DE REDUÇÃO DE VANTAGEM DE SERVIDOR PÚBLICO.

Em mandado de segurança impetrado contra redução do valor de vantagem integrante de proventos ou de remuneração de servidor público, os efeitos financeiros da concessão da ordem retroagem à data do ato impugnado. Não se desconhece a orientação das Súmulas n. 269 e 271 do STF, à luz das quais caberia à parte impetrante, após o trânsito em julgado da sentença mandamental concessiva, ajuizar nova demanda de natureza condenatória para reivindicar os valores vencidos em data anterior à impetração do mandado de segurança. **Essa exigência, contudo, não apresenta nenhuma utilidade prática e atenta contra os princípios da justiça, da efetividade processual, da celeridade e da razoável duração do processo.** Ademais, essa imposição estimula demandas desnecessárias e que movimentam a máquina judiciária, de modo a consumir tempo e recursos de forma completamente inútil, e enseja inclusive a fixação de honorários sucumbenciais, em ação que já se sabe destinada à procedência. Corroborando esse entendimento, **o STJ firmou a orientação de que, nas hipóteses em que o servidor público deixa de auferir seus vencimentos ou parte deles em razão de ato ilegal ou abusivo do Poder Público, os efeitos financeiros da concessão de ordem mandamental devem retroagir à data do ato impugnado, violador do direito líquido e certo do impetrante**. Isso porque os efeitos patrimoniais são mera consequência da anulação do ato impugnado que reduz o valor de vantagem nos proventos ou remuneração do impetrante (MS 12.397-DF, Terceira Seção, DJe 16/6/2008). Precedentes citados: EDcl no REsp 1.236.588-SP, Segunda Turma, DJe 10/5/2011; e AgRg no REsp 1.090.572-DF, Quinta Turma, DJe 1º/6/2009. EREsp 1.164.514-AM, Rel. Min. Napoleão Nunes Maia Filho, julgado em 16/12/2015, DJe 25/2/2016.

Comentários

O entendimento firmado no julgado em análise se encontra ultrapassado. Os precedentes mais recentes da Corte têm sido firmados em estrita observância às súmulas 269 e 271 do STF, e ao artigo 14, § 4 da Lei 12.016/2009, que estabelecem o seguinte:

> *Súmula 269*
>
> *O mandado de segurança não é substitutivo de ação de cobrança.*
>
> *Súmula 271*
>
> *Concessão de mandado de segurança não produz efeitos patrimoniais em relação a período pretérito, os quais devem ser reclamados administrativamente ou pela via judicial própria.*
>
> *Art. 14. Da sentença, denegando ou concedendo o mandado, cabe apelação.*
>
> *(...)*
>
> *§ 4º O pagamento de vencimentos e vantagens pecuniárias assegurados em sentença concessiva de mandado de segurança a servidor público da administração direta ou autárquica federal, estadual e municipal somente será efetuado relativamente às prestações que se vencerem a contar da data do ajuizamento da inicial.*

Portanto, em virtude de vedação contida no texto da lei, todas as parcelas que venceram antes da data da impetração do mandado de segurança devem ser pleiteadas pelas vias ordinárias. Diversos são os julgados do STJ nesse sentido, como por exemplo o seguinte julgado da Corte Especial, no qual o entendimento sufragado no EREsp 1.164.514-AM, ora analisado, foi expressamente superado:

> *PROCESSUAL CIVIL. MANDADO DE SEGURANÇA. SERVIDOR PÚBLICO. VANTAGENS REMUNERATÓRIAS. EFEITOS PATRIMONIAIS. TERMO INICIAL. AJUIZAMENTO DO MANDAMUS. SÚMULAS 269 E 271/STF. OPÇÃO DO LEGISLADOR. ART. 14, § 4°, DA LEI 12.016/2009. JURISPRUDÊNCIA DOMINANTE.*
>
> *1. Cinge-se a controvérsia a definir o termo inicial de produção de efeitos financeiros de sentença concessiva de Segurança.*
>
> *2. Configurada está a divergência: enquanto o acórdão embargado admite a retroação dos efeitos da concessão da Segurança para momento anterior ao ajuizamento da ação, os paradigmas rechaçam essa possibilidade. 3. O entendimento de que os efeitos patrimoniais da sentença concessiva de Segurança devem alcançar prestações anteriores ao ajuizamento do mandamus, embora possa aparentar alguma lógica jurídico-processual, carece*

manifestamente de respaldo legal, haja vista a vedação contida no art. 14, § 4°, da Lei 12.016/2009, in verbis: "O pagamento de vencimentos e vantagens pecuniárias assegurados em sentença concessiva de mandado de segurança a servidor público da administração direta ou autárquica federal, estadual e municipal somente será efetuado relativamente às prestações que se vencerem a contar da data do ajuizamento da inicial". 4. O legislador fez clara opção por manter a sistemática consolidada nas Súmulas 269/STF ("O mandado de segurança não é substitutivo de ação de cobrança") e 271/STF ("Concessão de mandado de segurança não produz efeitos patrimoniais em relação a período pretérito, os quais devem ser reclamados administrativamente ou pela via judicial própria"). 5. Em que pese a existência de corrente contrária, merece prevalecer a jurisprudência amplamente dominante, em consonância com as Súmulas 269/STF e 271/STF, por se tratar da única forma de preservar a vigência do art. 14, § 4°, da Lei 12.016/2009. Precedentes do STF e do STJ: MS 26.053 ED, Relator: Min. Ricardo Lewandowski, Tribunal Pleno, DJe-096 de 23/5/2011; MS 26.740 ED, Relator: Min. Ayres Britto, Segunda Turma, DJe-036 de 22/2/2012; AgRg no RMS 47.257/RS, Rel. Ministro Sérgio Kukina, Primeira Turma, DJe 23/6/2016; AgRg no RMS 47.646/RS, Rel. Ministro Og Fernandes, Segunda Turma, DJe 2/6/2015; AgRg no AREsp 600.368/RS, Rel. Ministro Humberto Martins, Segunda Turma, DJe 15/12/2014; MS 19.369/DF, Rel. Ministra Eliana Calmon, Rel. p/ Acórdão Ministro Mauro Campbell Marques, Primeira Seção, DJe 3/9/2015; MS 19.246/DF, Rel. Ministro Benedito Gonçalves, Primeira Seção, DJe 20/5/2014;AgRg no REsp 782.495/AM, Rel. Ministro Nefi Cordeiro, Sexta Turma, DJe 3/8/2015; AgRg no RMS 24.373/ES, Rel. Ministro Rogerio Schietti Cruz, Sexta Turma, DJe 26/8/2014; EDcl no MS 13.356/DF, Rel. Ministro Sebastião Reis Júnior, Terceira Seção, DJe 19/12/2013).

6. Com a devida vênia, a circunstância de os efeitos financeiros consistirem em mera consequência da anulação do ato impugnado, tal como fundamentado nos EREsp 1.164.514/AM, Rel. Ministro Napoleão Nunes Maia Filho, Corte Especial, DJe 25/2/2016, em nada abala a regra prevista no art. 14, § 4°, da Lei 12.016/2009, que não faz distinção sobre a causa da consequência patrimonial.

7. A propósito, o referido julgado afirma que as Súmulas 269 e 271/STF atentam "contra os princípios da justiça, da efetividade processual, da celeridade e da razoável duração do processo", mas deixou de examinar a vigência do sempre mencionado art.

14, § 4°, da Lei do Mandado de Segurança, tampouco declarou sua inconstitucionalidade, único meio de afastar a incidência, sob pena de ofensa à Súmula Vinculante 10. 8. Anote-se que o restabelecimento de vencimentos ou de proventos, por força da anulação de ato coator, é o resultado natural observado na grande maioria dos Mandados de Segurança concedidos, a exemplo do citado MS 26.053, no qual o Plenário do STF confirmou a regra do art. 14, § 4°, da Lei 12.016/2009, ao consignar: "I – O art. 14, § 4º, da Lei 12.016/2009 dispõe que o pagamento de vencimentos e vantagens pecuniárias assegurados em sentença concessiva de mandado de segurança somente será efetuado relativamente às prestações que se vencerem a contar da data do ajuizamento da inicial do writ. II – Dessa forma, restabelecidos os proventos da embargante, pois considerado ilegal o ato da Corte de Contas, o termo inicial para o pagamento é o ajuizamento do mandado de segurança".

9. Embargos de Divergência providos.

(EREsp 1087232/ES, Rel. Ministro HERMAN BENJAMIN, CORTE ESPECIAL, julgado em 07/12/2016, DJe 19/04/2017)

4. MEDIDAS CAUTELARES

Informativo n. 660. PROCESSO REsp 1.816.095-SC, Rel. Min. Nancy Andrighi, Terceira Turma, por unanimidade, julgado em 05/11/2019, DJe 07/11/2019.

TEMA: Escola de Samba. Carnaval. Verba oriunda de parceria público-privada. Penhora. Possibilidade. Interpretação restritiva das impenhorabilidades.

DESTAQUE: **São penhoráveis as verbas recebidas por escola de samba a título de parceria público-privada com a administração pública.**

INFORMAÇÕES DO INTEIRO TEOR: O Código de Processo Civil de 2015 estabelece que são impenhoráveis "os bens inalienáveis e os declarados, por ato voluntário, não sujeitos à execução", **bem como "os recursos públicos recebidos**

por instituições privadas para aplicação compulsória em educação, saúde ou assistência social" (art. 833, I, IX). Igualmente, "não estão sujeitos à execução os bens que a lei considera impenhoráveis ou inalienáveis" (art. 832). Por se tratar de artigos referentes a impenhorabilidades sua interpretação deve ser restritiva, sempre com foco no núcleo essencial que justifica a própria instituição da regra, isto é, o almejado equilíbrio entre a satisfação do crédito para o credor e a menor onerosidade para o devedor. **O art. 35, § 5º, da Lei n. 13.019/2014 dispõe que os "equipamentos e materiais permanentes" adquiridos com recursos provenientes da celebração da parceria serão gravados com cláusula de inalienabilidade. Portanto, não são os recursos o objeto da restrição legal, mas o produto do seu investimento necessário à consecução do projeto de parceria. Nesse sentido, também afasta-se a hipótese de bens não sujeitos à execução por ato voluntário, pois as verbas adquiridas pela escola de samba seguem regramento estabelecido na Lei n. 13.019/2014, sem qualquer dispositivo que faça menção de sua impenhorabilidade. Saliente-se que é inquestionável o valor social, cultural, histórico e turístico do carnaval brasileiro, uma das maiores expressões artísticas nacionais com alcance mundial**. Este reconhecimento de envergadura nacional e internacional, todavia, não autoriza dizer por lei que sua promoção visa compulsoriamente à educação e à assistência social. A própria Lei n. 13.019/14 considera que a parceria entre a administração pública e as organizações da sociedade civil é feita "para a consecução de finalidades de interesse público e recíproco" (art. 2º, III) jamais restringindo seu âmbito "para aplicação compulsória em educação, saúde ou assistência social" (art. 833, IX, do CPC).

Comentários

Trata-se de julgado, de conteúdo autoexplicativo, bastando à adequada compreensão da matéria a simples leitura do inteiro teor do Acórdão.

Para mais informações, utilize o QR Code ao lado.

5. CAPACIDADE PROCESSUAL DO MINISTÉRIO PÚBLICO

Informativo n. 624. PROCESSO REsp 1.682.836-SP, Rel. Min. Og Fernandes, Primeira Seção, por unanimidade, julgado em 25/04/2018, DJe 30/04/2018 (Tema 766).

TEMA: Direito à saúde. Demandas com beneficiários individualizados. Entes federativos no polo passivo. Legitimidade do Ministério Público. Direito individual indisponível. Art. 1º da Lei n. 8.625/1993 (Lei Orgânica Nacional do Ministério Público). Aplicabilidade. Tema 766.

DESTAQUE: **O Ministério Público é parte legítima** para pleitear tratamento médico ou entrega de medicamentos nas demandas de saúde propostas contra os entes federativos, mesmo quando se tratar de feitos contendo beneficiários individualizados, porque se refere a direitos individuais indisponíveis, na forma do art. 1º da Lei n. 8.625/1993 (Lei Orgânica Nacional do Ministério Público).

INFORMAÇÕES DO INTEIRO TEOR: Anote-se, inicialmente que a fronteira para se discernir a legitimidade do órgão ministerial diz respeito à disponibilidade, ou não, dos direitos individuais debatidos. É que, tratando-se de direitos individuais disponíveis e não havendo uma lei específica autorizando, de forma excepcional, a atuação do Ministério Público (como no caso da Lei n. 8.560/1992), não se pode falar em legitimidade de sua atuação. Todavia, se se tratar de direitos indisponíveis, a legitimidade ministerial já decorreria da redação do próprio art. 1º da Lei n. 8.625/1993 (Lei Orgânica Nacional do Ministério Público).

Portanto, a discussão a ser travada neste feito direciona-se para a definição de indisponibilidade, ou não, do direito à saúde. Com efeito, a disciplina desse direito encontra na jurisprudência pátria a correspondência com o próprio direito à vida, de forma que a característica da indisponibilidade do direito já decorreria dessa premissa. O entendimento firmado acima, no que concerne à delimitação do direito à saúde como direito individual indisponível, com base na interpretação do conjunto de regras legais acerca da matéria, se encontra albergado no âmbito de decisões do Supremo Tribunal Federal (RE 407.902-RS, Rel. Min. Marco Aurélio, DJe 28/8/2009). Assim, inexiste violação dos dispositivos dos arts. 1º, V, e 21 da Lei n. 7.347/1985, bem como do art. 6º do CPC/1973, uma vez que a atuação do Ministério Público, em demandas de saúde, tem assento na indisponibilidade do direito individual.

Comentários

O entendimento firmado no presente Acórdão é singelo, podendo ser resumido na seguinte assertiva: O direito à saúde (art. 6º, caput, CF), estreitamente ligado ao direito à vida (art. 5º, caput, CF), é direito indisponível, portanto afigura-se legítima a atuação do Ministério Público, ainda que na defesa do direito à saúde de um único indivíduo, nos termos do artigo 127 da Constituição Federal.

Vejamos:

> *Art. 127. O Ministério Público é instituição permanente, essencial à função jurisdicional do Estado, incumbindo-lhe a defesa da ordem jurídica, do regime democrático e dos interesses sociais e **individuais indisponíveis**.*

O STF possui inúmeros precedentes nesse sentido:

> *Ementa: Agravo regimental no agravo de instrumento. Recurso extraordinário. Constitucional. Legitimidade do Ministério Público. Ação civil pública. Direitos individuais indisponíveis. Tratamento médico. Precedentes. 1. O Supremo Tribunal Federal já firmou a orientação de que o Ministério Público é parte legítima para propor ação civil pública na defesa de direitos individuais indisponíveis, de pessoa individualmente considerada,*

como ocorre com o direito à saúde. 2. Agravo regimental não provido. 3. Inaplicável o art. 85, § 11, do CPC, pois não houve fixação prévia de honorários advocatícios na causa.

(AI 863852 AgR, Relator(a): DIAS TOFFOLI, Segunda Turma, julgado em 07/04/2017, ACÓRDÃO ELETRÔNICO DJe-093 DIVULG 04-05-2017 PUBLIC 05-05-2017)

Ementa: LEGITIMIDADE – MINISTÉRIO PÚBLICO – AÇÃO CIVIL PÚBLICA – FORNECIMENTO DE REMÉDIO PELO ESTADO. O Ministério Público é parte legítima para ingressar em juízo com ação civil pública visando a compelir o Estado a fornecer medicamento indispensável à saúde de pessoa individualizada.

(RE 407902, Relator(a): MARCO AURÉLIO, Primeira Turma, julgado em 26/05/2009, DJe-162 DIVULG 27-08-2009 PUBLIC 28-08-2009 EMENT VOL-02371-04 PP-00816 RF v. 105, n. 405, 2009, p. 409-411)

Ementa: AGRAVO REGIMENTAL NO RECURSO EXTRAORDINÁRIO. CONSTITUCIONAL. DIREITO À SAÚDE. LEGITIMIDADE DO MINISTÉRIO PÚBLICO PARA DEFESA DE INTERESSE INDIVIDUAL INDISPONÍVEL. PRECEDENTES. AGRAVO REGIMENTAL AO QUAL SE NEGA PROVIMENTO.

(RE 648410 AgR, Relator(a): CÁRMEN LÚCIA, Primeira Turma, julgado em 14/02/2012, PROCESSO ELETRÔNICO DJe-053 DIVULG 13-03-2012 PUBLIC 14-03-2012)

BIBLIOGRAFIA

AMARAL, Diogo de Freitas do. *Curso de Direito Administrativo*. Coimbra. Almedina, 2004.

ARAGÃO, Alexandre Santos de. *Curso de Direito Administrativo*. Rio de Janeiro. Ed. Forense. 2020.

______. *Direito dos Serviços Públicos*. Rio de Janeiro. Ed. Forense. 2007.

ARAÚJO, Edmir Netto de. *Curso de Direito Administrativo*. São Paulo. Ed. Saraiva. 8 ed. 2018.

ÁVILA, Humberto. *Teoria dos Princípios: da definição à aplicação dos princípios jurídicos*. 4 ed. São Paulo. Malheiros. 2005.

BARROSO, Luís Roberto. *Interpretação e aplicação da Constituição*. São Paulo, 4 ed. Saraiva. 2000.

______. *O controle de constitucionalidade no direito brasileiro*. São Paulo, 5 ed. Saraiva, 2010.

CARVALHO FILHO, José dos Santos. *Manual de Direito Administrativo*. Rio de Janeiro. Ed. GEN, 2020.

CRETELLA JUNIOR, José. *Curso de Direito Administrativo*. Rio de Janeiro. 5 ed. Ed. Forense, 1977.

______. *O estado e a obrigação de indenizar*. São Paulo. Ed. Saraiva, 1980.

CUNHA JUNIOR, Dirley da. *Curso de Direito Administrativo*. Salvador. Ed. Juspodivm, 2020.

DI PIETRO, Maria Sylvia Zanella. *Direito Administrativo*. São Paulo. 21 ed. Ed. Gen. 2020.

______. *Parcerias na Administração Pública*: concessão, permissão, franquia, terceirização, parceria público-privada e outras formas. São Paulo. 5 ed. Ed. Atlas, 2005.

FIGUEIREDO, Lúcia Valle. *Curso de Direito Administrativo*. São Paulo. 6 ed. Ed. Malheiros, 2003.

FIGUEIREDO, Marcelo. *Probidade administrativa*. São Paulo. 6 ed. Ed. Malheiros, 2009.

FREITAS, Juarez. *A interpretação sistemática do direito*. São Paulo. 5 ed. Ed. Malheiros, 2010.

______. *Estudos sobre Direito Administrativo*. São Paulo. Ed. Malheiros, 1995.

IBRAHIM, Fábio Zambitte. *Curso de direito previdenciário*. 17. ed. Niterói: Impetus, 2012.

JUSTEN FILHO, Marçal. *Comentários à Lei de Licitações e Contratos Administrativos*. 9. ed. São Paulo: Dialética, 2002.

______. *Curso de Direito Administrativo*. Belo Horizonte. 7ª ed. Ed. Fórum, 2011.

______. Empresas estatais e a superação da dicotomia "prestação de serviço público/exploração de atividade econômica". *Estudos de direito público em homenagem a Celso Antônio Bandeira de Mello*. São Paulo: Malheiros, 2006.

______. Novos sujeitos na Administração Pública: os consórcios criados pela Lei n. 11.107. *Direito administrativo*: estudos em homenagem a Diogo de Figueiredo Moreira Neto. Rio de Janeiro: Lumen Juris, 2006.

______. *O estatuto da microempresa e as licitações públicas*. São Paulo: Dialética, 2007.

______. *Pregão:* comentários à legislação do pregão comum e eletrônico. 5. ed. São Paulo: Dialética, 2009.

MARQUES, Claudia Lima. *Contratos no Código de Defesa do Consumidor*. 4. ed. São Paulo: RT, 2002.

MARTINS, Flávia Bahia. *Direito Constitucional*. Niterói. Ed. Juspodivm 2020.

MEDAUAR, Odete. *A processualidade no Direito Administrativo*. 2. ed. São Paulo: RT, 2008.

______. *Direito administrativo moderno*. 12. ed. São Paulo: RT, 2008.

______. *O Direito Administrativo em evolução*. 2. ed. São Paulo: RT, 2003.

MELLO, Celso Antônio Bandeira de. *Curso de Direito Administrativo*. São Paulo. Ed. Malheiros. 2018.

______. *Discricionariedade e controle jurisdicional*. São Paulo. Ed. Malheiros, 2002.

ZANCANER, Weida. *Da convalidação e da invalidação dos atos administrativos*. 3. ed. São Paulo: Malheiros, 2008.

ZOCKUN, Carolina Zancaner. *Da responsabilidade do Estado na omissão da fiscalização ambiental*. Responsabilidade patrimonial do Estado. São Paulo: Malheiros, 2006.

ZOCKUN, Maurício. *Responsabilidade patrimonial do Estado*. São Paulo: Malheiros, 2010.

ANOTAÇÕES

ANOTAÇÕES

EDITORA
JusPODIVM
www.editorajuspodivm.com.br